权威·前沿·原创

**皮书系列为
"十二五"国家重点图书出版规划项目**

中国社会科学院创新工程学术出版项目

华侨华人研究报告
（2015）

ANNUAL REPORT ON OVERSEAS CHINESE STUDY
(2015)

主　编／贾益民
副主编／张禹东　庄国土　游国龙

社会科学文献出版社
SOCIAL SCIENCES ACADEMIC PRESS (CHINA)

图书在版编目(CIP)数据

华侨华人研究报告.2015/贾益民主编.—北京:社会科学文献出版社,2015.12
（华侨华人蓝皮书）
ISBN 978 - 7 - 5097 - 8525 - 6

Ⅰ.①华… Ⅱ.①贾… Ⅲ.①华侨 - 研究报告 - 世界 - 2015 ②华人 - 研究报告 - 世界 - 2015 Ⅳ.①D634.3

中国版本图书馆 CIP 数据核字（2015）第 288663 号

华侨华人蓝皮书
华侨华人研究报告（2015）

主　　编 / 贾益民
副 主 编 / 张禹东　庄国土　游国龙

出 版 人 / 谢寿光
项目统筹 / 王　绯
责任编辑 / 曹长香

出　　版 / 社会科学文献出版社·社会政法分社（010）59367156
　　　　　地址：北京市北三环中路甲29号院华龙大厦　邮编：100029
　　　　　网址：www.ssap.com.cn
发　　行 / 市场营销中心（010）59367081　59367090
　　　　　读者服务中心（010）59367028
印　　装 / 三河市东方印刷有限公司

规　　格 / 开　本：787mm × 1092mm　1/16
　　　　　印　张：22　字　数：344千字
版　　次 / 2015年12月第1版　2015年12月第1次印刷
书　　号 / ISBN 978 - 7 - 5097 - 8525 - 6
定　　价 / 128.00元

皮书序列号 / B - 2011 - 177

本书如有破损、缺页、装订错误，请与本社读者服务中心联系更换

▲ 版权所有 翻印必究

华侨华人蓝皮书编委会

主　　　编　贾益民

副　主　编　张禹东　庄国土　游国龙

撰稿人名单　（以文序排列）

　　　　　　张秀明　陈琮渊　林煜堂　游国龙　刘光耀
　　　　　　王嘉顺　黄晓瑞　周兴泰　高友笙　赵　凯
　　　　　　黄志国　吴东儒　肖　威　谢介仁　林春培
　　　　　　胡建刚　沈　玲　张　媛

英文摘要编辑　Kevin S. Poehner

主要编撰者简介

贾益民 男，籍贯山东惠民，毕业于暨南大学中文系，教授，博士生导师，国务院特殊津贴专家，海内外著名华文教育学家。现任华侨大学校长。荣获泰王国国王颁授"一等泰皇冠勋章"及泰国吞武里大学荣誉博士学位。兼任国务院侨务办公室专家咨询委员、国务院学位委员会汉语国际教育专业硕士教育指导委员会委员。研究领域：海外华文教育与汉语国际教育、华侨华人与国际关系、马克思主义哲学与美学、文艺学及比较文学。

张禹东 男，籍贯福建惠安，毕业于厦门大学哲学系，教授，博士生导师。现为华侨华人研究院院长、海外华人宗教与闽台宗教研究中心主任、国务院侨办侨务理论研究福建基地常务副主任。社会主要兼职有：中国宗教学会副会长、中国华侨历史学会常务理事、福建省妈祖文化研究会副会长、《福建华侨史》副主编等。研究方向为：宗教学理论、华侨华人宗教与文化、华商管理、文化哲学等。

庄国土 男，籍贯福建晋江，毕业于厦门大学历史学系，博士，教授，博士生导师。现为华侨大学讲座教授，厦门大学国际关系学院/南洋研究院院长、教育部社科司综合研究学部召集人、国家985东南亚创新平台首席专家，知名海外华人研究和东南亚研究专家，国务院侨办专家咨询委员。研究方向为：海外华人、华人华侨研究、国际关系理论、中外关系史、东南亚地区问题与国别政治。

游国龙 男，籍贯台湾台北，毕业于北京大学国际关系学院国际政治学专业，法学博士，现为华侨大学国际关系学院/华侨华人研究院助理研究员、北京大学文化与国家行为研究中心学术委员。研究方向为：文化与国家行为、华侨华人与国际关系、国际政治理论、心理文化学理论。

摘　要

《华侨华人研究报告（2015）》分总报告、周边国家关系篇、社会篇、经济篇、文教篇。

总报告以国内国外两个场域、华侨华人与归侨侨眷两个主体为视角，以侨务部门开展的活动及制定的政策为对象，梳理、分析21世纪以来华侨华人与中国关系的新特点。

周边国家关系篇探讨了中马关系、中日关系的情况。中马关系渊源深厚，互动密切，两国的友好关系，因"一带一路"建设持续升温，马来西亚华侨华人持续扮演深化中马友谊的积极角色。但日本则呈现出另一番景象，由于中日之间的历史因素、领土争端等问题，华侨华人难以在公共外交、软实力等方面发挥作用。近年来，因中日关系持续恶化，越来越多的人选择回国定居。除非中日关系好转，否则预计在日华人人口将持续下降。

社会篇讨论生育率与慈善捐赠问题。中国（含港澳台）和新加坡的总和生育率从20世纪60年代以来都呈下降态势，目前已经低于2.1的更替水平，子女养育成本的提高和对个人价值的重视导致生育意愿不高，而人口政策对调整总和生育率的作用有限，华人传统生育文化对生育意愿的影响也日渐式微。最新数据表明，2013年度华侨华人慈善捐赠总额为71.72亿元，占我国捐赠总额的7.25%，是我国慈善捐赠的重要力量。"个人"的捐赠额一般超过"企业"，2013年为56.81%。华侨华人通过捐赠获得了荣誉、满足感、社会舆论的评价等，是促使他们捐赠的关键因素，可称为"等意义交换"。

经济篇讨论中国对"一带一路"沿线国家的影响与华人家族企业问题。华侨华人在历史上就是"一带一路"沿线的重要参与者、建设者和见证者，

他们必然也将起到重要的推动与促进作用，建议通过构建"一带一路"网络，积极介入东盟国家的基础设施建设；并设立离岸人民币市场，以吸引东南亚华商共同参与乃至到中国挂牌上市，最终建立"红色资本市场"。家族企业是华人最常见的企业形态，但家族企业却常常因为传承的问题而无法继续延续其企业；为完成组织赋予的目标和提升整体的工作绩效，建议多重视人和的概念，维持企业内部良好的沟通管道。

文教篇讨论教育与文化方面的问题。华文教育是中美人文交流的重要平台。"中国寻根之旅""华文教育·教师研习美国班"等华文教育项目为增进中美人文交流作出了独特贡献，得到社区学分认可，深化了与主流社会的友好联系，是华文教育融入主流的重要进展。泰国华裔青少年在认同方面表现出多元化的特点。新生代华裔与其祖辈相比，对中华文化的认同更多的是理智型认同，而其祖辈更多的是情感型认同。在中国与东南亚的公共外交领域，舞蹈艺术以其非语言文字的文化特征，以不同的作用机制和路径，在中国与东南亚国家间始终扮演着"外交先行官"的重要角色。

关键词： 华侨华人　周边国家关系　慈善捐赠　文化认同　家族企业

目 录

B Ⅰ 总报告

B.1 21世纪以来华侨华人与中国关系的新变化 …………… 张秀明 / 001

B Ⅱ 周边国家关系篇

B.2 "海丝"战略下的中马关系：发展趋势与华侨华人的参与
　　…………………………………………… 陈琮渊　林煜堂 / 035
B.3 日本华侨华人在中日关系中的角色探讨 …… 游国龙　刘光耀 / 060

B Ⅲ 社会篇

B.4 中国（含港澳台）和新加坡的生育率变动及政策应对
　　……………………………………………………… 王嘉顺 / 078
B.5 华侨华人对中国慈善捐赠的现状及其模式研究 ……… 黄晓瑞 / 105

Ⅳ 经济篇

B.6 "一带一路"战略构想的国际政治经济分析与
华侨华人：背景与前景 ………………………… 周兴泰 / 134

B.7 近十年中国与东盟国家金融联动性的变化以及对华商
发展的意义 …………………… 高友笙　赵　凯　黄志国 / 169

B.8 华人家族企业的关系类型管理机制研究
……………………… 吴东儒　肖　威　谢介仁　林春培 / 217

Ⅴ 文教篇

B.9 美国华文教育促进中美人文交流与融入主流
教育的途径和策略 ………………………………… 胡建刚 / 243

B.10 泰国新生代华裔的国家认同与文化认同研究 ………… 沈　玲 / 276

B.11 东南亚华人舞蹈家在公共外交中的作用及其局限 …… 张　媛 / 307

Abstract ……………………………………………………… / 327
Contents ……………………………………………………… / 330

总报告
General Report

B.1
21世纪以来华侨华人与中国关系的新变化

张秀明*

摘　要： 海外华侨华人是中国发展的独特资源。在中国革命、建设和改革开放的各个历史时期，海外华侨华人为实现中华民族的独立和解放、推动中国现代化建设、促进中国和平统一大业、传承和弘扬中华文化、增进中国人民和世界各国人民友好关系作出了重大贡献，发挥了独特作用。21世纪以来，世情、国情、侨情发生了重大变化，华侨华人与中国的关系也呈现出新特点。华侨华人与中国的各方面联系越来越密

---

* 张秀明，女，中国华侨华人历史研究所副所长，《华侨华人历史研究》杂志主编，研究方向：侨务政策、新移民与留学生、国际移民比较研究。本文系笔者提交2015年5月29～30日在韩国首尔举行的世界海外华人研究学会2015年地区会议的论文修改稿。

切,他们在参与中国改革开放和现代化建设的进程中,自身事业也得到了发展,与中国的关系不再是单向做贡献,而是双向互动,达到了双赢。本文以国内国外两个场域、华侨华人与归侨侨眷两个主体为视角,以侨务部门开展的活动及制定的政策为例,梳理、分析21世纪以来华侨华人与中国关系的新特点。

关键词: 华侨华人 归侨侨眷 国际移民 侨务部门 权益保护

　　海外华侨华人是中国发展的独特资源。在中国历史发展的各个时期,海外华侨华人都作出了独特贡献。改革开放以来,华侨华人全面参与中国的改革开放和经济社会建设,成为改革开放的见证者、亲历者和贡献者。21世纪以来,世情、国情、侨情发生了重大变化,华侨华人与中国的关系也呈现出新特点。华侨华人与中国的各方面联系越来越密切,与中国的关系不是单向的做贡献,而是双向互动,达到了双赢。本文将着力从侨务工作视角分析促成华侨华人与中国关系新变化的动因与表现。

　　本文分六个部分。首先对华侨、外籍华人、归侨、侨眷、国际移民等相关概念进行界定和辨析。第二部分整理、分析华侨华人、归侨侨眷、因私出境人数等相关数据,从而反映侨情的新变化,并澄清某些模糊认识。第三部分分析党和国家领导人的侨务论述以及政府工作报告中所体现的不断丰富的侨务工作内涵。第四部分分析华侨华人与归侨侨眷参与中国政治出现的一些新变化,这在以往的学术研究中也是比较少见的,反映了华侨华人与中国关系的政治面向。第五部分着重梳理介绍国务院侨务办公室和中国侨联开展侨务工作的新举措。最后一部分分析侨务政策法规的不断完善及在新形势下出台综合性华侨权益保护法的必要性。侨务部门开展的侨务工作以及侨务政策法规都突出体现了国内国外两个场域并重、华侨华人与归侨侨眷两个群体并重的趋势以及为侨服务、维护侨益的导向。

一 有关概念的界定及华侨华人与
国际移民概念的辨析

海外华侨华人究竟有多少人？以前一般笼统地说有几千万。有关部门公布的最新数据，目前，华侨华人的规模达到了6000万人[①]。而根据联合国有关数据，中国的国际移民从1990年的410万人增至2013年的930万人[②]。改革开放以来，中国的国际移民近1000万人成为学界和新闻报道普遍引用的数字。然而，这两组数据差距如此之大，引发了不少人的疑惑。长期以来，不少新闻报道和学术研究也将这两组概念混为一谈。因此，有必要先厘清相关概念。

（一）华侨、外籍华人、归侨、侨眷的概念

虽然在学术研究和实际工作中，我们经常将华侨华人、归侨侨眷连用，但在法律上和政策上，这几个概念是有明确界定和区别的。2009年，国务院侨办制定并发布了《关于界定华侨外籍华人归侨侨眷身份的规定》，使原先混乱不明的有关概念有了明确、权威的界定。

根据此规定，"华侨"是指"定居在国外的中国公民"。"定居"特指两种情况：一是指中国公民已经取得居住国长期或者永久居留权，并已在住在国连续居留两年；二是指中国公民虽未取得居住国长期或者永久居留权，但已取得居住国连续5年以上合法居留资格。符合这两种情况的才被视为"华侨"。而另外两种情况不属于"华侨"：一是包括公派和自费在内的留学生在外学习期间，二是因公务出国如外交人员、外派劳务人员在外工作期间，这两种情况均不视为"华侨"。"外籍华人"也包括两种情况：一是指

[①] 《海外华人华侨已超6000万 分布于198个国家和地区》，2014年3月5日，中国网，http://www.china.com.cn/news/2014lianghui/2014-03/05/content_31685623.htm。

[②] 皮尤研究中心：《全球移民和汇款模式的改变》，转引自中国华侨历史学会、中国华侨华人历史研究所编译《2013年世界移民报告：移民福祉与发展》，附录第196页，内部资料。

已加入外国国籍的原中国公民及其外国籍后裔,二是指中国公民的外国籍后裔。"归侨"也指两种情况:一是"回国定居的华侨",二是经批准恢复或取得中国国籍并依法办理来中国落户手续的外籍华人。在此,对"回国定居"也给予具体规定,即指"华侨放弃原住在国长期、永久或合法居留权并依法办理回国落户手续"。根据这一规定,短期回国的华侨或者虽然长期在国内生活、居住,但仍然保留国外居留权的华侨不属于"归侨"。"侨眷"也包括两种情况,一是"华侨、归侨在国内的眷属",在此,明确了侨眷的范围,主要是指上下三代的直系亲属,具体包括华侨、归侨的配偶、父母、子女及其配偶、兄弟姐妹、祖父母外祖父母、孙子女外孙子女,以及同华侨、归侨有长期扶养关系的其他亲属;二是外籍华人在中国境内具有中国国籍的眷属。

《关于界定华侨外籍华人归侨侨眷身份的规定》的出台,从政策层面对四种身份给予了清晰的区分和规定,不仅使侨务工作的实践有据可依,而且使学术研究也有规可循。

(二)华侨华人与国际移民概念的联系与区别

国际移民是世界现象。20世纪90年代以来,随着全球化的不断发展,人口的国际流动日趋频繁,成为全球化的组成部分,国际移民的规模增长迅速。例如,1990年、2000年、2005年、2010年国际移民的存量分别为1.54亿、1.75亿、1.95亿、2.14亿人。2013年,全球国际移民存量达2.32亿人[1]。然而,由于国际移民的复杂性,有关国际移民还没有统一的定义。李明欢教授根据联合国和国际移民组织对国际移民的定义,加上自己多年的研究,将国际移民界定为跨越主权国家边界、以非官方身份在非本人出生国居住达一年以上的特定人群[2]。国际移民的定义有三个要点:一是跨越

---

[1] 张秀明、密素敏:《国际移民的最新发展及其特点——兼析国际移民与华侨华人的概念》,《华侨华人历史研究》2014年第3期。
[2] 李明欢:《国际移民的定义与类别——兼论中国移民问题》,《华侨华人历史研究》2009年第2期。

本国的国家边界,二是在异国居住的时间要有连续性和一定的跨度(如短期游客或者短期赴国外探亲都不是国际移民),三是迁移的目的是个人原因(如外交官不属于国际移民)。

国际移民与华侨华人的概念既有联系,又有区别。具体来看,华侨是在非本人出生国居住达一年以上的人群,应该属于国际移民;在国外留学一年以上的留学生以及在国外工作一年以上的外派劳务人员也应该属于国际移民,但不是华侨。华人的情况则更为复杂:曾经拥有中国国籍的华人属于国际移民;在当地国出生的华裔虽然是华人的一部分,但不属于国际移民。由于华侨华人群体中有相当大一部分人是在当地国出生的华裔,他们不属于国际移民的范畴。

对华侨华人与国际移民这两组概念进行辨析很有必要,因为在一些新闻报道和学术研究中,经常将这两组概念混为一谈。其中最常见的错误说法是中国有几千万国际移民。这种说法不仅是错误的,而且会引起不必要的误解,如可能会为国外一些媒体渲染的"中国移民威胁论"等提供"依据"。中国几千万的华侨华人群体主要是历史原因形成的,改革开放以来的国际移民不到1000万人,是国际移民的有序组成部分。

二 华侨华人人数、中国大陆居民因私出国人数的增长及归侨侨眷的人数与构成

在对相关概念进行界定后,再来看一下与之相关的数据。

(一)华侨华人的人数

有关华侨华人的数据一直没有确切说法。20世纪八九十年代,一般说有3000多万。鉴于华侨华人规模不断增长,其人数陷入模糊状态,常笼统地说有几千万人。2014年,国务院侨办公布最新调研数据,全球华侨华人达6000多万人。

笔者根据历次人口普查公布的数据,梳理出涉及华侨的数据。第一次全

国人口调查（1953年）登记结果显示，国外华侨和留学生等有1174万多人（11743320人），占全国总人口（601938035人）的近2%①。第二次全国人口普查（1964年）结果显示，港澳台同胞和国外华侨等人口为2848多万人（28488510人），占全国总人口（723070269人）的近4%②。从第三次人口普查起，不再对海外侨胞的人数进行统计。第三、四、五次人口普查只统计并公布了临时在国外工作或学习的中国人的数据，而按照相关定义，这些人并不是华侨。我们只能偶然见到有关华侨的数据。比如，根据外交部公布的数据，2006年，常住各国的华侨有300多万人③。

需要指出的是，第六次人口普查（2010年）首次将在中国境内居住三个月以上或能够确定将居住三个月以上的港澳台居民和外籍人员纳入普查范围（不包括出差、旅游等在境内短期停留的港澳台居民和外籍人员）。统计显示，居住在中国境内并接受普查登记的外籍人员近60万人（593832人）。其中男性为336245人，女性为257587人。按国籍分，排在前十位的国家是：韩国120750人，美国71493人，日本66159人，缅甸39776人，越南36205人，加拿大19990人，法国15087人，印度15051人，德国14446人，澳大利亚13286人。其他国家181589人④。

2011年，庄国土教授发表文章，对华侨华人人数的历史变迁进行了估算，并分析了其分布格局的演变。根据他的研究，20世纪50年代初，世界华侨华人总数为1200万～1300万人，90%集中在东南亚。到80年代初，

---

① 《中华人民共和国国家统计局关于第一次全国人口调查登记结果的公报》，中国国家统计局网站，http://www.stats.gov.cn/tjgb/rkpcgb/qgrkpcgb/t20020404_16767.htm，转引自张秀明《改革开放以来侨务政策的演变及华侨华人与中国的互动》，《华侨华人历史研究》2008年第3期。

② 《中华人民共和国国家统计局第二次全国人口普查结果的几项主要统计数字》，中国国家统计局网站，http://www.stats.gov.cn/tjgb/rkpcgb/qgrkpcgb/t20020404-16768.htm，转引自张秀明《改革开放以来侨务政策的演变及华侨华人与中国的互动》，《华侨华人历史研究》2008年第3期。

③ 《外交部：2006年我国公民出境人数达3200人次》，新华网，http://news.china.com/zh_cn/domestic/945/20061231/13852348.html。

④ 《2010年第六次全国人口普查接受普查登记的港澳台居民和外籍人员主要数据》，中国国家统计局网站，http://www.stats.gov.cn/tjsj/tjgb/rkpcgb/201104/t20110429_30329.html。

华侨华人约为2000万人。这个时期由于中国大陆人口向外迁移基本停止，华侨华人的人口数量主要是自然增长。20世纪70年代至2008年，从中国前往世界各地的移民超过1000万人。其中，来自港台的有160万~170万人，来自大陆的有800多万人。这个时期由于来自大陆及港台的新移民不断增多以及华侨华人社会本身的人口自然增长，至2007~2008年，世界华侨华人总数增至约4543万人。其中，东南亚有3348.6万人，约占全球4543万华侨华人的73.7%[1]。

（二）大陆居民因私出国的增长

改革开放以来，越来越多的中国人走出国门，前往世界各地留学、定居、家庭团聚、结婚、投资等等，形成了新移民群体。20世纪八九十年代的"出国难、难出国"现象已成为历史。特别是21世纪以来，出国对许多中国人来说已经成为"说走就走"的事情，成为一种生活方式，中国人出国的规模不断扩大，无论是绝对数还是相对数都直线上升。自2008年全球金融危机以来，中国游客因其潜在的巨大购买力而成为不少国家极力争取的对象，成为提振当地经济的"救星"，受到热情欢迎。

虽然公安部出入境管理局经常公布中国公民出境的统计数据，但到目前为止，笔者还未见到比较详细的有关中国公民出国[2]目的构成数据，因此无法判断以移民为目的出国的人数究竟有多少。我们只能从部分数据中观察一鳞半爪。

1979~1989年，中国大陆因私出国人数为110多万人；1997年为116万多人，这一年的出国人数超过前十年的总和；1999年达200多万人[3]；

---

[1] 详见庄国土《世界华侨华人数量和分布的历史变化》，《世界历史》2011年第5期。
[2] 中国的出国出境分类比较复杂。除了出国外，还有出境。"境内"指的是中国海关关境以内，不包含港澳台地区。大陆居民前往港澳台地区是出境但不是出国。出境数据一般既包括出国也包括出境，但出国不包括出境。此外，还分因私、因公出境。
[3] 《新闻背景：我国公民出国人数急剧上升》，新华网，http：//news.tom.com/Archive/2001/11/21-97627.Html。

2000年达310多万人。2000年，由于简化了商务、劳务、就业出国的申请手续，这三类出国人数大大增加①（见表1）。

表1 2000年因私出国人数情况

出国原因	人数(人次)	同比增长(%)
商务	154000	79
就业	39000	100
劳务	21000	23.9
探亲	593000	10.8
定居	62000	6.9
留学	85000	持平
总计	954000	

注：以上数据不包括赴港澳台地区的人数。
资料来源：根据2000年公安机关公布的数据整理，见中新网《2000年中国因私出国出境人数创新高》，http://www.china.org.cn/chinese/2001/Feb/20436.htm，转引自张秀明《改革开放以来侨务政策的演变及华侨华人与中国的互动》，《华侨华人历史研究》2008年第3期。

21世纪以来，中国公民的因私出境活动日益活跃，出境人数大幅攀升，涨幅远高于总体水平（见表2）。

表2 2001～2010年中国公民因私出(入)境人数情况

单位：万人次，%

年份	出境总数	同比增长	因私出境人数	同比增长	占总数比例
2001	1213	15.9	695	23.4	57.3
2002	1660	36.8	1006	44.9	60.6
2003	2022	21.8	1481	47.2	73.2
2004	2885	47.2	2298	55.2	79.7
2005	3103	7.5	2514	9.4	81.0

---

① 《2000年中国因私出国出境人数创新高》，中新网，http://www.china.org.cn/chinese/2001/Feb/20436.htm。

续表

年份	出境总数	同比增长	因私出境人数	同比增长	占总数比例
2007	—	—	6835.4	21.3	—
2008	9100	12.2	8037.9	15.1	—
2009	9491.5	4.0	8474.2	5.4	—
2010	11400	20.5	—	—	—

注：出入境数据均包括前往港澳台地区的人数；2001~2005年为单向的出境数据，2007~2010年包括出入境双向数据。

资料来源：2001~2005年数据根据赵焕焱《资料篇：中国旅游42年》中的有关数据整理，http://www.chinavalue.net/showarticle.aspx?id=26507；2007~2010年数据根据公安部出入境管理局网站资料整理，http://www.mps.gov.cn/n16/n84147/n84211/n84424/index.html。

由表2可见，2001~2005年，中国公民因私出境规模不断攀高，增长率在两位数以上，占总数的比例基本在60%以上，甚至高达81%。2006年后，虽然没有单独的出境人数统计，但按出境人数占出入境总数的一半来计算的话，其增长规模同样巨大。2014年，内地居民出入境人数首次突破2亿人次，达到2.33亿人次，同比增长18.7%[①]。

需要指出的是，2007年的出入境统计首次列出了华侨的出入境数字。2006年，华侨出入境达169.1万人次，2007年为147.7万人次（见表3）。

表3 2007年出入境主要数据

	项目	2007年	2006年	同比增长(%)
出入境人员	出入境人员总数（亿）	3.45	3.18	8.4
	入境人员（亿）	1.72	1.59	8.3
	出境人员（亿）	1.73	1.59	8.5
	出入境旅客（亿）	3.22	2.95	9.1
	出入境员工（万）	2352.5	2365.8	-0.6

---

① 《2014年出入境人员和交通运输工具数量同比稳步增长》，公安部出入境管理局网站，http://www.mps.gov.cn/n16/n84147/n84196/4311409.html。

续表

出入境人员		项目	2007年	2006年	同比增长（%）
出入境人员	中国公民	小计（亿）	2.93	2.74	6.9
		内地居民（因公）（万）	1149.8	1105.7	4.0
		内地居民（因私）（万）	6835.4	5589.0	21.3
		港澳居民（亿）	2.02	1.97	2.9
		台湾同胞（万）	923.6	881.1	4.8
		华侨（万）	147.7	169.1	-12.6
	外籍人员（万）		5207.2	4427.5	17.6

资料来源：《2007年出入境主要数据》，公安部出入境管理局网站，http：//www.mps.gov.cn/n16/n84147/n84211/n84424/1295685.html。

中国现在是世界第一留学大国。改革开放以来，中国的出国留学潮经久不衰。截止到2013年，中国出国留学总人数达到了305.86万人[1]。同时，一个新现象是：21世纪以来，中国的留学回国人数几乎呈直线上升趋势。2000~2013年，其中有11年都保持了20%以上较快速度的增长。2008、2009年，中国留学生回国人数增长率一度超过了50%，分别达到57.5%、56.2%[2]。"海归"因其融通中外的背景及高层次人才身份成为全社会关注的群体，其中不少属于新归侨。

通过留学而留居已成为许多发展中国家移民的途径之一，中国也不例外。目前，还未见到全面准确的数据显示究竟有多少人因留学而实现了留居。在此，列举两个例证。1998年的一次归国留学生问卷调查显示，有7.8%的海归获得了留学国的居留权[3]。截至2009年底，以留学生身份出国、在外的留学人员有112.34万人，其中82.29万人正在国外进行学习以

---

[1] 《2014年出国留学趋势报告》，中国教育在线，http：//www.eol.cn/html/lx/2014baogao/content.html。

[2] 《2014年出国留学趋势报告》，中国教育在线，http：//www.eol.cn/html/lx/2014baogao/content.html。

[3] 详见张秀明《改革开放以来留学生的回归及处境——根据归国留学生问卷调查的分析》，《华侨华人历史研究》1999年第2期。

及从事博士后研究或学术访问等①。也就是说，有30多万人学成后留在国外，实现了留居。

在此，需要特别指出的是，虽然中国公民因私出国队伍浩浩荡荡，但是出国既不等于移民，也不等于定居，更不等于自然而然就成为华侨华人。中国庞大的出国规模更多是短期出国，特别是商务和旅游观光。符合移民身份的是小部分，以定居为目的的更是少数。

（三）归侨侨眷人数及其构成的变化

归侨侨眷是中国侨务工作的另一个重要群体。与海外华侨华人一样，国内归侨侨眷的人数特别是其构成发生了重要变化。一是20世纪五六十年代回国的老归侨人数逐渐减少，而改革开放以后出国的新归侨越来越多；二是归侨侨眷中，归侨的比例越来越低，而侨眷的比例越来越高；三是贫困归侨侨眷的人数增长率较高。至2005年底，全国共有归侨106多万（1061283人）人，其中新归侨138068人；侨眷3200多万（32621804人）人，归侨侨眷总计33683087人②。截至2010年底，全国有归侨侨眷3140.9万人，其中归侨75万人；截至2012年底，归侨侨眷人数达3360.8万人，其中归侨77.7万人。与2010年相比，2012年，贫困归侨侨眷人数大幅增加，增长率高达34.2%；全国归侨侨眷贫困发生率约为4.7%，其中归侨比例更高，达11.7%③。

三 侨务思想的内涵不断丰富

华侨华人对中国革命及现代化建设的贡献得到了党和国家领导人的高度肯定和赞扬，形成了内涵丰富的具有鲜明时代特征的侨务思想。

---

① 《教育部公布2009年度各类留学人员情况统计结果》，教育部网站，http://www.moe.gov.cn/publicfiles/business/htmlfiles/moe/moe_851/201006/90108.html。
② 《中国侨联五十年》（1956~2006），中国华侨出版社，2006，第419页。
③ 有关部门内部统计数据。

（一）党和国家领导人的侨务论述

有关侨务工作和华侨华人的作用，邓小平有一系列论述，包括拨乱反正、落实侨务政策，发挥华侨作用、振兴中华民族，凝聚侨力、实现祖国统一，以及发展同各国的友好关系等内容①。其中，最著名的是"海外关系论"和"独特机遇论"。改革开放初期，邓小平旗帜鲜明地指出，"说什么'海外关系'复杂不能信任，这种说法是反动的。我们现在不是关系太多，而是太少，这是个好东西，可以打开各方面的关系"。这就是"海外关系论"。1993年，邓小平在视察南方的重要讲话中指出，"对于中国来说，大发展的机遇并不多。中国与世界各国不同，有着自己独特的机遇。比如，我们有几千万爱国同胞在海外，他们对祖国做出了很多贡献"②。这就是"独特机遇论"。江泽民对侨务工作的各个方面都作过一系列重要指示。他强调，海外华侨华人是中华民族的资源宝库，实现中华民族的伟大复兴，要充分发挥华侨华人的智力和人才资源。胡锦涛在2008年两会期间看望致公党、中国侨联界全国政协委员，并在参加联组讨论时提出了"四个充分发挥"。他指出："我国有几千万归侨侨眷，有几千万海外侨胞。这两个几千万，既是我国的独特国情，又是我们进行现代化建设的独特优势。要按照凝聚侨心、汇集侨智、发挥侨力、维护侨益的要求，最大限度地把归侨侨眷和海外侨胞团结起来，把他们的积极性调动起来，把他们的独特优势发挥出来，进一步汇聚起全民族为实现中华民族伟大复兴而共同奋斗的强大合力。要充分发挥归侨侨眷和海外侨胞在推动我国现代化建设方面的重要作用，在推进祖国和平统一大业方面的积极作用，在传播中华文化方面的独特作用，在增进中国人民同各国人民相互了解和友谊方面的桥梁作用。"③ 特别重视和强调

---

① 详见国务院侨务办公室、中共中央文献研究室编《邓小平论侨务》，中央文献出版社，2000。
② 详见谭天星《邓小平侨务思想的精髓及其时代意义》，《华侨华人历史研究》2005年第1期。
③ 《胡锦涛看望致公党、中国侨联界委员并参加联组讨论》，2008年3月8日，中国网，http://www.china.com.cn/2008lianghui/2008-03/08/content_11933998.htm。

海外侨胞和归侨侨眷两个群体的作用。

习近平对华侨华人的地位、作用以及侨务工作的基本任务、方针政策等，做过一系列重要指示和阐述。例如，在2010年7月海外华裔及港澳台地区青少年"中国寻根之旅"夏令营开营仪式的讲话中，他提出了"根""魂""梦"的重要论述。他指出，团结统一的中华民族是海内外中华儿女共同的"根"。多元一体的中华民族的形成，不仅仅是共同的地缘和生活环境，更重要的是共同的历史命运把我们密不可分地联结在一起。博大精深的中华文化是海内外中华儿女共同的"魂"。中华文明是世界古代文明中唯一始终没有中断、连续5000多年发展至今的文明，中华民族在漫长历史发展中形成的独具特色的文化传统，是海内外中华儿女共同的宝贵财富。特别是中华民族在漫长的历史进程中锻造的伟大民族精神，是海内外中华儿女世世代代自强不息、团结奋斗的强大精神支撑。实现中华民族伟大复兴是海内外中华儿女共同的"梦"。新中国成立特别是改革开放以来，中国取得了举世瞩目的发展成就，中国国际地位和国际影响力显著上升，极大振奋了海内外中华儿女的民族自信心和自豪感，中华民族伟大复兴已经展现出灿烂的前景[1]。这一论述指明了侨务事业在实现中国梦过程中的作用和方向，深刻阐释了海内外中华儿女共同拥有的民族之根、文化之魂、复兴之梦，高度肯定了广大侨胞作为中华大家庭成员的历史地位及实现中国梦的进程中不可替代的重要作用。

几代中央领导集体以宽广的理论视野，不断总结锤炼，形成了具有鲜明时代特征的中国特色侨务思想，对中国侨务政策以及侨务工作的开展具有指导意义。

（二）政府工作报告有关侨务工作的内容越来越丰富

侨务工作是党和政府的一项长期性战略性工作，是统战工作的重要组成

---

[1] 《2010年海外华裔及港澳台地区青少年"中国寻根之旅"夏令营开营 习近平出席并讲话》，新华网，http://news.xinhuanet.com/politics/2010-07/25/c_12371012_2.htm。

部分。国务院历年政府工作报告对侨务工作都有论述。解读2000~2015年国务院的政府工作报告可以发现，有关侨务工作的论述内涵越来越丰富。例如，2000年的工作报告指出："做好新形势下的侨务工作，充分发挥广大海外侨胞在促进祖国改革开放与实现和平统一大业中的作用。"① 2004年的工作报告指出："进一步做好海外侨胞和归侨、侨眷的工作，充分发挥他们在促进祖国统一和民族振兴中的独特作用。"② 之后的工作报告都强调要做好海外侨胞和归侨侨眷的工作，关注的群体不仅有海外侨胞，而且包括归侨侨眷。2010年后，不仅强调要维护海外侨胞和归侨侨眷的合法权益，而且强调要发挥海外侨胞和归侨侨眷多方面的作用，包括参与中国现代化建设、促进中国和平统一等方面的独特作用，还强调支持他们传承中华文化、发挥他们推进中外人文交流的作用，增强他们的向心力和凝聚力。2015年政府工作报告指出："要更好发挥海外侨胞和归侨侨眷参与祖国现代化建设、促进祖国和平统一、推进中外交流合作的独特作用，使海内外中华儿女的向心力不断增强。"③

四 华侨华人、归侨侨眷政治参与的新变化

众所周知，海外侨胞和归侨侨眷积极参与中国的经济建设，为中国经济社会发展作出了巨大贡献。改革开放以来，华商投资一直占中国吸收外资的60%以上。华侨华人也是中国公益事业的重要支撑力量。自改革开放至2014年5月，海外侨胞、港澳同胞对中国公益事业的捐助总额超过900亿元人民币④。除了投资、捐赠等经济参与外，海外侨胞对中国

---

① 《2000年国务院政府工作报告》，http://www.gov.cn/test/2006-02/16/content_201153.htm。
② 《2004年国务院政府工作报告》，http://www.gov.cn/test/2006-02/16/content_201193.htm。
③ 李克强：《政府工作报告——2015年3月5日在第十二届全国人民代表大会第三次会议上》，人民出版社，2015，第37页。
④ 《中国全国华侨捐赠工作会议在穗召开》，中国侨网，http://www.chinaqw.com/sqjg/2014/05-27/4961.shtml。

政治的参与也是他们与中国关系的重要方面，这一点似乎还未引起学界的足够重视。21 世纪以来，海外侨胞和归侨侨眷的政治参与发生了新变化。

（一）参与人民代表大会的新突破

人大代表是华侨、归侨、侨眷参政议政的重要途径。《全国人民代表大会和地方各级人民代表大会选举法》总则第 6 条和《归侨侨眷权益保护法》第 6 条均规定：全国人民代表大会和归侨人数较多地区的地方人民代表大会，应当有适当名额的归侨代表①。

从国家层面看，全国人民代表大会的华侨代表发生了变化，由华侨代表转变为归侨代表。第一至第三届人民代表大会分别有 32、30、30 名华侨代表；第四届开始改为归侨代表，仍为 30 名；从第五届以来，每届的归侨代表名额均为 35 名，但仅局限于归侨身份，不包括侨眷。

从地方层面看，绝大部分省份在身份上都突破了归侨的局限，将代表候选人范围扩大到了侨眷。据笔者粗略梳理，30 个实施归侨侨眷权益保护办法的省份中，除上海、山东、山西、广西 4 个省份之外，有 26 个省份都规定地方各级人民代表大会应当有适当名额的归侨、侨眷代表。《湖北省实施〈中华人民共和国归侨侨眷权益保护法〉办法》第 6 条规定："省人民代表大会和归侨、侨眷人数较多的其他地方人民代表大会，应当有适当名额的归侨、侨眷代表。"② 其他省份的规定基本相似。有些省份归侨侨眷代表的比例较高，如海南省第五届人民代表大会代表共 393 名，其中，归侨侨眷代表 19 名，占 4.83%③。

经过 60 年的发展，归侨侨眷的情况发生了新变化。如前所述，3000 多

---

① 《中国侨联五十年》，中国华侨出版社，2006，第 437 页。
② 《湖北省实施〈中华人民共和国归侨侨眷权益保护法〉办法》，中国侨网，http://www.chinaqw.com/zcyj/2014/04-22/1339.shtml。
③ 《海南选出 393 名省五届人大代表 归侨侨眷占席 4.83%》，海南省外事侨务办公室，http://dfoca.hainan.gov.cn/wsqbzw/qqqw/201212/t20121216_831408.htm。

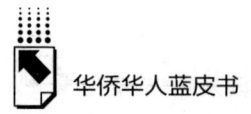

万归侨侨眷中，归侨人数所占比例越来越小，只有77.7万人，占总数的2.3%。而随着出国定居人数的不断增多，侨眷的队伍越来越庞大。因此，近年来出现了呼吁扩大侨界人大代表的诉求。2015年两会期间，全国人大代表、致公党中央委员许虹建议将人大代表中的归侨代表扩大为归侨侨眷代表，并增加代表数额①。在这方面，地方已经先行一步，积累了实践经验，打下了法理基础。

除了归侨侨眷参与各级人大外，近年来，一个重大突破是华侨重新参与地方人民代表大会。中国第一大侨乡广东率先垂范。2014年，广东省十二届人大二次会议首次邀请在粤投资、工作、居住或祖籍广东的10名华侨列席，这在广东尚属首次，在全国也属创举。这10名华侨来自全球5大洲、9个不同国家，他们当中有成功企业家、知名学者、杰出侨领、知名文化人士等。他们平时非常关心社会公共事务，具有一定的议事和参与公共管理能力。邀请列席的华侨与其他列席省人代会人员享有同等权利和义务。为了发挥华侨列席会议的作用，省人大常委会相关部门专门成立了华侨列席省人代会服务保障小组，会前将举行座谈会，向受邀的华侨介绍人民代表大会制度及省人代会的情况。在省人代会期间，列席省人代会的华侨将统一编入相应的代表团，参加审议和发表意见。此外，大会还安排两场专题座谈会，听取华侨的意见和建议，为他们了解广东省省情和发表意见搭建专门平台②。2015年，广东省人大常委会再次邀请17位华侨列席省十二届人大三次会议，为广东发展出谋献策③。

（二）参与政治协商会议的新突破

邀请海外侨胞列席政协会议，是充分发挥人民政协大团结大联合组织优

---

① 《人大代表建议将归侨代表扩大为归侨侨眷代表》，中新社，http：//www.gqb.gov.cn/news/2015/0310/35221.shtml。
② 《广东省人大会议首次邀请10名华侨列席》，中新网，http：//www.chinanews.com/df/2014/01-07/5708797.shtml。
③ 《华侨列席省十二届人大三次会议　广东发展凝聚侨胞智慧》，广东人大网，http：//www.rd.gd.cn/rdzt/rdh3/xwbd/tt/201502/t20150210_145209.html。

势、不断拓展人民政协海外联谊工作的一项重要举措,是人民政协制度的重要创新,也是海外侨胞参与中国政治的新突破。

从国家层面来看,2001年3月,全国政协九届四次会议首次邀请9位海外华侨列席会议,揭开了海外侨胞参与政协新的一页。此后,根据海外侨胞中华人比例超过华侨比例的实际情况,在部分政协委员和海外侨胞的建议下,从2004年全国政协十届二次会议开始,全国政协适当扩大邀请范围,邀请华侨与华人代表共同列席政协全会。2001~2015年,全国政协共邀请来自66个国家的437位海外侨胞列席政协会议[1](见表4)。他们中有爱国老侨、知名侨领、科技翘楚、商界精英、新华侨华人、华裔新生代和留学回国人员等,具有广泛的代表性、较强的影响力和较高的知名度。

表4 海外侨胞列席全国政协会议情况表

年份	人数(人)	国家(个)
2001	9	8
2003	20	13
2004	18	11
2005	28	16
2008	30	16
2009	33	19
2010	39	21
2011	39	21
2012	40	25
2013	39	24
2014	35	21
2015	38	27

资料来源:笔者根据历年有关报道整理,2002年、2006年、2007年数据从缺。

从地方层面看,1984年就开始了这项工作。1984年,北京市政协邀请海外侨胞列席政协会议,开了邀请侨胞列席政协会议的先例。较早开展这项

---

[1] 《38位海外侨胞列席全国政协会议:关注中华文化走出去》,人民网,http://politics.people.com.cn/n/2015/0313/c242021-26688818.html。

工作的还有上海（1986年）、海南（1988年）。1984～2013年，各地政协累计邀请海外侨胞回国参与政协活动1620余人次①。到2013年，已有19个省（自治区、直辖市）、8个副省级城市开展了这项工作。

还需要指出的是，有的地方明确规定政协中要有归侨侨眷委员。《云南省实施〈中华人民共和国归侨侨眷权益保护法〉办法》第8条规定："本省省级和归侨、侨眷较多的地方各级人民代表大会、政治协商会议，应当有适当名额的归侨、侨眷代表和归侨侨眷委员。"② 实际情况如何，各地是否有同类情况，仍有待进一步调研。

（三）侨务机构搭建参政议政平台

除了人大、政协外，有关侨务部门也十分注重发挥海外侨胞和归侨侨眷参政议政的作用，为他们搭建多种平台。比如，中国侨联聘请了为数众多的海外顾问和委员、海外青年委员、特聘专家以及海外律师团和法律顾问委员。

2004年7月，中国侨联第七届委员会开始聘任港澳顾问和国外顾问；2009年7月，中国侨联第八届委员会除继续聘任港澳、海外顾问外，还开始聘任海外委员；2013年12月，中国侨联第九届委员会聘任海外顾问和委员规模继续扩大。

自2001年起，中国侨联还成立了青年委员会。青年委员会中，港澳地区和海外委员占有很大比例。第一届中国侨联青年委员会（2001～2007）委员有来自14个国家的海外委员；第二届中国侨联青年委员会（2007～2014）委员有国外委员338名，分布在60个国家；第三届中国侨联青年委员会委员（2014年12月至今）海外委员覆盖91个国家和地区③。

---

① 陈文良：《制度视角下的海外侨胞回国参加政协会议机制：历史、现状与发展》，《华侨华人历史研究》2013年第3期。
② 《云南省实施〈中华人民共和国归侨侨眷权益保护法〉办法》，中国侨网，http：//www.chinaqw.com/zcyj/2014/04-22/1391.shtml。
③ 根据中华全国归国华侨联合会网站有关内容整理，http：//www.chinaql.org/sites/ql/index.html。

此外，2010年初，中国侨联还成立了特聘专家委员会。截止到2014年底，特聘专家委员会召开了5次年会。特聘专家143位，其中院士29位，千人计划人才56位，百人计划人才24位，长江学者31位。专家们利用自己的专业优势和熟悉海外情况的优势，积极为中国的改革发展建言献策。特聘专家委员会已成为侨联凝聚侨界高层次人才的重要载体和服务国家改革发展的重要力量[1]。

2008年，中国侨联法律顾问委员会成立了海外华侨华人律师团；2013年，中国侨联法律顾问委员会先后聘请14个国家和地区的33名海外华侨华人律师为海外委员。海外律师和海外委员为依法维护侨胞权益、向海外宣传中国法律、向海外宣传中国文化、开展民间外交等作出了积极贡献[2]。

五 侨务工作两个场域、两个群体并重

侨务工作作为党和政府的一项长期性战略性工作，始终围绕国家经济发展中心、服务国家发展大局，与时俱进，不断开拓创新。进入21世纪以来，特别是2008年全球金融危机以来，亚洲经济充满活力，中国经济一枝独秀，华侨华人与中国的联系更加紧密，他们在中国的发展创业进入新阶段。为华侨华人在中国发展创业提供更好的服务，搭建更多的平台，开拓更多的渠道，从而实现侨胞事业发展与为国家社会进步和经济发展做贡献的双赢局面，已成为侨务工作的新方向。侨务工作主要呈现出两个趋向：一是强调为国服务与为侨服务的统一，不仅注重华侨华人对中国经济社会发展的作用和贡献，而且更加注重为侨服务，更加强调依法护侨、注重对海外侨胞和归侨侨眷权益的保护；二是国内国外两个场域并重，海外侨胞和归侨侨眷两个群体并重。以下以国务院侨务办公室和中国侨联为例进行分析。

---

[1] 中华全国归国华侨联合会网，http://www.chinaql.org/sites/ql/c143/d_20140116142623474122.html。

[2] 《中国侨联年鉴2014》，中国华侨出版社，2014，第303~307页。

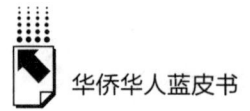

（一）制度化举措加强为侨胞创业服务

1. 成立侨商社团，联络服务侨商

2003年8月，中国侨联成立了"华商联谊会"，其宗旨是"服务会员、贡献社会"，推动实施"科教兴国"战略。2008年9月，中国侨联华商联谊会正式更名为"中国侨商联合会"。目前，全国侨联系统侨商会已达到85家，其中省级29家、副省级7家、地市级35家、县级14家，会员总数1.2万人。特别是新疆国际侨商联合会和甘肃侨商联合会的成立，使西部地区除西藏外，都建立起了侨商组织①。

为了深化对侨资企业的服务工作，帮助侨资企业做大做强，汇聚广大侨商力量，服务中国发展大局和中外友好的大局，2008年1月，国务院侨办成立了"中国侨商投资企业协会"。协会的主要任务是增进华侨华人、港澳投资者之间的联系与合作；帮助会员寻找商机，发展事业，为国家经济建设和社会进步贡献力量；加强与政府的联系，反映会员的意见和要求；为会员企业排忧解难，维护会员合法权益。侨商投资企业协会成立以来，开展了诸多项目和活动，打造了不少品牌。例如，自2004年以来，国务院侨办会同地方侨办共同举办"海外华裔青年企业家中国经济高级研修班"。截止到目前，已累计举办28期，近千名优秀华裔青年企业家到中国参加学习②。

2. 举办大型活动，为侨胞创业牵线搭桥

已经召开的12届世界华商大会中，有两届在中国大陆召开，均得到中国国家领导人和各个部门的高度重视和大力支持。第十二届世界华商大会2013年9月24日至26日在中国成都举行，主题是"中国发展·华商机遇"。中共中央总书记、国家主席习近平向大会发来贺信。中共中央政治局常委、全国政协主席俞正声出席开幕式并发表主旨演讲。参加大会的国内外

---

① 详见中华全国归国华侨联合会网站，http：//www.chinaql.org/sites/ql/index.html。
② 《国侨办第28期海外华裔青年企业家研修班在京结业》，国务院侨办网，http：//www.gqb.gov.cn/news/2015/0520/35866.shtml。

嘉宾人数超过3000人；涵盖百余个国家和地区[①]。

此外，国务院侨办还与地方合办大型创业活动，为侨胞创业搭建多种平台。

"华创会"（华侨华人创业发展洽谈会）：由国务院侨办、湖北省政府及武汉市政府共同主办的"华创会"，2001~2014年已成功举办了14届。来自全球50多个国家和地区共计9000多人次的华侨华人参会，带来6200余个合作交流项目，中部地区省、市共签订引进人才和技术项目近1900个，总投资额逾2000亿元人民币[②]，取得了良好成效。

"华交会"（华商企业科技创新合作交流会）：是中国国务院侨办联合有关省市举办的大型引资引智活动，旨在促进华商企业与中国企业的进一步合作发展，为各地政府进一步提升引进侨资的质量和水平，引进更多的华侨华人先进技术、管理经验和高层次人才搭建一个有效平台。该活动每两年举办一次，自2002年以来已经举办过七届。自2008年起，定点在山东举行。

"东盟华商会"（东盟华商投资西南项目推介会暨亚太华商论坛）：自2003年起由国务院侨务办公室和云南省人民政府主办，已在昆明成功举办了九届。宗旨是为中国—东盟自由贸易区建设和西部大开发战略服务，促进西南地区与东盟华商合作交流。

"海科会"（海外华侨华人高新科技洽谈会）：为大力吸引海外人才和智力资源，四川省政府从1996年开始在成都举办"海外华侨华人高新科技洽谈会"。2004年，该活动被确定由国侨办和四川省政府共同主办。截至目前，"海科会"已逐步发展成为中国西部四川省扩大对外开放合作、引进侨资侨智的重大活动和重要平台。

华商领袖圆桌会：自2006年中国国务院侨务办公室与上海市政府联合

[①] 《第12届世界华商大会蓄势待发　参会规模创历史之最》，中新网，http://www.chinanews.com/zgqj/2013/09-23/5313253.shtml。

[②] 《2014华侨华人创业发展洽谈会武汉开幕　裘援平致辞》，中国侨网，http://www.chinaqw.com/sqjg/2014/06-24/7600.shtml。

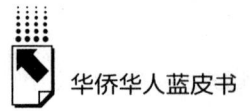

在上海举行首届华商领袖圆桌会后,国侨办先后在济南、重庆举办过第二届、第三届华商领袖圆桌会。自2011年开始,"华商圆桌会议"在博鳌亚洲论坛框架下举行,2015年是第五年举办。博鳌亚洲论坛2015年年会华商领袖与华人智库圆桌会上,来自世界各地的20多名华商代表与专家学者亦纷纷表示,中国提出的"一带一路"战略是华商迎来的重大历史机遇,华商在对接中国与住在国方面有优势,在金融服务、互联网信息、技术引进、人文交流等方面可率先推进。

"海华会"(海外华商中国投资推介会,2012年后改为海外华商中国投资峰会):由国务院侨务办公室、福建省侨务办公室和厦门市侨务办公室联合主办的专门面向海外华商的投资推介活动。宗旨是配合西部大开发、推动中部地区崛起和建设海峡西岸经济区等国家战略决策,宣传介绍中国各地的经济发展政策和商机,为海外华商在中国各地投资搭建平台和桥梁。自2007年以来已连续成功举办七届。

(二)增进侨社友谊与团结,促进合作与发展

社团是华侨华人社会的三大支柱之一。目前,全球公共外交类、地域同乡类、姓氏宗亲类等华侨华人社团组织逾2.5万个[①]。为了为全球侨团联谊交流搭建平台,增进友谊与团结,促进合作与发展,自2001年以来,国务院侨务办公室和中国海外交流协会已在北京举办了七届世界华侨华人社团联谊大会。历届大会均得到党和国家领导人的高度重视。2007年,胡锦涛总书记曾接见过第四届大会代表,贾庆林主席曾接见过第三、第五届大会代表,国务院分管领导出席了历届大会开幕式并讲话。历届大会的主题均紧紧围绕国家发展大局、服务侨社发展(见表5),体现出为国服务和为侨服务的统一。

---

① 《侨办主任:实施8项计划 促进海外和谐侨社建设》,中国政府网,http://www.gov.cn/xinwen/2014-06/06/content_2695869.htm。

表5 历届世界华侨华人社团联谊大会情况

时间	届次	大会主题	领导人讲话	国务院侨务办公室主任主题报告	参会侨团负责人人数
2001年6月	第一届	联谊、团结、发展	钱其琛副总理在开幕式上致辞	郭东坡:《竭诚为侨服务,共谋团结发展》	200多名
2003年10月	第二届	增进联谊、加强团结、促进合作、共谋发展	国务委员唐家璇在开幕式上致辞	陈玉杰:《增进友谊 加强团结 促进发展》	300多名
2005年5月	第三届	增进共识、凝聚力量、反对"台独"、促进统一	国务委员唐家璇在开幕式上致辞	陈玉杰:《增进共识 凝聚力量 为反对"台独"促进统一而努力奋斗》	450多名
2007年6月	第四届	和睦相融、合作共赢、团结友爱、充满活力	国务委员唐家璇在开幕式上致辞	李海峰:《和睦相融 合作共赢——构建一个充满活力的华侨华人社会》	
2009年5月	第五届	维护中国统一——新疆、西藏的历史与现状	国务委员戴秉国在开幕式上致辞	李海峰:《携手合作 为建设和谐侨社和谐中国和谐世界做出新贡献》	约600名
2012年4月	第六届	弘扬中华优秀文化、展示侨胞良好形象	国务委员戴秉国在开幕式上致辞	李海峰:《弘扬中华文化 展示侨胞形象》	约570名
2014年6月	第七届	服务社区、和谐发展	国务委员杨洁篪在开幕式上致辞	裘援平:《继往开来 相融共赢 全面深入推进和谐侨社建设》	500多名

资料来源:根据国务院侨办网、中国新闻网、中国侨网"第七届世界华侨华人社团联谊大会"有关内容整理,详见http://www.chinaqw.com/z/2014/sjhqhrstlydh/index.html。

第七届世界华侨华人社团联谊大会2014年6月在北京举行。大会以"服务社区、和谐发展"为主题,旨在通过大会,着眼国家大局、关注侨界民生,探讨进一步引导海外侨团机制化、规范化发展,提升海外华人社区服务功能，深化海外和谐侨社建设。共有来自119个国家和地区的500多位华侨华人社团和社区服务机构负责人出席①。

（三）华文教育事业形成新体系、文化传承打造品牌

海外华文教育被称为海外"希望工程""留根工程"。华文教育事业涉及海外约2万所华校、数十万教师、数百万在校生，维系着华侨华人的民族特性及与祖（籍）国的情感联系。21世纪以来，国务院侨办秉承"以人为本，为侨服务"的宗旨，不断提高为侨服务和为华文教育服务的能力和水平，制定并实施国家海外华文教育工作规划，形成由几个体系构成的支持海外华文教育工作格局。初步建立起华文教材体系、华校教师培训体系、海外华校帮扶体系以及华文教育国内支撑体系，推动华校朝规范化、标准化、正规化方向转型升级发展。

例如，通过2004年9月成立的中国华文教育基金会，开展实施了包括华文师资培养工程、华文教师暖心工程、华裔青少年中华文化传承工程、传统节庆文化活动拓展工程、华文教辅材料开发工程、华文教育现状调研工程在内的"六大工程"。在此基础上形成了三个"资助体系"：一是华文教师从大专学历、本科学历到研究生学历的培养资助体系，二是海外华裔青少年高中、大专到本科的奖助体系，三是海外华文学校发展资助体系。此外，还打造海外华裔青少年中国文化行及远程网络教育等品牌活动，惠及全球众多国家和地区的华文教育组织、华文学校、华文教师和华裔青少年②。在教材方面，国务院侨办每年向海外华校提供250万册各类教材。在师资方面，走出去、请进来多渠道并举：每年选派近千名教师赴海外任教；每年邀请约5000名海外华文教师回国参加系统培训；组派专家团"送教上门"，对海外华文教师进行"巡回培训"，每年都有近万名海外华文教师从中受益。

---

① 《第七届世界华侨华人社团联谊大会在京开幕》，中新网，http：//www.chinanews.com/hr/2014/06－06/6253644.shtml。
② 详见《中国华文教育基金会简介》，中国华文教育基金会网，http：//www.clef.org.cn/news/2013/0823/5/1349.shtml。

在让华裔青少年了解、体验中华文化方面，则注重打造品牌，如组织、举办"中国寻根之旅"夏（冬）令营、"华夏行"、中华文化大乐园等中华文化体验活动，每年吸引10余万华裔青少年踊跃参与①。"中国寻根之旅"夏（冬）令营活动的时间、内容、方式等都在不断调整、完善，根据海外假期情况，已经不局限于暑假和寒假，而是拓展为春、夏、秋、冬四季办营计划；中华文化丰富多彩，"中国寻根之旅"活动与各地合作，充分挖掘各地文化资源，让华裔青少年了解更多富有地方特色的中华文化。再如，世界华裔杰出青年"华夏行"是专门面向在海外各领域崭露头角的华裔青年而举办的一项活动，2001～2013年已经举办了九届。"第九届世界华裔杰出青年华夏行"以"绽放青春光彩·共圆共享中华梦想"为主题，来自五大洲74个国家和地区的500名华裔杰出青年代表出席，除在北京参加活动外，代表们还分多条路线赴浙江、山东、河南、陕西等地参观考察②。

（四）"文化中国""亲情中华"系列活动全方位服务侨胞

为了满足海外侨胞的精神文化需求，集中展示中华文化的丰富多彩和博大精深，增进海外侨界及主流社会对中华文化的了解和喜爱，以侨为桥，沟通中国与世界，近年来，国务院侨办精心打造了"文化中国"系列品牌活动，在国内、海外两个场域，采取"请进来""走出去"等多种形式，在侨胞中传播中华文化，培养和提升侨胞的中华文化素养。

"文化中国"系列活动包含多个子品牌。"走出去"的有"四海同春""名家讲坛"等。"文化中国·四海同春"创立6年来，累计组派43个艺术团组、1590名演职人员，赴96个国家及港澳地区184个城市举办了283场演出，观众338万余人③。"文化中国·名家讲坛"自2007年开展以来，已

---

① 《侨务事业线下线上齐推进　编织大网络　建和谐侨社》，中国侨网，http：//www.chinaqw.com/gqqj/2015/01-16/34101.shtml。
② 《第九届"世界华裔杰出青年华夏行"开幕》，新华网，http：//news.xinhuanet.com/2013-05/28/c_124775019.htm。
③ 《国务院侨办"文化中国"品牌文化活动成果丰硕》，中国政府网，http：//www.gov.cn/xinwen/2014-09/16/content_2751375.htm。

走访40个国家和地区的90多个城市，举办了40期200场讲座，观众3万余人[1]。"名家讲坛"邀请国内著名专家，为海外侨胞讲授儒家文化、哲学、中医、武术、书画、京剧等中国优秀传统文化，受到热烈欢迎，引起了巨大反响。国务院侨办2014年提出，在海外华侨华人聚居的较大城市分期分批筹建"文化中国·华星艺术团"。目前，已有四家文化社团成为首批"华星艺术团"试点。

除了"走出去"以外，更多的是"请进来"。"文化中国·海外文化社团负责人观摩团"自2001年创办，目前已举办18期，累计有80多个国家和地区的700余名团员参与观摩。2012年创办的"文化中国·海外文化社团负责人高级研修班"已举办3期，累计邀请了72个国家的200余名华侨华人文艺骨干参加。"文化中国·中华才艺培训班"创办于2002年，目前已举办35期，累计培训了80多个国家和地区的1500余名文艺骨干。"文化中国·中华才艺大赛"创办于2009年，已举办4期，累计有来自30多个国家和地区的1100名选手参赛。"文化中国·海外华文媒体高级研修班"于2006年创办，目前已开展12期，累计有来自50多个国家和地区的1000余名华文媒体负责人和编辑记者参与了研修。"文化中国·知名华人书画家采风团"自2012年创办以来，目前已举办4期，累计有来自20多个国家和地区的50余名书画家参与[2]。

同时，中国侨联于2008年启动了"亲情中华"主题活动，主要宗旨是传递亲情乡情，弘扬中华文化，展示当代中国，服务侨界民众。活动方式主要是开展海外慰问演出、组织华裔青少年到国内寻根问祖、在侨胞聚居区开展相关主题展览展示等。自2008年以来，全国侨联系统共组派136个艺术团，在64个国家和地区进行651场慰问演出，在海内外赢得了广泛赞誉[3]。

---

[1] 《国务院侨办"文化中国"品牌文化活动成果丰硕》，中国政府网，http://www.gov.cn/xinwen/2014-09/16/content_2751375.htm。

[2] 《国侨办"文化中国"系列品牌文化活动成果丰硕》，中国侨网，http://www.chinaqw.com/sqjg/2014/09-15/17946.shtml。

[3] 人民网，http://politics.people.com.cn/n/2015/0204/c242004-26506160.html。

综上可见，这些活动的出发点和宗旨，是为了实现为国服务与为侨服务相统一。侨务工作的场域兼及国内外，不仅将华侨华人请进来，而且侨务部门主动走出去提供服务。这些活动已逐渐制度化，形成了品牌效应和辐射力，实际收效和吸引力也越来越大。

（五）实施"海外惠侨工程"，全面推进为侨服务

国务院侨办于2014年提出了包括侨团建设计划、华助中心计划、华教发展计划、中餐繁荣计划、中医关怀计划、文化交流计划、事业扶助计划、信息服务计划在内的八项"海外惠侨工程"。目前，各项计划正顺利推进。2014年9月29日，首批18家"海外华侨华人互助中心"（华助中心）在北京揭牌。国侨办将陆续在美国等18个国家会同有关社团建设首批"华助中心"。到2018年，将在华侨华人超过10万人的城市，共打造60个"华助中心"。"华助中心"将本着依靠侨、服务侨、为了侨的原则，积极开展敬老、扶弱、助残、救急等活动，增强侨胞生存发展能力，反映侨胞诉求，维护侨胞合法权益等[1]。2015年3月，国务院侨办与国家中医药管理局签署了《关于推进中医药海外惠侨计划的战略合作协议》，共同在海外推进中医药惠侨计划；包括组织中医海外义诊活动、开展海外中医师培训、推动海外华人医院与国内中医院开展合作，同时加强与中医药行业协会的联系与合作，加大中医关怀侨胞力度，充分发挥海外侨胞作用，提升海外中医行业的水平和形象，扩大中医药在世界范围的影响力[2]。

六 完善侨务政策法规，保障维护侨益

中国政府制定并实施了一系列涉侨政策法规，包括专门法律、行政法

---

[1] 《国侨办为首批18家"海外华侨华人互助中心"揭牌》，中新网，http://www.chinanews.com/hr/2014/09-29/6643076.shtml。

[2] 《国务院侨办携手中医药管理局推进中医药海外惠侨计划》，新华网，http://news.xinhuanet.com/overseas/2015-03/09/c_127561958.htm。

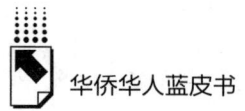

规、文件通知、部门规章等，涉及经济（如引进资金、引进智力以及侨汇和捐赠、购房）、文化教育（如涉侨教育）、社会生活（如涉侨婚姻和收养子女、回国定居、就医）等多个方面。各地在中央相关政策法规的基础上，根据各地的实际情况，也制定了不少地方侨务政策法规。这些政策法规体现了为侨服务、维护侨益的理念，也是保障维护侨益的政策和法律依据。

（一）第一部专门侨务法律——《归侨侨眷权益保护法》

《宪法》第50条规定："中华人民共和国保护华侨的正当的权利和利益，保护归侨和侨眷的合法的权利和利益。"① 但是，一直没有一部专门的法律来切实保障归侨侨眷的权益。1990年，全国人大常委会颁布了《归侨侨眷权益保护法》，成为中国第一部专门的涉侨法律。1993年，国务院制定了《归侨侨眷权益保护法实施办法》。《归侨侨眷权益保护法》及其实施办法的制定与实施，对维护侨益、凝聚侨心发挥了积极作用。随着世情、国情、侨情发生深刻变化，《归侨侨眷权益保护法》也不断得以完善。2000年，九届全国人大常委会第十八次会议通过了《关于修改〈中华人民共和国归侨侨眷权益保护法〉的决定》。依据这个决定，《归侨侨眷权益保护法实施办法》也进行了修订，并从2004年7月1日起施行修订后的实施办法。为归侨侨眷这一特殊群体制定专门法律，这在世界上是比较少见的。目前，已经有30个省、自治区、直辖市制定和实施了各自的归侨侨眷权益保护办法，厦门、广州、深圳等城市也制定并实施了归侨侨眷权益保护办法。

（二）完善涉侨政策法规，保障侨益改善民生

除了前述的《归侨侨眷权益保护法》及其实施办法外，还有大量的涉

---

① 《中华人民共和国宪法》（全文），中国网，http：//legal.china.com.cn/2013 - 09/04/content_29923357.htm。

侨政策法规。21世纪以来，国务院侨办在维护侨胞正当合法权益、改善海外侨胞和归侨侨眷民生方面推动出台了不少政策法规。这些政策法规，既涉及国内的归侨侨眷、华侨农场，也包括华侨在国内权益的保护，体现了两个群体并重。

有关华侨农场改革，仅2000~2008年国侨办就会同有关部门下发了14个通知。2013年，又会同国土资源部和文化部分别出台了《关于做好华侨农场土地保护和开发利用工作的意见》《关于加强侨乡地区和华侨农场文化建设工作的意见》。此外，对散居的归侨侨眷的扶贫救助也出台了一系列政策，加大民生保障力度。2007~2011年先后下发了7个通知和意见，包括归侨侨眷关爱工程、做好散居困难归侨侨眷扶贫救助工作等。如前所述，归侨侨眷仍然有较高的贫困率。这些政策措施体现了侨务工作以人为本、为侨服务的宗旨和理念。

21世纪以来，随着越来越多的华侨回国工作、生活、学习、创业、定居，华侨在国内权益的保护问题也越来越突出。有鉴于此，国务院侨办制定或推动出台了一系列政策法规，包括华侨身份识别、教育、社保、计划生育、捐赠管理、回国定居等等。此外，还出台了《关于界定华侨外籍华人归侨侨眷身份的规定》（2009）、《关于华侨子女回国接受义务教育相关问题的规定》（2009）、《关于进一步做好在国内就业的华侨参加社会保险有关工作的通知》（2009）、《关于进一步规范华侨捐赠管理工作的意见》（2011）等等。据笔者不完全统计，目前有十几个省、自治区、直辖市出台了保护华侨捐赠的条例、规定、办法，广州、厦门、深圳等城市也制定了相关条例①。2013年，国务院侨办、外交部、公安部联合出台了《华侨回国定居办理工作规定》，据笔者不完全统计，目前已有21个省、自治区、直辖市制定了办理华侨回国定居事宜的实施办法②。

---

① 详见国务院侨务办公室网站，http://www.gqb.gov.cn/node2/node3/node5/node9/node105/index.html。
② 《各省（市）华侨回国定居办理工作实施办法》，中国侨网，http://www.chinaqw.com/zcyj/2014/04-29/2287.shtml。

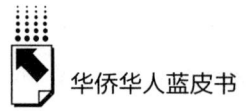

（三）华侨在国内权益保护的综合立法迫在眉睫

虽然已有的一系列政策法规在保护华侨权益、为侨服务方面发挥了重要作用，但也必须看到，目前有关华侨权益保护的这些政策法规仍有两方面不足。一是零散性。目前这些政策法规都是分散的、单项的政策规定，还缺乏有关综合性法律。二是法律层次低。从法律层次看，有关华侨创业扶持、配套服务、社会保险、子女教育、回国定居、身份证明等方面的政策内容还需要提升为法律规范。《归侨侨眷权益保护法》及其实施办法实施多年，从中央到地方都有专门性法律，为维护归侨侨眷合法权益、促进侨务工作发展发挥了非常重要的保障性作用。相比之下，保护华侨在国内权益的专门性立法，仍付阙如。一直以来，要求立法保护华侨权益的呼声不绝于耳。

因应这种诉求，一些地方进行了先行先试。2006 年，浙江省颁布实施了《浙江省华侨权益保障暂行规定》。该规定针对华侨的一些特殊情况，在不少方面实施优惠政策。例如：在一定条件下可以生育二胎；华侨子女在监护人所在地就读幼儿园、中小学的，享受就读地居民子女入学同等待遇；对确需拆迁、撤并华侨捐赠项目的，要事先听取捐赠人的意见；华侨持有的中华人民共和国护照与国内居民身份证具有同等效力；等等[1]。

作为第一大侨乡的广东省，自 2005 年开始就一直在推进华侨权益保护的立法。中间因故停顿后，于 2011 年重新启动这一立法计划。2015 年 7 月 31 日，广东省十二届人大常委会第十九次会议表决通过《广东省华侨权益保护条例》，该条例自 2015 年 10 月 1 日起施行。条例共四章 35 条，分别对华侨政治、人身、社保、生育、教育、财产、投资、捐赠八个方面权益的保护作了具体规定，使条例更具可操作性。条例的颁布实施，将促进对华侨权益的保护更具强制性、权威性[2]。

---

[1] 《浙江发布实施〈浙江省华侨权益保障暂行规定〉》，新华网，http：//news.xinhuanet.com/local/2007-01/06/content_5572087.htm。

[2] 《广东华侨权益有"法"撑腰 明确 8 方面权益保护》，广东侨网，http：//www.qb.gd.gov.cn/news2010/201510/t20151016_694839.htm。

另一大侨乡福建省也在进行华侨权益保护条例的起草工作。《福建省华侨权益保护条例（送审稿）》在福建省人大和福建省法制办的指导下，经过调研、起草、征求意见等环节，数易其稿，不断完善，于2015年6月16日进行了专家论证①。此外，有的城市也进行了华侨权益保护立法的尝试。南京市于2013年6月就开始了《南京市华侨权益保护条例》的立法工作。经过两年的推动，南京市人大常委会于2015年6月5日公布了《南京市华侨权益保护条例》，并于2015年7月1日正式实施。条例共24条，以保障华侨作为中国公民依法享有国民待遇为原则，体现保护的平等性，重点对华侨在宁的经济、社保、教育、卫生、财产、投资创业等基本权益作出规定②；主要内容包括华侨身份证明、回国定居、选举权与被选举权、就业与社保、子女教育、继承权、购买房屋和产权登记等。

这些地方的立法尝试为全国性华侨权益保护法的立法提供了实践经验和法律借鉴。国家层面的华侨权益保护法立法工作正在推进。据暨南大学官网消息，国务院侨办下达重大委托课题通知，委托暨南大学法学院知识产权学院起草《华侨权益保护法（草案）》③。

七 结语

改革开放以来特别是21世纪以来，中国的侨务理论不断深化发展，侨务政策和法规日益完善，侨务工作理念发生了根本转变，达到了为国服务和为侨服务两个方向统一、国内侨务与国外侨务两个场域并重。华侨华人与中国的关系在各方面都实现了良性互动，他们对中国的发展更加关注，更为积

---

① 《〈福建省华侨权益保护条例〉专家论证会召开》，福建侨网，http://www.fjqw.gov.cn/xxgk/qwdt/sjdt/201506/t20150617_164039.htm。
② 《〈南京市华侨权益保护条例〉明起施行 可吸引更多华侨高层次人才来宁创业创新》，中国江苏网，http://jsnews.jschina.com.cn/system/2015/06/30/025280362.shtml。
③ 《我校承担〈华侨权益保护法（草案）〉起草任务》，暨南大学新闻网，http://news.jnu.edu.cn/jnyw/yw/2015/05/21/17050535779.html。

极主动地参与中国的发展并从中获得新的发展机遇,使自己的事业更上一层楼。合作共赢成为华侨华人与中国关系的主旋律。

在此,有必要澄清两个观点。一是"中国中心论"或者说"索取论"。有一种观点认为,中国政府侨务政策的出发点是利用海外侨胞的财力、人力资源为中国的发展服务,中国政府对海外侨胞只知"索取",而不考虑他们的立场和利益。本文的分析证明这一观点是错误的。华侨华人与中国的关系已经实现了双向互动,是"双赢",而非单向"索取"。华商普遍认为,华商在中国改革开放30多年中获得了良好发展。中国经济持续发展,全面深化改革,不仅给中国发展注入强劲新动力,也为海外侨胞拓展事业带来广阔空间和巨大机遇。

二是"中国移民威胁论"。鉴于改革开放以来中国一直持续的出国热潮,海外一些媒体不时渲染"中国移民威胁论"或"黄祸论"的陈词滥调。事实上,中国虽然拥有6000万华侨华人群体,但这主要是由于历史原因形成的,如前所述,改革开放以来中国的国际移民还不到1000万。与中国国内规模庞大的人口流动和迁移相比,中国的国际移民只是"小巫见大巫"。国家统计局公布的数据显示,2012年中国流动人口数量达2.36亿人,相当于每六个人中有一个是流动人口①。这一数字甚至要高于2013年全球国际移民2.32亿的存量。中国虽然已成为第四大移民来源国,但与2.32亿的国际移民总量相比,中国的国际移民只占3.9%;与中国13亿人口的绝对人口数值相比,只占0.7%,而移出人口占全国人口比例排名前十位的国家,这一比例都在20%以上②。国际移民在中国人口中只占很小的比例,中国并非移民输出大国,"中国移民威胁论"都是没有依据的渲染和猜测。

---

① 《〈中国流动人口发展报告2013〉发布》,国务院新闻办公室,2013年9月11日,http://www.scio.gov.cn/zhzc/8/4/Document/1345763/1345763.htm。
② 详见中国华侨历史学会、中国华侨华人历史研究所编译《2013世界移民报告:移民福祉与发展》,第197~198页。

参考文献

纸质资料

中国华侨历史学会、中国华侨华人历史研究所编译《2013年世界移民报告：移民福祉与发展》，2014，内部资料。

张秀明、密素敏：《国际移民的最新发展及其特点——兼析国际移民与华侨华人的概念》，《华侨华人历史研究》2014年第3期。

李明欢：《国际移民的定义与类别——兼论中国移民问题》，《华侨华人历史研究》2009年第2期。

张秀明：《改革开放以来侨务政策的演变及华侨华人与中国的互动》，《华侨华人历史研究》2008年第3期。

庄国土：《世界华侨华人数量和分布的历史变化》，《世界历史》2011年第5期。

《中国侨联五十年》（1956~2006），中国华侨出版社，2006。

国务院侨务办公室、中共中央文献研究室编《邓小平论侨务》，中央文献出版社，2000。

谭天星：《邓小平侨务思想的精髓及其时代意义》，《华侨华人历史研究》2005年第1期。

陈文良：《制度视角下的海外侨胞回国参加政协会议机制：历史、现状与发展》，《华侨华人历史研究》2013年第3期。

《中国侨联年鉴2014》，中国华侨出版社，2014。

网络资料

中国网，http://www.china.com.cn/news/2014lianghui/2014-03/05/content_31685623.htm。

《全国人口普查公报》，国家统计局网站，http://www.stats.gov.cn/tjsj/tjgb/rkpcgb/qgrkpcgb/。

新华网，http://news.tom.com/Archive/2001/11/21-97627.Html。

中新网，http://www.china.org.cn/chinese/2001/Feb/20436.htm。

公安部出入境管理局网站，http://www.mps.gov.cn/n16/n84147/n84211/n84424/index.html。

中国教育在线，http://www.eol.cn/html/lx/2014baogao/content.html。

放飞留学网，http://study.flydawn.com/p/200602/24143103.shtml。

教育部网站，http://www.moe.gov.cn/publicfiles/business/htmlfiles/moe/moe_851/201006/90108.html。

新华网，http：//news.china.com/zh_cn/domestic/945/20061231/13852348.html。

中国侨网，http：//www.chinaqw.com/sqjg/2014/05-27/4961.shtml。

海南省外事侨务办公室，http：//dfoca.hainan.gov.cn/wsqbzw/qqqw/201212/t20121216_831408.htm。

中新网，http：//www.chinanews.com。

广东人大网，http：//www.rd.gd.cn/rdzt/rdh3/xwbd/tt/201502/t20150210_145209.html。

人民网，http：//politics.people.com.cn/n/2015/0313/c242021-26688818.html。

中华全国归国华侨联合会网，http：//www.chinaql.org/sites/ql。

国务院侨办网，http：//www.gqb.gov.cn/news/2015/0520/35866.shtml。

中国华文教育基金会网，http：//www.clef.org.cn/news/2013/0823/5/1349.shtml。

国务院侨务办公室网，http：//www.gqb.gov.cn/。

福建侨网，http：//www.fjqw.gov.cn/xxgk/qwdt/sjdt/201506/t20150617_164039.htm。

周边国家关系篇

Reports on Relations with Neighboring Countries

B.2

"海丝"战略下的中马关系:发展趋势与华侨华人的参与

陈琮渊 林煜堂*

摘 要: 中马渊源深厚,互动密切。近年来,两国的友好关系,更因"一带一路"而持续升温。马来西亚为东南亚主要国家,2015年轮值为东盟主席国,第26届东盟峰会在吉隆坡召开;该国华人人数多,社会经济力量强,中马关系对于中国与东南亚各国的互动,具有标志性意义。本文考察了中国—东盟

---

* 陈琮渊,华侨大学华侨华人研究院/国际关系学院讲师,政治大学博士(社会学、发展研究)。研究方向:东南亚华人经济、马来西亚华社、经济社会学。林煜堂,砂拉越马来西亚大学婆罗洲研究院专座研究员,澳洲国立大学社会科学研究院人口学博士。研究方向:人口、族群、中马关系、婆罗洲华人社会。本文系华侨大学"华侨华人研究"专项课题(编号:HQHRYB2014-01)与华侨大学科研启动费项目(编号:15SKBS213)阶段性成果。

共同体建构及"新世纪海上丝绸之路"战略下,中马互动发展及华侨华人的参与情况。本文指出,马来西亚是促进中国—东盟合作、解决"南海争议"的重要合作伙伴;而在"新世纪海上丝绸之路"所搭建的平台上,马来西亚华人也将持续扮演深化中马友谊的积极角色。

关键词: 海上丝绸之路　中马关系　马来西亚华人　一带一路

　　中国对于海上丝绸之路的研究,已有百多年的进展,但过去学界多集中于杂史笔记、档案整理及通俗书写,学理探讨有限,也缺乏现实意义[①]。近年来亚太政治经济格局剧烈转变,以及"一带一路"(One Belt and One Road, OBOR)战略的提出,不仅使位处海上丝绸之路核心区的东南亚地区成为亚太发展、国际关系研究的热点,区域内为数众多的华人群体将扮演何种角色,也引发广泛关注。对中国而言,推动"新世纪海上丝绸之路"战略,既要从互利共赢出发,追求区域和谐与繁荣,更要发挥中华民族的文化纽带优势,掌握沿路重点国家及区域的最新动态及在地观点。马来西亚为东南亚主要国家,2015年再度轮值为东盟主席国,第26届东盟峰会(ASEAN Summit)于2015年4月27日在马来西亚首都吉隆坡召开;而马来西亚华人数量众多,社会经济影响力强,在华投资可观,对中马友谊的深化贡献卓著。因此,探讨马来西亚及华侨华人如何参与新世纪海上丝绸之路战略、促进中国—东盟命运共同体的落实,当具有重要意义。

　　本文结合历史与现实,首先介绍中马关系的发展与现状,进而探讨中国—东盟区域整合、新世纪海上丝绸之路战略推动进程中马来西亚的地位,以及马来西亚华侨华人在此新形势下的参与,最后提出若干展望。

---

① 龚缨晏:《中国"海上丝绸之路"研究百年回顾》,浙江大学出版社,2011。

一 中马关系的发展与现状

（一）历史上的中马互动

中国与马来（西）亚往来的文字记录，可以追溯至汉朝，经过历代朝贡贸易的发展与相互影响，关系日益密切。远者不论，明朝郑和下西洋时，宝船舰队多次抵达华裔聚集的马六甲海峡商港，其所传播的中华文明和技术，促进了马来半岛港市的发展和繁荣。大航海时代以来，在中马两国发展及互动往来的历史场景中，便时常可见华侨华人的身影，甚至近代中国的命运，也与南洋紧紧相系，新马尤为重中之重。孙中山领导的反清革命曾多次在马来亚各地宣传、募款，获得华侨的热烈支持，资助革命者有之，亲身投入起义者不乏其人。民国成立后，中国国民党即于马来亚及新加坡建立支部、组织动员，引起殖民当局侧目，亦可窥见华侨资力丰厚，关心国事，认同中华。

1937年抗战爆发，新马华人以爱乡情怀响应抗日，积极筹赈、起身抗暴，贡献卓著。战后，著名华侨领袖陈嘉庚以南侨总会主席名义发起抵制蒋介石，反对内战，支持毛泽东成立联合政府。新中国成立后，陈氏代表华侨华人参议国是，推动爱国团结，支持新中国的建设，被誉为华侨旗帜。

然而，华侨的政治认同及公民权益，在第二次世界大战后东南亚国族肇建的时空背景下，夹处于美苏对峙及左右势力之间，成为中国—东南亚外交关系上待决的难题。英国殖民政府及1957年独立后的马来亚政府，多次以参与、资助马来亚共产党（马共）为由，限制华人向中国汇款、贸易的自由，马中经贸为之滞阻。

1970年9月，马来西亚率先提出"东南亚中立化"主张，一改第二次世界大战结束以来的反共政策，尝试改善与中国的关系。1971年5月，马来西亚向中国派出了第一个贸易代表团，此举得到中国的肯定与善意回应，中马两国恢复正式的接触。

（二）中马建交以来的发展

1974年5月31日，中国总理周恩来与马来西亚第二任首相阿都拉萨（Abdul Razak）在北京签署了中马联合公报，两国随后在北京、吉隆坡互设大使馆（中方1994年再于古晋设立总领事馆，方便东马民众办理业务）。马来西亚是东盟创始会员国中第一个与中国建立外交关系的国家，开启了中马友谊的新篇章，也成为中国—东南亚区域友好合作的先驱[①]。特别难能可贵的是，值此政治意识形态严重对立的冷战高峰期，中马两国又面临各自严峻的内部发展问题，建交诚属不易；两国领袖的互信及远见令人佩服。

中马建交初期，两国在领海主权、华侨华人政策等议题上有待磨合，关系停滞不前。1978年11月，邓小平应邀访问马来西亚，高层领导互访开始热络，但民间往来仍受限制，马来西亚人民如欲赴中国，仍须以商贸访问团形式方能成行。据《中国对外经济贸易年鉴》统计，中马建交后的前十年，双边贸易额仅从1973年的1.26亿美元增加到1985年的3.68亿美元。

"文化大革命"结束，中国大力推动改革开放后，形成新一批的移民潮，出国发展者日众，前往马来西亚工作及定居者不在少数，为中马往来注入新的动力。1981年马哈迪（Mahathir bin Mohamad）上台执政后，为减少对西方国家的政治经济依赖，推动"东望政策"（Look East Policy），更重视与亚洲各国互动。1985年11月马哈迪率团访问中国，拓展对华经贸合作关系，此后两国在税务、交通方面陆续达成协议、解除限制。举其要者，如1988年3月，马来西亚政府宣布废除1971年起实施的"中国货品入口准证制度"。从此，无论是直接从中国或是透过第三地输入的中国货品，都不必再向马来西亚国家企业公司申请准证、缴纳佣金。同年4月，中马两国签署"中马双边贸易协议"，互相降减货品税。同年11月，中马两国签订"鼓励

---

① 周伟民、唐玲玲：《中国和马来西亚文化交流史》，文史哲出版社，2002，第426页。

及保获投资协议"。此后双方经贸快速成长,1989年中马两国的贸易额正式突破10亿美元大关。

20世纪90年代马来西亚经济高速成长,积极向外寻求发展机会①,中国亦同处政治经济转型期,需要外资挹注,两者一拍即合,合作更形深化。1993年6月13日,以华商为主力的马中友好协会众理事陪同马哈迪首相二度访华,在北京签署合作谅解备忘录,开启马来西亚商家的中国投资之路。1999年,中马发表双边合作框架的联合声明,表明两国将在政治、经济、文化、教育、军事各领域逐步深化合作,促成中马关系的全方面发展,政治军事、文化教育交流不断升温②。

1997年发生全球金融危机时,中国坚持不让人民币贬值,使东南亚区域经济不至崩溃,马来西亚也受惠其中。

在民间往来方面,1990年9月马来西亚政府撤销公民访华年龄限制(此前不允许55岁以下的马来西亚公民到中国探亲访友和旅游),对中国公民访问马来西亚的管控也有所松动。解除访中限制并开放班机直航,起到促进民间情谊的作用。开放第一年内,马来西亚公民访华人数即达4万多人次。此后,基于亲缘、地缘、商贸往来及中华文化情怀,马来西亚华人组团赴中国访亲拜友、参观旅游等热络频繁,成为两国间的亲善大使。1999年,马来西亚进一步放宽中国游客签证规定,申请逐年递增,更多的中国人对马来西亚留下美好印象③。近年来,中马人民来往连年增长,已现接近每年300万人次之谱。马来西亚目前已开放中国团体旅游免签证,个人旅游免签证也正在研议中。

在教育交流方面,因马来西亚"土著优先"的族群政策使然,当地华裔子弟长期面临华文源流高等教育升学管道不足的困扰,此问题的解

---

① Athukorala, Prema-Chandra, "The Malaysian Economy during Three Cries." *Malaysia's Development Challenges: Graduating from the Middle*, ed. Hal Hill, Tham Siew Yean, Ragayah Haji Mat Zin (New York: Routledge, 2012), 83-105.
② 黎翠雯:《一砖一瓦,共筑友谊桥》,《诗华日报》2015年3月15日,第9版。
③ 马燕冰、张学刚、骆永昆:《列国志·马来西亚》,社会科学文献出版社,2011,第467页。

套亦受益于中马关系不断改善而有所出路,中国学生出国深造也有新的选择。

1997年,中马两国《教育交流与合作谅解备忘录》签订,中马开始互换留学生。1999年,马来西亚华人总会与中国海外交流协会、中国侨联签署合作意向书,加强学术交流与合作,中国学生赴马来西亚留学年年增加;单以北京而论,2005年赴马来西亚留学人数只有40名,2008年已增加为1743名①。马来西亚所具有的教育优势,颇能吸引中国留学生,包括:①英文及华文通行,闽粤方言随处可闻,语言障碍低,又能学习英语;②与英、美、澳、新等西方国家教育体制相通,方便修读双联课程及学业衔接;③学费及生活费用相对低廉;④留学签证通过率较高,转签欧美等国大学方便,并可减少时间及金钱负担。也因此,过去十多年来,中国学生人数一直高居马来西亚外国留学生排行之首②。马来西亚赴中升学的以华裔为主,但因中国实行单一国籍制,马来西亚学子一律以外籍生身份入学,学费高昂,学生之生活、医疗、保险、打工皆缺乏明文保障及优惠。另外,过去十年内,中马虽曾签署《高等教育合作谅解备忘录》等协议,商讨互派学生、教师和专家;互相辅助技术职业教育,提供奖学金;承认中国著名大专院校合办双联课程;交换教育资料、文学作品,共同举办研讨会及教育展等合作事宜,甚至也互相承认医学系、牙医系、药剂系、特定工程系及宇航系学历,但中马各大专院校并未全面互相承认学历。直到2011年中国总理温家宝访马时,签订了《马中高等教育机构学历与学位互认架构协议》,才确立学位互认的机制,承认彼此的大学文凭资格③。

据悉,现有超过15000名中国留学生在马来西亚大专院校就读,尤以国际名校在马来西亚设立的以英语为教学媒介语的分校最受欢迎,而马来西亚

---

① 马燕冰、张学刚、骆永昆:《列国志·马来西亚》,社会科学文献出版社,2011,第153页。
② 王付兵:《80年代中期以来中国人向马来西亚的人口迁移》,《南洋问题研究》2004年第4期,第36页。
③ 《中进口马冷冻榴梿·签8协议·槟岛至北海建海底隧道》,《星洲日报》,http://news.sinchew.com.my/node/202552。

也有4000多人在中国大学求学，华侨大学、暨南大学都是面向海外华人办学的知名学府，吸引许多华裔子弟报读。正因为赴中留学生不断增加，2005年"马来西亚留华同学会"成立，积极为马来西亚学子争取奖学金、优惠学费及住宿费，并建立联系和交流管道。

在文化学术方面，2004年，中国国家主席胡锦涛提出，通过"文化输出"推动海外侨务工作，有关单位更加重视与海外华校、华人社团、文化机构的联系；福建、广东等主要侨务大省，更是积极与马来西亚华社联系，举办寻根之旅等文化活动；中国电影、图书及大型歌舞表演风行马来西亚各地。又如中国海外交流协会主办的世界华文教育大会，每年吸引许多马来西亚华文教师及华文教育工作者参加[1]。马来西亚华社薪传完整的华文教育建制，华侨华人热心中华文化的发扬，早已成为中华文化推展国际合作的标杆。中马双方时常进行学术交流，北京外国语大学设有马来研究中心，马来亚大学也开办了孔子学院。

（三）最近的重大事件及发展

随着经济全球化及区域整合的趋势日益明显，中国政府鼓励中资企业赴马投资。马来西亚欲与世界接轨，亦不能忽略作为"世界工厂/市场"的中国。因此，在以经济合作为主轴的21世纪"海上丝绸之路"战略推动进程中，中马双方的经贸发展尤其值得关注。就现况而言，马来西亚主要向中国输出棕油、橡胶、天然气，同时进口中国的日用品、机械等，是中国在东盟最大的贸易伙伴，中国也是马来西亚最大的进口国（见表1）。2013年，中马贸易额达到1061亿美元，占中国对东盟贸易总额的23%。在外国投资方面，2013年中国对马投资金额达9.2亿美元，排名仅居美国（19.27亿美元）、韩国（16.7亿美元）、新加坡（13.79亿美元）、日本（10.95亿美元）之后，名列第五位[2]。

---

[1] 范世平：《中国大陆侨务政策与工作体系之研究》，台北秀威出版，2010，第162页。
[2] "经济部"投资业务处：《马来西亚投资环境简介》，台北"经济部"投资业务处，2014，第23页。

表1 马来西亚十大进口国家（地区）及金额统计（2013~2014）

单位：亿元马币

排名	贸易对象	2014年	2013年
1	中国	115.50	106.26
2	新加坡	85.68	80.24
3	日本	54.74	56.35
4	美国	52.33	50.68
5	泰国	39.64	38.63
6	中国台湾	34.36	31.53
7	韩国	31.69	30.65
8	印度尼西亚	27.72	27.94
9	德国	23.16	2291
10	澳洲	20.22	1649
总计（含其他）		683.01	64869

资料来源：马来西亚贸工部网站，http：//www.matrade.gov.my/en/malaysia - exporters - section/218 - trade - performance - 2014/3765 - trade - performance - december - 2014 - and - january - december - 2014。

依照投资来源国区分，美国为马来西亚最大外来直接投资（FDI）国，金额达19.27亿美元；此后依序为韩国（16.7亿美元）、新加坡（13.79亿美元）、日本（10.95亿美元）、中国大陆（9.2亿美元）、荷兰（7.26亿美元）及德国（5.23亿美元）。

由于全球最大的橡胶消费市场——中国需求放缓，马来西亚橡胶价格自2014年10月下跌至近五年新低。为稳定橡胶市场，马来西亚橡胶局自2014年11月起，实行小园坵农场交货价格（farm gate prices），并从2015年元月起启动橡胶生产效率补贴机制以提振橡胶价格，亦显见中马经贸依存与连动。

2014年，正值中马迎来建交40周年之际，发生马来西亚航空飞北京客机MH370失联的不幸事件，且机上乘客2/3（153名）是中国公民，双方共同展开救援行动，虽然过程并不令人满意，也引发国际媒体的诸多批评，但马来西亚首相纳吉布（Najib bin Abdul Razak）仍按原定行程访问中国，签订了多项备忘录和协议，反映了此事件并未真正伤害长期累积的中马友谊①。

在教育发展方面，在海外华社享有极高声誉的厦门大学，决定将海外第一间分校设在马来西亚雪兰莪州（Selangor）沙叻丁宜（Salak Tinggi），也见证了中马高等教育互动的良性发展。厦门大学大马校区将以英语为教学媒语（据信若以华文教学，将对当地华文大专学院的发展造成更大的冲击及资源排挤效应），并得到大马首富郭鹤年捐献1亿令吉马币，该校于2015年正式对外招生。

中马关系目前已提升到全面战略伙伴关系，中国国家主席习近平2013年访马时，更提出五大建议：第一，扩大双边贸易，力争在2017年达到1600亿美元；第二，促进相互投资，继续支持钦州和关丹产业园区建设，鼓励中国企业积极参与大马六大发展走廊项目；第三，拓展金融合作，扩大双边货币互换规模，规避金融风险；第四，深化农渔业合作，继续加强在橡胶种植和加工、农业机械贸易、渔业捕获等领域合作；第五，携手推进区域合作，营造开放、包容、共赢的合作环境，促进共同发展②。

2014年9月，中国国务院副总理张高丽在"第11届中国—东盟博览会和商务与投资峰会"上提出6点倡议：深化政治互信、提高中国—东盟自贸区质量和水平、加强互联互通建设、展开海上合作、推进次区域合作与增进人文交流③。在上述建议及倡议所提供的平台下，中国与马来西亚的经贸合作将更上一层楼。而对于"一带一路"建设的推动，马来西亚也积极参与筹建亚洲基础设施投资银行。首相纳吉布表示，希望在2020年时，中马

---

① Lee Poh Ping, "Malaysia in 2014, Domestic Discord amid Some Economic and Diplomatic Progress." Asian Survey 55（1）（2015）：193.
② 宋镇照：《习李相继"南巡"访东盟》，《海峡评论》2013年第276期，http://www.haixiainfo.com.tw/276-9003.html。
③ 《张高丽在第十一届中国-东盟博览会和中国-东盟商务与投资峰会上的致辞》，中国共产党新闻网：http://cpc.people.com.cn/BIG5/n/2014/0916/c64094-25673489.html。

双边贸易额能达到一亿美元。此外,两国同意最近将增设总领事馆,即中国在槟城及亚庇(旧译作哥打京那峇鲁),以及马来西亚在南宁设馆。

二 迈向中国—东盟命运共同体进程中的中马关系

中国深化与东盟特别是马来西亚的有机合作,是实现"一带一路"之21世纪海上丝绸之路战略的重要途径。本部分从区域共同体的建构,也就是东盟发展的角度分析中马关系的新动向。

2010年中国与东盟自由贸易区建成后,中国与东南亚各国的贸易联系更行紧密,双方贸易量增长三倍以上,东盟也成为中国第三大贸易伙伴。"新世纪海上丝绸之路"战略被视为中国与东盟自由贸易区的升级版,有助于实现区域共同体的共荣发展。马来西亚2015年度轮值为东盟主席国,第26届东盟峰会于吉隆坡召开,在推进中国—东盟命运共同体的过程中,马来西亚将扮演不容忽视的角色。

(一)东盟的组成及重要性

东盟(Association of Southeast Asian Nations,ASEAN)1967年8月8日于泰国曼谷成立。创始成员国为印度尼西亚、泰国、菲律宾、新加坡及马来西亚,此后缅甸、老挝、文莱、越南和柬埔寨陆续加入,目前共有十个成员国。在行政运作上,东盟的七个主要机构分别是东盟峰会(ASEAN Summit)、东盟协调理事会(ASEAN Coordinating Council)、东盟社区理事会(ASEAN Community Council)、东盟各部部长组织(ASEAN Sectoral Ministerial Bodies)、常驻代表委员(Committee of Permanent Representatives)、国家秘书处(National Secretariats)以及驻外委员会(Committees Abroad)。除此之外,东盟也设立多个小型成长区来推动社会与经济发展,如成员国包括文莱、印度尼西亚、马来西亚和菲律宾的东盟东部成长区(ASEAN/BIMP-EAGA),以及由马来西亚、印度尼西亚和泰国组成的成长三角区

(The Indonesia – Malaysia – Thailand Growth Triangle, IMT – GT)[①]。东盟近年来积极以跨区域合作举措，加速经济转型。东盟各国腹地庞大，且得马六甲航道之利便，人口规模及市场潜力惊人。但由于政治经济利益不易调和，高层领导缺乏共识，使很多发展项目停滞不前。

东盟执事方式，主要是通过成员国间的协商，取得相互谅解、搁置纷争，再逐步迈向共同目标。"东盟之道"寻求互相尊重各国主权与领土完整，不干涉彼此内政，摒弃使用武力及彼此威胁，通过和平方式解决分歧与争端。此一精神奠定于1976年东盟峰会决议通过的《东南亚友好合作条约》和《东盟和谐宣言》。

东盟于2003年推行东盟自贸区（AFTA）建设，鼓励区域内的自由贸易，免除成员国间的货品关税。为在2015年实现将东盟打造成单一市场（AEC）的"东盟经济共同体蓝图"，2007～2015年，东盟共拟订了505项优先措施，至今已成功落实了九成的项目[②]。据了解，除了不发行统一货币，东盟近期内也不会以统一对外关税的方式来发展共同市场，这使各成员国对外经贸合作更具挥洒空间。

东盟的国内生产总值达2.4兆美元，为世界第八大经济区。2013年，东盟已是名列中国、美国和德国之后的全球第四大出口区。东盟共同市场将在2015年底落实，这是一个拥有6亿消费人口的单一市场。东盟各国发展的步伐差距大，文化、宗教及政治体系也有不同，但其发展潜能极佳。渣打银行报告指出，从20世纪80年代开始，东盟每年的经济成长平均为5.4%，高于世界整体平均水平3.4%。未来几年，东盟有机会取得高过7%的成长速度[③]。各方也都看好中国与东盟的经贸合作，认为互补性强，整合能使双方受惠。亚洲政策与领导研究所（ASLI）首席执行员杨元庆指出，

---

① Lam Chee Kheung, "Transboundary Movement of People, Materials, and Goods between Sarawak (Malaysia) and West Kalimantan (Indonesia)". Research Report of Sarawak Inti College (Kuching: Sarawak Inti College, 2001), 67.
② 拿督丽贝卡：《东盟经济共同体关税自设》，《星洲日报》2015年4月24日，第6版。
③ 林嘉灯：《年底落实单一市场》，《诗华日报》2015年1月24日，第B08版。

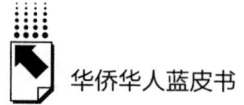

东盟拥有庞大而年轻的人力资源，消费能力不断增强，在货品输出、投资生产方面，都可与中国相辅相成；东盟国家的道路与海港运输、网路、水电供应等基础设施不完善，亦是中国企业海外发展可以大显身手之处①。中国外交部长王毅在2015年3月宣称，中国与东盟双边贸易额将成长到5000亿美元，并在2020年翻上一翻。

中国及东盟各国合作的主要隐患来自政治风险及发展差距过大，而部分东盟国家政策执行不周、私人机构办事效率参差不齐、教育和专业水平有待提升等，亦为中国—东盟经济乃至于命运共同体落实的时程投下变数。

（二）中国—东盟共同体深化整合的主要挑战

东盟十国对中国的态度并不一致，除了政治经济利益及阵营选择，也可能源自部分东盟国家在历史上曾是中国的藩属国，关系时好时坏。另有一说认为，地理上愈接近中国的东盟国家，与中国的互动就会比较密切，而且，华人人口比例及影响力愈高的东盟成员国也会比较亲近中国。对照实际情况，此说仅能部分成立。越南北部及中部公元二世纪前曾经被中国统治，这几年与中国有较多争执。印度尼西亚华人总数是全东南亚最多的，但1965年中印双方却因印共及排华问题交恶。菲律宾华人数较少，又曾被美国管治，政治上较倾向西方。华人占马来西亚人口的1/4，经济实力强，马来西亚也是东盟创始国中第一个与中国建交的国家。新加坡华人人口超过七成，但为保有自由港和贸易中心的地位，在区域议题上长期保持中立。总体而言，东盟处于东西文明的缓冲区（buffer region），成员国因历史因素或现实考虑而有不同策略选择，但基本上多保持灵活弹性，部分国家甚至避免选边站以免得罪区域内外的强国。综观亚太国际战略及区域政治经济发展，在可见的未来，中国—东盟共同体的整合，仍需面对来自其他国家及国际机构的挑战。

1. 来自美日的竞争

2015年7月4日，泰国总理巴育（Prayuth Chan - ocha）、缅甸总统吴登

---

① 杨元庆：《各国领袖聚焦一体化课题，打造东盟经济体》，《星洲日报》2015年4月27日，第15版。

盛（Thein Sein）、柬埔寨首相洪森（Hun Sen）、老挝总理通邢（Thongsing Thammavong）、越南总理阮晋勇（Nguyen Tan Dung）出席在东京举行的第7届湄公河流域国家与日本领导人会议。这次会议通过《新东京战略2015》，特别强调日本与湄公河区域国家在基础设施上的合作。根据该战略的内容，日本将通过亚洲开发银行（ADB）在往后三年向湄公河区域提供61亿美元的基础设施建设、产业人才培养、防灾和水资源管理等开发援助，以加强湄公河区域国家与国际和非政府组织的关系。日本此举被认为是有意对抗中国的亚投行。而该战略协议文件也强调强化区域的海洋安全保障与海上安全，亦不无争取东盟各国合作、牵制中国在东亚和东南亚海域活动的意图。

另外，在美国宣称将重返亚洲的当下，日本众议院又在2015年7月15日通过安保法案，解禁集体自卫权。据《日本经济新闻》报道，该法案允许为营救海外国民及为美军军舰作出防卫，到偏远地区执行"驰援警卫"任务。由内容来判断，日本已经进入能战国，可以参战，且可配合美日军事同盟利益，协助美国推动"亚太再平衡"战略，制衡中国。

2. 南海争端

中国面对菲律宾、越南在南海议题上的争执，不利于形成东盟整体互动的和谐氛围。特别是菲律宾总统阿基诺三世于2014年指责中国在南海的行为是德国纳粹的翻版，对中国声称拥有南海岛礁海域九成主权表达极度不满，并向国际仲裁庭提告[①]。中国总理李克强则回应，中国坚定维护国家主权，有关的海域纠纷应通过双边协商解决，而不是集体仲裁。

东盟在南海争端问题上很难作出共同的议决，原因在于经济上要考虑到中国，区域安全方面则仍需美国协助。

上述事态的发展，体现了中国有必要更积极地促进与其他东盟国家的关系。

3. 东盟决而不行

东盟经常把问题或争端扫入地毯下，不思改善或解决，而被指空谈无为。马来西亚前国际贸工部长在2015年"东盟领袖论坛"上主张东盟必需

---

① 胡锡进：《阿基诺言贱如此　菲律宾安有荣焉》，《诗华日报》2015年6月11日，第13版。

设立一个拥有法律权限的东盟中心,以解除非关税壁垒的约束;言下之意是指,东盟各国的官僚主义影响执行效率,且东盟秘书处不具有法律权威,造成议而不决,行事不彰①。

另外,东盟会员国间人力与资金流通也未全面自由开放。虽然2012年通过的《东盟自然人流动协议》已规定技术人员可相互流动,并视情况延长暂时居留时间,但实际情况是高所得的新加坡担心非技术劳工影响其竞争力,马来西亚则引进很多印度尼西亚、缅甸和菲律宾的劳工,印度尼西亚则管制贸易企业的注册,保护其金融资源自主性,菲律宾靠输出劳工赚取大量外汇。若不能掌握这些情况,将增加中国与东盟投资合作的风险。

(三)中国与东盟合作关系展望

在东盟国家中,柬埔寨和老挝发展相对落后,经贸长期依赖中国,唯其对外部分开放后,发展潜力可期,未来在基础设施建设及原物产开发方面与中国能有密切合作。缅甸军政府因受西方国家制裁,一直与中国保持良好互动,中缅两国计划建造北起云南大理、连接缅甸木姐(Muse)等西部各邦,终抵皎漂(Kyau Kpyu)港口岸的铁路,全长810公里,工程造价200亿美元。

马来西亚是东盟首个与中国建立外交关系的国家,也是中国在东盟最大的贸易伙伴。两国在南海虽然也有岛屿主权争议,但双方能顾全大局、搁置争议。马来西亚首相纳吉布在乔治城大学演讲时指出,大马欢迎中国和平崛起,历史上两国有很深的联系,几百年前,来自中国的移民,已改变了大马的面貌。在外交上,马来西亚虽参加美国主导的《跨太平洋伙伴关系协议》(TPP)谈判,但颇能维持平衡,并得到中美日等区域强国的理解②。

中泰向来友好,两国在2013年签署协议,建造起自泰国南部克拉地峡

---

① 《拉菲达:设东盟中心东盟领袖论坛》,《星洲日报》2015年4月28日,第6版。
② Lee Poh Ping, "Malaysia in 2014, Domestic Discord amid Some Economic and Diplomatic Progress." *Asian Survey* 55 (1) (2015): 197–198.

区域通向泰国湾与安达曼海的克拉运河。与取道马六甲海峡相比,航程可缩短约 1200 公里,节省 2 至 5 天的时间;以 10 万吨油轮来计算,单程就可节省 35 万美元。对中国而言,克拉运河不仅惠及东南沿海各省,也加强了中国与东南亚、欧洲、非洲各国的贸易。中泰铁路投资协商在 2015 年 9 月完成,也是双方合作的一大进展①。

中国与新加坡往后可能出现裂痕,新加坡目前是亚欧非贸易的重要通道,若中泰合作的克拉运河建成后,新加坡在中国原油、矿石、钢材、小麦、大豆等大宗货物航运中心的地位将会被取代。新加坡同时也是美国在亚洲最大的海空基地。克拉运河开通后,中国无须担忧美国通过新加坡封锁马六甲海峡,新加坡的战略地位将受动摇。

南中国海因其丰富的天然资源及商业利益造成国际纠纷,对本区域和平有着深远影响。世界上超过一半的油船需要经过该海域,交通量是巴拿马运河的五倍,若发生冲突,各国贸易都会受到严重影响。相关的领土纠纷,应该通过对话解决。特别是马来西亚控制马六甲海峡,中国与亚洲国家的货物大部分必须靠它来运输,中国必须格外重视与马来西亚的友好关系。东盟也提议早日完成"南中国海行为守则(COC)",采取非对抗性的策略与中国协商。

三 "一带一路"引领新路向

中国国家主席习近平在 2013 年提出"一带一路"经济发展合作蓝图。"一带"是指通往中亚、欧洲的陆上丝绸之路,而"一路"则是指以东南亚为核心的海上丝绸之路。两者皆牵引中国未来几年的经贸、外交及国防策略,与中国梦相结合,希望在不直接挑战既有全球格局的前提下,发挥中国的经济实力及文化软实力,扩大中国产品的海外市场,建构中国的国际话语权。

---

① 《中泰签建克拉运河》,《诗华日报》2015 年 5 月 17 日,第 16 版。

（一）"一带一路"战略

"一带一路"的理念及推行不能和第二次世界大战后美国扶持欧洲重建的马歇尔计划相提并论，因为两者的政治和经济环境不同。前者是在和平时期各国共同谋求经济的合作与发展，而后者是在战乱后单方面给予的经济援助。前者的参与国有考虑参加的空间，且都必须承担计划的工作，后者更多是施舍和救助的方案，义务和责任相对单薄。

中国国务院发展研究中心林明华表示："一带一路是和平之路，它是平等的，不以大欺小，不以强欺弱……任何国家都可以参与其中；而且它还有历史传承、开放包容、虚实结合、陆海统筹、东西互济、经贸先行、设施联通、市场作用、大国责任、中外共赢等深刻内涵"[①]。

施行"一带一路"战略对中马关系发展产生较大影响的，显然是取道马六甲海峡，途经缅甸、孟加拉国、斯里兰卡，向东非、地中海地区延伸，横贯欧亚的"新世纪海上丝绸之路"。中国政府重视与周边国家的关系，不仅投注大量资源，也为海上丝绸之路赋予时代意义。其中，21国亚太峰会（APEC），拟定亚太自贸区（FTAAP）路线、成立"丝路基金"与"亚洲基础设施投资银行"（Asian Infrastructure Investment Bank，AIIB）等，皆为中马关系深化提供难得的历史机遇。

（二）亚洲基础设施投资银行的设立

亚投行是推动"一带一路"经济合作发展的火车头。习近平在亚投行签署协议致辞时表示，中国筹建亚投行的目的是推动亚洲地区基础设施建设和互联互通，深化区域合作，实现共同发展。亚投行目前已经有超过60个国家响应参加，涵盖44亿的人口（占世界人口的63%）。"一带一路"战略若实现，可望成为世界上最大的经济联盟。

2015年6月29日，57个亚投行创始成员国代表在北京签署协议。亚投

---

① 林明华：《"一带一路"的机遇与挑战》，《星洲日报》2015年5月25日，第9版。

行的法定股本设定为1000亿美元,分为100万股,每股10万美元。中国认股297.8亿美元,占26.06%的投票权,成亚投行最大股东。印度次之,认股83.67亿美元,占7.5%的投票权。而俄罗斯参股65.36亿美元,投票权占5.92%,德国第四,韩国第五。

亚投行的创始会员国为:澳洲、奥地利、阿塞拜疆、孟加拉国、巴西、柬埔寨、文莱、中国、埃及、芬兰、法国、格鲁吉亚、德国、冰岛、印度、印度尼西亚、伊朗、意大利、以色列、约旦、哈萨克斯坦、韩国、吉尔吉斯斯坦、老挝、卢森堡、马尔代夫、马耳他、蒙古、缅甸、尼泊尔、荷兰、新西兰、挪威、阿曼、巴基斯坦、葡萄牙、卡塔尔、俄罗斯、沙特阿拉伯、新加坡、西班牙、斯里兰卡、瑞典、瑞士、塔吉克斯坦、土耳其、阿拉伯联合酋长国、英国、乌兹别克斯坦及越南。

科威特、马来西亚、菲律宾、泰国、丹麦、波兰和南非等国还没有通过审批程序,将在2015年底前签署。

亚投行有区域内和区域外成员国之分,并规定"不享有主权或无法对自身国际行为负责的申请方,应由对其国际关系行为负责的成员同意或代其向亚投行提出加入申请",但其权益差别还未列明。亚投行总部设在北京,可在其他地方设立机构或办公室。亚投行设有理事会、董事会和管理层。理事会是亚投行最高决策机构,可把部分或全部权力授予董事会,董事会负责总体的营运。董事会有12名董事,其中区域内9名、区域外3名。另设行长1人,从区域内成员选出,任期5年,可连选连任一次,同时也有副行长若干人。

(三)亚投行的挑战

1. 部分沿线国家与中国存有矛盾

中国与菲律宾、越南、日本等国有领土、领海问题的外交挑战。菲律宾总统曾质疑南海争议是否有可能影响亚投行对菲律宾的经援运作,而代表菲律宾出席亚投行协议签署的政务部长布里斯玛也对亚投行的治理架构存有疑虑。在第九届东亚峰会上,日本也指责中国在南海主权上的强势作为,包括在南沙群岛岩礁上展开填海造岛作业等。

2. 现存相似国际组织的竞争

包括世界银行（World Bank）、国际货币基金组织（IMF）和亚洲开发银行等，特别是来自美国主导的跨太平洋伙伴关系的竞争。该协议成员包括美国、澳洲、新西兰、加拿大、日本、墨西哥、智利、秘鲁、文莱、马来西亚、新加坡及越南，共12国。与中国欲达到的战略目的相近，都属于具有跨区域整合意涵的自由贸易协议。

3. 美国和日本的挑拨和反制

中国在多个大型投资项目上曾面临美日挑战。譬如，在墨西哥、缅甸、泰国、斯里兰卡的高铁、水坝和港口建设都曾因政治干扰而产生变化，给中国企业造成不小的损失。最新一例是泰国原已批准在2015年7月向中国购买三艘价值10亿美元的潜水艇，后被搁置，据信与美国背后所起的作用有一定的关系①。

（四）新世纪海上丝绸之路中的中国与东盟

2007年东盟峰会决议在2015年建成东盟共同体（ASEAN Community）的目标已进入攻关阶段，但基础设施建设方面却因资金缺口而停滞不前。对东盟国家而言，"一带一路"战略特别是当中的"新世纪海上丝绸之路"战略及其相关配套政策，无疑提供了新的发展机遇及合作选项。

新世纪海上丝绸之路既是崭新概念，执行上也不免遭遇各种困难。杨沐认为，中国欲推动新世纪海上丝绸之路战略，东盟国家无疑是最佳的合作伙伴。原因在于，首先，中国和东盟有着相同的区域脉络且经济整合有一定基础，中国是东盟的第一大贸易伙伴，东盟是中国的第三大贸易伙伴，彼此有较高的互信度。其次，东盟是世界上经济发展最快的地区之一，发展模式和中国经验相近，中国能提供必要的资金及经验，协助东盟国家实现基础设施的互通互联。再次，中国多次以实际行动展现支持东盟各国落实《东盟互联互通总体规划》的诚意，为东南亚完成区域共同体建

---

① 普拉威：《向美低头？泰搁置买中国潜艇》，《诗华日报》2015年7月17日，第14版。

设提供新的选项①。

总而言之，21世纪海上丝绸之路战略借助东盟等组织的力量来推动，可达事半功倍之效。一般相信，海上丝绸之路将为大马及东盟国家带来益处，南海主权争议也不致影响东盟各国与中国的关系。作为泛亚铁路重要组成部分的新马高铁，则更可成为亚投行的试金石，前瞻区域金融格局的发展动向。

四 华侨华人建树中马关系、参与21世纪海上丝绸之路建设

马来西亚为一多元种族国家，据最新资料，马来西亚总人口数计2920万人，其中马来人占67.4%，华人占24.6%（约718万），印度人占7.3%。另据台湾"侨委会"统计，2013年，马来西亚华人人口共计6580200人，占海外华人人口的22.89%②。马来西亚实施"一种语言、一种文化"政策，在语言、文化、教育上独厚马来族，但各种族间大体互相尊重，形成和平稳定之生活环境，然由于各种族的风俗信仰有别、通婚不易，故仍未能融合成单一文化③。而华商在马来西亚的经济影响力，如实反映在《福布斯亚洲》（Forbes Asia）最近公布的2015年马来西亚50大富豪排行榜中，华人富商有37人④。而据庄国土教授主持的研究项目估算，马来西亚本土华商资产总额约1491.2亿美元，外来华商（新加坡、中国大陆及港澳台）资产约320.7亿美元，合计为1811.9亿美元。⑤

自马来西亚建国以来，马来人与华人为了公民权及母语地位等议题争执

---

① 杨沐：《从东南亚的观察角度谈中国新丝路战略设想》，《新加坡眼》，http://www.yan.sg/tanzhonggouxinxhilu/。
② "侨委会"：《2013华侨经济年鉴》，2014，第771页。
③ "经济部"投资业务处：《马来西亚投资环境简介》，2014，第3页。
④ Forbes Asia, "Malaysia's 50 Richest 2015 Ranking", http://www.forbes.com/malaysia-billionaires/list/#tab: overall retrieved 2015.7.31.
⑤ 庄国土、黄新华、王艳：《华侨华人经济资源研究——以华商资产估算为重点》，国务院侨办政法司，2011，第43页。

不下。1969年不幸发生"五一三"种族冲突事件,马来西亚政府借此发生变动,宣布进行"新经济政策"。此计划的目标是"重组社会",方法是透过政治力量重新安排士、农、工、商等各领域的种族比例,提升"土著族群"的参与度。在教育和语言政策上表现出来的具体作为是:打压华文、淡米尔文教育,以统一教育制度,并加速马来文的普及,达到以马来文化为主的目的[1]。例如,1970年马来西亚政府停止以英文为主的剑桥文凭考试,改以马来西亚教育文凭考试取代。其中,马来文必须及格才算通过,否则所有的科目都必须重考。而非马来人大多不精通马来文,不易应付日益艰深的马来文考试[2]。加上土著参股制、学额固打制（quota system）,使得马来西亚华人经商及接受高等教育的空间受到压缩,引发诸多不满情绪。

纵使如此,较之印度尼西亚等其他东南亚国家动辄没收华人产业,甚至以驱逐出境、屠杀等手法打击华人等情况,这些在马来西亚并没有出现过。也因此该国华人的相对剥夺感较低,较能接受自身的境遇,同时也时以邻国的情况而感自危。这也是马来西亚华侨华人未曾以激进手段来反抗政府的原因。

（一）华侨华人对中马关系发展多有建树

中马两国关系向来密切,近年来在政治、经济、文教领域更是合作无间,除了中马官方的频繁互动外,华社组织、民间团体的积极参与也起了很大作用。其中,马来西亚中华总商会（中总）、马来西亚华人联合总会（华总）、马中友好协会等社团,皆能与中国侨办、中国侨联、中国海外交流协会等单位建立良好联系,在中马互动过程中扮演积极的角色。无论是1993年中马合作谅解备忘录,开启马来西亚商家投资中国之路,还是1999年中马《关于未来双边合作框架的联合声明》,促成中马经贸发展,背后都有知名华商、各大华人社团的参与及助力。1997年中马两国政府签订中马两国《教育交流与合作谅解备忘录》后,马来西亚华总及各地华社组织便协

---

[1] 叶彦邦:《马来西亚新经济政策对当地华人经济之影响》,《中山人文社会科学期刊》1999年第7卷第1期,第195~205页。

[2] 刘文荣:《马来西亚华人经济地位之演变》,世华经济出版社,1988,第189页。

助落实了无数次的学术、文化、艺术交流活动。而探讨新思路、凝聚共识、携手推动海外华文教育发展的世界华文教育大会,马来西亚每年都有大批华教人士参加。

中国国家主席习近平曾表示,"马来西亚华侨华人是中马友谊和合作的亲历者、见证者、推动者。你们到中国投资兴业,捐资助学,推动两国文化交流,为中马关系发展牵线搭桥",这的确是马来西亚华侨华人心态与表现的写照。

由于族群政治与选区划分不公等因素,马来西亚有利于华社的政策多属昙花一现的选前利多,华人的政治实力并未与其经济版图等量齐观,所以形成政治冷感,使其对中马关系发展的参与,更集中于经贸领域。然而,自金融风暴以来,随着执政联盟巫统的分裂及其威权统治的衰弱,华人选票在部分地区成为影响选举结果的关键力量,华裔要求受到重视;唯因马来西亚主流政治势力未能排除种族思维,仍无法真正终结金权至上的族群政治。2008年大选以来,马来西亚政治持续走向民主化,华人社群对公共事务参与的热情以及政治效能感皆相对提升。而中国和平崛起的效应,也使得华人热衷马中公共外交,扮演更多而吃重的角色,这当属软性的跨国政治性活动的参与。然而马来西亚华人政治参与度的提升,对于族群和谐是否有加分作用,则有待观察①。

(二)海上丝绸之路建设需要马来西亚华人助力

海上丝绸之路既是商贸文明之路,更是移民发展之路,华族人口众多的东南亚地区尤为重中之重。中国国务院侨务办公室裘援平主任多次重申华侨华人在建构新世纪海上丝绸之路中的重要角色,肯定华商侨智的作用。庄国土教授更指出,"海洋意识是中国对外关系及华人移民发展的精神面貌,其特点包括重商意识、冒险和进取精神、开放性及多元性"②。马来西亚为数

---

① 陈琮渊:《再探马来西亚华人属性的形塑:全球化、民主化与中国崛起》,《淡江史学》2015年第27期,第103~118页。
② 庄国土:《中国海洋意识发展反思》,《厦门大学学报》(哲学社会科学版)2012年第1期。

可观的华裔,更为海洋意识及中华文化精神作了最佳的诠释,在马来西亚商业、文教及社会领域皆发挥可观影响①。因此,无论深化中马关系或建设海上丝绸之路,都需要马来西亚华侨华人的助力。

王赓武教授认为,中国与东南亚国家的互动,政府关系搞得好,华人问题不成问题;政府之间有问题,华人问题更行无解②。依此言之,中国推动海上丝绸之路战略的过程中,华侨华人参与的意义主要在于树立形象、搭建桥梁,增进双方的理解与互信;中国尤其必须避免大国心态,发挥儒家思想一视同仁的精神,真诚相待。

海上丝绸之路重点在于经贸,华侨华人除了扮演"民间大使"角色,起到坚固中国与东盟各国、海上丝绸之路沿路国家友谊的作用,其海外生存发展的智慧也十分值得借鉴:也就是以谦虚姿态对待沿路的各方行为者,首先了解当地需要,建立互信基础后,金融、技术、投资等方方面面的合作自然也会水到渠成。要言之,在海上丝绸之路建设的机遇下,以侨为桥,通过华侨华人理解当地情况,当可少走弯路,实现合作共赢。

五 中马关系展望

展望未来几年的中马全面战略伙伴关系,只要两国秉承互信互惠精神,携手面对以下政治经济变貌,当可达致双赢局面。

在经济金融方面,中国国内经济发展放缓,2012年国内生产总值增速首次出现低于8%,2015年可能下降到7%。国内需求下滑导致中国大力推动出口,以吸纳过剩的产能,中国对马贸易也出现出超。对马投资将是最佳的平衡之道。在政府的鼓励下,中国企业开始进军马来西亚等海外市场,大马在2013年迎来了9亿美元的投资,2014年达到10亿美元。中国驻马大使

---

① Beh, Loo See, "Malaysian Chinese Capitalism: Mapping the Bargain of a Development State." Malaysian Chinese and Nation – Building: Before Merdeka and Fifth Years after, ed. Voon Phin Keong (Kuala Lumpur: Centre for Malaysian Chinese Studies, 2007) 223 – 268.
② 陈琮渊:《王赓武教授访谈记录》,2014年12月8日。

黄惠康2014年10月在大马中华总商会的交流会上表示，中国将在未来五年向海外投资5000亿美元，而马来西亚是中国优先考虑的合作对象。此外，中国人民银行与马来西亚国家银行在2009年首次签署货币互换合约，2012年续约，2015年再延长3年。中马货币互换的交易总额维持在1800亿元人民币。2014年11月10日中国人民银行与大马国家银行签署合作备忘录，中国人民银行将在大马建立"人民币业务清算银行"（RMB Clearing Bank），以方便双边企业及金融机构使用人民币跨境交易。对马来西亚而言，人民币清算业务立即可见的好处在于，吸引更多中资企业来马投资，推动关丹产业园区等中马合作旗舰项目，最终有利于双方的经济前景。这点可由2015年6月，马来西亚中华总商会与中国银行在马合办"一带一路"经济大会，吸引了800名中马厂商参加之热烈反应中得到印证。

在区域议题方面，马六甲海峡承载着全球贸易1/3的货物、1/2的石油、2/3的天然气运输。每年有8万余艘船通过，是仅次于英吉利海峡的全球第二繁忙水道，中国从中东、非洲和东南亚地区进口石油，都要通过马六甲海峡，与亚洲国家的货物也多须通过它来运输。马六甲海峡主要由马来西亚、新加坡及印度尼西亚等国所辖制，其中最大的幅员坐落在马来西亚，足见其战略地位及对中国的重要性[①]。更重要的是，2015年，马来西亚担任东盟轮值主席国，以其战略地缘优势及东盟主要资本市场之一的地位，发挥关键影响力。会议期间，马来西亚政府面对菲律宾挑起时下最受国际关注的南海岛屿主权争执问题时，以公正合理的方式处理，并且晓以大义。马来西亚首相纳吉布在会上强调，"中国是东盟的策略伙伴，对东盟十分重要，东盟对于中国也很重要，如果东盟执意对抗中国，并不会为任何国家带来利益"。纳吉布也呼吁涉及南海主权争执的国家以和平中庸的态度，避免寻求军事力量解决纠纷[②]。纵使马来西亚在曾母暗沙（James Shoal）与中国也存

---

① 《拿督斯里纳吉："大马续与中美保持密切关系"》，《诗华日报》2014年9月25日，第A5版。
② 该处位于南海末端，距离中国大陆最南岸1800公里，距离马来西亚的砂拉越海岸只有80公里，其主权归属牵涉复杂的历史过程和国际海洋法争议。

在海岛主权争执,却能坦然面对现实,妥善处理,避免公开决裂。因而,在可见的将来,中国仍应重视维持与马来西亚的友好关系。

参考文献

Athukorala, Prema - Chandra, "The Malaysian Economy during Three Cries". In Malaysia's Development Challenges: Graduating from the Middle, ed. Hal Hill, Tham Siew Yean, Ragayah Haji Mat Zin (New York: Routledge, 2012).

Beh, Loo See, "Malaysian Chinese Capitalism: Mapping the Bargain of a Development State". Malaysian Chinese and Nation - building: Before Merdeka and Fifth Years after, ed. Voon Phin Keong (Kuala Lumpur: Centre for Malaysian Chinese Studies, 2007).

Forbes Asia, "Malaysia's 50 Richest 2015 Ranking". http://www.forbes.com/malaysia-billionaires/list/#tab: overall retrieved 2015.7.31.

Gomez, Edmund Terence, and Jomo, Kwame Sundaram, *Malaysia's Political Economy*: *Politics*, *Patronage and Profits*, Cambridge: Cambridge University Press, 2nd edition, 1999.

Gomez, Edmund Terence, Chinese Business in Malaysia: Accumulation, Ascendance, Accommodation (Surrey: Curzon, 1999).

Jacobsen, Michael, "Re - Conceptualising Notions of Chinese - ness in a Southeast Asian Context: From Diasporic Networking to Grounded Cosmopolitanism", *East Asia* 24 (2007).

Lam Chee Kheung, "Transboundary Movement of People, Materials, and Goods between Sarawak (Malaysia) and West Kalimantan (Indonesia)". Research Report of Sarawak Inti College (Kuching: Sarawak Inti College, 2001).

Lee Poh Ping, "Malaysia in 2014, Domestic Discord amid Some Economic and Diplomatic Progress." *Asian Survey* 55 (1) (2015).

Leong, Kai Hin, "Malaysian Chinese Businesses in an Era of Globalization." Southeast Asia's Chinese Businesses in an Era of Globalization: Coping with the Rise of China, ed. Leo Suryadinata (Singapore: Institute of Southeast Asian Studies, 2006).

"侨委会":《2013华侨经济年鉴》,2014。

"经济部"国贸局:《马来西亚国家档》,2015。

《中泰签建克拉运河》,《诗华日报》2015年5月17日,第16版。

《中进口马冷冻榴梿 签8协议 槟岛至北海建海底隧道》,《星洲日报》,http://news.sinchew.com.my/node/202552。

《拉菲达:设东盟中心东盟领袖论坛》,《星洲日报》2015年4月28日,第6版。

《张高丽在第十一届中国—东盟博览会和中国—东盟商务与投资峰会上的致辞》,中国共产党新闻网,http://cpc.people.com.cn/BIG5/n/2014/0916/c64094 - 25673489.html。

马燕冰、张学刚、骆永昆:《列国志·马来西亚》,社会科学文献出版社,2011。

王付兵:《80 年代中期以来中国人向马来西亚的人口迁移》,《南洋问题研究》2004 年第 4 期。

叶彦邦:《马来西亚新经济政策对当地华人经济之影响》,《中山人文社会科学期刊》1999 年第 7 卷第 1 期。

刘文荣:《马来西亚华人经济地位之演变》,世华经济出版社,1988。

庄国土、黄新华、王艳:《华侨华人经济资源研究——以华商资产估算为重点》,国务院侨办政法司,2011。

庄国土:《中国海洋意识发展反思》,《厦门大学学报》(哲学社会科学版)2012 年第 1 期。

宋镇照:《习李相继"南巡"访东盟》,《海峡评论》2013 年第 276 期,http://www.haixiainfo.com.tw/276 - 9003.html。

周伟民、唐玲玲:《中国和马来西亚文化交流史》,文史哲出版社,2002。

林明华:《"一带一路"的机遇与挑战》,《星洲日报》2015 年 5 月 25 日,第 9 版。

林嘉灯:《年底落实单一市场》,《诗华日报》2015 年 1 月 24 日,第 B08 版。

"经济部"投资业务处:《马来西亚投资环境简介》,2014。

胡锡进:《阿基诺言贱如此 菲律宾安有荣焉》,《诗华日报》2015 年 6 月 11 日,第 13 版。

范世平:《中国大陆侨务政策与工作体系之研究》,秀威出版,2010。

拿督丽贝卡:《东盟经济共同体关税自设》,《星洲日报》2015 年 4 月 24 日,第 6 版。

普拉威:《向美低头?泰搁置买中国潜艇》,《诗华日报》2015 年 7 月 17 日,第 14 版。

黎翠雯:《一砖一瓦,共筑友谊桥》,《诗华日报》2015 年 3 月 15 日,第 9 版。

杨元庆:《各国领袖聚焦一体化课题,打造东盟经济体》,《星洲日报》2015 年 4 月 27 日,第 15 版。

杨沐:《从东南亚的观察角度谈中国新丝路战略设想》,《新加坡眼》,http://www.yan.sg/tanzhonggouxinxhilu/。

陈琮渊:《再探马来西亚华人属性的形塑:全球化、民主化与中国崛起》,《淡江史学》2015 年第 27 期。

陈鸿瑜:《马来西亚史》,兰台网路,2012。

陈鸿瑜:《东南亚国家协会之发展》,暨南国际大学东南亚研究中心,1997。

龚缨晏:《中国"海上丝绸之路"研究百年回顾》,浙江大学出版社,2011。

B.3
日本华侨华人在中日关系中的角色探讨*

游国龙 刘光耀**

摘　要： "华侨华人"不是国际关系中的主要行为体,也不是非主要行为体,它只是存在于中国与侨民移入国的一个族群,在不同的国家所引发的问题并不完全相同。现有的日本华侨华人研究,不是把华侨华人作为自变量,认为它影响中日关系,就是把华侨华人作为因变量,认为它受中日关系影响。但根据本文的分析结果,中日两个国家间关系,包括历史上的冲突、生存利益等,深刻影响了华侨华人在日本的生存。学界探讨的华侨华人在提升国家软实力、公共外交等方面的作用,受中日关系制约,实际上难以发挥。近年来,受"钓鱼岛购岛"等事件影响,越来越多日本华侨华人选择回国定居,除非中日关系好转,在日华人人口将持续下降。

关键词： 日本华侨华人　中日关系　公共外交　软实力

随着民航客机技术的发展,互联网、手机等通信技术的进步,全球各地

---

* 本文系2015年度华侨华人研究专项课题重点项目"华侨华人在中日韩关系发展中的地位研究(1992~2014)"的阶段性研究成果。
** 游国龙,法学博士(北京大学国际政治学专业),现为华侨大学国际关系学院/华侨华人研究院助理研究员、北京大学文化与国家行为研究中心学术委员。研究方向为国际政治理论、文化与国家行为、心理文化学、华侨华人与国际关系。刘光耀,华侨大学国际关系学院/华侨华人研究院研究生,研究方向:亚太国际关系、海外华人研究。

的距离变得越来越小，许多华人走向海外。据庄国土教授估计，2008年海外华人已达到4500万人①。如今中国人走向海外，与早期沿海居民因贫穷移居东南亚，或者被骗卖到海外当契约劳工大不相同，现在有许多是为求学、养老、设厂、投资甚至生子的。他们遭遇的问题与过去也有很大差异。早期学界更多关注华侨华人在当地的同化与融合问题，后来转移到华人在经济发展中的功能，如今也关心华侨华人在中国与世界文化交流中的桥梁作用②。随着国际形势的变化，政府部门越来越强调在国际关系的视野下研究华侨华人问题，如国侨办副主任何亚非多次在不同场合提到这一点③。东南亚是海外华人人口最多的地区，学界一向关注东南亚华侨华人研究，但日本却是周边国家中与中国关系最复杂的。1945年日本结束了对中国的侵略，1972年中日邦交正常化，但近些年两国又因为参拜靖国神社、钓鱼岛归属、赔偿道歉、慰安妇等问题时而引发冲突。在这样的国家关系背景下，华侨华人作为一个群体到底扮演着什么样的角色，本文将从国际关系的视角回答这个问题。首先讨论华侨华人在国际关系研究中的定位，其次分析学界对于在日华侨华人作用的两种不同看法，最后进行比较得出结论。

一 华侨华人在国际关系研究中的定位

（一）中国华侨华人学的研究对象

华侨华人研究的研究对象为何，它在什么领域与国际关系学发生关联，这是我们首先要讨论的问题。21世纪初，中国学术界曾对华侨华人学科建设进行过热烈的讨论。总的来说，他们认为中国华侨华人学在国内外一直存

---

① 庄国土：《世界华侨华人数量和分布的历史变化》，《世界历史》2011年第5期。
② 李安山主编《中国华侨华人学：学科定位与研究展望》，北京大学出版社，2006，序言第2页。
③ 国侨办副主任何亚非多次在不同场合提到这一点。许多传统研究华侨华人的科研机构、高校先后成立了国际关系专业或者院系等，华侨大学成立了国际关系学院，暨南大学也是同样的情况。

在地位不明确的问题，从以史学研究为主演变为社会学、民族学、宗教学、移民学等多领域、多方向的研究。而且，任何单一学科都不能完全将其囊括，是一个多学科综合的社会科学门类，带有明显的跨学科性与多学科性①。关于它的研究对象，北京大学教授李安山认为有以下12方面：①作为所属国少数民族的华人研究（华人移民定居国外的生存发展过程）；②华人经济（史）研究（作为近代世界经济史的重要组成部分，以及当今角色的转变——企业模式、运作方式和经营哲学等的转变）；③华人社会（史）研究（作为世界移民史的重要组成部分及其作用，华人的社会习俗、生活方式与社区变化等）；④华文文化教育（史）研究；⑤华侨华人宗教（史）研究；⑥华侨华人与新闻传播（史）研究；⑦华侨华人历史研究；⑧华侨华人与国际关系；⑨华侨华人与中国的关系；⑩侨乡研究；⑪华侨华人的比较研究；⑫华侨华人学研究（学科建设问题）②。

但是，厦门大学李国梁教授有不同的看法，他认为华侨华人学可以分为以下10方面。①关于研究对象、概念、范畴的研究；②华侨华人历史；③华侨华人与中国关系的研究；④华侨华人在居住国的生存发展研究；⑤海外华侨华人社会变迁研究；⑥华侨华人经济研究；⑦华侨华人教育和文化研究；⑧华侨华人法规和政策研究，如居住国政策、国内政策、移民政策、归侨政策等；⑨侨乡研究；⑩国内外学术动态研究，如对欧美日澳和东南亚学术界华侨华人研究成果的翻译、评介，对国内外学术动态的综合性论述、著名学者的介绍等③。

从这两个学者的观点来看，华侨华人研究的对象几乎涉及了各个学科领域，有历史学、经济学、社会学、人类学、哲学（宗教学）、教育学、新闻传播学、国际关系学等等。但李安山设定的研究对象比李国梁的涉及面要宽

---

① 李安山主编《中国华侨华人学：学科定位与研究展望》，北京大学出版社，2006，序言第2页。
② 李安山：《华侨华人学的学科定位与研究对象》，《华侨华人历史研究》2004年第1期。
③ 郭梁：《中国的华侨华人研究与学科建设——浅议华侨华人学》，《华侨华人历史研究》2003年第1期。

广，多了华侨华人宗教（史）研究、华侨华人与新闻传播（史）研究、华侨华人与国际关系、华侨华人的比较研究等四方面。而李国梁所指出的"国内外学术动态研究"则是李安山所忽略的。但国内外学术动态是每一项研究（甚至不能说是每一个学科）都必须进行的，不能把它归属到"研究对象"中。另外，他谈到的华侨华人法规和政策研究这一部分，李安山则把它归类到"华侨华人与国际关系"领域。李安山认为，华侨华人与国际关系研究的对象共有以下四方面：①历史上各个国家对华侨华人的移民政策（多元、融合、强迫同化、歧视等）及其对中外关系的影响；②在政治、经济矛盾背景下华侨华人问题引发的国际关系危机；③华侨华人在国际关系中所起的作用；④华侨华人在世界不同文明交流中所起的桥梁作用。按照李安山的观点，那些华侨华人宗教（史）、侨乡、新闻传播等研究与国际关系都是不相关的。然而，国际关系学是一个独立的学科，它有自己的研究对象以及理论。如何从国际关系的视角来研究华侨华人呢？

（二）国际关系学视角下的华侨华人研究

国际关系是政治学的分支学科。在英文里国际关系（international relations）与国际政治（international politics）可以相互替代。一般认为，1919年英国亚伯大学（Aberystwyth University）设立国际政治学教席，是国际政治学诞生的标志。教科书上说，国际政治是揭示国际社会中各种国际政治行为主体之间的政治关系及其发展变化的一般规律的一门学科[1]。广义的国际关系包括国家与国家之间的关系、非国家组织之间的关系、国家与非国家组织之间的关系。狭义的国际关系，专指国家与国家之间的关系。国际关系学早期的研究多偏向于哲学的争论，直到华尔兹（K. Waltz）利用结构分析法构建了国际政治理论[2]，国际政治学才能够科学地解释国际政治的发展规律。他提出了层次分析法（level of analysis），把国际政治研究分为国际体

---

[1] 陈岳：《国际政治学概论》（第三版），中国人民大学出版社，2010，导论，第1页。
[2] Kenneth N. Waltz, *Theory of International Politics*, Beijing: Peking University Press, 2004.

系、国家、个人三个层次①,深刻影响了国际政治研究的发展。国际关系发展出的理论现实主义、自由主义和建构主义都是把国际体系作为自变量的理论。因此,体系理论被视为科学的理论,而以国家为解释对象的理论则被认为是不科学的,以个人为研究对象的理论非常少见,主要是政治心理学家涉足的领域,分析领导人的性格、感情对外交政策的影响等②。

国家是国际关系研究的行为主体,国际组织与跨国公司被视为非主要行为体。而"华侨华人"是作为一个族群被研究,它难以在层次分析法的框架内归类是显而易见的。可是,仍有一些学者尝试在层次分析法的框架下对华侨华人研究进行定位。周聿峨、龙向阳认为,就国际关系的历史发展与现实状况来看,"体系层次"的国际关系可以分为全球性国际体系和地区性国际体系两个方面。在"国家层次"中的"华侨华人与国际关系"也可以分为"华侨华人与国家间关系"和"华侨华人与国家对外关系"两个方面③。但从体系理论来看,华尔兹提出层次分析法是为了探索影响行为体的变量,旨在解释无政府状态下国家行为体的行为。而周、龙二人谈到的"华侨华人的行为必须关涉中国国家利益,从而影响中国与相关国家的双边关系","华侨华人作为一个独立的个体被动地关涉于某一个特殊事件之中,且该事件涉及中国的国家利益"等,并不涉及体系因素。换言之,它不会对国际体系的变化造成任何影响。而且,华尔兹的假定是所有国家行为体的功能类似,而周、龙二人却突出中国这个行为体的作用,因此,在层次分析法的框架下定位华侨华人研究不能说是合适的。

华侨华人最早作为一个问题出现在中国与东南亚国家之间,主要是传统中国主导的国际秩序与近代西方国际秩序冲突所引起的。在中国主导的东亚

---

① Kenneth Neal Waltz, *Man, the State, and War: A Theoretical Analysis*, New York: Columbia University Press, 1959.
② 张清敏:《国际政治心理学流派评析》,《国际政治科学》2008年第3期。
③ 周聿峨、龙向阳:《关于"华侨华人"与国际关系的思考》,《现代国际关系》2002年第6期。

国际秩序中，是以文化认同来区分华夷的，而不是种族，它与藩属国之间也没有清晰的边界①。后来，由于西方势力入侵亚洲，东南亚一些藩属国接受了近代西方的民族国家观念，战后要求独立，从而引发了与中国之间包括华侨华人在内的诸多问题。扼要言之，这是两种不同国际秩序观念的冲突②。因此，在国际关系的视野下研究华侨华人问题，首先就是要揭示传统东亚国际秩序的原理，进而解构两种观念的冲突。但在改革开放后，新移民更多迁往西方国家（即便是移往非西方国家，中国以及其他非西方国家也接受了西方主导的国际秩序），所以，此时面对的是新秩序下的移民问题③。质言之，华侨华人问题在中国与其他国家之间所引发的问题并不完全相同，根据国情会有差异。它作为一个问题出现在国际事务中，通常只涉及中国与侨民移入国两个国家，而不会同时涉及诸多国家。因此，"国际关系视角下"的华侨华人研究，把研究重点放在"两个国家之间"更为合适，即旨在探讨中国与侨民移入国两个国家之间因华侨华人引发的问题。

二 日本华侨华人对中日关系之影响

对于华侨华人作为一个群体在两个国家之间到底扮演着何种角色，学界主要有两种观点。一种是把华侨华人作为自变量（原因）来讨论，另一种是把华侨华人作为因变量（结果）来讨论。前者认为华侨华人影响"两个国家间关系"，后者则认为"两个国家间关系"影响华侨华人。

现有的几项研究估算，2012 年前后在日中国籍人口已达到 80 万左右。

---

① 尚会鹏：《"伦人"与"天下"——解读以朝贡体系为核心的古代东亚国际秩序》，《国际政治研究》2009 年第 2 期。
② 关于这方面的研究可参考 J. K. Fairbank and S. Y. Têng, "On the Ch'ing Tributary System", *Harvard Journal of Asiatic Studies*, Vol. 6, No 1, 1941, p. 137；张启雄：《中华世界秩序原理的源起：近代中国外交纷争中的古典文化价值》，载吴志攀、李玉主编《东亚的价值》，北京大学出版社，2010，第 105~146 页。
③ 必须指出的是，中国加入现代国际体系的时间比较短，对这个体系的认识和理解还比较薄弱，现在还处于适应与调适之中，因而还有许多问题。

鞠玉华统计的数据是80.06万人①，戴二彪统计的结果为73.63万人②。在日本所有外国人群体中，中国籍的人数是最多的③。或许是由于这个原因，不少学者认为，华侨华人可以影响中日关系的进展。这方面的研究集中在"软实力"（soft power）与"公共外交"（public diplomacy）方面。

软实力最早由美国学者约瑟夫·奈在1991年提出，他在《美国注定领导世界？美国权力性质的变迁》一书中阐述了关于软实力的早期概念④，而后在《美国霸权的困惑》《软力量：世界政坛成功之道》等多部著作中进一步系统性地论述。他认为软实力作为一种通过吸引而非强制性或利诱手段实现自身所愿的能力，主要来源于三种资源，即文化、政治价值观和对外政策。文化指对他国具有吸引力，政治价值观是政府在内外事务中遵循并实践的观念，对外政策主要是具有合理性从而占据道德上的权威⑤。软实力不是一个国际关系理论，只是约瑟夫·奈提出的一个维持美国霸权的政策建议。但不少国内学者认为华侨华人是提升中国软实力的重要资源。例如，陈奕平和范如松认为，华侨华人是中国软实力构建和发展过程中的重要资源，可以在中国文化的推广、核心价值观的传播、中国国情与发展模式的介绍以及中国对外政策的解释这四个方面发挥作用⑥。曹云华、张彦认为，海外华人是中国软实力的"承载者"，文化软实力体现在华人社团、华人媒体和华人学

---

① 具体是806181人，参见鞠玉华《论中日关系对在日华侨华人的影响》，《暨南学报》（哲学社会科学版）2013年第8期。
② 戴二彪：《二十一世纪的日本华侨华人》，载丘进主编《华侨华人研究报告（2013）》，社会科学文献出版社，2014。
③ 根据《归侨侨眷权益保护法》规定，华侨是指定居在外国的中国公民，华人是指已加入居住国国籍者及其后裔。日本社会中，日本国民一般对华侨、华人、在日中国人的区别并不明确，称谓大多混用为"在日中国人""华侨"。
④ Joseph S. Nye. *Bound to Lead*：*The Changing Nature of American Power*，New York：Basic Books，1991.
⑤ Joseph S. Nye. *Soft Power*：*The Means to Success in World Politics*，New York：Public Affairs，2004，pp. 2，11.
⑥ 陈奕平、范如松：《华侨华人与中国软实力：作用、机制与政策思路》，《华侨华人历史研究》2010年第2期。

校,即"华人三宝"之中①。许多学者从这个角度探讨东南亚华侨华人软实力②,一些学者也将其视角拓展至日本华侨华人。陆桢认为,日本的华文媒体、华侨华人社团、华文教育、杰出华侨华人可以提升中国对日本的软实力。

他指出,1972年以来日本华文媒体蓬勃发展,现有纸媒《中文导报》《东方时报》《联合周报》等,电视媒体CCTV大富、TVB大富、凤凰卫视、东方卫视,网络媒体日本侨报电子周刊、中国周报、东京流行通讯中国最新情报。借助它们可以弘扬中华文化、塑造中国形象、打造中国国际话语权,提升中国软实力。日本有5所华侨学校:神户中华同文学校、横滨山手中华学校、横滨中华学院、东京中华学校以及大阪中华学校,它们独立于日本正规教育体系之外。此外,还有100多所华文补习学校、远程教育机构。借助它们可以固守中华认同,确立民族自觉;传播中华文化,增进与当地社会的交流与融合;加强华社的团结,促进华社和谐发展,从而提升中国软实力。此外,华侨华人社团也是一股重要力量。20世纪末,新老华侨华人社团就达到了200多个,21世纪成立的有日本华侨华人联合总会、日本新华侨华人会,还有一些同乡会等,它们可以发挥四个方面的软实力:加强华社团结,凝聚华侨华人意志;促进中日交流,增进中日邦交;服务当地社会,传播中华价值观;支持祖(籍)国发展,彰显爱国热情。最后,还有"个人"这一部分,一些爱国华侨也是中华文化和中华传统价值观的载体,留学生回国服务也可作为软实力的重要资源③。

公共外交是1965年美国塔夫茨大学弗莱彻法律与外交学院(Fletcher School of Law and Diplomacy)院长埃德蒙·格利恩(Edmund Gullion)在爱德华·默罗公共外交研究中心成立仪式的演说中提出的概念,指公众态度对

---

① 曹云华、张彦:《中国的海外利益:华侨华人的角色扮演——基于软实力的视角》,《暨南学报》(哲学社会科学版)2012年第10期。
② 许梅:《东南亚华人在中国软实力提升中的推动作用与制约因素》,《东南亚研究》2010年第6期;陈瑶:《中国在东南亚的软实力与华侨华人的作用——国际关系学和华侨华人学整合的视角》,《华侨大学学报》(哲学社会科学版)2010年第2期。
③ 陆桢:《日本华侨华人社会与中国软实力》,厦门大学硕士学位论文,2012。

外交政策的形成和执行产生的影响。它有以下四个特点：首先，它的行为对象是公众不是政府；其次，它的行为主体是一国政府，而不是非国家行为体；再次，公共外交不同于宣传，强调要讲真话；最后，公共外交具有明显的公开性特点①。这个概念虽然与软实力提出的背景有很大差异，但一些研究人员却将它们结合起来。郑华认为，公共外交作为国家软实力提升的重要路径，已成为外交实践和理论研究领域普遍达成的共识②。钟新指出，可以将公共外交作为提升软实力的目标，而将开展公共外交视为实现目标的途径③。俞新天认为，软实力是公共外交要达到的目标，也是开展公共外交的指导思想④。

　　在华侨华人研究领域，刘宏呼吁海外华侨华人是中国公共外交不可忽视的力量，建议中国政府可以从主体性、针对性和参与性三个方面转变思路，调整相关政策，发挥华侨华人在中国公共外交中的优势和作用⑤。金正昆与臧红岩认为，侨务公共外交是非传统外交之一，某种意义上可视为中国的国家营销。侨务公共外交的主体是海外华侨华人，客体是所在国及其社会公众，方式是信息传播和沟通交流，目的是传播中国文化，构建良好的中国国家形象⑥。卢小花从日本华文媒体、华侨华人社团、华文教育讨论对日本公共外交的影响。她认为，日本华文传媒客观报道事实，塑造中国形象，输送华人信息，改善在日华人形象，推动出版和电视事业，介绍中国国情与现状，可以发挥以下三点作用：从语言交流到文化理解，打好公共外交的基础；促进知识精英之间的交流，发挥思想库在公共外交中的作用；维护在日华人与中国的形象，保障中国公共外交的成效。日本华文教育蓬勃发展，教授汉语的学校越来越多，可以起到三个方面的作用：传承中华文化，为促进中日交流培养后备人才；传播中国文化，提升在日华人的社会地位；传播中

---

① 高飞：《公共外交的界定、形成条件及其作用》，《外交评论》2005 年第 6 期。
② 郑华：《新公共外交内涵对中国公共外交的启示》，《世界经济与政治》2011 年第 4 期。
③ 钟新：《新公共外交——软实力视野下的全民外交》，《现代传播》2011 年第 8 期。
④ 俞新天：《中国公共外交与软实力建设》，《国际展望》2009 年第 3 期。
⑤ 刘宏：《中国崛起时代的海外华人与中国外交》，《开放时代》2010 年第 8 期。
⑥ 金正昆、臧红岩：《当代中国侨务公共外交探析》，《广西社会科学》2012 年第 5 期。

国语言，提升中国文化软实力。此外，华侨华人组成的社团也相当有影响力，其中较为重要的有：日本华人教授会议为中日政治经济往来建言，日本中华总商会促进中日经贸交流，在日科学技术者同盟促进中日科技交流，北海道新华侨华人联合会促进中日文化交流，日本校友会蓬勃发展是中国公共外交的新兴力量①。张月也认为日本华侨华人促进了日本民众对历史和中国现状的了解，改善了日本舆论环境，维护了中国和平统一，推动了中日关系发展，提升了中国文化在日本的影响力等②。

尽管这些研究人员提出的观点很多，实际上，它们所涉及的软实力仅仅是奈所指的三个来源中的两个：文化、价值观。软实力有三个来源，但华侨华人作为一个载体，所能表现出来的是"文化"与"价值观"两个方面，外交政策所涉及的是制度层面的内容，不是个人所能涉及的。软实力的作用主要在于同化力，有一些学者认为，华侨华人能够在侨居地向当地民众讲述中国的外交政策，即认为是中国的软实力表现，这显然误解了软实力的作用。另外，华侨华人在"文化"与"价值观"方面能发挥多少作用，也还有讨论空间。

三 中日关系对日本华侨华人之影响

接下来讨论把华侨华人作为因变量（结果）的情况。学者认为"两个国家间关系"影响华侨华人，但探讨中日关系影响华侨华人的研究较少。

罗潮晃曾记录过战前华侨华人在日本生活的惨状。九一八事变发生后，日本华侨人数骤减万人，而后七七事变的发生进一步加速了华侨回国进程，仅长崎一地在三个月内回国的人数就占到了当地华侨总数的2/3。在日本各地经营的华侨事业陷入停顿状态，1941年日本公布的《贸易业整备要纲》规定不准外商从事贸易业，作为华侨经济支柱产业之一的贸易业受到巨大冲

---

① 卢小花：《日本华侨华人社会与中国公共外交》，暨南大学硕士学位论文，2013。
② 张月：《日本华侨华人与中国对日公共外交》，《东南亚纵横》2012年第7期。

击,当时还留在日本的华侨亦是过着朝不保夕的生活,华侨经济地位不断下降。此外,日本政府还针对华侨制定了多项法律进行迫害和监视。除了华侨经济受到重创,华侨社团也遭到不同程度的解散和合并。卢沟桥事变爆发后,在日华侨的处境更加困难,或商店倒闭,或被强制到工厂当劳工,连小学生也难以幸免,被疏散到农村的华侨由于敌对国公民身份时常受到欺凌,即使出趟家门也需要得到警察署的许可,回来还需要"销假"。当时华侨凡是持有相机的便被认为是间谍,在桥上照相也会被逮捕,路过日本军营更是会遭遇枪击,不少华侨无辜被逮捕,最后被拷问致死。据统计,战时针对华侨而杜撰的犯罪名目不下三四十种,包括业务霸占、不敬、违反赛马法、违反劳动法、思想犯、行为不良罪等,旅日华侨当时在日本的生活处境可以用"风声鹤唳""草木皆兵"来形容①。

朱慧玲在探讨中日关系正常化以来日本华侨华人社会的变迁时认为,日本华侨华人社会境况随着中日关系的好坏而兴衰,中日关系是日本华侨华人社会的晴雨表②。但是,她并没有展开论述。近年,鞠玉华曾在两篇文章中谈到中日关系恶化对日本华侨华人的影响,关注围绕钓鱼岛主权归属引发的问题。2012年东京都知事石原慎太郎购买钓鱼岛事件,引发中国的严正抗议。但9月10日日本内阁仍宣布从2012年度预算中拨出20.5亿日元,向粟原家族"购买"钓鱼岛及其附属岛屿的三个岛屿,试图将钓鱼岛国有化。中国许多城市展开反日示威游行,9月15日数千人聚集在日本驻华使馆前,部分民众向该使馆投掷矿泉水、鸡蛋,甚至点燃日本国旗。10月16日,中国军舰也首次在距钓鱼岛80公里处驶过钓鱼岛维护主权。但是,在"购岛"风波影响下,日本华侨华人的生活每况愈下。日本社会中对中国持不友好态度的言论随处可见。一项民意调查显示,对中国抱有亲切感的人下降至18.0%,是历史的最低点。而20世纪80年代初期,对中国有亲切感的人达到70%以上。一些日本右翼组织,如"奋起日本"曾两

---

① 罗晃潮:《日本华侨史》,广东高等教育出版社,1994,第319页。
② 朱慧玲:《中日关系正常化以来日本华侨华人社会的变迁》,厦门大学出版社,2003。

次在东京大久保的华人聚集区对华人开办的商点组织示威游行，并且公开包围和威吓华人店铺。远在关西地区的神户市"神户中华同文学校"遭到不明人士放火。位于九洲的福冈市等地发生了多起中华料理店被砸等事件①。鞠玉华指出，中日关系恶化，赴日旅游人数大幅减少，直接影响到华侨华人经营以中国人为服务对象的旅行社、旅馆、饭店、翻译公司的生意。日本企业也不愿意聘请中国留学生、华侨华人雇员。一些日本知名企业，如罗森株式会社、永旺株式会社、优衣库公司，聘请中国留学生、华侨华人雇员的数量大量裁减。2006年以来，在日人数连续增长，2010年在日人数达到687156人，但2011年却下降到674879人，比上一年减少12277人。永居者的在留资格持有者也由2006年的3086人减少至2011年的2597人。中国留学生总数从2010年的134483人减少到2011年的127435人；在日本兴业的降幅最大，由2006年的2153人逐年减少，至2011年仅有389人②。中日关系恶化直接的影响是归国人员增多。在中日关系正常化的时候，有一些学者乐观地认为，在日中国人将很快突破百万，但是没料到中日关系恶化影响了在日本生活的华侨华人。

郭玉聪在一项分析日本华侨华人的研究中指出，日本是华侨人数多于华人的国家。留日人员的回归率特别高，赴日留学生大幅度减少，只有日本的华侨人数多于华人，之所以出现这些现象，中日民族关系的变化无疑是最主要的原因。日本华侨华人增幅下降的趋势也反映了中日关系的恶化和中日民族对立情绪升高的现状③。戴二彪也指出，虽然最近20年经济增长缓慢，但作为发达国家中的第二经济大国和科技大国，日本依然是一个有吸引力的国家。因此，如果没有70多年前的日本侵华战争及其带来的遗留问题，本来应该有更多的中国新移民选择在日定居。但是，因为历史问题，最近10年来两国关系"政冷经热"，一直不够安定乃至紧张。在这

---

① 鞠玉华：《中日关系与在日华侨华人：2012～2014》，《八桂侨刊》2015年第3期。
② 鞠玉华：《论中日关系对在日华侨华人的影响》，《暨南学报》（哲学社会科学版）2013年第8期。
③ 郭玉聪：《日本华侨、华人的数量变化及其原因》，《世界民族》2004年第5期。

样的背景下,加上中国经济的发展与国际地位上升,许多新移民最终选择了回国①。

学者提出了不少中日关系影响日本华侨华人生存的案例,但他们并没有提升到理论的高度,更多是现象的描述。而且,对于中日关系本身的研究不够深入,主要是针对某个冲突事例进行探讨。如果能够提炼出规律,对于两国关系影响华侨华人生活这个观点会更有说服力。

四 结论

近代西方发展起来的国家理论中,强调一个民族组成一个国家,民族国家具有共同的民族、语言、生活方式等特点。理论上的单一民族国家是很少见的,更多是多民族国家,但日本主要是由大和民族组成的,在日本境内除北海道的阿伊奴族和琉球群岛的琉球人之外,大多数国民都属于同一民族。而且,日本人认为,他们与日本天皇有共同的祖先,都是天照大神的后代。而中国人移往日本之后,同化、融合的速度并不算快。改革开放后,由于人口快速增加,形成一个较大的群体,他们在中日两国间处于中间人的角色。我们有足够的理由认为华侨华人这个群体能够影响中日两国关系的进展吗?

从学者讨论的华侨华人可以发挥桥梁作用的软实力与公共外交来看,恐怕是过高估计了华侨华人的作用。在日本还没有现今这么大数量的华侨华人前,日本在唐朝时便进行大化革新,全面汉化,连日本的文字都是从中国学来的。日本不只学习中国的各种文化产物,现今日本京都还保持着唐朝长安城的格局,它们还学习中国的各种制度(软实力的外交政策范畴),认为日本是全世界对中国最为了解的异民族并不为过。但是,它并未因此影响中日两国关系的顺利进展。在旧时中国主导的国际秩序下,日本就不是长期稳定

---

① 戴二彪:《二十一世纪的日本华侨华人》,载丘进主编《华侨华人研究报告(2013)》,社会科学文献出版社,2014。

朝贡的藩属，它只是在有需要的时候才向中国朝贡①。而且，它还时不时骚扰中国沿海居民。明朝中叶，丰臣秀吉尝试出兵攻打中国。近代，西力东渐，日本遭受西方势力的威胁，它采取的策略是侵略中国以自强②。对于日本人来说，为了生存，日本的整体国家利益更为重要。有一些学者以为，华人的私人交情可以影响侨居国领导人的行为。他们以2008年日本首相福田康夫访问中国前邀请在日华人专家学者就中日关系与对华政策咨询意见，日本法政大学华人教授王敏借由向日本天皇、皇后授课向日本上流社会宣传中国文化③，说明日本华侨华人的社会影响力正在提高，直接作用于政府层面。这是对国家行为的基本原则缺乏了解。事实上，日本只是利用华人专家的专业知识而已。日本政府考虑的是日本的利益。在日华人只是达到这个目的的手段而已。没有这个华人，他们可以找到其他替代人选。领导人不可能为了与杰出华人的私人交情，作出有违国家利益的决策。

日本社会秩序良好，一向以低犯罪率闻名。在日本遗落东西，往往能在原处找回。许多日本人住的公寓，门甚至不上锁。但是，一些素质较低的华人移民、偷渡客，在日本坑蒙拐骗，破坏日本的秩序，引发日本人的反感。据日本法务省和东京都警视厅统计，2003年日本共有外国刑事犯罪2500人，其中80%为中国人；在被遣返的外国人当中，中国人位列第一，人数达到12382人④。犯罪行为包括抢劫、盗窃、非法经营、非法打工、造假护照等。有一些留学生犯罪情节严重，居然还犯了杀人、灭门等刑事案件。

---

① 朝贡的前提是朝贡国以接受中国对当地国王的承认并加以册封，在国王交替之际以及庆慰谢恩等之机去中国朝见，是以围绕臣服于中央政权的各种活动，作为维系其与中国关系的基本方式，但朝贡体制的根本点是靠贸易关系支撑。参见〔日〕滨下武志《近代中国的国际契机：朝贡贸易体系与近代亚洲经济圈》，朱荫贵、欧阳菲译，中国社会科学出版社，1999，第34~35页。
② 游国龙：《序列意识与大东亚共荣圈——对二战时期日本国家行为的心理文化学解读》，《日本学刊》2013年第2期。
③ 蔡建国、蔡建达：《民间交往中华侨华人作用的研究——以日韩为例》，《国务院侨办课题研究成果集萃（2009~2010）》。
④ 战涵：《中日媒体都不应该漠视在日华人犯罪问题》，日本新华侨报网，2009年5月26日，http://www.jnocnews.jp/news/show.aspx?id=27649。

2002年1月18日,被誉为"中国留学生之父"的日本老人吉野谕在大分县山香町惨遭杀害,经警方调查后发现犯罪者为5名外国留学生,其中4名为中国人。这些事件震撼了日本列岛。2004年3月,日本举行年度反华游行时,以东京大学教授酒井信彦为代表的"自由西藏协会"公然打出"中国人滚回去"的标语。不可否认,日本媒体、政客对于这些华人犯罪案件的确有大肆渲染的嫌疑,但不能否认的是,最近10年,日本警察厅按国籍排列的外国人刑事犯罪统计,在日本的中国籍涉案人数一直名列榜首。这种情况大大抵消了一些华侨华人所做的公共外交工作。这也许是日本人对中国的好感度持续下降的原因之一。

日本是一个岛国,天然资源并不丰富,其国民更为团结,这从战争中日本人的战斗力可以看出。华侨华人作为一个群体在日本社会中可谓是在夹缝中生存。笔者认为,中日关系才是影响日本华侨华人生活的关键因素。换言之,中日关系是自变量,日本华侨华人是因变量。这个"华侨华人"指的不只是族群,也是个人。龙向阳与周聿峨在族群层次上曾指出,就国际政治现实而言,"国家间关系"是自变量,"华侨华人"是因变量,国家间关系的好坏直接决定着相应国家华侨华人的发展及其所能发挥的作用。但在个人层次上他们却指出,华侨华人是有特殊身份的人,其行为必然关涉中国国家利益,从而影响中国与相关国家的双边关系①。这不能说是冷静分析,更多是充满着感情色彩。事实上,即便在华侨华人担任该国元首的情况下,也会更注重该国的国家利益,而不是中国的国家利益。20世纪中日关系正常化以来,中日两国曾有过一段美好的时光。日本民众对中国非常友好。这期

---

① "许多华人在新中国外交发展进程中以个体或团体的身份,在促进居住国与中国之间的建交,政治、经济、文化领域交流的扩展,整体或局部的重大问题、矛盾与纠纷的化解等方面发挥着重大作用。例如,中国与泰国建交过程中的泰籍华人许敦茂。""也有一些华人本身并没有什么特殊的政治身份,但由于其与居住国领导人有着特殊的个人关系,从而对居住国的华侨华人政策及居住国与中国关系的推进产生一定的积极作用。例如,巴西华人顾杭沪医生因精通中医针灸,与巴西总统卢拉建立和保持着良好的个人交往关系。"龙向阳、周聿峨:《关于"华侨华人与国际关系"的再思考》,《华侨华人历史研究》2011年第1期。

间，日本华侨华人数量急速增加，学者把华侨华人看成影响中日关系的变量。然而，我们并不否认华侨华人在公共外交中的作用，也肯定能提升国家软实力，但对于其间的机理，应该更细致地进行分析，而不能将其扩大化。中国与不同国家的关系不同，有的历史上曾经友好，有的近代曾发生过冲突，也有的曾侵略中国，华侨华人在这些国家的处境也有差异。如何看待华侨华人的作用需要根据情况具体分析①。但我们可以确定的是，在日本这一与中国有诸多冲突的国家，华侨华人的角色相对弱化。

参考文献

J. K. Fairbank and S. Y. Têng, "On the Ch'ing Tributary System", *Harvard Journal of Asiatic Studies*, Vol. 6, No 1, 1941.

Joseph S. Nye. *Bound to Lead*: *The Changing Nature of American Power*, New York: Basic Books, 1991.

Joseph S. Nye. *Soft Power*: *The Means to Success in World Politics*, New York: Public Affairs, 2004.

Kenneth N. Waltz, *Theory of International Politics*, Beijing: Peking University Press, 2004.

Kenneth Neal Waltz, *Man, the State, and War*: *a Theoretical Analysis*, New York: Columbia University Press, 1959.

〔日〕滨下武志：《近代中国的国际契机：朝贡贸易体系与近代亚洲经济圈》，朱荫贵、欧阳菲译，中国社会科学出版社，1999。

蔡建国、蔡建达：《民间交往中华侨华人作用的研究——以日韩为例》，《国务院侨办课题研究成果集萃（2009~2010）》。

曹云华、张彦：《中国的海外利益：华侨华人的角色扮演——基于软实力的视角》，《暨南学报》（哲学社会科学版）2012年第10期。

陈瑶：《中国在东南亚的软实力与华侨华人的作用——国际关系学和华侨华人学整合的视角》，《华侨大学学报》（哲学社会科学版）2010年第2期。

陈奕平、范如松：《华侨华人与中国软实力：作用、机制与政策思路》，《华侨华人

---

① 软实力需要硬实力的支持。日本的硬实力，并不下于中国，它如何会受中国吸引呢？而且不同国家的软实力还要竞争。在日本人的眼里，美国才是真正有吸引力的国家。

历史研究》2010年第2期。

陈岳：《国际政治学概论》（第三版），中国人民大学出版社，2010。

戴二彪：《二十一世纪的日本华侨华人》，载丘进主编《华侨华人研究报告（2013）》，社会科学文献出版社，2014。

高飞：《公共外交的界定、形成条件及其作用》，《外交评论》2005年第6期。

郭梁：《中国的华侨华人研究与学科建设——浅议华侨华人学》，《华侨华人历史研究》2003年第1期。

郭王聪：《日本华侨、华人的数量变化及其原因》，《世界民族》2004年第5期。

金正昆、臧红岩：《当代中国侨务公共外交探析》，《广西社会科学》2012年第5期。

鞠玉华：《论中日关系对在日华侨华人的影响》，《暨南学报》（哲学社会科学版）2013年第8期。

鞠玉华：《中日关系与在日华侨华人：2012~2014》，《八桂侨刊》2015年第3期。

李安山：《华侨华人学的学科定位与研究对象》，《华侨华人历史研究》2004年第1期。

李安山主编《中国华侨华人学：学科定位与研究展望》，北京大学出版社，2006。

刘宏：《中国崛起时代的海外华人与中国外交》，《开放时代》2010年第8期。

龙向阳、周聿峨：《关于"华侨华人与国际关系"的再思考》，《华侨华人历史研究》2011年第1期。

卢小花：《日本华侨华人社会与中国公共外交》，暨南大学硕士学位论文，2013。

陆桢：《日本华侨华人社会与中国软实力》，厦门大学硕士学位论文，2012。

罗晃潮：《日本华侨史》，广东高等教育出版社，1994。

尚会鹏：《"伦人"与"天下"——解读以朝贡体系为核心的古代东亚国际秩序》，《国际政治研究》2009年第2期。

许梅：《东南亚华人在中国软实力提升中的推动作用与制约因素》，《东南亚研究》2010年第6期。

游国龙：《序列意识与大东亚共荣圈——对二战时期日本国家行为的心理文化学解读》，《日本学刊》2013年第2期。

俞新天：《中国公共外交与软实力建设》，《国际展望》2009年第3期。

战涵：《中日媒体都不应该漠视在日华人犯罪问题》，日本新华侨报网，2009年5月26日，http：//www.jnocnews.jp/news/show.aspx?id=27649。

张启雄：《中华世界秩序原理的源起：近代中国外交纷争中的古典文化价值》，载吴志攀、李玉主编《东亚的价值》，北京大学出版社，2010。

张清敏：《国际政治心理学流派评析》，《国际政治科学》2008年第3期。

张月：《日本华侨华人与中国对日公共外交》，《东南亚纵横》2012年第7期。

郑华：《新公共外交内涵对中国公共外交的启示》，《世界经济与政治》2011年第

4 期。

钟新：《新公共外交——软实力视野下的全民外交》，《现代传播》2011 年第 8 期。

周聿峨、龙向阳：《关于"华侨华人"与国际关系的思考》，《现代国际关系》2002 年第 6 期。

朱慧玲：《中日关系正常化以来日本华侨华人社会的变迁》，厦门大学出版社，2003。

庄国土：《世界华侨华人数量和分布的历史变化》，《世界历史》2011 年第 5 期。

社会篇

The Reports on Society

B.4
中国（含港澳台）和新加坡的生育率变动及政策应对[*]

王嘉顺[**]

摘　要： 本文通过对中国（大陆、香港、澳门、台湾）和新加坡的总和生育率的趋势分析发现，这些国家和地区的总和生育率从20世纪60年代以来都呈下降态势，目前已经低于更替水平2.1，而中国香港、澳门、台湾地区和新加坡的总和生育率甚至低至1.3。经济因素、社会因素和文化因素通过对人口生育意愿的影响进而影响生育率的变动，子女养育成本的提高和对个人价值的重视导致人口生育意愿不高，

---

[*] 中央高校基本科研业务费资助项目"华侨大学哲学社会科学青年学者成长工程项目"（项目编号：14SKGC—QT04）。
[**] 王嘉顺，社会学博士，华侨大学哲学与社会发展学院社会学系主任，研究方向：人口社会学。

而人口政策对调整总和生育率的作用有限,华人传统生育文化对生育意愿的作用也日渐式微。刺激人口生育以及吸纳外部移民是这些国家和地区未来一段时间人口政策的调整方向和重心。研究结果提示,人口政策的制定和调整需要审时度势,沉稳果断,否则已有的问题得不到解决,还将产生新的问题。

关键词： 华人 生育率 人口政策

　　中华传统文化的要义之一是孝,而孝有多种表现和要求,其中娶妻生子、延续家族后代是最重要的内容之一,一个以中华传统文化为核心的家庭将人丁繁盛看作家运亨通的重要条件。但是在社会现代化水平和个人现代性意识不断提高的情况下,中华传统生育文化正在发生重要的变化。在发达国家步入低生育率之后,华人地区的生育率也出现不断下降的趋势,而且下降的速度更快,这种巨大的反差引起全球学者的注意,低生育率的发展趋势及其对全球经济、社会、政治和文化的影响值得关注。华侨华人在全世界范围内广泛分布,依庄国土等人的研究,海外的华侨华人总量早在2011年就已超过5000万[1],东南亚、北美和日本等地都是海外华侨华人分布较为集中的国家和地区。基于此种考虑以及由资料可得性及分析便利的角度出发,本文选取中国香港、澳门、台湾地区和新加坡作为研究对象,这些国家和地区的现代化程度已经相当高,并且中华文化依然是主要文化,中国大陆则将作为重要参照一并引入分析。通过描述并分析这些国家和地区的生育率变动情况,研究分析影响生育率的主要因素,梳理及分析官方部门的政策应对,从而获取有益的启示。

---

[1] 庄国土、李瑞晴：《华侨华人分布状况和发展趋势》,国务院侨务办公室政策法规司,2011。

一 生育率变动分析

（一）生育率变动与人口转变理论

人类社会的延续需要适度的人口再生产，而不同的人口再生产模式则由一定的生育率和死亡率综合构成。人口转变理论就是对人口再生产模式的历史、现状与未来规律性的总结[①]。简单而言，人口转变理论认为，人口再生产一般会经由高死亡率、高生育率到低死亡率、高生育率，再到低死亡率和低生育率的转变，而由生育率和死亡率决定的人口自然增长率相应也会经历从低到高再到低的过程。可以看出，当人口转变完成以后，适度的出生率和死亡率将使人口的自然增长率保持较低水平，从而避免出现人们所担心的"人口爆炸"现象。但事实比这走得更远，从20世纪70年代以来，发达国家的生育率持续走低，人们用"第二次人口转变""后人口转变"来形容这种人口变迁现象。如今，像中国这样人口基数庞大的发展中国家也已步入低生育率国度序列，而传统中华文化辐射的中国香港、澳门、台湾地区以及新加坡，这四地的生育率则更早滑入低数值范围，人们对"人口爆炸"的担心转而变成对"人口危机"的疑虑。

学者对生育率的观察和分析有一定的标准和方法，在此有必要介绍一个基本概念——总和生育率。人口学家一般使用粗出生率、一般生育率、年龄别生育率以及总和生育率作为测量生育的统计指标，其中又以总和生育率使用最多。总和生育率一般用来测量一定时期内育龄妇女的总体生育水平，它的计算方式是：在计算年龄别生育率的年龄分组组距为1岁的情况下，各年龄生育率之和。它假定一批同期出生的妇女按这一年的年龄别生育率生育，并度过整个生育期，她们每个人平均生育的子女数，就是总和生育率。其中数值为2.1的总和生育率又称为世代更替水平，它表示每对夫妻如果生育

[①] 佟新:《人口社会学》（第四版），北京大学出版社，2010，第131页。

2.1名子女的话,再扣除人口的死亡风险,刚好能够保持世代更替。当总和生育率高于2.1时,人口总量有增加的趋势;低于2.1时,人口总量有减少的趋势①。本文接下来对生育率的分析,将以总和生育率为测量指标,特此说明。

(二)中国大陆的生育率变动

我们将分析时段扩展至1950~2015年,60多年的变动趋势一方面可以有效反映人口生育率这种缓慢且有滞后性的社会现象,而且还可以将重要的人口转变过程纳入其中。1950~1955年中国的总和生育率达到6.11,这意味着每名育龄妇女在其生育期内至少生育了6.11名子女,官方在这个时期内对生育是鼓励的,因而人口总量快速增加。在1990年以前,总和生育率都超过了更替水平2.1。从20世纪70年代中期计划生育政策开始执行,并且执行越来越严格,这对抑制人口的快速增长发挥了重要作用。从表1也可以看出,1990~1995年的总和生育率下降到2.05,1995年以后则继续下降。到2010年为止,总和生育率徘徊在1.5~1.6,这个数字已经比更替水平至少下降了23.8%。表1是以5年为单位统计的平均总和生育率,而图1则具体到每一个年份,变动的趋势更加直观。从图1可见,1957年以前的总和生育率基本保持高位态势,但是在1957~1960年下降的速度相当快,而从1961年开始,生育反弹的力量也是惊人的,但是之后的总和生育率持续走低,1995年以来的总和生育率一直在1.5左右。

表1　1950~2015年不同地区的总和生育率变动

年　份	中国大陆	中国香港	中国澳门	中国台湾	新加坡
1950~1955	6.11	4.44	4.39	5.90	6.61
1955~1960	5.48	4.72	5.11	6.06	6.34
1960~1965	6.11	5.31	4.41	5.29	5.12
1965~1970	5.94	3.65	2.74	4.41	3.65

① 张善余:《人口地理学概论》,华东师范大学出版社,2004,第108页。

续表

年　份	中国大陆	中国香港	中国澳门	中国台湾	新加坡
1970~1975	4.77	3.29	1.79	3.38	2.82
1975~1980	3.01	2.31	1.41	2.64	1.84
1980~1985	2.69	1.72	1.98	2.20	1.69
1985~1990	2.87	1.36	1.94	1.85	1.70
1990~1995	2.05	1.24	1.41	1.79	1.73
1995~2000	1.56	0.87	1.12	1.73	1.57
2000~2005	1.55	0.96	0.83	1.43	1.35
2005~2010	1.63	1.03	0.94	1.26	1.26
2010~2015	1.66	1.13	1.07	1.21	1.28

说明：2010~2015年数据是联合国人口司的中等生育率估测值（medium fertility）。

数据来源：United Nations, Department of Economic and Social Affairs, Population Division, *World Population Prospects: The 2012 Revision*, DVD Edition。

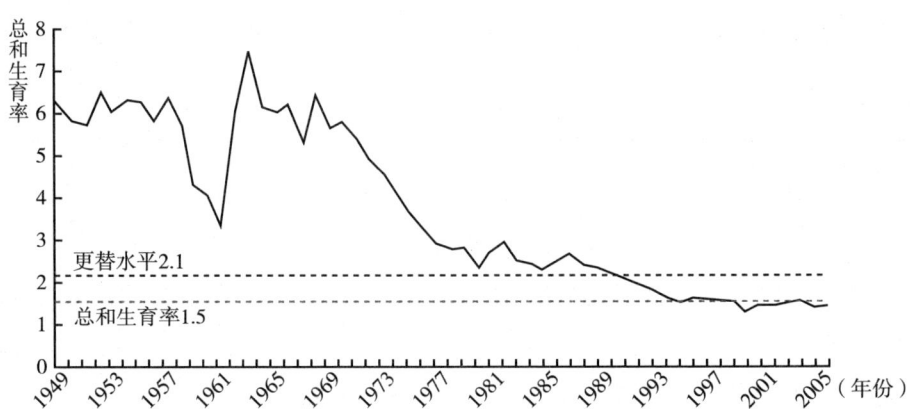

图1　1949~2005年中国的总和生育率

资料来源：巫锡炜：《中国步入低生育率（1980~2000）》，社会科学文献出版社，2012，第3页。

中国的总和生育率下降趋势已经保持了三十多年，这引起了国内外学者的多方关注。在人们的观念中，中国是一个人口大国，当务之急是要抑制人口的快速增长趋势，而对于总和生育率下降的关注并不是首要的。而事实上，中国的总和生育率是否真的下降到令人担忧的程度都存在争论①，争论双方围绕着人口普查数据及其他调查数据是否存在不可忽视的漏报以及调查抽样设计是否存在缺陷展开。人口数据质量对于生育率的计算和分析至关重要，这可能是研究分析中国的生育率时必须客观面对的问题。生育率的变动确实是一个非常重要的问题，一对夫妻可以在权衡利弊之后作出是否生育的决定，而对于国家和地区而言，总和生育率即使微小的变动也会对未来一段时间的发展造成重要后果。郭志刚利用不同来源的数据统计或估计了 1990 年以来的总和生育率，从图 2 可以看出，基于不同来源的数据得到的总和生育率下降到更替水平的年份存在差异，但是基本发生在 1991～1993 年，并且不同数据在每个年份计算得到的总和生育率水平也存在差异，但有一点是明确的，那就是中国的总和生育率已经处于相当低的水平。

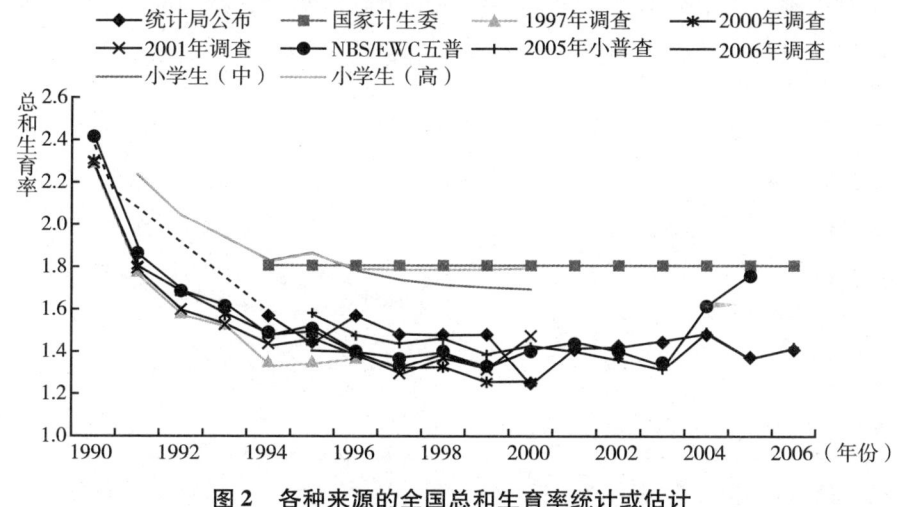

图 2　各种来源的全国总和生育率统计或估计

数据来源：郭志刚：《中国近年来的低生育水平》，载王丰、彭希哲、顾宝昌等编著《全球化与低生育率：中国的选择》，复旦大学出版社，2011，第 16 页。

---

① 郭志刚：《近年生育率显著"回升"的由来——对 2006 年人口和计划生育调查的评价研究》，《中国人口科学》2009 年第 2 期；杜鹏主编《新世纪的中国人口——中国第五次全国人口普查资料分析》，中国人民大学出版社，2011，第 12 页；蔡泳：《低生育率及其社会经济影响》，载梁在主编《西方人文社科前沿述评：人口学》，中国人民大学出版社，2012，第 114 页。

(三)香港的生育率变动

香港特区的总和生育率也呈现出下降的态势。1961年底香港总人口大约为319.5万人,1997年回归后总人口增长至651.7万人,增加约332.2万人,而截至2014年底,全港总人口约有726.4万,较回归时又增加约74.7万人,增长幅度约11.5%①,而人口增长率从1997年开始显著降低。从表1可以看出,全港育龄妇女的总和生育率在1980年以前还能维持在更替水平,可是自此之后不断下降,其中1995~2005年更降至1以下。图3使用1981~2011年的数据绘制了香港的总和生育率变化趋势,1981~1987年的总和生育率下降速度较快,而1987~1994年的总和生育率波动较为平缓,但是从1995年开始,总和生育率又开始新一波的下降趋势,直到2003年才开始略微回升,但是回升趋势能持续多久还有待观察。

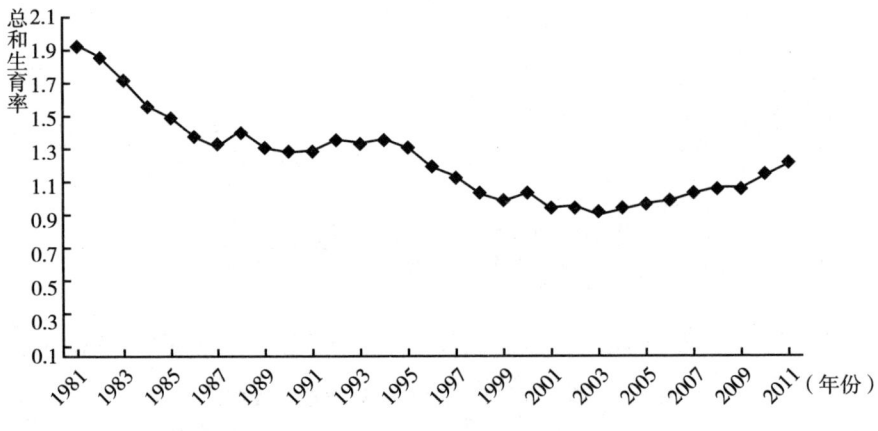

图3　1981~2011年中国香港的总和生育率

数据来源:香港特别行政区政府统计处:《香港人口趋势(1981~2011)》,2012,第31页。

---

① 数据来源:香港特别行政区政府统计处人口统计组,http://www.censtatd.gov.hk/gb/?param=b5uniS&url=http://www.censtatd.gov.hk/hkstat/sub/so20_tc.jsp,最后访问日期:2015年6月20日。

（四）澳门的生育率变动

澳门特别行政区就行政区划面积来看要远远小于香港特区，而且人口总量也远小于香港，但它的人口密度却是世界上最高的。2000年底的澳门人口总数约为43.2万人，2014年底的人口总数约为63.6万人。澳门的总和生育率曾经也达到5.11的水平，但是从20世纪60年代开始就不断下降，特别是从90年代初更下降至1.5以下。图4呈现了2001~2014年澳门的总和生育率变动趋势，看上去其间的总和生育率缓慢上升，但是变化区间很小。

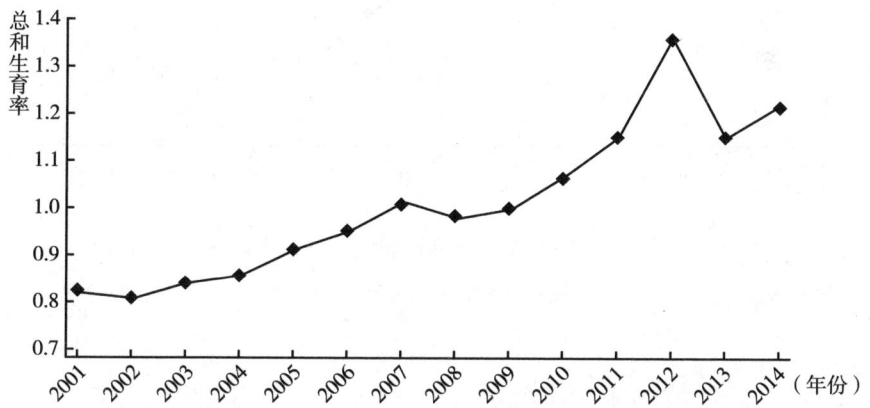

图4　2001~2014年中国澳门的总和生育率

数据来源：澳门特别行政区政府统计暨普查局网站，http://www.dsec.gov.mo，最后访问日期：2015年6月20日。

（五）台湾的生育率变动

台湾20世纪50年代以来的总和生育率呈现出下降趋势，这与香港、澳门特区相似。但是在其中一些年份，台湾的下降更快一些。从表1可以看出，1965~1970年的总和生育率是4.41，但是在1975~1980年已降至2.64，下降幅度达到40.1%。从图5可以看出，台湾的总和生育率在跌破更替水平后，曾维持了一个稳定时期，但是从 1997 年开始，就呈不断下降趋势。台湾 1983 年的总和生育率是 2.16，比更替水平略高，而 1984 年则降到 2.05，这是台湾人口出生率降低的重要节点①，2003 年则进一步跌至 1.24，比通常认为水平为 1.3 的超低生育率还要低，而 2010 年的总和生育率只有 0.895，但是近年来有所回升，其中 2012 年升至 1.27②，而 2014 年也达到了 1.16 的水平③。

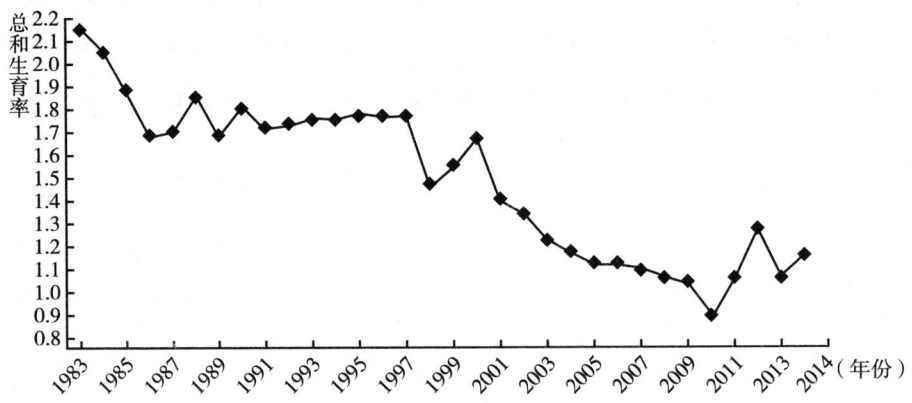

图 5　1983~2014 年台湾地区的总和生育率

数据来源：台湾"行政院"主计总处编《台湾统计年鉴（2014）》，2014，第 12 页。

（六）新加坡的生育率变动

与中国大陆、香港、澳门以及台湾地区不同，新加坡不仅是一个独立的国家，而且它的人口族群分布广泛，但是华人的比重仍然占到 74.2%④，所以新加坡可以被视为主要的华人聚居地区，截至 2014 年底，新加坡总人口达到 546.97 万人，其中常住人口数为 387.07 万人，其余 159.9 万人是未获

---

① 涂肇庆、陈宽政：《调节生育与国际移民：未来台湾人口变迁的两个关键问题》，《人文及社会科学集刊》1988 年第 1 期。
② 台湾"行政院"主计总处编《台湾统计年鉴（2014）》，2014，第 12 页。
③ 《台湾 2014 婚育升高，老年化问题将日趋严重》，中国台湾网，http://culture.taiwan.cn/top/201501/t20150116_8724474.htm。
④ 新加坡统计部编《新加坡统计年鉴（2014）》，2014，第 28 页。

得永久居留权的外籍移民①。此处使用的总和生育率基于常住人口统计,从表1可以看出,新加坡的总和生育率差不多在1975年以后开始下降到更替水平以下,进入21世纪以来,更是降至1.3以下。图6呈现的是新加坡1960年以来的总和生育率变动趋势,我们看到1960~1980年有一个快速的下降趋势,此后的发展趋势仍然是下降,只是降幅有所减小,而近年来的总和生育率不见回升势头,除了2012年有一个短暂的反弹,因为这一年是中国农历龙年,文化传统在遏制人口下降趋势上发挥了些微的作用。

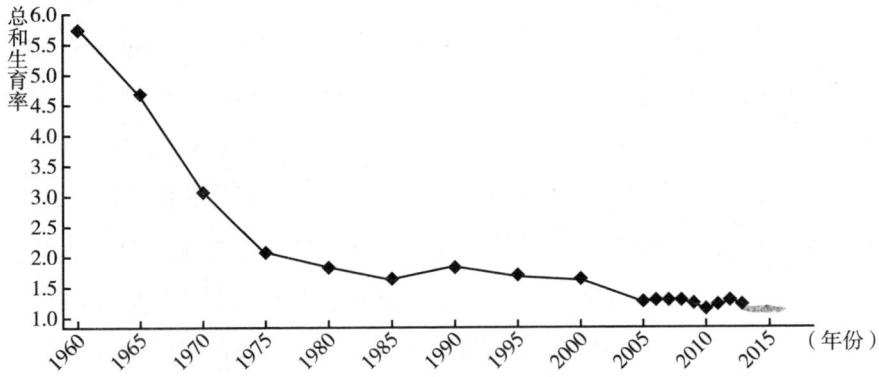

图6　1960~2013年新加坡的总和生育率

说明:1960~2005年是每5年的数字,2005~2013年是每年的数字。

数据来源:Department of Statistics, Ministry of Trade & Industry, Republic of Singapore. *Yearbook of Statistics Singapore* (2014), 2014, p.24。

二　生育率影响因素分析

在一般条件下,影响人口生育率的主要因素包括:物质生产方式和生产力发展水平、人口政策、婚姻家庭状况、医疗卫生事业发展水平以及其他社会因素,其中后者又包括教育及职业状况、宗教信仰、风俗习惯、伦

---

① 新加坡统计部网站,http://www.singstat.gov.sg/statistics/latest-data#14,最后访问日期:2015年6月20日。

理道德等①。生育作为人类社会更替和繁衍的重要方式已经被人类自身创设成一套独特的制度②，因此它在整个人类社会的制度安排中受到复杂因素的影响。从图7可以看出，能够影响生育率的因素有生物因素、生育文化、生育条件、生育观念、生育规范、社会政治力量以及社会经济力量。其中生物因素包括性交、怀孕和分娩三个直接影响生育的因素，社会政治和经济力量是以外部作用影响生育，而其他因素则在生育制度层面发挥作用③。生育是一种社会现象，还是一种经济现象，所以社会学和经济学对生育都有独到的理论见解。经济学将人看成一个"理性人"，正是在所谓经济理性的基础上，子女被父母视为一种特殊的商品，而生育行为则是个人和家庭基于成本—收益分析后作出的决策。社会学对此观点不能完全认同，社会学认为文化和风俗习惯对个人生育行为的影响更大，它为个人的生育行为决策提供了制度背景，从而导致特殊的生育偏好④，但在现实中，社会学和经济学的观点其实互为补充，从更多的分析视角可以更全面地认识生育现象。

除了关注和分析宏观因素的影响和作用外，当我们开始分析和预测实际生育率时，观察的视角可能更为微观，当中存在一个方法论的问题。我们知道每个生育个体的生育行为可以汇聚成人口总体的生育水平，生育率的高低其实也是总人口中生育行为的多少，这是一个群体层次的问题。而就生育个体而言，她是否生育又是一个个体层次的问题，所以对生育率变动因素的分析可以转化为对个体生育决策的研究，这就要涉及生育意愿、生育行为和生育水平之间的关系⑤。但是三者间的关系颇为复杂，学者们在理论上假定生育意愿和生育行为之间是等价的，但是现实中两者往往发生背离，强烈的生育意愿并不一定带来生育行为，这种生育意愿与生育行为背离的现象既出现

---

① 张善余:《人口地理学概论》，华东师范大学出版社，2004，第108~115页。
② 费孝通:《生育制度》，商务印书馆，1999，第43页。
③ 佟新:《人口社会学》（第四版），北京大学出版社，2010，第58~69页。
④ 蔡泳:《低生育率及其社会经济影响》，载梁在主编《西方人文社科前沿述评：人口学》，中国人民大学出版社，2012，第105页。
⑤ 顾宝昌、马小红、茅倬彦主编《二孩，你会生吗？——生育意愿、生育行为和生育水平关系研究》，社会科学文献出版社，2014，第1页。

在发达国家也出现在发展中国家，既有可能出现在高生育率国家，也有可能出现在低生育率国家①。在分析一个具体社会的生育率时，微观层面的影响因素被考察得较多，因为这些因素在实证研究中更易被测量，而分析框架更接近于一种理论模型。中国、新加坡的生育率同样适合用图7的分析框架加以研究，而且这五地的生育率也兼有社会学和经济学的特征，更为重要的是，源远流长的中华文化对中国人及海外华侨华人的生育观念和行为有着不可忽视的影响。

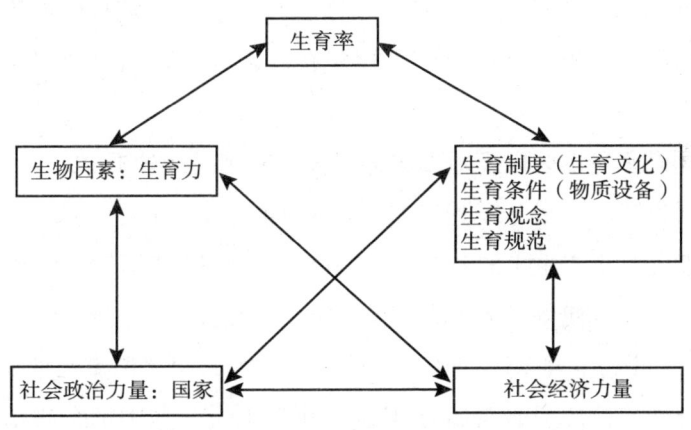

图7 生育制度的分析框架

资料来源：佟新：《人口社会学》（第四版），北京大学出版社，2010，第58页。

1. 中国的生育率影响因素分析

首先，前文中我们看到中国的生育率从20世纪80年代以来下降较快，这使我们很容易想到中国的计划生育政策发挥了重要作用，这一点是不容否认的。但是中国的改革开放已经持续了30多年，现代化进程得以持续推进，社会经济发展在降低生育率方面也发挥了重要作用。郭志刚借鉴国外低生育率因素模型研究发现，中国推迟生育对总和生育率具有显著压抑作

---

① 杨菊华：《意愿与行为的悖离：发达国家生育意愿与生育行为研究述评及对中国的启示》，《学海》2008年第1期。

用,而子女性别偏好对生育率的影响已经从多生转向性别导向的人工流产,因而也会显著降低生育率。此外,流动人口本身素质较高、由于流动而产生的婚姻生育推迟、由于新的机会和追求而产生的竞争效应都可以导致其生育率相对较低,这是中国城镇化过程中需要注意的特殊现象①。更为重要的是,越来越多的中国年轻人的生育观念发生了显著变化,那就是生育意愿相当低。2006年开展的全国人口和计划生育调查发现,育龄妇女理想子女数的平均值为1.73个②,比更替水平低将近20%。最后,现代社会的风险因素逐渐加大,环境风险日益增高与个人适应性差异对个人生育能力造成破坏性影响,适龄男女的不孕不育率在逐渐增高,从而也对生育率产生抑制作用。

2. 中国港澳台地区以及新加坡的生育率影响因素分析

与中国大陆的政治、经济和社会制度不同,中国香港、澳门、台湾地区以及新加坡施行资本主义的政治经济制度,而且这些国家和地区的现代化程度更高,这些差异使得影响生育率的因素不尽相同。最根本的仍然是官方政策的影响。"计划生育"不是中国大陆所独有的,很多国家和地区在其发展起步阶段都曾经使用或者考虑使用这个政策工具,如中国台湾地区和新加坡。台湾官方于1968年公布"台湾地区家庭计划实施办法",而新加坡政府也在差不多的时间推出"政府家庭计划",目的都很明确,就是要在短时间内把过快增长的出生率降下来。台湾官方的做法在其内部遇到了较大的争议③,但是之后仍然坚持实行,但是有人对政策的效果持怀疑态度,认为家庭计划对台湾生育率的下降只是起到了辅助性作用④。客观地看,中国台湾地区和新加坡的"计划生育"政策更多是以宣传号召、物质奖励和提高过多生育的经济成本等方式来执行的,强制性虽有,但是力度不足,所以政策

---

① 郭志刚:《中国的低生育水平及其影响因素》,《人口研究》2008年第4期。
② 郭志刚:《中国近年来的低生育水平》,载王丰、彭希哲、顾宝昌等编著《全球化与低生育率:中国的选择》,复旦大学出版社,2011,第24页。
③ 蓝益江:《台湾人口问题与人口政策》,《台湾研究集刊》1985年第3期。
④ 郑启五:《台湾人口出生率下降原因剖析》,《台湾研究集刊》1992年第2期。

对生育率的下降影响有限。20世纪80年代以来，中国台湾地区和新加坡的总和生育率开始处于较低水平，此时两地因应形势调整生育政策以期提高出生率，但效果不是太好。

除了政策性因素之外，经济成本因素在降低生育率方面也发挥了重要作用。香港和澳门虽然没有类似的"计划生育"政策，但是两地从20世纪80年代开始生育率也快速下降，其中澳门下降的时间更早一些，经济因素在其中发挥了重要作用，不仅香港和澳门，中国台湾地区和新加坡也是如此。不断增加的生活压力和高昂的生活成本使育龄妇女的生育意愿不得不面对现实的考虑，生育及抚育所付出的成本不断升高，使人们对生育望而却步。与此同时，社会向现代化的转型对生育率的降低产生深层次影响。除澳门之外，中国香港、台湾地区和新加坡的总和生育率快速下降之时也正是这些地区经济发展跃升的时期，现代化促使这些地区社会发生了前所未有的大变动。比如，人口的城市化和产业转移、女性教育水平及家庭外就业率的提高、西方文化的撞击等促使新一代人更看重自身的发展和享乐的满足，从而对生育的价值有了不同于传统的认识。人口结构对生育率也有重要影响，对这一点要有足够的认识。以香港为例，从80年代以来，人口性别比不断下降，虽然香港有一群规模不容小觑的外籍女性家庭佣工存在，但是依然阻止不了性别比下降的趋势，1986年香港的人口性别比为107.3，1996年下降至104.8，2001年降至102.1，2006年降至97.1，而2011年则进一步降至94.8①。这种情形导致女性进入婚姻的年龄推迟，进而推迟生育时间，从而降低了总和生育率。具体来看，20～29岁女性延迟结婚是导致总和生育率下降的主要原因，25～34岁的已婚女性生育率显著下降也是导致总和生育率下降的因素。此外，香港单身女性的数目逐渐增多，对总和生育率的下降也有影响②。

---

① 数据来源：香港特别行政区政府统计处编《香港人口趋势（1981～2011）》，2012，第15页。该统计数字不包括外籍家庭佣工。——笔者注
② 香港特别行政区政府统计处人口统计组：《总和生育率转变的分析》，《香港统计月刊》2005年第9期。

文化是分析中国人和海外华人华侨生育率变动不可或缺的视角，但文化的影响是复杂和变动的。不可否认的是，中华文化特别是儒家文化在中国人和海外华人华侨头脑中根深蒂固，但是它所起的作用需要客观分析。传统的儒家观念重视子女的教育、孝道的体现以及家族香火的延续，而这些内容在影响生育率方面表现不同。儒家文化的精英意识和成功意识使每个家庭现在更注重子女的质量而非数量[1]，这可能是儒家文化对子女数量要求不同于传统的新反映。在养育成本高企和社会竞争激烈的背景下，父母更愿意将有限的家庭资源完全投放在唯一的子女身上，而同样被儒家文化浸淫的传统家庭，更倾向于在一大群子女中选择天资最为聪颖的加以培养。其实儒家文化在生育子女上表现得相当理性，生育众多的子女可以提高子女的成才概率，从而使家庭更好地延续和发展下去。另外，众多的子女也是天然的养老保障，"养儿防老"的观念又促使更多的子女生育需求。但是生活水平和保健水平的提高以及社会化养老机构的增加使得人们对养儿防老的需求有所降低，从而也降低了对生育数量的要求。"香火"的观念反映了儒家文化对男孩的偏好，女儿众多但没有儿子对延续家族香火是极大的危险，至少有一个儿子是最低的要求，当然儿子越多越好。基于台湾"家庭动态资料库"的分析发现，儿子偏好与生育行为之间的联系在台湾确实存在。具体来看，如果第一胎是女儿时，父母有较高的可能性继续生育以期得到一个儿子，而如果第一胎已经是儿子的话，父母再育的决定则更加慎重[2]。

三　人口政策及其调整

（一）中国的人口政策及其调整

生育作为家庭的重要决定受到多重因素的复杂影响，这一点我们在前文

---

[1] 蔡泳：《低生育率及其社会经济影响》，载梁在主编《西方人文社科前沿述评：人口学》，中国人民大学出版社，2012，第118页。
[2] 谢志龙：《从儿子偏好与家庭资源探讨手足结构对生育决策的影响》，台湾《人口学刊》2013年第47期。

的分析中已略见一斑,其中政策的作用是较为重要的,但是政策本身又受到现实状况的影响,所以理想的政策应该是在政策目标和现实之间达成平衡,中国的人口政策以坚持计划生育为基础,并顺势进行微调。中国生育政策的目标在过去三十多年内是相当明确的,就是要严格控制人口总量并控制人口过快的增长速度,政策的效果有目共睹,这个过程大概经历了三个阶段。第一阶段在1973~1978年,这一阶段的主要任务是通过计划生育将人口数量纳入控制过程。1973年召开的第一次全国计划生育汇报会就提出了"晚、稀、少"的政策方针,力求通过晚婚、拉长生育间隔、减少胎数等多种手段将人口增长速率降下来。1979~1984年是计划生育的第二阶段,"一胎化"和"一孩化"政策被严格执行,特别是在城镇地区,独生子女基本上是在这一阶段开始大量出现。20世纪80年代中后期,计划生育政策的执行已经比较成熟,政府在此基础上对其进行调整,如允许农村某些第一胎是女儿的家庭可以在一定间隔期后生育第二胎,而部分少数民族执行更宽松的计划生育政策[①]。

计划生育政策的强力执行使得中国的出生率得以较快下降,但是更重要的是,随着人们日趋理性以及观念的变化,中国的总和生育率持续下降。虽然学术界与政府部门对实际生育水平的认识存在差距,不同意见的争辩持续了二十多年,但是总和生育率低于更替水平是无法视而不见的。由低生育率导致的后果被学术界反复提及,更重要的是,由低生育率导致的部分后果已经出现,对相关政策的调整迫在眉睫。

中共十八大以来,官方对人口问题的认识不断深化,直到十八届三中全会提出对生育政策进行调整完善的思路和决策。2013年12月底,官方印发了《关于调整完善生育政策的意见》。在这份意义重大的文件中,虽然官方提出坚持计划生育的基本国策,但是也承认我国早在20世纪90年代初就已进入低生育水平国家行列,而且还承认生育水平过高或过低都不利于人口与经济社会的协调发展,为此我国将启动实施一方是独生子女的夫妇可生育两

---

① 佟新:《人口社会学》(第四版),北京大学出版社,2010,第331~332页。

个孩子的政策，也就是"单独两孩"政策。该政策的提出可以看作官方对持续走低的生育水平的关切和回应，该政策施行了1年多后，政策的效果与预期有不小的差距。卫生计生委曾经测算符合"单独二胎"的有1100万对夫妇，但截至2014年11月30日，申请并获批准的夫妇只有70多万对[①]，实际政策效果不尽如人意。中央对此有清醒的认识，因此在十八届五中全会上提出了全面放开二孩的新的政策应对。

如果是为了经济持续健康发展以及人口长期均衡发展的目标[②]，光靠放开二孩甚至放开生育限制是不够的，更重要的是要围绕上述目标构建系统完善的家庭政策，毕竟我们最终的目的是希望家庭幸福与社会和谐，只有设计到位的家庭政策才能全方位地解决问题。长久以来，中国政府对家庭人口的干涉只关心生育数目的多寡，未考虑到现代化转型中家庭遭遇日益增大的风险以及家庭功能逐渐剥离和外移，概括而言，官方对家庭的可持续发展关注不够[③]。不可否认的是，目前官方有多达57项有关家庭的社会政策，这些政策主要涉及低收入家庭的财政支持、就业扶助、儿童支持、计划生育家庭奖励扶助和其他方面[④]，但是由于缺乏协调配合，导致目前家庭政策存在不尽如人意之处：第一，缺乏专门以家庭为单位的家庭政策而非用以个人为单位的政策作为代替；第二，家庭政策制定部门的分散及政策对象的分散导致现有政策的碎片化，无法形成合力；第三，已有政策缺乏可操作性；第四，现有政策主要以社会福利形式补贴特殊家庭，缺少对不同类型家庭需求的关注；第五，缺乏对家庭在税收政策方面的支持[⑤]。未来我国生育政策的调整应放眼全局，从家庭入手，为此需要针对上述不足制定完善的家庭政策。在此方面，我们可以借鉴参考发达国家和地区的做法。比如，中国香港、澳门、台湾地区和新加坡都曾经面临类似的问题，但它们都通过家庭政策的制

---

① 陈友华：《意料之外与情理之中：单独二孩政策为何遇冷》，《探索与争鸣》2015年第2期。
② 中共中央、国务院：《关于调整完善生育政策的意见》，人民出版社，2013，第2~3页。
③ 韩央迪：《转型期中国的家庭变迁与家庭政策重构：基于上海的观察与反思》，《江淮论坛》2014年第6期。
④ 吴帆：《第二次人口转变背景下的中国家庭变迁及政策思考》，《广东社会科学》2012年第2期。
⑤ 吴帆：《第二次人口转变背景下的中国家庭变迁及政策思考》，《广东社会科学》2012年第2期。

定和调整在一定程度上加以解决。

从表1可以看出，中国香港、澳门、台湾地区和新加坡的总和生育率曾经一度处于较高水平，中国台湾和新加坡甚至为此推出限制生育的政策，但是仅仅过了不到20年的时间，这四个地区的总和生育率已经低于更替水平，这可能是这些国家和地区的官方机构未曾想到的。人口是一个社会长久发展的重要条件和资源，人口过多或过少都会影响社会经济的持续健康发展。特别是对中国香港、澳门、台湾地区和新加坡这样空间有限、自然资源有限的国家和地区来说，保证一定规模的人口是最基本的发展前提，所以接下来本文将主要分析这些国家和地区在提高生育率方面所进行的政策尝试。在发达国家和地区生育率的下降是相当迅速的，为了抑制过快下降的生育率，各国和地区的官方主要采取鼓励生育、财政激励、鼓励结婚、平衡工作和生活等政策措施，但是收效甚微①。中国香港、澳门、台湾地区和新加坡基本也是从这些措施寻求突破，但是具体措施和政策动机不尽相同。

（二）香港的人口政策及其调整

香港在回归祖国之前，就已经面临出生率过低和老龄化加重的严峻形势，回归后的特区政府虽然认识到人口问题恶化可能带来的后果，但是并未在政策上加以应对，直到2003年3月时任香港特区政府政务司司长曾荫权在立法会上发表《人口政策专责小组报告书》，报告分析了香港人口的特征与发展趋势，并提出相应的人口政策。但是这份报告缺乏对人口政策的长期规划，特别是缺乏鼓励生育并提高生育率的具体措施。劳动力人口增长缓慢而老年人口增多的困境，让特区政府将引入外部移民作为主要的手段。报告建议从2003年7月开始，每天150人持单程证从内地合法来港的配额安排维持不变。报告书还建议要放宽移民政策，吸引投资移民，而投资的最低金额是650万港元。可以看出，整份报告更侧重于对移民政策的调整而缺乏对

---

① United Nations, Department of Economic and Social Affairs, Population Division. *World Fertility Report* 2013：*Fertility at the Extremes*（United Nations publication, 2014）.

本港人口发展潜力的关注。

2012年5月,香港特区政府人口政策督导委员会发布了《人口政策督导委员会2012年进度报告书》,就香港所遭遇的人口挑战进行分析。但是由于大量游客和移民的涌入,造成本港居民同外来人士之间的张力,港人对特区政府的人口政策不是特别理解和认同,所以在2013年10月,香港特区政府人口政策督导委员会开展人口政策公众参与活动,公开听取公众对完善人口政策的意见和建议①。而人口政策督导委员会就香港的人口挑战提出五个方面的政策方针建议,分别是:第一,吸引更多人投入劳动市场,以增加劳动人口;第二,改善教育及培训,尽量减少技术错配问题,以提升劳动人口的素质;第三,调整引入人才的模式,以配合香港的宏观经济发展策略;第四,政府应该营造有利环境,尽量让本港市民实现成家立室及生儿育女的愿望;第五,迎接高龄化社会带来的机遇,发展老年产业②。可以看出,这次的政策建议更加全面,从引入外部人才和发掘内部人口增长潜力两个角度来解决日益严重的老龄化和低生育率问题。但是人口政策督导委员会也指出,现在港人生育意愿较低的主要原因在于养育责任重大以及经济负担太重,所以建议以津贴或弹性上班时间来鼓励生育。

通过对香港人口政策及推出过程的梳理,可以看出香港特区政府在解决出生率过低这个难题上动作较慢,虽然最终也在促进婚姻和生育上提出了一些措施,但是仍然无法改变出生率低的局面。而且回归以来,众多来自内地的移民赴港定居,给香港的社会经济造成了一定压力,由此导致本港居民和外来移民的社会关系紧张,而内地孕妇赴港产子进一步加剧了香港未来公共服务的压力,这些难题给香港政府人口政策的制定都带来不小的挑战。

(三)澳门的人口政策及其调整

澳门相比于香港,它的地域面积更小,人口也更少,但是它的人口发展

---

① 王鹏:《香港人口政策新变化及其启示》,《南方论刊》2014年第11期。
② 林正月娥:《人口政策:集思"港"益》,香港政府新闻网,http://www.news.gov.hk/tc/record/html/2013/10/20131025_111958.shtml,最后访问日期:2015年6月20日。

有其自身特点，这些都对澳门人口政策产生独特影响。澳门土地面积狭小，这从根本上限制了澳门城市和人口规模的扩展。澳门的自然资源缺乏，受历史、政治、社会及地理因素的共同影响，澳门不大可能发展成大都市，而澳门特殊的产业结构使得外来人口容易聚集也容易流散①。根据2011年澳门人口普查的结果，澳门已经进入老龄化社会，其生育水平虽然有所上升，但是低于更替水平。此外，澳门的劳动力总量存在缺口，而现有劳动人口的素质较难适应长远发展的需要，因此澳门的人口政策首先要研究人力资源、人口老化及人口规模三个重要问题②。

澳门的人口规模和结构很容易受到流入人口的影响，这在澳门的发展历史上已经多次有所表现，所以澳门的人口政策面临同香港类似的问题，就是如何平衡本地居民同外来移民的关系。在这一方面，澳门政府的态度相当明确，那就是必须以本地居民的利益和福祉为归宿，提升本地人口素质、优化本地人口结构，促进澳门社会、经济的可持续发展③。反映此种精神的《澳门特别行政区人口政策框架》历时两年终于公布，该框架提出了当前澳门需要迫切解决的提升人口素质、应对老龄化、人口移入三大人口政策问题。难能可贵的是，澳门特区政府将此框架向社会公开，并开展为期三个月的公众咨询，社会各界可以对此方案提出意见和建议，共同为澳门的人口政策集思广益。更为重要的是，公众咨询可以汇聚社会共识，从而避免社会内部损耗，建设和谐社会④。

---

① 郑梓桢：《澳门人口发展史的启迪》，《南方人口》2000年第1期。
② 赵卫、张金加：《澳门人口政策首要研究人力资源、人口老化、人口规模三问题》。新华网港澳频道，http：//news. xinhuanet. com/gangao/2012 - 04/25/c_ 111843205. htm，最后访问日期：2015年6月20日。
③ 澳门特别行政区政府发言人办公室、政策研究室：《〈澳门特别行政区人口政策框架〉公众咨询正式开展》，澳门特别行政区政府新闻局网站，http：//www. gcs. gov. mo/showCNNews. php？DataUcn = 65215&PageLang = C，最后访问日期：2015年6月20日。
④ 澳门各界人士对《澳门特别行政区人口政策框架》提出了形形色色的意见和建议，读者可以从澳门特别行政区政府政策研究室编辑的《澳门特区人口政策框架咨询意见报告及意见汇编》中俯瞰全貌。——笔者按

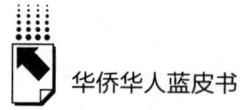

（四）台湾的人口政策及其调整

在中国香港、澳门、台湾地区和新加坡四地中，台湾的情况稍微复杂，台湾相比其他三地拥有更大的陆地面积，更长的海岸线，更丰富的自然资源。当然它的人口也是最多的，但是这些优势并不能使台湾避免走向低生育率的趋势，台湾在人口政策调整方面曾经遇到与大陆类似的情形。早在1964年，台湾的人口总量已达到1224万人，在人口压力和经济发展压力之间，台湾内部有人士提出要求官方制定人口政策，控制人口的增长，但是有反对者以传统的伦理观念、宗教道德及政治需要为理由极力反对控制人口①，特别是孙中山的"遗训"也给控制人口的论点带来不小的压力②。但是由于逐渐增加的人口压力，台湾于1968年公布"台湾地区家庭计划实施办法"，以期人口自然增长率能处于合适的增长水平，又于1969年颁布"人口政策纲领"，除继续控制人口增长率以外，开始强调提高人口素质，并着手调整城市与乡村的人口密度。与此同时，政府部门成立家庭计划研究所及推广站，传播节育的知识和方法，并向民众提供避孕器具。可以说此时的人口政策更加全面和系统，并配有具体的措施加以实行，但是实际效果并不令人满意。主要原因在于台湾人口政策执行其实有利于多子女的家庭，所以实际是变相鼓励民众生育，而人口在城乡间的移动又加剧了台湾城市地区的人口压力③。

政策施行的偏离导致台湾人口压力有增无减，所以即使到1983年，台湾仍然坚持控制人口增长的政策。但是人口转变的速度相当快，从1984年开始，台湾的总和生育率即下降到更替水平以下，但是由于人口惯性的原因以及人们对生育认识的僵化，所以潜在的人口危机并未被预见到。直到20世纪90年代，台湾当局才逐渐意识到人口生育率过低所带来的负面影响，所以将此前的家庭计划宣传口号改为"适龄结婚，适量生育"，提

---

① 蓝益江：《台湾人口问题与人口政策》，《台湾研究集刊》1985年第3期。
② 孙中山曾经在其"三民主义"之民族主义的论述中提出中国人口的主要问题是没有增加，所以要增加中国人口，有看重生育的意思。——笔者按
③ 蓝益江：《台湾人口问题与人口政策》，《台湾研究集刊》1985年第3期。

倡适当婚育年龄为 22～30 岁，这个年龄要比之前官方建议的结婚年龄提早了 3～5 岁。这种做法的目的也很明显，就是尽早结婚、尽早生育，挖掘育龄妇女的生育潜力。

台湾应对逐渐走低的生育率，在政策上的响应并不及时。2004 年，台湾制定人口政策指南，但是没有明确的生育率目标[①]，但已开始着手解决生育率过低的问题。2005～2008 年台湾中程施政计划在人口政策方面，添加了托幼育儿服务、健全家庭功能等内容，而且还加强了对婚姻和家庭价值观的教育，要求以"人口危机"和"鼓励生育"的政策宣传工作[②]。为进一步缓和台湾过低的生育率、老龄化加重以及不断增长的外来移民带来的压力，台湾于 2008 年颁布《人口政策白皮书》，该白皮书对台湾所遭遇的人口问题进行了全面的梳理和分析，并对已有的政策措施加以分析检视，在此基础上提出应对人口变迁的 21 项对策和 125 条具体措施，并对任务目标进行分工及安排实施周期[③]，这部白皮书是台湾迄今为止最为全面和详细的有关台湾人口发展的政策指南。为了应对新的人口变动，台湾又于 2010 年对该白皮书进行修订，主要针对 2008～2009 年执行的各项措施进行检讨，对人口政策白皮书的各项具体措施进行增删或修正，并排定优先级[④]。

另外一个对人口政策有指示意义的文件"人口政策纲领"，自 1969 年颁布之后，截至 2011 年 12 月，前后共修订了六次，最新的"人口政策纲领"目标设定更加全面，特别补充了性别平等的内容，使人口政策更具性别化，还提出保障台湾各族群的基本人权，保障外来移民的基本权利，营造友善的社会环境，以开创多元文化的新社会。而在政策内涵上则针对合理调整人口结构、提升人口素质、保障劳动权益、健全社会安全网、落实性别平

---

① 金敏子：《部分东亚社会针对极低生育率的对策响应》，载王丰、彭希哲、顾宝昌等编著《全球化与低生育率：中国的选择》，复旦大学出版社，2011，第 90 页。
② 台湾"内政部"：《建构现阶段人口政策》，《2005～2008 年中程施政计划》，2007。
③ 台湾"行政院"：《人口政策白皮书》，2008 年 3 月 10 日颁布。
④ 台湾"内政部"人口政策委员会第 42 次委员会议新闻稿。两岸关系数据库之台湾地区政府政情资讯系统：http://www.lagxsjk.com/goverment.jsp。

权、促进族群平等、促进人口合理分布以及保障移民权利方面进一步提出具体的纲领目标和要点。台湾最新的人口政策在自身人口发展特点的基础上，借鉴了发达国家和地区的做法和经验，并最终在人口政策等官方文件中有所体现，但是其中部分政策的效果并未达到预期目标，所以相关部门只能定期加以修订完善，还有部分政策带来了未预料到的潜在后果。以外来移民为例，大量外来劳工的移入虽然对缓解劳动人口短缺有所帮助，但是由此给台湾本土劳工带来的工作竞争压力以及对经济和消费的影响，都是需要仔细审视的[1]。与此同时，台湾还有大量的外来女性配偶，特别是有超过26万人的大陆新娘，这些外来配偶如何适应台湾的生活和社会文化，如何抚育自己的子女以使其健康成长，这些问题都是不小的挑战。

（五）新加坡的人口政策及其调整

新加坡的总和生育率在1974~1975年降到更替水平以下，这个时间同中国香港、澳门和台湾相比处于中间，但新加坡却是最快作出政策反应的，早在1970年，新加坡尚在施行节育政策。新加坡于1965年独立后，面对人口快速增长所带来的资源和经济发展压力，同其他处于经济起步阶段的国家一样，也对本国的出生率采取限制政策。政府以经济奖惩作为主要手段，如将堕胎和结扎合法化，对生育第三个孩子的家庭，取消产假、育儿津贴、延长组屋申请年限[2]。这些措施达到了预期目的，新加坡的人口自然增长率被控制下来，人们的生育意愿也有所降低，到1985年时，新加坡的总和生育率已降到1.61。

与此同时，新加坡领导人李光耀表现出了非同一般的政治远见，他比本区域其他国家和地区的领导人更早认识到过低生育率的后果，于是及时终止限制人口生育的措施并转而鼓励人口生育，较为及时主动地应对人口下降危

---

[1] 中华经济研究院：《国际人口移动对台湾劳动市场及经社发展之影响与因应对策》，台湾"行政院"经济建设委员会委托调查报告，2009年11月。
[2] 黄文政、梁建章：《李光耀人口观念转变的中国启示》，财新网，http://opinion.caixin.com/2015-03-24/100794014.html，最后访问日期：2015年6月20日。

机。但是这一时期新加坡采取双向人口政策，即鼓励受过高等教育的妇女多生，而受过低等教育的妇女保持较小的家庭规模①，希冀实现优生优育的目的。1986年，新加坡取消了主要负责控制人口增长的"计划生育和人口委员会"。1987年，首次实行鼓励生育政策。例如，采取税收和住房激励以及提供育儿补贴和育儿假等措施，开始对三个孩子而不是两个孩子家庭的住房分配以及小学入学注册给予优先权利②。凡此种种反映出新加坡政府鼓励民众生育的急切意图，而2000年以来，新加坡政府几乎每年都会推出新的鼓励生育的政策和措施③。综观这些政策和措施可以发现，经济刺激措施逐步加强，做法也极具人性化和无微不至，可以说，为了让民众生孩子，新加坡政府已经把能做的都做到了，但是结果如何？从2005年开始，新加坡的总和生育率一直处于1.3水平以下，这是相当低的数字了。

新加坡政府虽然及早提出鼓励生育的措施以应对人口下降危机，但是效果不好，在这种情况下，为了避免人口危机的继续恶化，只有从外部吸纳人口，这种做法很多国家和地区都在采用。但是同中国香港和台湾比起来，新加坡移民政策的目标更明确，投资移民、技术移民以及自谋职业移民是目前三种主要的移民方式，目前每年的移民指标在30000个左右，竞争也是相当激烈。通过吸收外部移民的方式来缓解人口危机，这种做法虽称不上是饮鸩止渴，但确实给当事国家和地区带来很多次生问题，欧洲诸多国家的经历就是很好的证明。新加坡在此问题上也不例外，新加坡虽然华人居多，而且近年来的新移民也以来自中国大陆的居多，但是新加坡社会的排外势头上升，社会融合成为令人担忧且急需解决的现实重大问题。在这其中，又以新加坡本地华人与华人新移民之间的关系首当其冲。新加坡本地华裔认为他们同华人新移民之间的社会文化差异巨大，而且两个群体之间存在激烈的稀缺资源

---

① 金敏子：《部分东亚社会针对极低生育率的对策响应》，载王丰、彭希哲、顾宝昌等编著《全球化与低生育率：中国的选择》，复旦大学出版社，2011，第90页。
② 张莹莹：《新加坡人口变动及其成因分析》，《人口与经济》2013年第3期。
③ 盖文·琼斯：《东亚国家和地区的低生育率：原因与政策回应》，载王丰、彭希哲、顾宝昌等编著《全球化与低生育率：中国的选择》，复旦大学出版社，2011，第163页。

争夺,更为重要的是,新移民缺乏国家忠诚①。新加坡所遭遇到的问题只是移民融合与人口危机之间张力的缩影,如何平衡劳动力外部需求和社会融合的关系是摆在每个同样遭遇的国家和地区面前不可回避的发展难题。

四 结语

本文以中国大陆、香港、澳门、台湾地区和新加坡为例,分析这些国家和地区的生育率变动及其影响因素,并梳理和分析它们的政策应对。低生育率已经成为影响大部分国家和地区可持续发展的阻碍性因素,即使对于传统上崇尚生育的中国人和华侨华人来说,低生育率也是不可回避的发展风险。中国大陆、香港、澳门、台湾地区和新加坡在经济发展初期都遇到过生育率过高的情况,这在当时也构成了一个影响发展的阻碍性因素,控制生育率增长过快于是就成为首要解决的问题,而如此导向的政策一般可以取得预想的效果。但令人猝不及防的是,生育率在被控制之后,几乎不可控地持续下降,似乎一夜之间,人们对人口过多的担心被对人口过少的担心所替代。

生育率的下降伴随着现代化的进程,虽然经济因素、社会因素和文化因素都对生育率产生复杂的影响,但是它们在降低出生率和提高出生率方面的作用在不同时期并不一致。比如说,如果增加生育成本可以降低人们的生育意愿并进而降低生育率的话,但是降低生育成本并不一定能够提高人们的生育意愿并进而提高生育率,原本变量之间的关系在低生育率时代变得略有不同,这也可以看出人们在低生育率时代的生育意愿有多低。所以本文提到的中国香港、澳门、台湾地区和新加坡等地,它们颁布并实施的旨在鼓励生育的政策很难见到效果。更为悲观的观点认为,包括上述国家和地区在内的亚洲国家和地区鼓励生育的政策已经失败,因为政策长期施行的结果并未带来

---

① Liu Hong, "Beyond Co‐ethnicity: The Politics of Differentiating and Integrating New Immigrants in Sin‐gapore," *Ethnic and Racial Studies* 37 (2014): 1226.

太大的改观。但是也有观点认为，由于测算鼓励生育政策对实际生育率影响的方法很复杂，所以其效果也很难预计①。

努力一番的结果不尽如人意，这给执政者带来了更大的压力，而改进政策带来的新的问题让人口政策调整面临诸多挑战。虽然如此，但是如果什么也不做的话，结果可能更糟。中国香港、澳门、台湾地区和新加坡持续走低的生育率和不断提高的老龄化水平以及它们为解决人口问题所作的政策努力，让我们看到人口政策的制定和调整需要审时度势，沉稳果断，否则一旦错过有限的窗口时间②，已有的问题将积重难返。政策制定者需要意识到，让人不生孩子可能比较容易，而让人生孩子却相当困难。

参考文献

杜鹏主编《新世纪的中国人口——中国第五次全国人口普查资料分析》，中国人民大学出版社，2011。

费孝通：《生育制度》，商务印书馆，1999。

顾宝昌、马小红、茅倬彦主编《二孩，你会生吗？——生育意愿、生育行为和生育水平关系研究》，社会科学文献出版社，2014。

郭志刚：《中国的低生育水平及其影响因素》，《人口研究》2008年第4期。

郭志刚：《近年生育率显著"回升"的由来——对2006年人口和计划生育调查的评价研究》，《中国人口科学》2009年第2期。

韩央迪：《转型期中国的家庭变迁与家庭政策重构：基于上海的观察与反思》，《江淮论坛》2014年第6期。

蓝益江：《台湾人口问题与人口政策》，《台湾研究集刊》1985年第3期。

梁在主编《西方人文社科前沿述评：人口学》，中国人民大学出版社，2012。

佟新：《人口社会学》（第四版），北京大学出版社，2010。

涂肇庆、陈宽政：《调节生育与国际移民：未来台湾人口变迁的两个关键问题》，《人文及社会科学集刊》1988年第1期。

---

① 盖文·琼斯：《东亚国家和地区的低生育率：原因与政策回应》，载王丰、彭希哲、顾宝昌等编著《全球化与低生育率：中国的选择》，复旦大学出版社，2011，第166页。

② 窗口时间，是指在该时间段内，可以对事件或事物进行处理或者反应。——笔者按

王丰、彭希哲、顾宝昌等编著《全球化与低生育率：中国的选择》，复旦大学出版社，2011。

王鹏：《香港人口政策新变化及其启示》，《南方论刊》2014年第11期。

巫锡炜：《中国步入低生育率（1980~2000）》，社会科学文献出版社，2012。

吴帆：《第二次人口转变背景下的中国家庭变迁及政策思考》，《广东社会科学》2012年第2期。

谢志龙：《从儿子偏好与家庭资源探讨手足结构对生育决策的影响》，台湾《人口学刊》2013年第47期。

杨菊华：《意愿与行为的悖离：发达国家生育意愿与生育行为研究述评及对中国的启示》，《学海》2008年第1期。

张善余：《人口地理学概论》，华东师范大学出版社，2004。

张莹莹：《新加坡人口变动及其成因分析》，《人口与经济》2013年第3期。

郑启五：《台湾人口出生率下降原因剖析》，《台湾研究集刊》1992年第2期。

中共中央、国务院：《关于调整完善生育政策的意见》，人民出版社，2013。

郑梓桢：《澳门人口发展史的启迪》，《南方人口》2000年第1期。

中华经济研究院：《国际人口移动对台湾劳动市场及经社发展之影响与因应对策》，台湾"行政院"经济建设委员会委托调查报告，2009年11月。

庄国土、李瑞晴：《华侨华人分布状况和发展趋势》，国务院侨务办公室政策法规司，2011。

Liu Hong, "Beyond Co–ethnicity: The Politics of Differentiating and Integrating New Immigrants in Singapore", *Ethnic and Racial Studies* 37 (2014).

United Nations, Department of Economic and Social Affairs, Population Division, World Population Prospects: The 2012 Revision, DVD Edition.

B.5 华侨华人对中国慈善捐赠的现状及其模式研究[*]

黄晓瑞[**]

摘　要： 相较于以往历史范畴的研究，本文从华侨华人慈善捐赠的原点出发分析，认为华侨华人的慈善捐赠行为是一种"等意义交换"，捐赠主体一般在捐赠行为中获得精神上或其他的满足感，或是获得荣誉、满足感、社会舆论评价、人际关系等等，使其成为一种意义相等的平衡性交换。根据中民慈善捐助信息中心的数据，2013年度华侨华人慈善捐赠总额为71.72亿元，占我国捐赠总额的7.25%，是我国慈善捐赠的重要力量。华侨华人个人的捐赠额一直占比最高，2008年和2009年为46.7%，2011年为73.62%，2013年为56.81%；侨资企业捐赠的绝对数量和相对数量呈逐年上升的趋势。目前，华侨华人对我国的慈善捐赠包含直接捐赠方式与间接捐赠方式两种，直接捐赠方式主要以个人模式和民间组织模式为主，间接捐赠方式主要以政府模式为主。

关键词： 华侨华人　慈善捐赠　现状　模式

---

[*] 国家社会科学基金一般项目（项目号：10BGL102）、2014年度"华侨华人研究"专项课题重点项目（项目号：HQHRZD2014-02）、2015年度华侨大学高层次引进人才项目（项目号：15SKBS106）成果。

[**] 黄晓瑞，天津人，管理学博士，华侨大学哲学与社会发展学院社会学系讲师，华侨大学生活哲学研究中心研究人员，研究方向：慈善事业发展、社会保障。

前　言

2014年12月18日,《国务院关于促进慈善事业健康发展的指导意见》出台,这是新中国成立以来第一个以中央政府名义出台的指导、规范和促进慈善事业发展的文件,该意见针对当前慈善事业发展面临的重点问题和关键环节,明确提出了促进慈善事业健康发展的总体要求、重点举措和保障机制。这一文件对于促进我国慈善事业的发展具有极为重要的现实意义。作为我国慈善事业的重要组成部分,华侨华人慈善捐赠在中国国内多个领域积极贡献自己的一份力量。据统计,改革开放以来,中国侨务系统接受捐赠折合人民币900亿元,其中52%用于教育事业,其他还有卫生、扶贫、基础设施建设和抗震救灾等领域①。

随着华侨华人慈善捐赠在中国国内的实践日益为大众知晓,学界对华侨华人慈善捐赠的研究也逐渐增多。除了对于华侨华人慈善捐赠进行历史维度的考察之外,还尝试在以下方面进行探讨。第一,在华侨华人慈善捐赠内涵的把握上取得了一些成果,如陈世柏认为,华侨华人的慈善捐赠在本质上是一种社会行为。根据社会学家马克斯·韦伯社会行为理论,海外乡亲慈善捐赠的行为可以分为四种类型,即目的理性捐赠行为、价值理性捐赠行为、传统捐赠行为、情感捐赠行为②。第二,学者通过对华侨华人慈善捐赠进行个案分析,把握华侨华人进行慈善捐赠的驱动力,及华侨华人的慈善捐赠对捐赠地的作用。例如,庄国土基于厦门市的田野调查,分析海外同胞在厦门捐赠公益事业的概况、动机和作用,指出改革开放以来海外同胞在厦门捐赠的原因除了爱国爱乡传统使然,还有海外华人与港澳同胞经济实力的成长、中国的改革开放政策、各级政府对捐赠的鼓励等③。

---

① 《国侨办主任裘援平:侨务捐赠要用得好用得巧》,中国新闻网,2014年5月28日, http://chinese.people.com.cn/BIG5/n/2014/0528/c42309-25074890.html。
② 陈世柏:《社会行为:海外乡亲慈善捐赠的本质内涵》,《社会保障研究》2011年第2期。
③ 庄国土:《华侨华人与港澳同胞对厦门捐赠的分析》,《华侨华人历史研究》1999年第4期。

再如，黎相宜和周敏对分别来自广东五邑开平与海南文昌下辖两个镇的移民群体进行比较，发现华侨华人对于侨乡的文化馈赠不仅受到其个人出国前后社会地位变化的制约，而且还受多种客观因素的制约，如特定的祖籍国和移居国在世界政治经济地理格局中位置的差异，移民群体在移居地的不同社会境遇以及侨乡地方政府和地方社会均对文化馈赠产生不同程度的影响①。

虽然近些年华侨华人慈善捐赠研究取得不少成果，但总体水平有待提高。首先，从总体上看，理论研究滞后于政策制定，这种状况制约了理论研究的前瞻性，同时研究成果的应用性和可操作性也大打折扣；其次，研究内容和研究视角有待进一步丰富，系统性、跨学科的研究较少；再次，研究深度不够，大多研究都是从某个个案分析华侨华人的慈善捐赠，真正全局性的研究很少。因此，本文从何为华侨华人慈善捐赠谈起，分析华侨华人慈善捐赠的本质，并通过2013年华侨华人对我国的捐赠数据②来展现华侨华人慈善捐赠的状况，最后尝试总结华侨华人对中国慈善捐赠的模式。相比以往的研究，本文研究的是华侨华人慈善捐赠的基础问题，从理论研究视角看，明晰华侨华人慈善捐赠的本质和捐赠模式是进行华侨华人慈善捐赠研究的理论前提；从政策制定视角看，把握华侨华人慈善捐赠的本质和捐赠模式以及知晓华侨华人对我国捐赠的真实状况是促进侨务捐赠"用得好用得巧"的重要一步。

---

① 黎相宜、周敏：《跨国实践中的社会地位补偿——华南侨乡两个移民群体文化馈赠的比较研究》，《社会学研究》2012年第3期。

② 数据来源于中民慈善捐助信息中心是出版的《2013年度中国慈善捐助报告》，该报告的出版时间为2014年9月，2013年华侨华人慈善捐赠数据为可获得的最新数据。中民慈善捐助信息中心是由中华人民共和国民政部主管的民办非企业单位，其主要职责是引导建立第三方评估体系和行业自律机制，逐步建立慈善捐助信息统计、披露和公示制度，及时向社会发布相关慈善捐助活动信息，组织开展国内国际慈善交流活动，收集、整理和反映慈善捐助工作情况，公布慈善捐助信息。由于我国尚无统一的捐赠信息公开平台，故中民慈善捐赠中心公布的数据为可获得的官网数据。

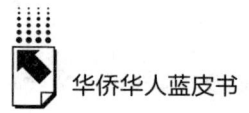
华侨华人蓝皮书

一 华侨华人慈善捐赠的本质

（一）华侨华人的界定

本文的研究对象为华侨华人慈善捐赠，对于华侨华人的界定是全文的基础。虽然在学术研究和实际工作中，我们经常将华侨华人、归侨侨眷连用，但在法律上和政策上，这几个概念是有明确界定和区别的。2009年，根据侨情变化和侨务工作发展的需要，依据《归侨侨眷权益保护法》及其实施办法，国务院侨办制定并发布了《关于界定华侨外籍华人归侨侨眷身份的规定》，对华侨的身份进行了明确界定。华侨是指定居在国外的中国公民。"定居"指中国公民已取得住在国长期或者永久居留权，并已在住在国连续居留两年，两年内累计居留不少于18个月。中国公民虽未取得住在国长期或者永久居留权，但已取得住在国连续5年以上（含5年）合法居留资格，5年内在住在国累计居留不少于30个月，视为华侨。中国公民出国留学（包括公派和自费）在外学习期间，或因公务出国（包括外派劳务人员）在外工作期间，均不视为华侨。外籍华人是指已加入外国国籍的原中国公民及其外国籍后裔，还有中国公民的外国籍后裔。由于中民慈善捐助信息中心对于华侨华人慈善捐赠的统计数据将港澳台的捐赠数据也纳入其中，而很多地方性统计数据也未将港澳台同胞的慈善捐赠与华侨华人慈善捐赠加以区分，故本文在分析中也未具体区分。

（二）慈善捐赠的基本要素①

1. 主体

慈善捐赠的主体主要包括捐赠主体、运营主体和监管主体三个主体。

---

① 本部分对慈善捐赠行为基本要素的分类参考徐麟《中国慈善事业发展研究》，中国社会出版社，2005，第30~47页。

捐赠主体主要包括了个人或家庭、社区、企业、宗教团体和募款组织等等。

运营主体主要是指慈善组织等。在中国，慈善组织属于社会组织中的一员。政府把社会组织分成四类：党政机关、企业公司、事业单位和社会团体。所谓社会团体，民政部门的定义是："人们为了实现一定的宗旨，依照一定的法律，自愿结成的不以营利为目的的社会组织。"它具有如下特性：社会团体是由一定数量的人组成的，他们是具有共同的目标的，他们的活动经费是不依赖官方的，组织是非营利性质的[1]。中国的慈善组织在类型上属于社会团体的范畴[2]。学界认为社会组织在扶贫、慈善、社会救助过程中具有政府所不及的优势，主张政府与社会组织合作，允许并引导社会组织发挥更大作用[3]。

监管主体：主要是政府、社会评估机构、公共媒体等。关于政府的监管作用，可以从政府与非营利组织的关系中有所启示。莱斯特·M. 萨拉蒙（Lester M. Salamon）认为，政府能够通过立法的形式来获得足够的资源以开展福利和慈善事业，能用民主的政治程序来决定资金的使用和决定提供服务的种类，能够通过赋予民众权利以防止服务提供中出现特权，等等。但是，政府往往由于过度的科层化而缺乏对于社会需求的即时回应。非营利组织则比较弹性，能根据个人的不同需求来提供相应的服务，等等。正是由于非营利组织的特性，政府和非营利组织存在互补性，政府与非营利组织建立起了合作关系[4]。而在中国，政府在很大程度上对于非营利组织有控制力，控制着大多数非营利组织的人事任免权和较大的资金运用权，并通过各种手段来

---

[1] 吴忠泽、陈金罗：《社团管理工作》，中国社会出版社，1996。
[2] 《社会捐助基本术语》指出，公益性社会团体就是依法成立的以发展公益事业为宗旨的基金会、慈善组织等社会团体。
[3] 尚晓援：《公民社会组织与国家之间的关系考察——来自三家非政府儿童救助组织的启示》，《青年研究》2007年第8期；邓国胜：《政府以及相关群体在慈善事业中的角色和责任》，《国家行政学院学报》2010年第5期。
[4] Lester M. Salamon, "Rethinking Public Management: Third - Party Government and the Changing Forms of Government Action", *Public Policy* 29 (1981): 84 - 89.

实现对慈善组织的全面渗透①。

2. 客体

慈善捐赠的客体主要是那些社会中的弱势群体。具体来说，慈善捐赠的客体主要包括个人或团体、慈善基金会、各类居民区、少数民族居民等。那些需要帮助的弱势群体都可以称为慈善捐赠的客体。

3. 慈善资源

慈善资源主要包括自愿捐助的资金、实物、劳务等。慈善资源指的是能够由捐赠主体提供并帮助慈善捐赠的客体的各种物品，主要为资金、实物和劳务等等形式。通过这些慈善资源，能够帮助慈善捐赠的客体在一定程度上减轻或摆脱弱势的情境，而这些慈善资源，往往是由捐赠主体和运营主体所提供的，这些慈善资源由捐赠主体到慈善捐赠的客体的过程中还会受到监管主体的监管。

（三）华侨华人捐赠的理论基础

1. 马塞尔·莫斯对交换理论的贡献

马塞尔·莫斯（Marcel Mauss，1872~1950）在其《论馈赠——传统社会的交换形式及其功能》② 一书中，从人类学的角度分析人类交换行为。他研究了波利尼西亚群岛诸民族以及北美印第安人社会中的馈赠礼物现象，将此现象解释为一种附带了信用、服从、地位、崇拜等情感价值的交换方式：赠与方由于付出了自己的财物而获得了受礼方回报馈赠的权利，而受礼方则因接受了馈赠而具有了必须对这种馈赠予以回报的义务。这种交换也促进了双方社会关系的建立和巩固。在这些社会中有一种"夸富宴"（potlatch）习俗，在宴会过程中，主办者会倾尽所有的家财来与宴会参与者进行礼物交换，甚至有时会将自己剩余的财物毁坏殆尽。这种交换的回报便是赠与者获得较高的地位③。

---

① 田凯：《组织外形化：非协调约束下的组织运作——一个研究中国慈善组织与政府关系的理论框架》，《社会学研究》2004 年第 4 期，第 66 页。
② 〔法〕马塞尔·莫斯：《论馈赠——传统社会的交换形式及其功能》，卢汇译，中央民族大学出版社，2002。
③ 尚会鹏：《心理文化学要义——大规模文明社会比较研究的理论与方法》，北京大学出版社，2013，第 158 页。

莫斯对馈赠研究的最大贡献在于解释了商品买卖之外的一种交换形式，即不等价交换（附带了情感价值的交换）。这是一种信用、情感平衡的交换。莫斯对于交换模式的研究虽以"原始人"记录为据，实际上是人类一种更普遍、更古老的交换方式，普遍存在于其他大规模文明社会，是人类交换的一种常态，而理性的、以利益计算为特点的商品交换方式只是一种特殊情况①。莫斯指出："我们的道德以及我们的生活本身中的相当一部分内容，也都始终处于自发参半的赠礼所形成的气氛中。值得庆幸的是，还没有到一切都用买卖来考量的地步。如果某样东西真是有价值的，那么除了它的销售价值之外，它仍然是一种情感价值。""过度的慷慨和共产主义既有损于个体也不利于社会。正如现代人的自私和法律中的个人主义倾向一样。"②

2. 单惠型的"等意义交换"

学者尚会鹏指出，到了"后现代社会"，人与人的交换回归到"前现代社会"中的不等价交换，这是一种带有情感的意义相等交换。在"等意义交换"这一论述中，与慈善捐赠相关的是"等意义交换"类型中的单惠型③。这种交换的特点是：赠与者在赠与行为发生时并没有直接从对方获得好处（至少说没有得到交换价值相等的好处）的想法，接受者可以不考虑回报（至少可以不考虑交换价值相等的回报），交换价值完全不对等（故称"单惠型"），但在交换过程中，赠与者可能得到了社会的尊敬、他人的赞美以及精神上的满足。行为者的地位不是平等的（一般是甲处于优位），交换行为附带情感，交换过程中也有价值转换④。

---

① 尚会鹏：《心理文化学要义——大规模文明社会比较研究的理论与方法》，北京大学出版社，2013，第159页。
② 〔法〕马塞尔·莫斯：《论馈赠——传统社会的交换形式及其功能》，卢汇译，中央民族大学出版社，2002，第136页。
③ 尚会鹏：《心理文化学要义——大规模文明社会比较研究的理论与方法》，北京大学出版社，2013，第162~163页。
④ 价值转换的概念为：若两个人进行物物交换或货币交易，那是交换价值在起作用，没有发生价值转换；但若是你帮了朋友的忙，朋友送你一件礼物，这种交换过程中就发生了价值转换。

（四）华侨华人慈善捐赠的本质

尽管华侨华人慈善捐赠与西方捐赠行为有一致的内容，但与西方的慈善行为相比，华侨华人慈善捐赠行为有其自身的特点和属性。

华侨华人素有热爱桑梓的历史传统，慷慨捐资捐物，积极帮助祖（籍）国人民渡过难关。华侨华人捐赠行为往往涉及跨国和跨地区，在这个行为中，捐赠主体将慈善资源作为礼物送给捐赠客体或运营主体，这种捐赠行为背后，捐赠主体既不要求捐赠客体或运营主体进行物品类的偿还，也不要求捐赠客体或运营主体提供服务、服从等任何形式的偿还。而捐赠方和受赠方都明白这是一种不需要偿还的单方面给予和接受行为。从这个角度看，这种行为是一种"不等价交换"。

但是，这种"不等价交换"仅是从物物交换的角度看，如果考虑到捐赠方作出该行为后伴随的忠诚、服务、崇拜等情感因素，交换在总体上也是平衡的。正如莫斯所发现的那样，"夸富宴"（potlatch）上的赠与者通过赠与行为获得了他人的承认，从而在社区中获得了较高的社会地位，说明这种看似非对称的交换也遵循着平衡的原理[1]。从综合意义上来看，交换不一定是交换价值等价物，受赠方接受了捐赠方的赠予之后，很多时候并不能马上以等价物进行偿还，可能未来只是对赠与者知恩、服从或以其他形式来进行回报。

华侨华人的慈善捐赠行为实质上是一种"等意义交换"，捐赠主体在赠与之时一般也是有收获的，如捐赠主体一般都会在捐赠行为中获得精神上或其他的满足感，或是获得荣誉、满足感、社会舆论评价、人际关系等等，使其成为一种意义相等的平衡性交换。为什么华侨华人慈善捐赠中价值不等的交换可能意义上存在相等？因为"价值转换"的存在，通过价值转换，具有不同价值的交换物便具有了相同的意义，从而使交换达到平衡。

具体来看，华侨华人慈善捐赠行为中的价值转换主要有以下几种。一是交

---

[1] 尚会鹏：《心理文化学要义——大规模文明社会比较研究的理论与方法》，北京大学出版社，2013，第164页。

换价值和情感价值的转换。在人的行为中，人与人的物质交换可以转化为物与情感的转换①。比如，捐赠主体将慈善资源（通过运营主体）转移到捐赠客体，尽管从捐赠主体的角度看，捐赠行为会致使其受到一些损失，但是通过捐赠行为能够获得一些荣誉。例如，菲律宾华人蔡金钟先生为救援在海外落难的华人同胞及其他落难者，默默地作出了许多无私的奉献，赢得了"华人慈善家"的美称，由于其无私奉献，蔡金钟曾两次作为中国国务院特邀的海外贵宾，应邀赴京出席国庆观礼。1997年，他作为菲律宾"菲华商联总会"访华代表团成员，在北京人民大会堂受到江泽民主席和朱镕基总理等国家领导人亲切接见。1999年中国国务院总理朱镕基访问菲律宾，他作为菲律宾华侨华人的代表，受到朱总理的亲切接见②。二是眼前的价值与未来价值的转换。这种转换是指交换行为存在时间差。捐赠主体将慈善资源（通过运营主体）转移到捐赠客体，捐赠客体可能不会即时做出回报，往往需要一段时间。这种时间差上的价值转换在华侨华人慈善捐赠中体现得比较明显。例如，袁勇亮在大学期间因家庭困难接受江西慈济志工的资助，顺利完成学业后，事业小有成就的他不忘当年的助学之恩，把当年接受的爱和善传出去，帮助和资助更多的贫困学生，让他们得以安心地学习、生活，让爱和善的种子在人人心中撒播③。

二 华侨华人对中国慈善捐赠的状况

习近平同志曾指出，"在世界各地有几千万海外侨胞，大家都是中华大家庭的成员。长期以来，一代又一代海外侨胞，秉承中华民族优秀传统，不忘祖国，不忘祖籍，不忘身上流淌的中华民族血液，热情支持中国革命、建

---

① 尚会鹏：《心理文化学要义——大规模文明社会比较研究的理论与方法》，北京大学出版社，2013，第165页。
② 《赤子深情 济世助人——记菲律宾华人慈善家蔡金钟先生》，http://www.66163.com/Fujian_w/news/fjqb/020104/3_2.html。
③ 《助学之情，善念深耕发芽》，http://www.tzuchi.org.cn/index.php?option=com_content&view=article&id=6753：2015-01-20-09-49-45&catid=63：2009-07-28-06-46-38&Itemid=352。

设、改革事业,为中华民族发展壮大、促进祖国和平统一大业、增进中国人民同各国人民的友好合作作出了重要贡献"①。本文主要考察的是华侨华人对于祖(籍)国的捐赠,所以仅为华侨华人向中国的捐赠数据。数据来源于中民慈善捐助信息中心,该中心为由中华人民共和国民政部主管的民办非企业单位,其主要职责是引导建立第三方评估体系和行业自律机制,逐步建立慈善捐助信息统计、披露和公示制度,及时向社会发布相关慈善捐助活动信息,组织开展国内国际慈善交流活动,收集、整理和反映慈善捐助工作情况,公布慈善捐助信息。由于我国尚无统一的捐赠信息公开平台,故中民慈善捐赠中心公布的数据为可获得的官网数据。一般来说,年度统计数据都是发生之后才统计完成的,我国对于华侨华人捐赠的数据统计还不完善,官方只统计过2008年和2009年,还有2013年。本部分的数据来源于中民慈善捐助信息中心出版的《2013年度中国慈善捐助报告》,这也是目前可获得的最新官方数据。

(一)华侨华人慈善捐赠的总规模

2013年度华侨华人慈善捐赠总额②为71.72亿元,占我国捐赠总额③的7.25%。该数据主要有三个来源:一是中民慈善捐助信息中心的日常监测数据,二是公开新闻报道中关于侨乡大省、侨资企业、企业家、基金会等的数据④,三是各省侨联⑤上报的华侨华人慈善捐赠数据。

---

① 《习近平会见华侨华人代表:共同的根 共同的梦》,http://news.sina.com.cn/c/2014-06-06/193730309841.shtml。
② 这里的华侨华人捐赠数据,主要指我国大陆的基金会、民办非企业单位、群团组织、各级政府部门、企事业单位、宗教场所及个人等接受的华人华侨群体的捐赠,包括货币、物资、有价证券等。其他形式的捐赠如器官、血液、技术、志愿服务时间等,由于统计、折价困难,未计算在内。
③ 我国2013年接受国内外社会各界的款物捐赠共计约989.42亿元,其中货币及有价证券捐赠651.75亿元,捐赠物资折价337.67亿元。
④ 这些数据包括地方侨办的工作总结、各类涉侨基金会的年报数据等。
⑤ 向中国侨联上报数据的省份包括:宁夏回族自治区、河北省、重庆市、云南省、安徽省、吉林省、江西省、山西省、西藏自治区等26个省、市、自治区。

（二）华侨华人慈善捐赠的捐赠主体

1. 捐赠主体的类别

根据我国的《公益事业捐赠法》和各省市出台的有关华人华侨捐赠的管理条例或办法的相关规定，捐赠主体可以分为以下四类。

（1）个人

这一类别包括华人、华侨、港澳台同胞、外籍华人、归侨、侨眷等，华人华侨若以家族名义进行捐赠也归为此类。

（2）侨资企业

一般指的是华侨华人、港澳台同胞、外籍华人在中国大陆投资兴办且其资本占投资总额25%及以上的企业（不含国外及港澳台地区中资机构在境内的企业投资）。

（3）基金会

主要是指境内外的华人华侨、侨联系统等发起成立的家族基金会、公募基金会、非公募基金会等。以基金会的形式捐赠已成为海南省华侨捐赠的一个新趋向，如李嘉诚基金会捐助海南省的农村卫生建设扶贫项目、新加坡淡马锡基金会在海南实施的护理培训项目均取得了显著成效[①]。

（4）侨团组织

侨团组织主要包括基金会、同乡会、侨商会、各级华人华侨联合会等华人华侨社会组织。

2. 各捐赠主体的捐赠情况

本部分以中民慈善捐助信息中心日捐库的数据及各省侨联上报的捐赠数据为分析样本，分析样本中的捐赠总量约为43.98亿元。

（1）个人捐赠

个人捐赠额为249857.82万元，占华人华侨捐赠总额的56.81%。其

---

① 《海南省华侨捐赠公益事业若干规定执法调研情况报告》，中国新闻网，2011年7月21日，http://www.chinanews.com/qxcz/2011/07-21/3197720.shtml。

中，捐赠的物资价值为 13450.68 亿元，占个人捐赠总额的 5.38%。在各类捐赠主体中，个人捐赠所占比重最高，这与历年我国华人华侨捐赠中个人捐赠居首位的格局是一致的①。

根据个人捐赠的地域划分，国外华人华侨和港澳台地区的个人捐赠数额为 29430.21 万元，占个人捐赠总额的 11.78%。教育领域是华人华侨个人捐赠最侧重的领域。例如，新加坡华人潘谚彦女士和丈夫陈东言多次向敦煌市七里镇中学、南台堡朝翔春蕾小学等 9 所中小学的学生捐赠钢笔、书籍等学习用品，向老师们赠送了教学用品，潘谚彦女士多次在大陆捐资助学：2002 年，为七里镇新建朝翔春蕾小学捐资 30 万元；同年 10 月，实地考察朝翔春蕾小学建设进度，决定资助 107 名贫困儿童；2003 年秋，为朝翔春蕾小学二期工程捐资 12 万元。10 年来，潘谚彦夫妇在七里镇朝翔春蕾小学危房改建、校园建设、贫困生救助、教学设施改善等方面先后单独捐资捐物 47 万元②。

（2）侨企捐赠

侨企捐赠数额为 114937.12 万元，占华人华侨捐赠总额的 26.17%。其中，企业捐赠的物资价值为 5025.81 万元，该数据占侨企捐赠总额的 4.37%。其中，境外侨企捐赠占侨资企业捐赠总额的 55.95%。在境外侨企的捐赠中，以港澳台地区和东南亚各国侨资捐赠总额的数量最多，这可能与港澳台地区和东南亚各国是华人主要聚居区有关。

2013 年，国内发生了一些自然灾害，如四川雅安地震、甘肃定西地震等等，侨资企业据此进行捐赠。2013 年，侨资企业用于支援灾区等的捐赠款项占侨资企业捐赠总额的 47.16%。除此之外，侨资企业还十分关注教育领域，样本数据中向教育领域的捐赠最大的一笔是高银集团捐赠北江中学的 5500 万元，用于综合教育楼的建设。

对于侨资企业来说，各级政府和事业单位是最主要的接受对象。侨资企

---

① 彭建梅：《2013 年度中国慈善捐助报告》，企业管理出版社，2014，第 167 页。
② 《新加坡华人情系敦煌教育　向 9 所中小学捐赠学习用品》，http://news.hexun.com/2012 - 09 - 17/145906881.html。

业向各级政府和事业单位捐赠40103.75万元，占捐赠总额的34.89%。这一比重较高，可能存在以下几方面原因：一是可能由于2013年度减灾救灾是侨企捐赠的最主要领域，而侨企在救灾捐赠方面往往是将资金捐赠给灾区政府或相关的事业单位，所以各级政府和事业单位成为接受侨捐款物的最主要对象[1]；二是部分侨资企业通过向国内捐赠，更好地实现企业发展的战略目标，向政府和事业单位捐赠是最直接地与国内当地政府拉近关系的一种方式。

（3）基金会捐赠

在样本中，基金会捐赠数额为34210.74万元，占华人华侨捐赠总额的7.78%。其中，捐赠的物资价值为93.5万元，占基金会捐赠的0.27%。

华侨华人基金会捐赠有如下特点。一是教育领域是华人华侨基金会最重要的捐赠方向[2]。在教育方面的捐赠主要分为资助办学、提供奖/助学金、硬件建设等几个方面。例如，自1985年开始，邵逸夫慈善信托基金和邵氏基金（香港）有限公司与教育部合作，连年向内地教育事业捐赠巨款，帮助各地大中小学校建设了直接用于教学、科研的邵逸夫工程项目，共计4888个，至2006年赠款金额累计逾32亿港元。邵氏基金会的捐赠，为内地普及九年制义务教育和高等教育的发展，以及国家西部大开发的伟大战略作出了宝贵的贡献[3]。二是华侨华人基金会的地域分布十分广泛，港澳地区的基金会较为活跃。一般来说，华侨华人基金会往往多位于侨乡资源较为丰富的福建、广东等地。除此之外，港澳台地区的基金会在大陆开展多项活动，如台湾的慈济基金会，自1966年由证严上人成立于台湾花莲以来，以克己、克勤、克俭、克难的精神创立慈济，从事济贫教富、慈善救人的工作。慈济的理想是以慈悲喜舍之心，起救苦救难之行，与乐拔苦，全球只要有慈济人的地方，都以"取诸当地，用诸当地"之理念推展慈善救助、医

---

[1] 彭建梅：《2013年度中国慈善捐助报告》，企业管理出版社，2014，第169页。
[2] 彭建梅：《2013年度中国慈善捐助报告》，企业管理出版社，2014，第170页。
[3] 《邵氏基金会向内地教育赠款情况简介》，http://wzb.hnedu.cn/web/0/200609/07173555859.html。

疗服务、教育深耕、人文推广、环境保护等工作。慈济基金会曾援助的地区遍及安徽、江苏、河南、江西、广西、广东、贵州、云南、浙江、福建、甘肃、青海、新疆、内蒙古、四川、海南、河北、湖南、湖北、辽宁、宁夏、山东、黑龙江、陕西、西藏、上海市、北京市、天津市等28个省（市、自治区），已帮助超过2000万人次。2006年慈济获民政部颁发"中华慈善奖"，并于2008年1月14日更进一步获民政部批准成为第一家境外团体在大陆设立的全国性基金会①。

（4）侨团组织捐赠

2013年侨团组织捐赠20488.11万元，占华人华侨捐赠总额的4.66%。这里的侨团组织包括我国各级侨联、各地侨商会和广泛存在于各国的同乡会及联谊会。侨团组织由于其组织特点，一般没有明确的捐赠领域和捐赠范围，其非正式性的捐赠活动更为灵活。这些侨团组织不仅在祖（籍）国有需要时提供帮助，也为当地的公益慈善事业提供帮助。以西班牙华侨华人协会为例，该协会成立于1983年，是创立时间最早、影响最大的全国性华人侨社组织。一方面，该协会关注祖（籍）国的发展，积极投身中国经济建设，回家乡投资，与家乡共谋发展。在中国遭受灾害时，协会理事们慷慨解囊，彰显赤子情怀。特别是在四川大地震中积极捐款，支援灾区。另一方面，也为当地的公益慈善事业提供帮助，协会马德里中文学校创办于1996年，多年来成绩突出，由开始创办时的几十名学生，到2011年已经发展到了700多名，由过去的3个班级发展到2011年的27个班级，教师由当初的3人扩大到了30多名。现在的马德里中文学校，已经成为一所全欧洲华侨华人中文学校当中学生人数最多、规模最大的一所著名的中文学校②。

除了以上四种捐赠主体外，捐赠主体不详的捐赠数额为20332.58万元，这一数值占捐赠总额的4.62%。这其中，捐赠数额中物资价值为170.39万元。

---

① 台湾佛教慈济慈善事业基金会，http://gongyi.sina.com.cn/gyzx/2010-09-27/175120429_3.html。

② 西班牙华侨华人协会官网，http://www.asochino.es/content.aspx?tipo=0&t=10。

3. 各捐赠主体的捐赠变化情况

由表1可以看出,华侨华人个人的捐赠额一直在捐赠额中占比最高,比例分别为2008年和2009年的46.7%,2011年的73.62%和2013年的56.81%。侨资企业捐赠的绝对数量和相对数量呈逐年上升趋势。2008年和2009年侨资企业的捐赠额为100616.5万元,占比为15.7%;2011年该捐赠主体的捐赠额为113404.91万元,占比为17.71%;2013年该捐赠主体的捐赠额为114937.12万元,占比为26.13%。基金会的捐赠占比在2008年和2009年、2013年比例相当,而在2011年则非常少,只有0.92%。究其原因,可能是2011年华侨华人捐赠进行统计时,将基金会捐赠量中的个人捐赠作为个人捐赠类别进行统计,所以2011年基金会的捐赠额和年度捐赠比例相对2013年和2008、2009年较低[①]。

表1 各捐赠主体捐赠数据表

捐赠主体	2008、2009年*		2011年捐赠额		2013年捐赠额	
	捐赠额(万元)	占比(%)	捐赠额(万元)	占比(%)	捐赠额(万元)	占比(%)
个 人	300249.1	46.7	471321.70	73.62	249857.82	56.81
侨资企业	100616.5	15.7	113404.91	17.71	114937.12	26.13
基金会	33482.22	5	5906.55	0.92	34210.74	7.78
侨团组织	159637.7	24.8	47126.32	7.36	20488.11	4.66

* 2008、2009年的数据是2008年全年和2009年上半年的捐赠额。

数据来源:彭建梅:《2013年度中国慈善捐助报告》,企业管理出版社,2014,第166页。

(三)华侨华人慈善捐赠的捐赠客体

1. 捐赠客体的类别

(1)事业单位

这一类别包括幼儿园、小学、中学、大学等学校及医院、博物馆等。

---

① 彭建梅:《2013年度中国慈善捐助报告》,企业管理出版社,2014,第166页。

(2) 社会组织

该类包括传统意义上的社团、民非组织（民办非企业单位/组织）、基金会，也包含了慈善会系统、红十字系统、行业协会商会、外国组织等。

(3) 各级政府

这一类别包含了中央部委、省市级政府、区县级政府、乡镇级政府。需要注意的是，在我国，村委会和居委会是基层自治组织而非政权组织，严格意义上不应计入各级政府类别之中，但在实际中捐赠给村/居委会往往也是与乡镇、区县级政府联系在一起的，所以将村委会和居委会也纳入此类。

(4) 个人

2. 各捐赠客体的捐赠情况

(1) 事业单位

样本中事业单位在2013年接受捐款额22.56亿元，占捐赠总额的31.45%，排在捐赠客体的首位。

从表2中可以看出，中小学、职业技术学校及幼儿园所接受的捐赠额最多，数额为60831.3万元；其次是大学与研究机构也接受了较多的慈善捐赠，数额为22659.45万元。这两类受赠主体的受赠额占了各类事业单位受赠额的绝大多数。教育领域是华侨华人捐赠所关注的重要领域，所以在事业单位中各类学校接受的捐赠最多也不足为奇。华侨华人捐赠给医院主要用于医院建设、医疗设备的购买。其捐赠的地域范围不仅仅是省市级，还涉及很多偏远地区。

表2 2013年各类事业单位接受捐赠情况

类别	受赠金额(万元)	用途
中小学、职业技术学校及幼儿园	60831.30	奖教助学、学校基础设施建设
大学与研究机构	22659.45	设立奖学金
医院	2204.70	购买医疗设备、医院建设
其他	1328.75	用于救灾、教育、扶贫等
博物馆	1000.00	博物馆建设
福利院、养老院、特殊教育机构等	107.00	改善生活、购买康复器械

数据来源：彭建梅：《2013年度中国慈善捐助报告》，企业管理出版社，2014，第174页。

(2) 社会组织

2013 年社会组织共接受华人华侨捐赠 21.11 亿元,占捐赠总额的 29.43%。

从表 3 看,2013 年我国各类社会组织中基金会受赠金额为 92832.65 万元,占所有社会组织类接受捐赠总额的 71.73%,是社会组织中最主要的受赠方。

表3 2013 年我国各类社会组织接受华侨华人捐赠情况

类别	受赠金额(万元)	类别	受赠金额(万元)
基金会	92832.65	侨联系统	1736.28
慈善会	16189.91	社团	1516.32
行业联合会	13010.00	民办非企业单位	298.60
红十字会	3841.53		

数据来源:彭建梅:《2013 年度中国慈善捐助报告》,企业管理出版社,2014,第 175 页。

基金会之所以在社会组织中接受捐赠额最大,可能是因为一些企业或个人向基金会进行大额捐赠。以中国华文教育基金会为例,该基金会 2004 年正式成立,2005~2012 年中国华文教育基金会捐赠收入情况如下:2005 年 550 万元,2006 年 560 万元,2007 年 1734 万元,2008 年 1191 万元,2009 年 4331 万元,2010 年 6501 万元,2011 年 7868 万元,2012 年 7511 万元[①]。香港大龙华同乡总会曾与中国华文教育基金会签订捐赠协议,分期捐赠 400 万元人民币,用于弘扬中华文化、发展华文教育、促进中外文化交流的海外华文教育项目。香港大龙华同乡总会 2010 年 1 月 29 日成立于香港,会员主要由深圳宝安区龙华、大浪、民治三街道旅港同乡组成。同乡总会以联系大龙华同乡感情、团结同乡、造福相亲、促进港乡交流为宗旨,自成立之日起,在会长谢国辉的带领下,会员们积极参与社会慈善事业,仅会长谢国辉先生一人就捐赠了各类慈善

[①] 中国基金会网,http://www.chinafoundation.org.cn/ccms/sjjs。

款共计一亿多元人民币①。

慈善会系统在社会组织中是排名第二的受赠方。2013年慈善会系统的受赠金额为16189.91万元，华侨华人向慈善会系统进行捐赠一般采取直接方式，也有些捐赠主体会与慈善会联系，通过在慈善会设立基金的方式实现捐赠。2013年11月，泉州洛江区马甲镇旅新侨胞、新加坡诗丽雅集团创办人杜南发博士捐赠人民币1000万元，发起成立马甲镇慈善会贞保林乃基金。贞保林乃基金是马甲镇慈善会冠名的独立基金，旨在通过奖教助学、帮助困难群众，弘扬孔子尊师重教、有教无类、仁者爱人的传统美德，促进社会和谐。同时希望通过爱心传递，激发更多的人参与慈善，形成弘扬助人为乐、传播正能量的社会风尚②。

（3）各级政府

表4是2013年我国各级政府及自治组织接受捐赠的情况。首先，区/县级政府及乡镇政府的受赠金额最高，数额为27674.39万元，占比为34.18%。其次是地市级政府，数额为23381.51万元，占比为28.88%。区/县级政府及乡镇政府和地市级政府两级的政府组织受赠金额占捐赠总额的60%以上，这一趋势符合2013年以来国务院、民政部等中央部委对政府退出募捐市场的引导。除此之外，受赠领域方面，政府级别较低

表4　2013年我国各级政府组织及自治组织接受华侨华人捐赠情况

类别	受赠金额（万元）	捐赠领域
区/县级政府及乡镇政府	27674.39	教育、医疗、生产生活设施建设、减灾救灾等
地市级政府	23381.51	减灾救灾、医疗卫生等
村/居委会	16317.12	社会事业、生产生活设施建设、扶贫、侨乡宗族事务、教育等
省级政府	13588.33	减灾与救灾

数据来源：彭建梅：《2013年度中国慈善捐助报告》，企业管理出版社，2014，第176页。

---

① 香港大龙华同乡总会捐赠我会400万元人民币，http：//www.clef.org.cn/news/2012/1023/5/1016.shtml。
② 新加坡侨商向泉州家乡捐资千万成立慈善基金，http：//www.chinanews.com/zgqj/2013/10-22/5411074.shtml。

的使用领域比较多样。区/县级政府及乡镇政府和地市级政府两级政府组织的捐赠使用领域较广，如区/县级政府及乡镇政府的捐赠使用领域为教育、医疗、生产生活设施建设、减灾救灾等；村/居委会的捐赠使用领域为社会事业、生产生活设施建设、扶贫、侨乡宗族事务、教育等多领域。而地市级政府和省级政府的捐赠使用领域为减灾与救灾、医疗卫生等。

（4）个人

在我国，个人是所有受赠主体中接受捐赠最少的，受赠金额为2050.157万元，占比为0.47%。这可能是因为，在慈善捐赠领域并不主张直接将捐赠给个人，一般采用捐给事业单位、社会组织和各级政府的间接方式。

三 华侨华人对中国慈善捐赠的主要模式

美国学者李达三将美籍华人捐赠模式分为以下四类：个人模式、联谊会模式、基金会模式、其他各种模式①。美国密歇根州立大学全球化与人文研究系主任尹晓煌认为，与早年相比，受到全球化的影响，美国华人对中国的捐赠行为呈现出"四种模式"，第一种模式是以传统侨社或侨乡团体为主的捐赠方式，在美国华人对中国的捐赠行为中仍然占有相当比例；第二种模式是华人通过捐赠美国主流基金会有关中国的项目，或者参与领导美国主流基金会对华资助，来促进中国的发展；第三种模式是新型华人跨国非政府组织实施的免费服务类的对华援助；第四种模式是新移民的跨国慈善组织，主要包括中国高校在美国的校友会以及新型的华人同乡会②。

---

① 〔美〕孔秉德、尹晓煌：《美籍华人与中美关系》，余宁平译，新华出版社，2004，第201页。
② 张冬冬：《专家：美国华人对华捐赠呈现四模式，有助中美关系》，中国新闻网，2011年8月23日，http://news.xinhuanet.com/overseas/2011-08/23/c_121899273.htm。

传统的华侨华人慈善捐赠行为是捐赠主体直接将慈善资源捐赠给捐赠客体，而随着国内慈善环境的不断完善、华侨华人慈善理念的不断提升，华侨华人对中国慈善捐赠的模式也不断创新，更加多元化。从捐赠方式来看，直接捐赠与间接捐赠并存。直接捐赠是捐赠主体参与慈善最简单也是最重要的方式。通过直接捐赠，可以减少捐赠过程中的资金和物资传送环节，减少了信息损失。在直接捐赠中，华侨华人常以个人或家庭名义、同乡会或民间组织名义直接将慈善资源捐赠给受赠客体。同时，由于华侨华人对中国的慈善捐赠很多是跨国（境）行为，信息的不对称和我国慈善事业的发展使得间接捐赠方式也发展迅速。在间接捐赠方式中，慈善捐赠的运营主体和监管主体发挥了重要的作用，华侨华人直接将慈善资源捐赠给运营主体或监管主体，由运营主体或监管主体来实际推进捐赠计划、项目实施和执行。在间接捐赠方式中，政府或政府主管的慈善会和基金会等中介机构起到了非常重要的作用。据此，本文将华侨华人对于中国捐赠的主要模式分解为以下三种：个人模式、民间组织模式和政府模式。

（一）个人模式

个人模式是指华侨华人以个人或家庭名义直接进行捐钱捐物的模式。该模式中的"个人"包括华人、华侨、港澳台同胞、外籍华人、归侨、侨眷等，华人华侨若以家族名义进行捐赠也归为此类。在该模式下，华侨华人个人或以家庭名义将慈善资源直接转移给捐赠客体。在进行捐赠时，华侨华人往往不期望捐赠客体给予回报，但可以获得精神上或其他的满足感。具体来看，个人模式慈善捐赠行为中的价值转换包含交换价值和情感价值的转换和眼前的价值与未来价值的转换。许多华人慈善家在进行捐赠时都不期望有等同于慈善资源价值的回报，但是能够获得满足感和其他荣誉。

在个人模式中，根据华侨华人捐赠主体的不同，可以发现企业家、名人、华侨华人公众成为个人模式的主力。

1. 企业家

企业家的捐赠往往数额较大、持续时间较长、捐赠领域专一性，他们往往选择在自己的家乡进行捐赠。

从数额方面看,华侨大学和暨南大学作为国务院侨办直属的两所高校,在其成立和发展中接受了大量个人模式的慈善捐赠。以华侨大学为例,华侨大学第六届董事会第二次会议上校董们慷慨捐资,捐赠5410万元人民币以及1500万元港币,用于华侨大学各项事业和设施建设[①]。

陈嘉庚先生作为厦门大学和集美大学两校的原校主,是东南亚近代史上一位具有深远影响的慈善家。自1894年在故乡集美创办"惕斋学塾"开始,先后创办和资助学校多达百所以上,培养学生无数,他一生捐出几乎全部财产给海内外教育事业,做出了"宁可企业收盘,绝不停办学校""卖掉大厦,维持厦大"的壮举[②]。陈嘉庚先生作为国内外著名的慈善家,其捐赠体现了持续时间较长、捐赠领域专一性和选择自己的家乡进行捐赠等特点。由表5可以看出,陈嘉庚先生在1913~1927年持续在自己的家乡建起多个学校,关注家乡的教育建设。陈嘉庚的善举使他获得了许多荣誉,如陈嘉庚诞辰140周年时,习近平就曾写信给集美校友总会,赞他是侨界的一代领袖和楷模。2015年9月1日,著名爱国华侨陈嘉庚先生的长孙陈立人在北京人民大会堂作为30名抗战将领老兵以及为中国抗战作出贡献的国际友人及家属代表之一,被授予抗战胜利70周年纪念章[③]。

表5　1913~1927年陈嘉庚在福建省创办学校列表

创办时间	学校名称
1913.1	集美小学
1917.2	私立集美女子两等小学校
1918.3	集美师范和中学

---

① 孙虹、张罗应:《华侨大学召开校董会,获捐赠7000万元》,中国新闻网,2012年12月2日,http://www.huaue.com/news/2012122112347.htm。

② 邓玮:《论陈嘉庚先生的慈善精神及时代意义》,《集美大学学报》(哲学社会科学版) 2010年第1期,第31页。

③ 《习近平接连两次为陈嘉庚点赞,陈氏后人深情追忆》,台海网,2015年9月7日,http://news.163.com/15/0907/08/B2T74Q4C00014AEE.html。

续表

创办时间	学校名称
1919.2	集美幼稚园
1919.2	集美学校水产科
1919.8	集美学校商科
1921.2	增办集美女子师范
1923.2	水产科和商科脱离中学,独立为部
1925.1	水产科增设航海科课程
1925.8	师范部开办高级师范选科生
1926年春	集美农林部正式开学
1926年秋	增开畜牧场
1926.9	集美学校国学专门部
1927.2	停办集美学校女子师范,改办女子初级中学
1927.9	集美幼稚师范学校

数据来源：福建省教育科学研究所课题组：《福建华人华侨捐资办学史》，福建教育出版社，2007，第41~47页。

2. 名人

本部分的名人包括港澳台地区的文体明星及社会知名人士。例如，华侨大学四端文物馆由香港著名侨领杜四端的嫡孙杜祖贻先生倡议设立并捐资百万港元和数百件文物而设立。该文物馆设有中华文化部、华侨华人部、杜四端与福建商会特展部等3个展厅，通过中华古今文艺和华侨历史文物的展示，彰显中华文化、展现海外华侨华人的爱国爱乡情怀，为推进华侨华人与侨乡历史资料的系统收集搭建有效平台①。

3. 广大华人华侨公众

除了企业家、名人和学者等群体以外，广大的华人华侨公众在慈善捐赠方面也是一股不容忽视的力量。由于企业家和名人群体数量较少，所以还要依靠广大华人华侨公众的力量，尽管相比企业家和名人

---

① 《华侨大学设立四端文物馆》，《人民日报》（海外版）2009年7月7日，第6版，http：//paper.people.com.cn/rmrbhwb/html/2009-07/07/content_290624.htm。

群体，华侨华人公众群体的捐赠额较小，但是由于人数众多，也是不可忽视的。

在个人模式中，捐赠领域往往比较固定，一般为教育、扶贫、减灾救灾等，其中教育领域又是捐赠额流向较多的领域。以暨南大学为例，2000~2006年，许多华侨港澳同胞都向该校捐款或以项目支持其更好地办学。2000~2006年暨南大学接受来自华侨港澳同胞共33笔数额为10万元以上（含10万元）的个人捐赠。这些捐赠有的用于兴建教学设施，有的用于资助贫困学生，为暨南大学的发展提供一定程度的帮助和支持。

（二）民间组织模式

民间组织模式是指境外华侨华人民间组织（同乡会、宗亲会等）按照一定的原则和程序发放捐款的一种间接捐赠方式。捐赠主体是华侨华人民间组织，在华侨华人慈善捐赠中扮演着募捐组织者的角色。境外华侨华人民间组织将募集来的慈善资源直接转移给捐赠客体。在进行捐赠时，境外华侨华人民间组织往往不期望捐赠客体给予回报。

同乡会是一个"现代化"的组织[1]，它属于传统中国宗族文化的延续，但从现象上看，同乡相聚在一个组织中，又好像带有美国文化性质的俱乐部。说它像关系网，是因为它的身份资格来自差序格局中的一环：在外乡中最为接近中心——自己的一种关系。因为家人、邻里、亲属、以往的朋友、熟人都不在身边，同乡比起陌生人在差序格局中的位置更接近圆心（己身）。说它像俱乐部，因为它是以相同身份——大家都是同乡、都有资格加入同乡组织——作为成员资格（membership），而且在加入同乡组织之前，大家一般彼此并无交往[2]。同乡会向客体进行慈善捐赠，从宏观层面来看体现了同

---

[1] 它的前身是明清时期的各地会馆，随着都市移民的集会活动在近代史上经历了一个从会馆向同乡会的转化过程。郭绪印：《老上海的同乡团体》，文汇出版社，2003。

[2] 〔美〕许烺光：《宗族·种姓·俱乐部》，薛刚译，华夏出版社，1990。

乡会的爱国情怀，从微观层面看，也反映了"共享现实"①（shared reality）的需求。

隶属于浙江丽水市的青田县是我国著名侨乡，20世纪20、30年代青田移民出现第一次高潮，人数迅猛增长，分布也越来越集中，改革开放后，青田出国人数急剧增加。截至2003年，青田华侨华人人数已经达到225105人②。随着新移民人数的不断增多，华侨华人面临的社会问题也随之增多，他们对事业快速稳定发展的愿望，以及保护自身合法权益的呼声越来越强烈，在此背景下，青田同乡会创立并迅速发展壮大。第一个青田同乡会组织是1985年创立的"荷兰青田同乡会"，此后广泛分布于世界各大洲。

青田同乡会在祖（籍）国和家乡有难时，都会率先声援，展开积极捐募求助。1996年青田发生水灾，罗马尼亚青田同乡会捐资12910美元，法国青田同乡会向东源镇捐资30万美元③，重建卫生院，西班牙青田同乡会在平山捐助重建一座被洪水冲垮的学校，命名为"西华学校"，帮助家乡度过困难时期④。2008年5月12日四川省汶川发生了7.8级强烈地震，希腊青田同乡会次日便捐赠30万元人民币，这是见之于媒体最早的华侨社团集体捐赠。德国青田同乡会会长邱根寿专程驱车赶到柏林，连夜召集华侨同乡开展募捐活动；荷兰青田同乡会牵头在海牙举行大型募捐义演活动。据青田县侨办统计，截至2008年5月27日，青田海外华侨通过各种渠道已向四川地震灾区捐款2100万元⑤。

---

① 来自同一原籍地的人们因受到同一地域文化的模塑，会发展出相同的思考世界的方式（对个体而言，它具有一定的先在性），他们对原籍地有着相当程度的共识理解。这种共识理解实质上是一种文化建构，也被称作"共享现实"。转引自杨宜音、张曙光《在"生人社会"中建立"熟人关系"——对大学"同乡会"的社会心理学分析》，《社会》2012年第6期，第169页。
② 青田华侨史编写组：《青田华侨史》，浙江人民出版社，2011，第97页。
③ 青田华侨史编写组：《青田华侨史》，浙江人民出版社，2011，第213页。
④ 青田华侨史编写组：《青田华侨史》，浙江人民出版社，2011，第213页。
⑤ 阮春生、徐晓军：《与祖国地震灾区心连心，青田海外华侨向灾区捐款2100万元》，《丽水日报》2008年5月29日。

青田同乡会的捐赠也涉及助学和生产生活设施建设等领域。1992年，旅西青田同乡会集资15万元，为芝溪学校建造了冠名为"西华楼"的综合教学大楼①。2009年，法国青田同乡会捐赠20万元帮助浙江省景宁畲族自治县澄照乡金丘村至大畈村道路实施路面硬化工程，以方便村民出行，增加群众收入，促进少数民族村庄经济发展②。

（三）政府模式

政府模式是指由政府发动号召或华侨华人自发把钱物捐给乡政府、侨办等政府机构，由政府机构统一安排发放捐款的一种间接捐赠方式。在该模式下，政府发挥着重要的作用。在华侨华人慈善捐赠中，政府是重要的运营主体和监管主体，捐赠主体进行慈善捐赠行为时，选择将慈善资源交给政府或政府机构，具体的公益项目由政府来进行操作和管理。与以上两种模式相比，政府模式具有强大的号召力。前文指出，华侨华人的慈善捐赠行为实质上是一种"等意义交换"，在政府模式中，一部分捐赠主体想要通过捐赠行为与政府搞好关系，这是期望获得荣誉、满足感、社会舆论评价、人际关系的一种情感上或其他类型的回报，实现一种平衡的交换。

这一模式包含两个要点，一是政府发动号召的捐赠行为，二是华侨华人自发地把钱物捐给政府、侨办等政府机构，由于这两者有时候是不容易区分的，所以统一归为政府模式。为什么不容易区分？可以用下面的例子加以说明。旅法苏浙同乡会会长张大荣在海协暨侨港资企业座谈会上代表同乡会向江苏海协教育基金会③捐赠了15万元人民币，专门用于扶助江苏高校的优秀贫困大学生。张大荣在会上提出，

---

① 青田华侨史编写组:《青田华侨史》，浙江人民出版社，2011，第248页。
② 静宁县侨办《法国青田同乡会捐资20万元 助推浙江畲乡道路建设》，中国新闻网，2009年10月13日，http://www.chinanews.com/zgqj/news/2009/10-13/1908321.shtml。
③ 江苏海协教育基金会是经江苏省政府批准，由江苏省侨办、省海外交流协会共同提议发起的全省性公募基金会，是非营利性的社会团体。

这一捐赠是抛砖引玉,希望有更多实力强大的海外社团参与到这项活动中①。这次捐赠活动是由同乡会在某次政府组织的座谈会上发起的,慈善资源由江苏省侨办、省海外交流协会共同提议发起的全省性公募基金会来进行管理。这次捐赠是一次典型的政府模式的捐赠行为,但是很难细化其到底是政府号召下的行为还是华侨华人自发向政府捐赠的行为。

中国华文教育基金会是专门为海外华文教育事业服务的全国性公募基金会,其业务主管部门为国务院侨务办公室。尽管它属于我国的一个民间组织,但其具有官办的性质,故可以将其接受捐赠的模式归入政府模式中。

中国华文教育基金会募集的资金基本来自企业或者企业家的大笔捐赠,面向社会小额的捐赠资金基本没有。资金募集渠道主要是通过各级理事单位特别是业务主管部门国务院侨务办公室的社会资源,向相关企业、企业家推介华文教育、华文教育基金会,争取相关企业、企业家对于华文教育的支持。根据对中国华文教育基金会2005~2011年捐赠收入单笔达50万元以上的捐赠统计分析,此类捐赠约占中国华文教育基金会全部捐赠收入的98.54%。上述捐赠收入通过业务主管部门国侨办各级领导的推介和介绍募集资金最多,占总额的42.29%;顾问委员会主席推介介绍募集资金占24.36%;各级侨务系统推介介绍占18.3%;理事单位推介联系占9.1%。

四 结语

华侨华人慈善捐赠行为包括捐赠主体、捐赠客体和慈善资源等要素。一般来说,捐赠主体将慈善资源转移到捐赠客体完成这一行为。从社会

---

① 高伟浓、陈华:《以新移民为主体的海外青田人同乡会浅析》,《八桂侨刊》2012年第4期,第40页。

交换理论看，华侨华人慈善捐赠行为是一种"等意义交换"的行为，捐赠主体在赠与之时一般也是有收获的，如获得精神上或其他的满足感，或是获得荣誉、满足感、社会舆论评价、人际关系等等，通过价值的转换，使其成为一种意义相等的平衡性交换。结合华侨华人对我国慈善捐赠的现有数据和主要模式，笔者发现华侨华人对我国慈善捐赠历史久远，数额巨大。以2013年为例，华侨华人对我国慈善捐赠总额为71.72亿元。捐赠主体多元化，捐赠方式多样化，为我国教育、救灾等多个领域贡献力量，对于我国慈善事业的健康发展起着重要作用。目前，华侨华人对我国的慈善捐赠包含了直接捐赠方式与间接捐赠方式，直接捐赠方式主要以个人模式和民间组织模式为主，间接捐赠方式主要以政府模式为主。

华侨华人对中国的慈善捐赠多为临时性的行为，对大灾大难捐赠较多；多为地域性的行为，对祖籍地或家乡的捐赠较多。这一方面体现了华侨华人的善心善行，另一方面也反映出华侨华人捐赠中存在的一些问题，如捐赠内容较为单一、可持续性不强、捐赠所经营项目专业化系统化程度不高等。从华侨华人慈善捐赠的本质来看，捐赠主体在赠与之时一般也是有收获的，依靠这些收获达到交换的平衡。而以上问题均有可能影响捐赠主体获得精神上或其他的满足感。要知道捐赠资源的获得不能只依靠捐赠主体的自发性行为，还需要依靠有效的、成熟的慈善捐赠机制，如强大的号召力和其他慈善环境建设等多方面的支持。

为了引导和提升华侨华人对我国的慈善捐赠，政府应采取以下措施。第一，提高对华侨华人慈善捐赠的重视程度，加强华侨华人慈善捐赠的数据库建设，将华侨华人慈善捐赠纳入我国慈善事业体系。第二，拓宽募捐渠道，提高社会募捐能力。国务院、民政部等中央部委引导政府退出募捐市场，这使得政府募捐的可行性降低，难度加大，此时更需要重视培育民间慈善组织，提高慈善组织的公信力。第三，拓展捐赠领域，引导慈善捐赠由传统领域拓展到经济、文化和环境生态等领域。

参考文献

陈世柏:《社会行为：海外乡亲慈善捐赠的本质内涵》,《社会保障研究》2011年第2期。

邓国胜:《政府以及相关群体在慈善事业中的角色和责任》,《国家行政学院学报》2010年第5期。

邓玮:《论陈嘉庚先生的慈善精神及时代意义》,《集美大学学报》（哲学社会科学版）2010年第1期。

高伟浓、陈华:《以新移民为主体的海外青田人同乡会浅析》,《八桂侨刊》2012年第4期。

黄晓瑞、吴显华:《慈善捐赠的一个政策工具：税收激励》,《武汉大学学报》（哲学社会科学版）2015年第3期。

莱斯特·M. 萨拉蒙:《新政府治理与公共行为的工具：对中国的启示》,《中国行政管理》2009年第11期。

黎相宜、周敏:《跨国实践中的社会地位补偿——华南侨乡两个移民群体文化馈赠的比较研究》,《社会学研究》2012年第3期。

尚晓援:《公民社会组织与国家之间的关系考察——来自三家非政府儿童救助组织的启示》,《青年研究》2007年第8期。

田凯:《组织外形化：非协调约束下的组织运作——一个研究中国慈善组织与政府关系的理论框架》,《社会学研究》2004年第4期。

杨宜音、张曙光:《在"生人社会"中建立"熟人关系"——对大学"同乡会"的社会心理学分析》,《社会》2012年第6期。

张奇林、黄晓瑞:《国外企业慈善捐赠述评》,《社会保障研究》2013年第4期。

张奇林、黄晓瑞:《税收政策是否可以促进企业慈善捐赠探讨——基于2010年度深市主板上市公司数据分析》,《现代财经（天津财经大学学报)》2013年第1期。

庄国土:《华侨华人与港澳同胞对厦门捐赠的分析》,《华侨华人历史研究》1999年第4期。

庄国土:《论东南亚华族》,《世界民族》2002年第3期。

福建省教育科学研究所课题组:《福建华人华侨捐资办学史》,福建教育出版社,2007。

郭绪印:《老上海的同乡团体》,文汇出版社,2003。

〔美〕孔秉德、尹晓煌:《美籍华人与中美关系》,余宁平译,新华出版社,2004。

〔法〕马塞尔·莫斯:《论馈赠——传统社会的交换形式及其功能》,卢汇译,中央民族大学出版社,2002。

彭建梅:《2013年度中国慈善捐助报告》,企业管理出版社,2014。

青田华侨史编写组:《青田华侨史》,浙江人民出版社,2011。

尚会鹏:《心理文化学要义——大规模文明社会比较研究的理论与方法》,北京大学出版社,2013。

吴忠泽、陈金罗:《社团管理工作》,中国社会出版社,1996。

徐麟:《中国慈善事业发展研究》,中国社会出版社,2005。

〔美〕许烺光:《宗族·种姓·俱乐部》,薛刚译,华夏出版社,1990。

Lester M. Salamon, "Rethinking Public Management: Third – Party Government and the Changing Forms of Government Action", *Public Policy* 29 (1981)。

经济篇

The Reports on Economy

B.6
"一带一路"战略构想的国际政治经济分析与华侨华人:背景与前景

周兴泰*

摘　要： 本文共四个部分,主要研究了"一带一路"战略构想的提出与当前推进,包括"一带一路"战略构想提出的国际政治经济背景、未来可能的发展前景以及全球华侨华人的重要地位与作用等。这一战略构想的提出适应金融危机之后全球和区域经济形势发展的需要,以及美国宣布"重返亚太""亚太再平衡"战略以来亚太和全球地缘战略格局变化的需要。它将有助于推动欧亚大陆内部区域经济一体化的整合以

---

* 周兴泰,华侨大学海上丝绸之路研究院助理研究员,主要从事亚太地区国家间关系和"一带一路"建设研究。本文受到华侨大学海上丝绸之路研究基金项目(HSZD2014-12)和高层次人才科研启动费项目(14SKBS308)的资助。

及"一带一路"沿线各国的经济发展、政治稳定、社会繁荣和文明复兴,同时对于世界经济、金融和货币贸易规则制定权的转移以及与之相适应的世界经济、政治秩序的变革也将起到有力的推动作用。在这一过程中,作为历史上就是"一带一路"沿线的重要参与者、建设者和见证者的全球华侨华人必然也将起到重要的推动与促进作用。

关键词: "一带一路"战略构想 国际政治 国际经济 背景 前景 华侨华人

一 "一带一路"战略构想的提出

(一)"一带一路"战略构想的提出与升华

2013年9月3~13日,国家主席习近平访问中亚四国土库曼斯坦、哈萨克斯坦、吉尔吉斯斯坦和乌兹别克斯坦,并出席二十国集团(G20)领导人第八次峰会和上海合作组织(SCO)成员国元首理事会第十三次会议。统观历史与当前、政治与经济、国际与国内、安全与发展,在9月7日哈萨克斯坦纳扎尔巴耶夫大学发表题为《弘扬人民友谊 共创美好未来》的重要演讲中习主席提出:"当前,中国同中亚国家关系发展面临难得机遇","为了使欧亚各国经济联系更加紧密、相互合作更加深入、发展空间更加广阔,我们可以用创新的合作模式,共同建设'丝绸之路经济带'。这是一项造福沿途各国人民的大事业。我们可从以下几个方面先做起来,以点带面,从线到片,逐步形成区域大合作。"① 并就此提出五点建议:加强政策沟通、道

---

① 《弘扬人民友谊 共创美好未来——在纳扎尔巴耶夫大学的演讲》,http://www.fmprc.gov.cn/mfa_chn/ziliao_611306/zt_611380/dnzt_611382/ydyl_667839/zyxw_667918/t1074151.shtml。

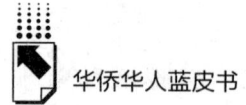

路联通、贸易畅通、货币流通、民心相通,即"五通",企望以此与广大中亚国家"全面加强务实合作,将政治关系优势、地缘毗邻优势、经济互补优势转化为务实合作优势、持续增长优势,打造互利共赢的利益共同体"①。

2013年10月2~8日,习近平主席利用访问印度尼西亚、马来西亚并出席亚太经济合作组织(APEC)第二十一次领导人非正式会议的机会,10月3日在印度尼西亚国会发表题为《携手建设中国—东盟命运共同体》的重要演讲,指出:"今年是中国和东盟建立战略伙伴关系10周年,中国和东盟关系正站在新的历史起点上。中方高度重视印尼在东盟的地位和影响,愿同印尼和其他东盟国家共同努力,使双方成为兴衰相伴、安危与共、同舟共济的好邻居、好朋友、好伙伴,携手建设更为紧密的中国—东盟命运共同体,为双方和本地区人民带来更多福祉。"②"东南亚地区自古以来就是'海上丝绸之路'的重要枢纽,中国愿同东盟国家加强海上合作,使用好中国政府设立的中国—东盟海上合作基金,发展好海洋合作伙伴关系,共同建设21世纪'海上丝绸之路'。中国愿通过扩大同东盟国家各领域务实合作,互通有无、优势互补,同东盟国家共享机遇、共迎挑战,实现共同发展、共同繁荣。"③

在这两次重要的出访之后,2013年10月24~25日,新中国成立64年来我国的首次周边外交工作座谈会在北京举行,政治局常委、国务院总理李克强主持会议。习近平主席出席并发表讲话指出:"做好周边外交工作,是实现'两个一百年'奋斗目标、实现中华民族伟大复兴的中国梦的需要",我们"要更加奋发有为地推进周边外交,为我国发展争取良好的周边环境,使我国发展更多惠及周边国家,实现共同发展",包括"要同有关国家共同

---

① 《弘扬人民友谊 共创美好未来——在纳扎尔巴耶夫大学的演讲》,http://www.fmprc.gov.cn/mfa_chn/ziliao_611306/zt_611380/dnzt_611382/ydyl_667839/zyxw_667918/t1074151.shtml。
② 《携手建设中国—东盟命运共同体——在印度尼西亚国会的演讲》,http://www.fmprc.gov.cn/mfa_chn/ziliao_611306/zt_611380/dnzt_611382/ydyl_667839/zyxw_667918/t1084354.shtml。
③ 《携手建设中国—东盟命运共同体——在印度尼西亚国会的演讲》,http://www.fmprc.gov.cn/mfa_chn/ziliao_611306/zt_611380/dnzt_611382/ydyl_667839/zyxw_667918/t1084354.shtml。

努力，加快基础设施互联互通，建设好丝绸之路经济带、21世纪海上丝绸之路。要以周边为基础加快实施自由贸易区战略，扩大贸易、投资合作空间，构建区域经济一体化新格局"①。

2013年11月9~12日，中国共产党第十八届中央委员会第三次全体会议在北京召开。会议通过了《中共中央关于全面深化改革若干重大问题的决定》，要求"加快沿边开放步伐，允许沿边重点口岸、边境城市、经济合作区在人员往来、加工物流、旅游等方面实行特殊方式和政策。建立开发性金融机构，加快同周边国家和区域基础设施互联互通建设，推进丝绸之路经济带、海上丝绸之路建设，形成全方位开放新格局"②。2013年12月10~13日，中央经济工作会议在北京召开，会议在分析国际国内经济新形势、总结2013年经济工作、提出2014年经济工作的总体要求和主要任务时指出，2014年经济工作的六大主要任务之一就是要"不断提高对外开放水平"，其中的一项重要工作即"推进丝绸之路经济带建设，抓紧制定战略规划，加强基础设施互联互通建设。建设21世纪海上丝绸之路，加强海上通道互联互通建设，拉紧相互利益纽带"③。

2014年3月全国两会召开，李克强总理向全国人大作政府工作报告，在回顾2013年工作成就时指出，"提出建设丝绸之路经济带、21世纪海上丝绸之路的构想"是2013年一项重要的工作成就。2014年中央政府的一项重点工作就是要"抓紧规划建设丝绸之路经济带、21世纪海上丝绸之路，推进孟中印缅、中巴经济走廊建设，推出一批重大支撑项目，加快基础设施互联互通，拓展国际经济技术合作新空间"④。

2014年11月4日，中央财经领导小组第八次会议召开，研究丝绸之路

---

① 《习近平：让命运共同体意识在周边国家落地生根》，http://news.xinhuanet.com/2013 - 10/25/c_ 117878944.htm。
② 2013年11月12日中国共产党第十八届中央委员会第三次全体会议通过《中共中央关于全面深化改革若干重大问题的决定》，第9页。
③ 《中央经济工作会议在北京举行 提出明年经济工作六大任务》，http://news.xinhuanet.com/fortune/2013 - 12/13/c_ 118553239.htm。
④ 《李克强总理作政府工作报告》（文字实录），http://www.gov.cn/guowuyuan/2014 - 03/05/content_ 2629550.htm。

经济带和21世纪海上丝绸之路规划、发起建立亚洲基础设施投资银行和设立丝路基金。2015年2月1日，中央推进"一带一路"建设工作会议召开，中央"一带一路"建设工作领导小组首次亮相。随后，3月28日，博鳌亚洲论坛2015年年会在海南召开，会议期间国家发展改革委、外交部、商务部经国务院授权，联合发布了《推动共建丝绸之路经济带和21世纪海上丝绸之路的愿景与行动》文件（以下简称《愿景与行动》）。至此，"一带一路"由国家领导人出访提出的双边、地区关系发展倡议发展到新时期、新形势下我国针对周边外交工作的一项重要战略谋划和顶层设计，再发展为当前和今后一个时期指导我国政治经济总体发展和对外开放开发的一项重要国家战略，并开始具体规划，组建领导小组予以落实，直至形成《愿景与行动》规划纲要以中央文件的形式确定下来。经历了2013年的倡议年、2014年的规划年和2015年的落实年，经过初步设想、外交倡议、总结定型、全党决议、政府跟进、全面规划，最终开始落地实施。

（二）"一带一路"战略构想的推进

1. 在各地域范围的推进

从以上梳理来看，"一带一路"战略构想首先是针对我国周边地区，特别是中亚和东南亚我国周边外交的两个优先方向提出来的。但从其后的发展定位来看，"一带一路"以此两个方向为优先但不仅限于这两个方向，而是在规划过程中发展成为一项涉及欧亚非大陆并远至大洋洲的新时期国家对外开放开发的大战略。由于涉及如此广阔的地域范围以及其中的众多国家，中国政府在各个双多边场合又进行了一系列的倡议和推进。2014年1月17日，习近平主席在会见来华出席中国—海湾阿拉伯国家合作委员会第三轮战略对话的海合会代表团时，向海合会国家发出邀请：中方愿同海方共同努力，推动丝绸之路经济带和21世纪海上丝绸之路建设①。2014年2月10~

---

① 《习近平会见海湾阿拉伯国家合作委员会代表团》，http://www.fmprc.gov.cn/mfa_chn/ziliao_611306/zt_611380/dnzt_611382/ydyl_667839/zyxw_667918/t1120042.shtml。

12日,中印两国在印度新德里举行中印边界问题特别代表第十七轮会谈,中方代表、国务委员杨洁篪邀请印度共建21世纪"海上丝绸之路"。同一周内,中国还向斯里兰卡提出了共建"海上丝绸之路"的邀请[①]。2014年6月5日,中国—阿拉伯国家合作论坛在北京举行,习近平主席出席开幕式并发表题为《弘扬丝路精神,深化中阿合作》的重要讲话,向全体阿拉伯国家发出了共建"一带一路"的邀请[②],从而表明"一带一路"战略构想正逐步从中亚、东南亚扩展到南亚、海湾阿拉伯国家再到中东北非全体阿拉伯国家。2014年11月16~23日,习近平主席出席在澳大利亚布里斯班举行的二十国集团领导人第九次峰会,并对澳大利亚、新西兰、斐济进行了国事访问,访问期间习近平主席又向澳大利亚、新西兰等国发出邀请。至此"一带一路"战略构想的覆盖范围不再仅限于欧亚非大陆,而是由中亚、东南亚扩展到欧亚非大陆再扩展到了大洋洲地区。

目前,根据《愿景与行动》,"一带一路"的地域覆盖范围主要包括:"丝绸之路经济带重点畅通中国经中亚、俄罗斯至欧洲(波罗的海),中国经中亚、西亚至波斯湾、地中海,中国至东南亚、南亚、印度洋。21世纪海上丝绸之路重点方向是从中国沿海港口过南海到印度洋,延伸至欧洲;从中国沿海港口过南海到南太平洋。"[③] 不过这也并非最终覆盖范围,未来还有可能会进一步扩大,如最终延伸到日本、俄罗斯远东、北冰洋、拉美地区等。对此外交部部长王毅在2014年的两会记者会上就已经明确指出:"'一带一路'的大门是敞开的,与本地区现存的各种机制与设想并行不悖。我们欢迎本地区以及有意愿的国家都积极参与进来,共同探讨,共同建设,共

[①] 《中国邀印度共建海上丝绸之路》,http://ucwap.ifeng.com/news/dalu/news?aid = 78368458&p = 1。

[②] 《习近平在中阿合作论坛第六届部长级会议开幕式上的讲话》,http://www.fmprc.gov.cn/mfa_chn/ziliao_611306/zt_611380/dnzt_611382/ydyl_667839/zyxw_667918/t1162491.shtml。

[③] 国家发展改革委、外交部、商务部(经国务院授权发布):《推动共建丝绸之路经济带和21世纪海上丝绸之路的愿景与行动》,人民出版社,2015,第6页。

同受益。"[1] 而此后作为"一带一路"战略构想重要机制设计之一的亚洲基础设施投资银行（AIIB），从其创始会员国的组成来看，也的确对这一立场进行了非常清晰的展示。

2. 在各事务领域的推进

早在习近平主席提出建设21世纪海上丝绸之路倡议的同时，2013年10月9日，李克强总理在文莱出席第十六次中国—东盟（10+1）领导人会议，并在发表的重要演讲中提出了中国—东盟共同打造利益共同体和命运共同体的两条政治共识和七个领域的合作设想，合称中国—东盟"2+7合作框架"。其中重要的一条即稳步推进海上合作，共同建设21世纪海上丝绸之路。并指出，"中方已设立30亿元人民币的中国—东盟海上合作基金，欢迎各国积极申报项目，第一批落实的17个项目将用于支持海洋经济、海上互联互通、海上环保和科研、海上搜救等合作"[2]。从而使习主席提出的建设21世纪海上丝绸之路战略构想首先在东南亚开始落地实施。

基础设施互联互通是"一带一路"建设的优先领域，也是目前"一带一路"推进工作中成效最为显著的领域，主要表现为亚洲基础设施投资银行的设立。2013年10月2日，习近平主席在雅加达同印度尼西亚总统苏西洛举行会谈时表示，为促进本地区互联互通建设、经济一体化进程，中方倡议筹建亚洲基础设施投资银行，愿向包括东盟国家在内的本地区发展中国家基础设施建设提供资金支持。作为落实步骤，2014年10月24日，包括中国、印度、新加坡等在内的21个首批意向创始会员国在北京签署《筹建亚洲基础设施投资银行备忘录》，决定共同成立亚洲基础设施投资银行。按照设计，它将是一个政府间性质的亚洲区域多边开发机构，重点支持基础设施建设，总部设在北京，法定资本1000亿美元。

---

① 《王毅就中国的外交政策和对外关系答记者问》，http：//news. xinhuanet. com/politics/2014 - 03/08/c_ 119669879. htm。
② 《李克强在第16次中国—东盟（10+1）领导人会议上的讲话》（全文），http：// www. fmprc. gov. cn/mfa_ chn/ziliao_ 611306/zt_ 611380/dnzt_ 611382/ydyl_ 667839/zyxw_ 667918/t1086491. shtml。

同年11月28日，筹建亚洲基础设施投资银行首次谈判代表会议在中国昆明举行。自此各意向创始会员国先后共举行了五次谈判代表会议，并就亚投行章程文本达成一致，商定于2015年6月底在北京举行亚投行章程签署仪式，待法定数量的国家批准生效后，2015年底前正式投入运行①。而在这一过程中亚投行的创始会员国数量也由此前的21个扩大到57个，包括亚洲34国，欧洲18国，大洋洲2国，南美洲1国，非洲2国，具备了广泛的代表性。这也从另一个侧面反映了"一带一路"沿线基础设施建设对这一组织的巨大需求，以及世界各国在这一组织中的广泛共同利益。目前仍有不少国家希望能够早日加入其中并共享发展利益。

在政策沟通合作规划方面，目前相关工作也取得了巨大进展。2015年5月8日，中俄双方在莫斯科确认双方将继续深化两国的全面战略协作伙伴关系，促进欧亚地区及全世界的平衡和谐发展，并共同发表了《中华人民共和国与俄国斯联邦关于丝绸之路经济带建设和欧亚经济联盟建设对接合作的联合声明》，明确表示俄方将支持中国的丝绸之路经济带建设，双方将启动相应的对话机制并成立工作小组协调相关工作。随后，2015年6月6日，外交部部长王毅在布达佩斯同匈牙利外交与对外经济部部长西亚尔托签署了《中华人民共和国政府和匈牙利政府关于共同推进丝绸之路经济带和21世纪海上丝绸之路建设的谅解备忘录》，从而使匈牙利成为第一个与我国签署"一带一路"共建谅解备忘录的国家。

为促进"一带一路"战略更好落地实施，此前中国还专门成立了丝路基金，重点为"一带一路"发展提供相应的投融资服务。2014年11月8日，在北京举行的"加强互联互通伙伴关系"东道主伙伴对话会上，习近平主席宣布中国将出资400亿美元成立丝路基金，为"一带一路"沿线国家基础设施、资源开发、产业合作和金融合作等与互联互通有关的项目提供投融资支持。第二天，在亚太经合组织工商领导人峰会上，习主席向全体与

---

① 2015年6月29日，《亚洲基础设施投资银行协定》签署仪式在北京举行，其中已通过国内审批程序的50个国家正式签署协定，其他尚未通过国内审批程序的意向创始成员国见证签署仪式并可在年底前签署，http://business.sohu.com/20150629/n415821770.shtml。

会者发出邀请：丝路基金是开放的，可以根据地区、行业或者项目类型设立子基金，欢迎亚洲域内外的投资者积极参与。同年12月29日，丝路基金有限责任公司在北京注册成立，并正式投入运营。目前丝路基金的第一个项目已经确认落地实施。2015年4月20~24日，习近平主席在访问巴基斯坦并出席亚非领导人会议和万隆会议60周年纪念活动时，中巴双方签署并发表了《中华人民共和国和巴基斯坦伊斯兰共和国关于建立全天候战略合作伙伴关系的联合声明》。声明表示，"丝路基金宣布入股三峡南亚公司，与长江三峡集团等机构联合开发巴基斯坦卡洛特水电站等清洁能源项目"，并确认"这是丝路基金成立后的首个投资项目"①。目前其他各方面的工作也在有序推进，如推动打造中国—东盟自贸区升级版，中泰、中俄高铁合作，同域内多国签订双边货币互换协议，推动中巴、中国—中南半岛、孟中印缅经济走廊建设以及人文交流与合作等。

二 国际政治经济背景

（一）国际经济背景

这一战略构想提出的最大国际经济背景即金融危机及其持续扩散，以及由此带来的一系列国际影响。2007年4月，美国房地产市场次贷危机爆发，2008年危机开始扩及美国整个金融领域并扩散到与美国有重要经济金融往来的欧洲、日本、中东产油国等，由此自1929年"大萧条"以来最严重的一次全球性金融危机在世界范围内全面爆发。这场突如其来的全球性金融危机，致使世界各国损失惨重，并由金融领域扩展到实体经济领域，从经济领域扩展到政治、社会领域，从而在一些国家和地区引发了持续的政治和社会动荡。在此背景下，世界各国联合起来采取了各种应对措施，但总的来说效

---

① 《中华人民共和国和巴基斯坦伊斯兰共和国关于建立全天候战略合作伙伴关系的联合声明》（全文），http://news.xinhuanet.com/world/2015-04/21/c_127711924.htm。

果并不理想,目前各国仍然没有完全摆脱危机影响。而且由于危机本身的影响以及各国的应对行为,还导致了各国经济增长的不平衡,以及世界范围内经济秩序与治理结构的新一轮失序和重新分化组合。这构成了"一带一路"战略构想提出的国际经济大背景。

自改革开放以来,中国就一直采取出口导向型经济发展战略。三十多年来,在世界经济形势发展变化的大背景下,这一战略一直是适应中国经济发展需要的。特别是自2001年中国加入世界贸易组织(WTO)以来,截至2008年金融危机爆发之前,中国的经济发展一直保持10%以上的增长速度,但同时也带来了一些问题。比如,经济对外依存度过高,特别是对于欧盟、美国、日本等发达国家市场的依赖。据统计,自加入WTO以来,中国的对外出口依存度常年保持在25%左右,最高时甚至达35%。自1993年以来,中国出口到欧美日等发达国家的市场份额占到中国出口总额的50%以上,甚至在加入WTO以后一度高达60%[1]。如此一来,发达国家的市场吸纳能力就会非常明显地影响中国的出口。金融危机之后这一情势出现了极大的改变,出口不畅,一些企业出现倒闭,中国的这种外向型经济开始受到严重冲击。统计表明,2007年中国经济增长率高达14.2%,但是2008年降至9.6%,而出口贸易则从2008年11月开始出现连续的负增长,2009年比2008年下降了13.9%,其中货物出口下降16%,与主要贸易伙伴的进出口贸易额全部出现下滑[2]。

同时,导致这种贸易下滑的因素不仅仅是受金融危机冲击市场需求不足,还包括一些国家贸易保护主义的抬头。全球贸易预警组织(Global Trade Alert,GTA)的报告显示,自2008年11月以来,在世界各国采取的贸易保护主义措施中,针对中国的数量一直高居榜首[3]。另据WTO统计,

---

[1] 甄志宏、高柏等:《高铁:欧亚大陆经济整合与中国21世纪大战略》,社会科学文献出版社,2015,第21页。
[2] 刘赛力:《国际金融危机对中国开放型经济的影响及中国的和平发展》,《东北亚论坛》2012年第2期,第91页。
[3] GTA, The 11th GAT Report, 2012, http://www.globaltradealert.org/analysis;王小梅、秦学志、尚勤:《金融危机以来贸易保护主义对中国出口的影响》,《数量经济技术经济研究》2014年第5期,第21页。

2009年前三个季度,共有19个国家对中国发起了价值102亿美元共88起贸易救济调查,分别同比增长29%和125%①。近年来,欧美等发达国家除了通过传统的关税壁垒、反倾销、反补贴、保障措施等之外,还采用一些诸如技术壁垒、绿色壁垒、蓝色壁垒等非关税壁垒手段,甚至是利用气候、碳关税等隐性措施进行贸易保护②,对中国的外贸出口形成了极大的压力。为此,中国启动了4万亿元的救市计划,从扭转经济发展势头来看效果非常明显,止住了断崖式下跌,实现了V字形回升,但同时也带来了另外一些问题,如产能过剩。根据工信部2012、2013年连续两年的统计数据,中国的钢铁、水泥、船舶制造、电解铝、平板玻璃等传统产业以及光伏电池、多晶硅、风电设备等新兴产业都出现了严重的产能过剩,工业产能平均利用率均低于国际通行的产能利用标准80%。与前几轮产能过剩相比,本轮属于部门性过剩,为防止出现倒闭现象,一些企业的投资甚至还在继续增长,导致大量低端过剩产能的持续聚集③。

另外,欧美等国家采取的其他一些救市措施,如量化宽松政策、提高债务上限、严格的外来投资审查和投资限制等,还使中国将近4万亿美元的外汇储备面临投资去向、保值增值和资产安全的压力。如何将巨额外汇储备转化为实体资产或者是通过固定资产投资获得稳定的收益回报,规避投资美国国债而出现外汇储备贬值、投资回报率不高甚至从理论上说美国把中国的这些国债投资用于"重返亚太",也是中国面对金融危机的现实考量。因此,从统筹国际国内两个大局、统筹政治经济与国家安全的角度来讲,中国必须找到一种新的经济增长方式和对外贸易与投资发展模式,以便更好地服务于"两个一百年"奋斗目标。"一带一路"战略构想的提出,为中国提供了这样一个契机,同时它也是符合"一带一路"沿线各国发展需要的。

---

① 陈松洲:《金融危机后新贸易保护主义对我国外贸的影响及其应对》,《改革与战略》2012年第4期,第198页。
② 居占杰:《当前国际贸易保护主义对我国的影响及应对策略》,《东南大学学报》(哲学社会科学版)2010年第6期,第42页。
③ 陈晓霞:《金融危机背景下产能过剩动因、问题及治理对策》,《学术交流》2014年第9期,第104页。

"一带一路"战略构想的国际政治经济分析与华侨华人:背景与前景

"一带一路"沿线各国地处欧亚大陆的沿海和腹地,历史上曾经是陆上丝绸之路和海上丝绸之路的核心或重要节点,自近代以来由于大航海时代的开启以及西方东来的殖民掠夺,逐渐陷于衰落并沦为经济附属地位,以传统产业、能源资源开发等为主,从经济发展阶段提升的角度来说有大量需求。比如,对于道路交通、港口、机场、学校、医院、网络通信、油气管道、电力等基础设施建设的需求,有大量富余劳动力从而发展劳动密集型产业的需求,以及为发展相关产业对大量投资、产业转移、技术转移的需求等。而这些正是中国目前为打开新的贸易与投资市场和转变经济发展方式所可以直接加以利用的,对于中国而言的一些过剩产能和富余资本,对于"一带一路"沿线国家来说却可能是它们所急需的优质产能和可以大量吸收的外来投资。比如,对东南亚、南亚、中东欧等一些国家而言,中国已经逐渐失去竞争优势的某些服装、鞋帽、玩具等产业恰恰是这些国家具有比较优势可以直接承接与发展的,目前印度、孟加拉国等相关产业的发展已经表明了这种趋势并还具有很大的投资空间。而从基础设施建设的角度来说,据亚洲开发银行2009年的一份评估报告,2010~2020年亚洲国家在能源、电信、交通基础设施等方面需要将近8万亿美元的投资,其中需要约5.4万亿美元用于新增基础设施建设,2.5万亿美元用于现有基础设施的维护与更新,年均投资需求达7500亿美元,而这是目前世界银行和亚洲开发银行所远远无法满足的[1]。由此也凸显出"一带一路"战略下亚洲基础设施投资银行和丝路基金等机制建设的必要性。

而从历史大背景来说,大航海时代以来的陆上丝绸之路沿线国家也面临着一个重新崛起发展的问题,同时海上丝绸之路沿线国家也面临着如何摆脱以西方殖民经济体系为核心遗留的中心—半边缘—边缘结构的问题。陆海丝绸之路的发展有利于截弯取直,实现世界经济中心从过往数百年来的大西洋经济圈到当前正在崛起的太平洋圈向欧亚大陆内部欧亚圈的转移。中欧作为

---

[1] Asian Development Bank and Asian Development Bank Institute, Infrastructure for a Seamless Asia, 2009, pp. 199 – 200.

欧亚大陆东西端的两个经济核心,特别是通过产业、资本、过剩产能、管理经验、发展模式的转移等辐射"一带一路",恢复陆海丝绸之路共商、共建、共享、共荣的利益共同体、责任共同体和命运共同体,在当前的世界历史形势下已经基本具备了某些发展的可能性。

同时,在金融危机背景下,世界各国经济还面临着如何脱离以美国、美元为中心和主导的问题,美国次贷危机引发欧债危机就是一个典型的例子。此一背景下欧洲部分国家,如南欧的希腊,中东欧冷战解体后逐渐融入欧盟的一些后发国家等都面临着如何进一步企稳回升和发展的问题。同时也暴露出面对美国的全球金融主导地位,欧洲国家自身的金融独立问题。而且承受巨大损失的还有阿拉伯石油美元,也面临着一个如何再投资和保值增值的问题。如果在美国退出量化宽松政策的情况下重新涌入美国,在下一次美国金融危机到来时它们恐怕会和2008年一样遭受惨重损失。另外,经济问题本身也构成政治问题。美国次贷危机引发欧债危机,欧债危机引发就业环境恶化、失业问题、外来移民吸纳问题,从而部分成为导致中东欧、南欧、中东、北非不稳定的一个推手。这些地区作为欧洲的外围区域远离美国本土,但是它们的不稳定却对欧洲本身构成巨大的安全压力。从而导致出现了美国一个中心,中国、欧洲两个半边缘,广大欧亚大陆腹地、非洲、拉美处于边缘的世界经济与安全等差状态。不过近年来,由于经济全球化的进一步发展,一些新兴发展中国家如中国、印度、俄罗斯、巴西、南非、土耳其等国的发展已经在世界范围内形成了一些新的单点。如何把这些新的单点连接起来,再加上欧盟甚至日本这样一些在当今世界秩序中处于第二层次的国家,实现经济多极化向政治多极化,同时向世界经济金融更加均衡多元发展,从而实现全球去美国霸权化、近代以来直至当前的东西方文明更加均衡多元发展,将是21世纪初欧亚各国面临的一个共同问题。本身这也是从冷战格局向后冷战时代稳定多元的多极化世界政治经济格局过渡过程中世界各国所必然要面对的。

出于自身国家利益需求,所以我们也可以看出,在亚投行创始会员国博弈中,中国为什么能够获得一直以来都与美国关系较近的英法德等国家的支持，因为在这一问题上中国、俄罗斯、印度、新加坡和英法德等国家都有着共同的利益诉求。而"一带一路"战略构想的提出正适应了这一形势的需要，所以一经提出就能够获得众多支持，即使一些有所疑虑的国家，在认清其中根本性的政治经济含义以及对于自身国家利益可能的重大影响之后也都表明了一种合作或参与的态度。

（二）国际政治背景

这一战略构想提出的最大国际政治背景即美国宣布重返亚太以及由此带来的对于整个国际和地区形势的连带效应。众所周知，世界范围内的经济全球化进程自20世纪60、70年代就一直在加速发展。适应这一形势需要的国家纷纷发展起来，如东南亚、中国等。而无法适应这一形势需要的国家和地区则进一步消沉下去，从而导致世界政治现实随经济形势而开始发生巨大的变革。比如，整个80年代是拉美"失去的十年"，特别是苏东国家的经济衰退和陷入困境直至80年代末90年代初的东欧剧变、苏联解体。转轨之后它们也纷纷融入全球化进程中，从而使经济全球化进一步向世界范围扩展，也使得全球地缘政治经济版图发生了新一轮的变革。在这一进程中，变化最为显著的特征之一就是北约、欧盟的东扩，欧美联盟针对苏东国家阵营和解体后的俄罗斯的战略挤压态势更为明显。俄罗斯的苏东盟国和加盟共和国纷纷加入北约、欧盟，21世纪初发展至今的颜色革命，包括目前的乌克兰危机都表明俄罗斯的势力范围已经被压缩到极致，从而不得不考虑国家安全在周边问题上作出更多更激烈的抵抗。但总体而言，美国的欧亚大陆战略西翼一端已经基本稳定下来，优势明显，这也是冷战结束留给欧美国家的最大的一个共同地缘战略遗产。

而就美国自身而言，苏联的解体、冷战的结束使美国成为当今世界唯一的超级大国。其政治、经济、军事、文化、科技等的地位虽然受到诸如2001年的"9·11"恐怖袭击以及随之而来的阿富汗、伊拉克战争包括2008年金融危机的冲击，但实际上并没有明显衰落。对美国而言，冷战结束至今最大的问题仍然是如何继续维持这一全球唯一的超级大国地位。在整

个20世纪90年代,能够明显威胁美国这种实力和地位的国家基本上不存在。但是自21世纪以来,情况似乎出现了一些明显的变化,所以2001年上任伊始,美国总统乔治·W.布什就开始考虑把中国定位为美国未来主要的战略竞争对手,并开始考虑采取相应的手段来遏制这一态势的继续发展。当然,其中最主要的原因就是认为中国经过改革开放以来二十多年的经济高速发展,已经开始逐渐显现出成为下一个超级大国并具有威胁或取代美国世界第一大国地位的势头,并且至少从亚太地区或经济领域情况看起来的确如此。同时,鉴于中国的社会主义国家身份,意识形态的不同也加深了美国的这种战略疑虑。

当然,此后的现实表明,中国并没有对当时的美国构成任何实质性的安全威胁,迫在眉睫的问题反而是中东的宗教激进主义、恐怖主义势力。2001年"9·11"恐怖主义袭击的爆发客观上使美国的战略重心从欧洲转向亚欧大陆柔软的下腹部,即世界能源中心——中东地区这一美国传统的地缘战略关注重点区域,中国也由此获得了21世纪第一个十年的战略机遇期。但是随着中东战事的逐渐结束,美国开始在全球范围内进行新一轮的军事战略调整,这在布什总统第二任期内美国国防部部长拉姆斯菲尔德在任时期就已经开始,表现为美国全球军事基地的调整、军力的前沿部署,60%的军力开始向亚太地区转移,正好区别于冷战时期美国在欧亚大陆两端6∶4的军力配置比例,基本上颠倒过来了。由此也看得出来冷战结束后美国战略重心东移的趋势是一直存在的,而十年反恐战争则更像是一个小插曲,其实这种调整也与世界经济中心由欧美大西洋经济圈向亚太经济圈转移的形势是基本吻合的。但由于其操作形式和手段以及在地区和相关国家间关系处理上的问题,目前美国的这种战略重心东移在全球各地区形成了一系列的连锁反应,再加上2008年金融危机的推波助澜,欧亚大陆整个地缘政治态势出现了自冷战结束以来少有的大范围动荡局面,多个国家和地区都被卷入其中。

首先,就欧亚大陆的中亚、中东、北非国家而言,21世纪以来这些国家就一直面临着国内政权不稳的挑战。其根本原因自然在于国内经济发展困境,从而使政治、社会发展受限,一旦面临国内选举或国际国内经济形势的波动,民众很容易受外部势力的影响走上街头进行示威游行和抗议活动。一旦失控,这些国家就会出现政府倒台、政权更迭、政治动荡,经济发展受挫并进而陷入严重的社会动荡之中,从而成为恐怖主义势力滋生的温床。当年基地组织的崛起就与此有关,而经历过颜色革命、阿拉伯之春到阿拉伯之冬的这些地区新一轮的动荡和恐怖主义势力回潮,如伊斯兰国(ISIS)的兴起等则是这一情势的最新证明。当然,其历史根源在于欧美等国在中东地区几百年的殖民经营,而直接的触发媒介则在于21世纪以来的反恐战争,包括金融危机的影响。本质而言,这些都是经济需求推动政治动荡,而政治诉求反过来又激发新一轮的国际国内和地区冲突以及整个国家、地区政治经济形势的动荡,根源仍然在于经济。政治手段只能在短期内解决政治经济和社会资源的分配问题,但无法从源头上解决这些基本诉求问题。十年反恐最终越反越恐也给世界留下了认真反思这个问题的机会。广大欧亚大陆腹地的发展,和平问题的解决必须要有新的思路。

同时,随着冷战的结束,俄罗斯势力的减退、北约欧盟的东扩,美苏当年的冷战主战场欧亚大陆西翼一端已经基本稳定下来,虽然近年来陆续发生了格鲁吉亚战争、乌克兰危机,但形势基本上在欧美的可控范围之内,不过在欧亚大陆的东端却是另一番光景。经过改革开放以来三十多年的发展,特别是自2001年加入WTO以来,中国的经济发展取得了年均10%左右的增长速度,国民生产总值(GDP)很快跃居世界第三,并且自金融危机以来迅速超越多年一直稳居世界第二的美国东亚盟友日本,成为世界第二,而且开始出现冲击世界第一的势头。目前中国已经是超越美国的世界第一制造业大国和出口大国,拥有将近四万亿美元的巨额外汇储备,也是世界第一外汇储备大国。经济实力是大国综合国力的根基。目前中国的发展势头似乎表明美国世纪之初对于中国、未来战略竞争对手的定位是准确的,因此解决了迫在眉睫的反恐战争之后,再回过头来应对中国崛起似乎看起来也就理所当然。因为这是涉及美国全球第一大国地位的首要问题,而中国的崛起对此构成结构性影响。其实这也正是目前很多战略问题专家把中美之间的矛盾称为结构性矛盾的原因所在。因此,延缓、遏制甚至是颠覆中国的迅速崛起态势或者至少是寻求把控这一进程，就成为美国的全球首要战略利益，美国战略界对此也有一定的共识。从某种意义上说这其实是可以理解的，毕竟这是国际政治中国家最关注的，而且国家行为的直接动因就是国家利益。但问题的关键在于如何定位这种国家利益的实际内容，以及具体采取何种手段予以实现。

从一个方面来说，虽然中国的崛起的确对美国的世界第一大国地位构成影响，但从另一个方面来说却是有利于美国的某些国家利益实现的。比如，在反恐、防扩散、气候变化、国际经济金融治理等方面，美国的实力显然力不从心，有中国这些新兴国家的支持从根本上有利于各种全球性问题的解决。中国可以成为负责任的大国并与美国和其他国家一道应对各种全球性治理问题，提供各种全球性公共物品。虽然不能做如美国所提的中美两国集团（G2），但是中美新型大国关系的构建，基于"不冲突、不对抗、相互尊重、合作共赢"的原则推进两国关系的发展，对两国、亚太乃至整个世界的和平与稳定都将是有益的。事实上，这也符合自第二次世界大战结束特别是冷战结束以来，世界经济全球化、政治多极化、文明多样化的发展趋势。但是美国近年来采取的一些政策却有颠覆这一进程的可能，主要表现为美国明确宣布的"重返亚太"和"亚太再平衡"战略，以及由此在整个东亚、东南亚和亚太、印太地区所激发的不良连锁反应。

正是由于美国自2009年以来对这一战略的推行，包括调整亚太地区前沿军力部署，强化美日、美菲等军事同盟关系，推进《跨太平洋伙伴关系协议》（TPP）谈判，寻求经济上重返亚太等，极大程度上激化了欧亚大陆东部的地区安全局势。包括中日之间的钓鱼岛争端，中菲之间的黄岩岛争端，中越之间的西沙岛礁与海洋划界问题争端，还包括南中国海原本没有问题的南海航行自由问题等。甚至在某种程度上由于美国的幕后支持，日本还试图推动东海南海问题联动，并寻求进行再武装、获得集体交战权和修改和平宪法等。由此不得不激起中国及地区相关国家的警惕，并有针对性地采取相应对策。近年来中国在钓鱼岛、黄岩岛以及南海981钻井平台、南海岛礁等问题上的坚决维权和明确的底线宣示，包括进一步推动中国—东盟自贸区升级版、中韩自贸区发展、中澳自贸区建设、南海各方行为准则谈判，以及中日、中印关系的积极改善等都是为此而作出的积极努力。不过美国及其相应盟国在这些问题上对中国"威胁论"的炒作势头并没有进一步弱化的迹象。为此，更加奋发有为地发展周边外交并通过积极努力寻求新的发展空间就具有了现实的必要性和紧迫性，需要新的顶层设计和战略规划。而"一带一路"倡议的提出，从中国和周边国家以及欧亚大陆广大腹地国家的角度来说，正体现了中国的现实需求和它们的现实发展需求的融合倾向，从而也有利于避免中美博弈聚焦亚太地区可能给地区局势带来的不利影响。某种程度上这也是在将战略焦点由政治与安全领域的战略对抗向经济与社会发展领域的战略合作转移，这与中国政府所一贯主张的和平发展、绝不称霸的国家发展道路也是完全吻合的。正如王毅外长所言，"一带一路"的规划与发展将寻求沿线以及所有参与国家的最大公约数，使各国的现实需求都能得到最大的考量和满足①，这也是一种区别于历史上各大国主要通过霸权战争崛起的新的大国崛起思路。

三 未来发展前景

历史的发展一般都是带有延续性的，因此背景与前景基本上都是一枚硬币的两面，而问题的关键则在于当下的操作将为历史翻开什么样的下一面。就"一带一路"战略构想提出的国际政治经济背景而言，上文主要提到了世界经济全球化，特别是金融危机的影响，以及近代以来即已确立的全球经济秩序、第二次世界大战结束以来确立的各种全球性经济金融治理规则问题及其修改调整的必要性，包括随着经济全球化趋势的发展，世界政治多极化趋势的进一步显现，以及新的世界政治交往与发展思路的要求。当然，其中特别是作为当今世界第一大国的美国战略思路调整的必要性，以及作为可能的未来美国第一世界大国地位替代者的中国创新发展战略思维的必要性。国

---

① 《王毅记者会实录》，http://news.ifeng.com/a/20150308/43295035_0.shtml?f=hao123。

际政治首先是大国政治,国际格局以及整个国际秩序、战争与和平的走向首先都是由大国界定的,这不是一个世界各国皆主权平等的法理问题,而是一个世界历史发展进程中的客观现实。因为大国往往意味着有足够大的实力、体量、地位和资源影响其他大国、地区乃至全球政治、经济、安全等形势的发展。所以说,大国之间的政治、经济与安全博弈和战略设计对于整个世界局势的发展和未来走向都有极为重大的影响。当然,这也只是"影响"而不是"决定",一个完整的世界历史发展图景还有赖于世界各国的共同参与,无论是以何种形式。所以说,"一带一路"战略构想的未来发展前景既取决于中国如何主张和如何做,同时也取决于世界各大国以及"一带一路"沿线各国包括各个有意愿参与其中的国家打算如何来相互互动和博弈。因此,这里所述主要是中国通过这一战略设想所可能努力达成的未来发展前景,与国家战略设想的意图有关,而不一定就是现实即将呈现的未来发展前景。

(一)中美关系与亚太地区形势未来发展前景

目前东亚地区的安全博弈态势,美国是一个最大的变量,因此如何处理中美关系,以及中美和亚太其他国家之间的双边、多边关系就是中国由近代走向现代再向未来发展过程中所面临的主要问题。

历史上,新中国成立以来由于受到冷战两极格局的制约,中国倒向苏联一方,站在社会主义阵营。但是随着形势的进一步发展,苏联的大国沙文主义逐渐对中国的国家安全构成威胁,所以中美基于共同的战略利益开始改善关系。随之大多数欧美阵营国家承认中国并与中国建立了正常的外交关系。同时,这也为中国改革开放的启动、国家经济的进一步发展、综合国力的提升以及大国地位的进一步稳固奠定了坚实的基础。中国实现的国家发展需要稳定的国际国内和地区安全环境,也是在这一过程中总结出来的经验。

但是随着冷战的结束,中美稳固的共同战略利益被打破,形势再次发生了逆转。美国冷战时期在欧亚大陆东部边缘地带的布局再次凸显了其"重要性",就像当年围堵中苏社会主义阵营一样,现在可以用来围堵中国崛起以及中国取代美国的东亚或全球第一大国地位。所谓重返亚太、亚太再平衡战略的冷战思维倾向也正是体现在这里。对中国而言，社会主义国家的意识形态定位的确与欧美不同，这是有其深刻的历史根源的。但是冷战结束后已经不同于冷战时期，意识形态斗争已经不是当前国家间关系的主流，而且中国自改革开放以来就明确宣布以经济建设为中心，这个立场即使经历东欧剧变、冷战结束也没有改变。经济发展需要良好的周边环境和国家关系，中国总体外交布局多年来一直体现的是"以大国为重点，以周边为首要"的思维，与周边国家间的良好经济往来构成了中国改革开放顺利推进以及经济腾飞的重要原因。

目前中国是绝大多数周边国家的最大贸易伙伴，同时也是地区经济发展的引擎，面对当前金融危机的冲击，中国需要周边邻国，周边邻国也更需要中国。从贸易结构的角度来讲，中国需要周边国家的能源、原材料和初级产品，以及作为制成品、工业设备、服务和投资的市场。而周边国家也需要中国继续作为最大的贸易对象，依托中国经济发展带动其国内相关产业，并且吸纳来自中国的投资和产业转移，分享中国经济发展所带来的红利，进一步实现其国内经济社会发展，交通基础设施、医疗、卫生、教育、通信、环境、就业等状况的改善。中国与周边地区最大的利益契合点也正是在这里。不过同时也应该看到，由于近代西方殖民侵略的遗留问题，中国与某些邻国还有历史与领土边界纠纷问题。主要体现在中日之间的"二战"历史问题、钓鱼岛问题和东海划界问题，中国同东南亚的越南、菲律宾等国之间的南海岛礁归属和领海划界问题，以及中国与印度之间的领土划界问题等。周边一些国家对中国的战略疑虑其实主要也体现在这些方面，同时给了域外大国从中进行战略运作的机会。

从某种意义上说，"一带一路"战略构想正是基于这一背景而提出的，对于解决这些问题也必将起到一定的推动作用。虽然中国为处理中美关系而提出了构建中美新型大国关系的构想，但这一构想是否能够顺利变为现实却有赖于美国如何回应以及中美具体的互动进程，除此之外，中国还必须有自身的地区发展战略构想。"一带一路"，特别是"21世纪海上丝绸之路"建设倡议的提出，对于向周边国家进一步确认中国未来的发展方向具有明确的宣示作用。由于中国不将地区发展的重点聚焦于政治和安全议题，而是希望以经济发展拉紧共同利益纽带，从而逐步推动相关政治安全议题的解决，所以亚太地区多国安全上靠美国、经济上靠中国的大国平衡外交思路仍然可以继续推行，这对于亚太地区形势的发展才是一种真正的平衡。大国实力消长是历史发展的必然趋势，问题的关键则在于如何管控。中美建设新型大国关系的战略构想和"一带一路"战略构想同时都可以起到这种作用，并且对于其中的第三方，即牵涉其中的周边中小国家也起到一种比较好的定位作用。因此，对于中美关系的稳定、亚太地区国家间政治安全关系的稳定以及经济关系的进一步发展都将起到良好的推动作用。从中长期来看，也将有利于中国负责任大国形象的构建以及亚太地区大国博弈中中国的进一步崛起与发展。当然，问题的关键仍然在于建设过程中如何有效管控分歧、塑造共同战略议题以及与各国和各地区组织发展规划的有效协调对接等。

（二）沿线各国未来发展前景

对于沿线各国来说，"一带一路"战略构想的提出为它们的发展提供了一种新的可以尝试的思路和模式，同时也提供了一种新的契机，如果引起重视并对接得当将极有可能有利于沿线各国的经济发展、政治稳定和社会的进一步繁荣。历史上，"一带一路"沿线国家一直都是重要节点和支点，沿线各国政治经济的繁荣稳定有利于东西方贸易的开展，反之则丝路隔绝、东西方贸易中断，不但影响各国自身的发展，而且还会改变世界历史进程。比如，15世纪以来奥斯曼帝国的兴起就在东西方之间形成了一道屏障，使得西方从陆上通往东方的丝路受到阻隔，从而导致地中海沿岸的威尼斯等城市作为欧洲贸易中心的地位开始衰落，当然它也激起了重新统一后的葡萄牙和西班牙寻找从海上通往东方的新航路的决心。葡萄牙的航船沿非洲西海岸南下，最终绕过了好望角，与历史上一千多年来直达非洲东海岸的海上丝绸之路联通，葡萄牙人由此也首先到达了印度和欧亚大陆东端的丝路起点中国。而西班牙的航船则反其道而行之，希望寻找从大西洋一路向西从而殊途同归到达东方的新航路，虽然最终未能到达古老丝路的起点中国，却发现了美洲

"一带一路"战略构想的国际政治经济分析与华侨华人：背景与前景

新大陆。而从美洲新大陆再一路前行越过太平洋所到达的正是古老丝路的起点中国，由此全球连为一体。此后兴起的亚美之间的大帆船贸易正是新航路开辟以来海上丝绸之路新的延伸，也正是目前中国《愿景与行动》把21世纪海上丝绸之路建设范围扩展到大洋洲各国的历史依据。

由此段历史也可以发现，新的贸易路线的开通带来新的社会发展、新的世界贸易中心和重要节点城市的崛起。大航海时代开启以来几百年，世界主要贸易城市和中心节点基本上都在大西洋、太平洋和印度洋沿岸，广大欧亚非大陆腹地地带主要是附属于这些沿岸城市而得到进一步发展。从地缘政治和地缘经济的角度来说，大航海时代开启以后，陆权时代让位于海权时代，陆上经济联系为主让位于海上经济联系为主。虽然其间陆上交通革命随海上交通革命一起发展，如汽车、火车的发明，但是地缘政治和地缘经济发展的核心仍然在各大洲的沿海和内河沿岸地带。对于全球地缘政治来说，先有美国海军历史学家马汉的海权论，其后才有英国皇家地理学会历史学家麦金德的陆权论，而两次世界大战的历史以及冷战的结束也使我们看到没有制海权的陆权国家在对抗海权国家时是没有优势的。

不过在海权时代开启以来几百年后的今天，随着高铁、油气管道、高压输变电线、洲际高速公路等的大力发展，广大欧亚大陆腹地地带重新崛起发展，找回昔日的辉煌，实现陆海协调共同发展已经面临前所未有的机遇。殖民时代的结束，特别是冷战结束以来，虽然仍不时伴随着内陆腹地国家的领土争端和宗教与民族问题冲突，包括域外大国的地缘政治介入，但大范围的和平和稳定的国家间政治关系仍然是主流趋势。各种地域性政治经济组织和各种对话机制也在不断建立，如独联体、上海合作组织、欧亚经济联盟、南亚区域合作联盟、海湾国家合作委员会、阿拉伯国家联盟、欧洲联盟、亚欧会议等等。目前所面临的主要问题是如何把这些机制以一个共同的目标和统一的框架统合起来，以便进行更加有效的区域和全球治理。"一带一路"是历史上沿线各国在长期的交往互动过程中自愿自发发展起来的，代表着各个时代欧亚大陆各国的共商共建共享共荣，时代发展到今天，当所有的条件都再次开始具备的时候，重新恢复昔日的交往最重要的就不是客观环境而是主

155

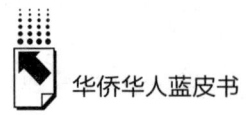

观意愿。一旦有了这样的共同行动愿景，意愿的达成就会相对容易得多。

如前所述，科技的发展已经为"一带一路"从其历史上的东方起点重新向西延伸和构建提供了客观历史条件，目前的关键则是政治意愿的达成、经济资源的投入和发展模式的对接。政治意愿可以通过外交倡议和政策沟通来实现。而经济资源，特别是就产能、技术和资金而言，金融危机之后的中国有着大量的过剩产能和成套工业设备、基础设施建设输出能力。同时中国还有将近4万亿美元的巨额外汇储备。资金安全和投资回报率总的来说是一国对外投资的主要考量，如果沿线各国有着坚定的政治意愿和良好的投资回报空间，则一定可以吸收到大量的外来投资。同时，考虑到"一带一路"沿线地域辽阔、政治经济关系复杂，包括大国卷入争夺的可能性，因此应该以何种模式、从哪里开始就显得极为重要。有学者研究过松散型、制度型和功能型三种合作发展模式①，目前来看功能型模式似乎比较适合当前需要。为此，充分尊重各国的国别和地区差异、现实需要，从而实现因地制宜、功能对接，甚至是"一国一策"——创新合作和发展模式就是"一带一路"建设比较理想的建构方式，对于各国的发展也将会起到最切实的推动作用。当然，也要考虑到如何才能更好地利用各参与国的资金、技术、产能和组织协调与管理等优势，照顾到各方的需求。这不但有利于"一带一路"沿线各国的再次崛起与发展，对于参与其中的各周边和域外大国来说，也能起到一定的助推和发展作用。

（三）全球国际政治经济新秩序未来发展前景

对于全球国际政治经济秩序，有学者在"一带一路"战略构想提出时就已经注意到它可能改变未来国际政治经济秩序的发展前景。上文已经提到，从地缘政治和地缘经济的宏大历史视角来说，这可能是人类社会历史发展的一种客观趋势。不过这一进程是否最终就体现在由中国所提出的"一

---

① 马莉莉、任保平编著《丝绸之路经济带发展报告》，中国经济出版社，2014，第94~105页。

"一带一路"战略构想的国际政治经济分析与华侨华人：背景与前景

带一路"战略构想及其可能带来的发展效果上则可能还有一定的疑问，即作为一种国家战略和主观设想，具有实现的可能性并不意味着就一定能够实现。上文已经从地缘政治和地缘经济的角度分析了可能实现的部分主客观条件，从当前世界经济贸易结构和世界经济治理与运行机制的角度来说，"一带一路"战略构想可能会带来的发展前景在中短期内则可能更加清晰可见，包括对国家间交往规则和关系构成的影响等。

从国际经贸结构和治理与运行机制的角度来说，当今世界经济有这样的特点：以美元为核心的世界贸易结算体系，设定美元与黄金相挂钩作为基础货币，世界其他各国的货币与美元相挂钩从而形成双挂钩机制，美元成为世界货币的核心和世界贸易结算体系的核心。起初这一机制采用的是固定汇率制，但是随着世界政治经济形势的发展，20世纪60年代末70年代初时美国已经不能以国内黄金储备为基础维持1盎司黄金兑35美元的固定比价。由此从国家利益的角度来说，将美元与黄金相脱钩就成为美国的现实选择。但是，为了继续维持美元的世界货币地位和其在世界贸易结算体系中的核心地位，美国采取了替代之策，即将美元与石油相挂钩，让世界各国接受以美元作为当时世界最大宗商品石油的定价和结算货币。由此美元的世界货币核心地位不但没有削弱，反而得到了进一步的延伸和加强。因为此前发行美元美国还需要顾忌国内黄金储备的多少，但此时它只须根据国内经济形势需要调控美元发行即可。但是如此一来世界经济形势受美元波动的影响却越来越大，如美元贬值，世界大宗商品，包括石油、天然气、铁矿石、粮食等都会出现涨价；而一旦美元升值，则这些商品又会相应地出现降价，并由此影响世界各国的贸易进出口和各国的行业发展、就业前景和经济稳定等。这客观上引发了世界各国经济去美元中心化、去美国中心化的要求，特别是在金融危机之后的今天，显得更加明确和紧迫。

新的形势要求新的机制设计，世界经济面临去美元中心化的需求，这是世界经济发展和形势稳定的必然要求，同时也是摆脱由美国经济形势扰动全球经济形势发展的必然要求。中国与"一带一路"沿线各国的双边货币互换协议安排以及各地区人民币结算中心的建立将客观上推动这一进程。中国有将近4万亿美元的外汇储备,目前也是世界第一制造业和贸易进出口大国,包括国民生产总值(GDP)排名世界第二,客观上已经具备了和沿线各国一道通过政策沟通、贸易畅通和资金融通摆脱以美元为中心的世界贸易和货币结算体系,开拓未来发展空间。作为"五通"之一的资金融通主观上也表明了这一客观发展愿景。资金融通不仅仅是贸易和基础设施建设资金投资的融通,同时也是客观上双边货币直接对接互换和贸易结算的融通。这对于改变布雷顿森林体系建立以来一直以美元和美国为核心的全球货币和贸易结算体系,以及美国的世界经济核心地位都将产生一定的影响。不过同时也应该看到,这只是对当前以美元为中心的世界货币和贸易结算体系的一种补充选择而非强行替代。正如亚洲基础设施投资银行、金砖国家银行和上合组织开发银行之于世界银行和亚洲开发银行,只是基于各国现实需要的一种增量改革而非打破重建。共同的利益和共同的命运是有关国家组成责任共同体进行相应机制构建的关键,至于改变当今世界占据主导地位的全球货币与金融规则只是一种可能的客观进程而非人为所能够操作和谋划的。

同时,当今世界除了有以美元为核心的贸易和货币结算体系,还有以美国为主导的世界贸易体系。当前全球经济整合最显著的有三大区域,即北美、欧洲和东亚。北美主要以美国为中心占据全球贸易货币提供和金融服务的最高点,同时掌握议程塑造和主要规则的制定权。欧洲其次,以德国和英国为中心占据全球服务贸易和高端制造业的中心。再次才是东亚地区[①]。随着20世纪60、70年代以来欧美经济发展和产业结构的转型升级需要才获得机会大力发展劳动密集型的低端加工制造业从而实现经济崛起。最后是广大欧亚非和拉美腹地国家,占据全球贸易产业链低端的能源和原材料出口位置。虽然低端加工制造业资本和技术含量低,发展门槛低,但是由于其最终产品大都属于短期消耗品,所以借助出口导向型战略,东亚地区经过几十年的发展,集聚了大量的国民财富,实现了经济的整体崛起。主要表现为大量的进出口贸易和巨额的外汇储备,当今世界外汇储备排名前十位的国家和地

---

① 马莉莉、任保平编著《丝绸之路经济带发展报告》,中国经济出版社,2014,第67~74页。

"一带一路"战略构想的国际政治经济分析与华侨华人：背景与前景

区中东亚占了六席绝非偶然。不过，相对于日益增长的经济实力，虽然世界经济中心开始向亚太转移，但是亚太各国并没有相应获得更多的世界经济规则制定、修改和投票权。2008年金融危机之时出于救市需要，欧美国家承诺的给予中国、印度、巴西等国家更多的国际货币基金组织（IMF）投票权也由于最终美国国会的不予审议而一直卡壳就很清楚地表明了这一点。这也是危机过后金砖国家进一步加强合作和寻求建立规则的原因所在，如金砖国家银行和应急储备基金。

"一带一路"相关机制的设计安排和发展本质上起着同样的作用。面对中国等越来越多的发展中国家加入WTO，通过适应WTO规则获得更快更有效率发展的现实，美国等国家开始寻求新的更高门槛的规则设置，试图以此为基础掌握新一轮的全球贸易规则制定权，更多地配置于己有利的全球贸易规则，并以此与各新兴大国和地区竞争对手展开竞争。目前由美国所提议和主导的TPP和TTIP谈判本质上都起到这一作用。而对于不在其中的以金砖国家为代表的欧亚非拉美大多数发展中国家来说，这无疑是非常不利的。因此，寻求全球贸易规则和货币金融服务体系的重构以及去美国中心化，对广大欧亚发展中国家来说就成为现实的选择，这涉及各国国家主权、经济利益和各国未来进一步发展的前景问题。"一带一路"战略构想中相关规则的建立强调共商共建共享，这就提供了一种新的规则形成模式。亚投行建立过程中的开放参与和章程由各创始会员国共同协商制定就很好地体现了这一模式。假以时日，通过类似规则制定和机制设计的增量改革，推动当今世界经济秩序逐步向着有利于广大发展中国家的方向发展将是可能的，虽然其间也必然会面临一定的困难和问题。从另一个角度来说，由于广大"一带一路"沿线国家有着产业转型升级和发展的需要，中国和欧洲等欧亚大陆两端丝路起点和终点国家也有着同样的需要，由于各自的资源分布和比较优势，所以它们可以携手共同完成这一进程，实现虚拟和实体经济的完整内循环。中欧发展货币金融服务和高端制造业，广大欧亚大陆腹地国家根据比较优势发展加工制造、能源原材料出口和过境贸易等，促进生产要素在欧亚大陆内部的进一步流动整合，形成联动效应，带动整个欧亚大陆内部的进一步崛起和发展就具有了现实可能性。这不但是一种脱美化的进程，而且本身也是一种欧亚大陆自主发展、区域整合的进程①。

从全球国际政治秩序的发展前景来说，经济变革必然带动政治变革。欧亚大陆内部经济联系的进一步加强，有利于其政治稳定和社会发展，对于走出近代以来西方与非西方的殖民对抗、"文明冲突"，基于共同的利益和命运结成利益共同体、责任共同体和命运共同体，实现欧亚大陆内部多元、包容、合作和可持续的发展，对各地域传统文明和国家的再次崛起与振兴都将起到促动作用。尤其是对于中国而言，对于早日实现"两个一百年"奋斗目标和中华民族的伟大复兴，对于中国走出一条不同于历史上传统大国霸权崛起老路的和平发展新路，最终实现从东亚走向欧亚再走向世界的世界大国历史目标定位都将起到极大的推动作用。

四　全球华侨华人的重要地位与作用

人是社会最基本的构成单元和一切社会关系的根本载体，无论是在一国内部还是国家之间，一切社会关系的建立都是以人的思想与行为为根本载体和依托的。亚欧大陆人民千百年来交往互动所形成的陆海丝绸之路情况也是一样，正是千百年来行走其间的商人、贡使、旅行家、学问僧、传教士、移民等共同筚路蓝缕开辟出了连接欧亚非几大文明的贸易与人文之路，促进了沿途各国的繁荣与发展，推动了人类文明的共同进步。其中既有中国人，也有阿拉伯人、印度人、波斯人、罗马人、非洲人、东南亚人，甚至是大航海时代开启以来的近代欧洲人等。他们就是丝绸之路上一切交往互动最根本的构成载体，正是他们推动了丝路的萌芽、启动与发展。目前见诸史书的知名者如张骞、郑和、玄奘、法显、阿倍仲麻吕、鉴真、马可·波罗、伊本·白图泰、汪大渊、马欢、杜环，以及伊斯兰教的一贤、二贤、三贤、四贤等。

---

① 《"容克计划"与"国际产能合作"相见恨晚》，http：//news.xinhuanet.com/world/2015－06/30/c_127969044.htm；王玉主：《"一带一路"与亚洲一体化模式的重构》，社会科学文献出版社，2015。

"一带一路"战略构想的国际政治经济分析与华侨华人：背景与前景

此处所说的全球华侨华人，是指定居在国外的中国公民或已加入外国国籍的原中国公民及其外国籍后裔、中国公民的外国籍后裔等①。他们在历史上或由于经商，或由于留学，或由于生计所迫，或由于家庭团聚，或由于躲避战祸，或由于事业发展等而移居海外，或因父母原因而生于和居留于海外。历史上对于陆海丝绸之路的繁荣与发展，近代以来对于中国革命、建设、改革开放、中国企业"走出去"等，他们都发挥了极为重要的作用，并受到了政府的承认与肯定。中国革命的先行者孙中山先生就称赞华侨是中国"革命之母"，毛泽东主席称赞积极投入抗日救国和祖国教育事业的著名爱国侨领陈嘉庚先生为"华侨旗帜，民族光辉"等。

正是源于海内外侨务资源对于国家各方面建设与发展的巨大作用与贡献，21世纪以来党和国家对于相关的侨务工作更加重视。2005年2月28日，时任国家主席胡锦涛在会见全国侨务工作会议代表时提出新时期侨务工作可以"大有作为"的三个重要论断："在凝聚侨心、发挥侨力，为实现全面建设小康社会的宏伟目标作贡献方面，侨务工作大有作为；在反对和遏制'台独'分裂势力，推动祖国和平统一进程方面，侨务工作大有作为；在开展民间外交，传播中华优秀文化、扩大中国人民与世界各国人民友好交往方面，侨务工作大有作为。"②

2010年7月25日，时任国家副主席习近平在海外华裔及港澳台地区青少年"中国寻根之旅"夏令营开营式上发表讲话指出："团结统一的中华民族是海内外中华儿女共同的'根'；博大精深的中华文化是海内外中华儿女共同的'魂'；实现中华民族伟大复兴是海内外中华儿女共同的

---

① 其中"定居"是指中国公民已取得住在国长期或者永久居留权，并已在住在国连续居留2年，2年内累计居留不少于18个月。中国公民虽未取得住在国长期或者永久居留权，但已取得住在国连续5年以上（含5年）合法居留资格，5年内在住在国累计居留不少于30个月，视为华侨。中国公民出国留学（包括公派和自费）在外学习期间，或因公务出国（包括外派劳务人员）在外工作期间，均不视为华侨。国内关于华侨、外籍华人、归侨、侨眷身份的明确界定，具体可参见国务院侨办制定并发布的《关于界定华侨、外籍华人、归侨侨眷身份的规定》等。

② 《胡锦涛会见全国侨务工作会议代表》，http://www.gqb.gov.cn/news/2005/0301/1/469.shtml。

'梦'。"①在就任国家主席之后,2014年6月6日,习近平在会见第七届世界华侨华人社团联谊大会代表时又指出:"当前,中国人民正在为实现'两个一百年'奋斗目标、实现中华民族伟大复兴的中国梦而奋斗。在这个伟大进程中,广大海外侨胞一定能够发挥不可替代的重要作用。中国梦是国家梦、民族梦,也是每个中华儿女的梦。广大海外侨胞有着赤忱的爱国情怀、雄厚的经济实力、丰富的智力资源、广泛的商业人脉,是实现中国梦的重要力量。只要海内外中华儿女紧密团结起来,有力出力,有智出智,团结一心奋斗,就一定能够汇聚起实现梦想的强大力量。"②这一论断表明,党和国家已经把新时期对于凝聚侨心、汇聚侨智,大力涵养和开展侨务资源的开发、引进与利用工作的重要性和积极作用的认识提升到了一个新的高度。不但强调广大华侨华人对于祖(籍)国建设与发展的重大作用与贡献,而且明确了广大华侨华人是中华民族大家庭的一员,是中华民族不可分割的一部分,"中国梦"同时也是广大海外华侨华人共同的梦,二者可以有机统一起来,实现共建共享。这与新中国成立以来为历届政府所高度关注的"以人为本、为侨服务"的侨务工作理念也是完全一致的。

作为助力"两个一百年"奋斗目标和中国梦实现的新时期国家对内对外开放开发大战略,"一带一路"战略构想的提出,作为有史以来就是陆海丝绸之路的参与者、建设者和见证者的广大华侨华人在其中必然也将具有重要的战略地位并将发挥重要的作用。对此,2015年7月6日,李克强总理在会见首届世界华侨华人工商大会全体代表时,向全体与会代表们提出了三点殷切希望:"一是当好促进中国经济转型发展的'生力军',充分发挥海外华侨华人在资金、技术、管理、商业网络等方面的优势,更广泛、更深入地参与中国经济建设,在助推中国经济提质增效升级的同时,实现自身事业的更大发展,共同分享中国改革发展的'红利';二是架起中外经济合作共

---

① 《2010年海外华裔及港澳台地区青少年"中国寻根之旅"夏令营开营 习近平出席并讲话》,http://news.xinhuanet.com/tw/2010-07/25/c_12371012.htm。
② 《习近平会见华侨华人代表:共同的根共同的梦》,http://news.sina.com.cn/c/2014-06-06/193730309841.shtml?bsh_bid=423439824。

"一带一路"战略构想的国际政治经济分析与华侨华人：背景与前景

赢的"彩虹桥"，结合自身专业成就卓著、政商人脉广泛、熟悉当地法律规则等特点，为推进"一带一路"建设、国际产能和装备制造合作发挥积极作用，为中国企业走出去积极牵线搭桥，促进中国与世界经济深度融合、互相促进、互利共赢；三是打造华商在世界上的"新形象"，继续发扬中华民族传统美德，与住在国人民一道，创业兴业、团结互助、和睦相容，诚信守法经营，承担社会责任，为当地经济社会发展贡献智慧和力量。"[1] 从效果来看，这三点殷切希望立即受到了广大与会代表们的热情回应[2]。

目前，就"一带一路"建设的具体工作来说，广大华侨华人主要可以起到以下作用。一是在政策沟通方面，历史上曾有不少华侨华人在中国与其住在国或国际组织的政治与经济交往互动、建交复交过程中发挥了重要作用。新时期以来，面对"一带一路"战略构想的提出与实施，更多的海外华商、华侨华人专业人士、华侨华人社团、华文传媒、华裔新生代政治家的出现与良好发展必将对于中国与其住在国的国家/地方、政治/经济、相关产业与发展规划等方面的交流合作与对接起到良好的沟通与桥梁作用。

二是在设施联通方面，大量的海外华商、华侨华人专业人士在资本、技术和商业运作等方面都有很大的发挥作用的空间。目前有新闻报道指出，关于中泰高铁建设，改革开放以来首家投资于中国国内的潮汕籍华裔泰国首富谢国民及其正大集团（国内称卜蜂集团）已经有意于泰国曼谷、芭提雅至罗勇的铁路线，并已会同国内的中信集团、海航集团向泰国交通部提出了相关建议[3]。这有可能形成中国在"一带一路"建设中与有关国家的新的创新合作模式，即通过国内企业与当地华侨华人企业合作的方式承揽相关基础设施建设项目，并采用政府与社会资本合作（PPP）的方式来进行投资。如果运行良好的话，这一模式同样可以适用于中国与沿线各国的海上合作、港口

---

[1] 《李克强会见首届世界华侨华人工商大会全体代表》，http://www.chinaqw.com/sqjg/2015/07-06/55916.shtml。

[2] 《中国侨商投资企业协会向全球华商发出倡议书》，http://www.chinaqw.com/jjkj/2015/07-08/56134.shtml。

[3] 《泰国正大集团携中信、海航会交通部长巴真》，http://th.mofcom.gov.cn/article/jmxw/201504/20150400953312.shtml。

运营与建设、航空航运与物流、公路、油气管道以及电信、互联网等方面的互联互通建设。

三是在贸易畅通方面，改革开放以来，"投资中国的老华商主要凭借其业已建立的海外销售渠道推销中国制造的产品，而新华商则从小本经营的贸易批发和零售做起，逐渐建立起中国劳动密集型小商品的全球销售网络"，以及与之相关并难以用数据加以衡量的资金、技术和合作关系网络，从而为中国商品与服务的外贸出口起到了巨大的推动与促进作用[1]。同样，在"一带一路"框架下，在拓宽贸易领域，优化贸易结构，挖掘新的贸易增长点，发展跨境电子商务、服务贸易，开展农林牧渔、海洋工程、传统及新能源资源的勘探开发利用以及相关技术、设备和工程服务合作，包括推动新兴产业链合作，建立研发和生产体系，促进各类产业园区、产业集群建设等方面，海外华商、华侨华人专业人士通过与国内相关企业、机构的有效对接与合作同样可以起到巨大的沟通与桥梁作用。对此国内相关部门早已意识到，并正在全国多地打造华侨城、侨梦苑[2]、新型投资合作创业园区，包括广东汕头华侨经济文化合作试验区等[3]，并通过招商引智的"千人计划""青年千人计划""外专千人计划""人才特区""人才特支计划""万人计划"等积极引导广大华商和华侨华人专业人士投身到相关产业与贸易建设中来。

四是在资金融通方面，目前已有的研究表明，截至2011年，据保守估计，除港澳台以外的全球华商资产也已经高达2万亿美元，如果再加上港澳台，则全球华商资产总额应当接近5万亿美元。"在人口规模前25位的国家中，华侨华人群体的发达程度和经济实力可居第8位，仅次于美、日、德、法、英、意、俄。"[4] 正是由于具有如此巨大的资本实力，即使"时至今日，侨资仍然是我国引进外资的主体，侨港澳企业约占我国外资企业总数的

---

[1] 丘进主编《华侨华人蓝皮书（2011）》，社会科学文献出版社，2011，第285页。
[2] 《裘援平为福建"侨梦苑"揭牌：这是侨胞圆梦的地方》，http://www.gqb.gov.cn/news/2015/0710/36291.shtml。
[3] 《国务院关于支持汕头经济特区建设华侨经济文化合作试验区有关政策的批复》，http://www.gov.cn/zhengce/content/2014-09/19/content_9085.htm。
[4] 丘进主编《华侨华人蓝皮书（2013）》，社会科学文献出版社，2014，第4页。

70%，投资约占我国实际利用外资总额的60%以上"①。特别是在东南亚，即使截至21世纪初，华人上市公司也占整个股票市场上市公司的70%，华人资本占亚洲（除日本、韩国、中国大陆以外）十个股票市场股票价值总额的66%②。而通过21世纪以来历年的福布斯全球富豪榜、胡润全球富豪榜，对东南亚每年华裔富豪上榜人数及其资产的相关统计也表明了这一比例的真实可信。这一系列统计数据也足以表明广大海外华商特别是东南亚华商在资本实力方面对于推动"一带一路"资金融通可以起到巨大的作用。从融资模式来看，目前正在探讨的政府与社会资本合作（PPP）模式，包括侨商银行的建立，推动中国国有、民营私营企业等直接对接海外华人资本进行投资。中国与"一带一路"沿线各国政府正在大力推动的双边货币互换、人民币离岸结算等都将有效助力海外华商资本在"一带一路"建设中发挥更大的作用。

五是在民心相通方面。国之交在于民相亲。如前所述，人是社会最基本的构成单元，血缘族群的多寡及其分布的地域范围与密度，包括其政治、经济、军事、文化、科技等的发展程度都会在很大程度上影响一个国家、一个民族和其他国家与民族的发展，包括其文明形态在当今和世界历史中的地位。当前西方遍及全球的影响力不仅与其大航海时代开启以来几百年的经济、军事、科技和文化实力相关，而且与其遍布欧洲、北美、大洋洲等地的族群分布有关。共同的语言、共同的文化以及民族与宗教习惯，包括共同的神话传说等都会对其族群本身及邻近族群产生巨大的影响。当然，这种影响的效果如何也有一定的不确定性，究其原因，除了文明本身的内在禀赋之外，文明对外传播的途径与方式也很重要。由于近代以来欧洲裔的移民主要是通过经济掠夺与军事殖民的方式走向全球，并在客观上导致了亚、非、拉美、大洋洲等各地本土文明的逐渐边缘化，有的甚至消亡，同时却极大地扩

---

① 《裘援平〈求是〉刊文阐述"华侨华人与中国梦"》，http://news.uschinapress.com/2014/0317/971907.shtml。
② 《黄其兴委员：侨务资源开发大有可为》，http://www.china.com.cn/ch-zhengxie/gangaotai/5.htm。

张了其自身的血脉与文化,包括其文明的全球影响力等,必然会激起世界各地本土文明的自卫与反抗。20世纪90年代美国著名学者塞缪尔·亨廷顿的《文明的冲突与世界秩序的重建》的发表,包括其后"9·11"事件的发生,似乎从事实上印证了互动接触的各大文明之间必然发生文明的冲突的历史规律,然而回顾千百年来的丝路史实我们却可以清晰地发现情况并非如此。

丝路精神强调多元、开放、包容,强调互学互鉴、互利共赢,强调共商共建共享等,这不但与中华民族一直以来主张与弘扬的儒家精神文明特质有关,而且与丝路沿线各国在千百年来交往互动中的体会与认知有关,历史上众多丝路名人在这一精神文化的弘扬与传承过程中留下了宝贵的历史印迹。广大华侨华人无论是为了避难、经商、留学,还是为了自古以来就有的谋生需求而移居异国他乡,作为跨文化交流的先驱,他们对于这种跨文化交流所必不可少的精神内涵以及其中所蕴含的类似的丝路精神特质会有更多的体会与认识。他们对于中国企业走出去、中华文化走出去、中国公民走出去,包括中国良好国家形象的构建、中国国家软实力的塑造以及中华文化吸引力的塑造等应该都会起到很好的助推作用。当然,这对于随之而来的中国财富的全球扩张,文脉、血缘的全球发展,以及中国重回汉唐宋明时期中华文化在世界历史中的核心地位应该也会起到很好的推动作用。

参考文献

陈炎:《海上丝绸之路与中外文化交流》,北京大学出版社,1996。

〔澳〕贝哲民:《新丝绸之路:阿拉伯世界如何重新发现中国》,程仁桃译,东方出版社,2011。

国务院新闻办公室编《中国外交新理念》,五洲传播出版社,2014。

国家发展改革委、外交部、商务部(经国务院授权发布):《推动共建丝绸之路经济带和21世纪海上丝绸之路的愿景与行动》,人民出版社,2015。

中华人民共和国外交部政策法规司编《中国外交2014》,世界知识出版社,2014。

中华人民共和国外交部政策法规司编《中国外交2015》,世界知识出版社,2015。

中国国际问题研究所:《国际形势和中国外交蓝皮书(2014)》,世界知识出版社,

2014。

中国国际问题研究所：《国际形势和中国外交蓝皮书（2015）》，世界知识出版社，2015。

中国人民大学重阳金融研究院编《欧亚时代——丝绸之路经济带研究蓝皮书2014~2015》，中国经济出版社，2014。

马莉莉、任保平编著《丝绸之路经济带发展报告》，中国经济出版社，2014。

邹磊：《中国"一带一路"战略的政治经济学》，上海人民出版社，2015。

甄志宏、高柏等：《高铁：欧亚大陆经济整合与中国21世纪大战略》，社会科学文献出版社，2015。

王玉主：《"一带一路"与亚洲一体化模式的重构》，社会科学文献出版社，2015。

赵江林：《中美丝绸之路战略比较研究——兼议新丝绸之路战略对中国的特殊意义》，社会科学文献出版社，2015。

王金波：《"一带一路"建设与东盟地区的自由贸易安排》，社会科学文献出版社，2015。

李向阳：《"一带一路"：定位、内涵及需要优先处理的关系》，社会科学文献出版社，2015。

马丽蓉等：《丝路学研究——基于中国人文外交的阐释框架》，时事出版社，2014。

李永全主编《丝路列国志》，社会科学文献出版社，2015。

张洁主编《中国周边安全形势评估（2015）："一带一路"与周边战略》，社会科学文献出版社，2015。

汪戎、朱翠萍主编《印度洋地区发展报告（2015）：21世纪海上丝绸之路》，社会科学文献出版社，2015。

李向阳主编《亚太地区发展报告（2014）：中国的周边环境》，社会科学文献出版社，2014。

李向阳主编《亚太地区发展报告（2015）：一带一路》，社会科学文献出版社，2015。

冯并：《"一带一路"：全球发展的中国逻辑》，中国民主法制出版社，2015。

赵江林主编《21世纪海上丝绸之路：目标构想、实施基础与对策研究》，社会科学文献出版社，2015。

刘华芹等：《丝绸之路经济带：欧亚大陆新棋局》，中国商务出版社，2015。

王义桅：《"一带一路"：机遇与挑战》，人民出版社，2015。

钟飞腾、朴珠华、刘潇萌、滕卓攸等：《对外投资新空间："一带一路"国别投资价值排行榜》，社会科学文献出版社，2015。

庄国土、刘文正：《东亚华人社会的形成和发展：华商网络、移民与一体化趋势》，厦门大学出版社，2009。

王辉耀、苗绿：《国际人才蓝皮书：海外华侨华人专业人士报告（2014）》，社会科学文献出版社，2014。

丘进主编《华侨华人研究报告（2011）》，社会科学文献出版社，2011。
丘进主编《华侨华人研究报告（2012）》，社会科学文献出版社，2012。
丘进主编《华侨华人研究报告（2013）》，社会科学文献出版社，2014。
贾益民主编《华侨华人研究报告（2014）》，社会科学文献出版社，2014。

B.7
近十年中国与东盟国家金融联动性的变化以及对华商发展的意义

高友笙 赵 凯 黄志国*

摘　要： 本文旨在探讨近十年中国与东盟国家金融联动性的变化以及对华商发展的意义。研究途径为透过检测美股标普500指数、中股上证综合指数与东盟中的新、马、印、泰、菲五国股市的长期均衡关系于美国次贷危机前后的变化，得出的结论为：中国与东盟国家金融市场间的长期联动性在美国金融危机发生后有增强趋势，中国的影响力提升，显示出当前中国作为东亚区域经济领导者之角色已日渐成熟。具体的建议是：中国应透过构建"一带一路"网络，积极介入东盟国家的基础设施建设；设立离岸人民币市场，以吸引东南亚华商共同参与乃至回中国挂牌上市，最终建立"红色资本市场"，以在"一带一路"战略中发挥作用。

关键词： 不对称蔓延效果　东盟　股市　次级房贷危机

---

* 高友笙，博士，华侨大学数量经济研究院讲师，主要研究方向：宏观经济、国际金融市场。赵凯，博士，华侨大学数量经济研究院讲师，主要研究方向：博弈论、产业经济。黄志国，华侨大学数量经济研究院研究生，主要研究方向：金融统计。

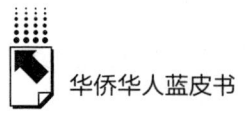

引 言

东南亚国家协会（Association of Southeast Asian Nations，ASEAN），亦称东南亚国家联盟（东盟）、亚细安组织（亚细安）以及东南亚合作组织（东合）。最初系由印度尼西亚、马来西亚、菲律宾、泰国及新加坡五国为防止共产主义扩散，并促进区域内的政治军事合作与经贸交流，于1967年成立，其后逐步扩大①。上述五国于美苏冷战（Cold War）时期作为美国对抗与围堵共产主义的集团成员，重要性自不待言，东南亚地区于冷战期间亦曾发生过数起严重的区域性冲突，最终演变成为将周边国家卷入纷争的区域性战争②。随着冷战结束与近十余年来东南亚各国经济的快速崛起（如印度尼西亚、泰国、马来西亚、菲律宾及越南等），如今的东盟虽然已不再具有鲜明的反共色彩（更已包括原先的共产集团成员），但无论是作为亚洲或全球经济发展的参与者，还是维系亚洲区域安全与稳定的战略要冲，仍然具有相当的重要性。东南亚地区在政治、经济贸易及军事等方面的发展，长期以来便受到国际军事与战略专家以及经济学家们的关注，作为在军事战略与经济方面的研究对象，近年来更是蔚为风潮，益发成为一门显学。

1997年所发生的亚洲金融危机（亦称亚洲金融风暴）重创了东亚各国的金融市场以及实体经济。其间，东盟成员国中，泰国、印度尼西亚是受此金融风暴冲击最严重的国家；其他如老挝、菲律宾及马来西亚等亦受到了颇

---

① 目前东盟共有10个正式会员国：新加坡、马来西亚、印度尼西亚、泰国、菲律宾、越南、缅甸、老挝、柬埔寨、文莱，一个候选国（东帝汶）以及一个观察员国（巴布亚新几内亚）。2005年于马来西亚吉隆坡召开的第9次东盟与中国、日本、韩国峰会上，发表了以东亚共同体为中心议题的《吉隆坡宣言》，所谓的"东盟+3"便正式形成。未来则更可能有其他外围的国家加入，如澳大利亚、新西兰、印度、蒙古及俄罗斯等。
② 如法越战争（亦称作第一次印度支那战争，1945～1954）、美越战争（亦称作越南战争或第二次印度支那战争，1955～1975）以及中越战争（亦称作第三次印度支那战争，1979年2月17日～3月16日）。

深的波及①。因此，在金融危机之后，东盟各国除致力于加强区域内经贸、金融、环保、司法以及社会福利等议题的合作之外，更积极与境外的国家和区域组织展开对话及交流（如东盟+3）。近来，东盟诸国的经济历经了高速的增长。尤其是近年来，当日本、中国台湾及韩国等传统的东亚主要经济体在面临经济成长趋缓之际，东盟各国依靠其相对低廉的劳动力以及生产成本作为吸引外资的优势，并进一步借由增加出口与扩大内需等方式，实现了经济的快速成长。

另外，中国自20世纪80年代初实施改革开放政策之后，经贸上便逐渐起飞，近十余年来的进境是一日千里，亦名列所谓的金砖国家（BRICS）之一②。2010年，中国更超越了日本，成为仅次于美国的世界第二大经济体③，对于东亚各国在经贸上的影响力，也隐然有与美国并驾齐驱甚至是逐渐超越之势。

中国与东南亚国家由于地缘关系，自汉代以降便交流频繁，部分国家或曾为中国的领土，如安南（越南），或曾作为中国的藩属，如安南、柬埔寨、缅甸、暹罗（泰国）、爪哇（印度尼西亚）、菲律宾、马六甲（马来西亚）等，彼此间渊源深厚，关系千丝万缕。自16世纪开始，便有为数众多的中国沿海省份居民往东南亚迁徙，如今上述诸国的境内亦有为数众多的华侨与华裔人口，且在经济上多占有重要地位。近代由于西方列强帝国主义的入侵与殖民，中国对东南亚各国在政治上的控制力才逐渐消失，但是在经贸

---

① 而在其他的东亚国家和地区，中国、中国台湾、日本及新加坡等所受到的影响则相对轻微。其中，中国由于在此次金融风暴前实行宏观调控政策，并因本身的金融市场当时尚未完全开放，因而损失相对较小。
② 金砖四国是由美国高盛投资顾问公司（Goldman Sachs）的经济分析师吉姆·奥尼尔（Jim O'Neil）于2001年首次提出，分别指四个成长快速的大型新兴市场国家，并以此四个国家的英文名开头字母之缩写命名，分别是巴西（Brazil）、俄罗斯（Russia）、印度（India）以及中国（China）。近年来又有相关的研究报告或新闻报道加入了南非共和国（South Africa），形成了金砖国家（BRICS）。
③ 根据国际货币基金组织（International Monetary Fund, IMF）的国际金融统计（IMF International Financial Statistics, IFS）所公布之世界各国GDP统计资料，2010年中国的GDP总值为53649亿美元，超越了日本的52728亿美元。

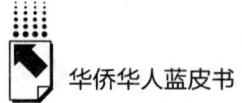

与文化上仍具有相当的影响力。近年来，中国与东南亚国家间贸易与金融交易关系日趋紧密；中国企业对东南亚各国的投资规模亦逐年上升，更显示出双边关系发展的进一步提升①。

当前，中国正积极发展"一带一路"（The Belt and Road）战略。所谓的"一带"，乃是"丝绸之路经济带"（The Silk Road Economic Belt），而"一路"，则是指"21世纪海上丝绸之路"（21st Century Maritime Silk Road），是由中国国家主席习近平于2013年9月和10月分别提出的经济合作概念，属于大型的跨国综合经济带。经国务院总理李克强2015年稍早在出访亚洲和欧洲期间进行了进一步的推广，并编写进总理政府工作报告，成为中国目前对外的主要经济战略。而观察其中的海上丝绸之路，乃是发展中国和东南亚、南亚、中东、北非及欧洲各国的经济合作关系，其主要走向，一是从中国沿海省份（包括山东、江苏、浙江、福建、广东及海南）经南海到达印度洋，再延伸至欧洲；二是从沿海省份通过南海到达南太平洋。由地图上的路线观之，显而易见，对中国而言，此海上丝绸之路的构建，东盟各国实占有举足轻重之关键地位。

众所周知，美国自第二次世界大战之后进入了亚洲太平洋地区，并与西太平洋地区的多个国家建立了军事合作机制（日本、韩国、菲律宾、澳大利亚）以及经贸关系，长期主导着东亚各国的政治、经济、军事与外交事务，东亚各国亦包含了东盟的重要成员国，如新、马、印、泰、菲等，皆以美国马首是瞻，双方关系密切，美国对东盟诸国的影响力不言而喻。但如今

---

① 2006~2013年，中国对东盟六国（印度尼西亚、马来西亚、新加坡、菲律宾、泰国与越南）的总出口金额，除了2009年因在美国次贷危机所造成之全球经济衰退的冲击下而减少外，其余各年均至少有8%以上的成长幅度；由2006年的305.8亿美元增加至2013年的506.7亿美元。中国出口东盟六国之总值占其总出口的比例，则自2006年的12.8%增加至2013年的15.7%。2013年第一季度，更是达到了17.8%。由出口目的地来观察，中国对新加坡的出口额度为最高，自2006年的91.6亿美元增长至2013年的167.3亿美元；若以成长率来看，则是以出口至印度尼西亚为最高，2006~2013年平均成长率达72.8%。而中国自东盟六国的进口额度，除2009年外，进口总金额由2006年的232.8亿美元增加至2013年的327.2亿美元。而东盟六国的进口总值占中国总进口额度的比例，平均成长率亦达到13.2%。

面对中国的崛起与挑战,美国、中国对东盟各国影响力的消长与变化,无论是对美中两国,东盟本身、东亚地区,甚至是整个亚洲而言,都成为至关重要且耐人寻味的课题。

近年来,全球的金融市场及经济景气亦经历了惊涛骇浪。2007年3月初,肇因于美国各大金融业者在次级房贷(Subprime Mortgage)债权相关的衍生性商品上出现了巨额亏损,美国的金融市场爆发了空前的金融危机。由于美国为世界第一大经济体,以及最大的商品进口国,其冲击的影响程度之深、波及范围之广自不待言。2007~2010年的次级房贷危机(Subprime Mortgage Crisis,以下简称次贷危机),先是使美国与西欧的各大金融机构爆发了债信危机[1],后更造成全球金融市场的混乱,几乎达到失控的地步。

次贷危机导致了美国与西欧在金融、证券及信贷市场流动性的持续紧缩,并借由资金与信息在国际上的高速流通,蔓延(contagion)到各国的证券市场,更严重冲击了各国的实体经济,各国资本支出、投资、消费、进出口的萎缩与失业率的攀升,引发了全球(亦包含东亚与东盟各国)自20世纪30年代经济大恐慌(Great Depression)以来所仅见的衰退。美国财政部与联邦储备局(Fed)为了对各金融业者进行纾困(bailout),并挽救市场流动性和陷入衰退的经济,而采取的量化宽松政策[2](Quantitative Easing, QE),至今已挹注了数千亿美元的资金进入金融市场。

综上所述,本文的核心目的,正是想阐述一个问题:美国在过去60余

---

[1] 其中如投资银行贝尔斯登(Bear Stearns)、雷曼兄弟(Lehman Brothers)、美林证券(Merrill Lynch),房贷机构联邦国民抵押贷款协会(Federal National Mortgage Association,Fannie Mae,中文亦称作房利美)、联邦住宅贷款抵押公司(Federal Home Loan Mortgage Corporation,Freddie Mac,中文又称作房地美)以及保险业巨擘美国国际集团(American International Group,AIG)等。

[2] 量化宽松是指一种货币政策,由中央银行透过公开市场操作的方式购入公债及证券,以向银行体系注入流动性,并且将利率维持在相对较低的水平,目的在于增加市场中的货币供给。2008~2014年,联邦储备局的量化宽松政策,依照实行的阶段,又可划分为2008年的QE Ⅰ、2010年的QE Ⅱ、2012年的QE Ⅲ以及2013年的QE Ⅳ。而在QE Ⅰ当中,最主要的金融纾困方案又名为"问题资产救助计划"(Troubled Asset Relief Program,TARP)。

年来长期主导着亚洲各国的事务,而中国在历经了廿余年来的崛起与发展之后,如今在国际政治以及经贸上的力量,是否已足以撼动美国在东亚的地位?目前美国亦正在西太平洋地区推动所谓的跨太平洋伙伴关系(The Trans-Pacific Partnership,TPP)①,积极地要拉拢东盟各国进入该协议。东南亚以及东盟诸国已成为美中当前在政治、经济、外交乃至军事等各方面角力的重要舞台。因此本文拟以近十年为期,以股票市场为研究对象,并以2007年的美国次贷危机为背景,借由分析美国股市与中国股市对东盟各国股市影响力的变化,探讨美国、中国对东盟各国影响力的变化以及消长。

本文的研究动机如下。由于中国与东盟诸国人口众多,经贸潜力巨大②,近年来经济快速发展,市场亦已逐步走向开放且日趋成熟,更是当前众多的新兴市场之中成长速度快且相当受到投资人瞩目的地区。因此,我们实有必要确认:在目前全球金融市场的高度关联下,当美国的金融市场发生如次贷危机等重大风险冲击时,美国股市与中国、东盟各国股市的关系为何?在次贷危机期间,美股与中国及东盟各国股市间的关联性比起其他相对稳定的时期,是否会更为增强?次贷危机的负面冲击是否会改变双方的联动关系?本研究试图厘清承平时期与遭受危机冲击时,美股与中国及东盟各股市间关系的变化。一方面期望能对投资人在国际证券市场的投资实务给予意见,另一方面也希望能对政府相关单位的金融监理政策制定提供参考依据,乃本文的研究动机之一。

---

① 跨太平洋伙伴关系(The Trans-Pacific Partnership,TPP),全称为《跨太平洋战略经济伙伴关系协议》(Trans-Pacific Strategic Economic Partnership Agreement),亦称为泛太平洋战略经济伙伴关系协议,是由亚洲太平洋经济合作会议(简称为亚太经合会议或是亚太经合组织,Asia-Pacific Economic Cooperation,APEC)的成员国所发起、从2002年开始酝酿的一组多边关系自由贸易协议,宗旨在于促进亚洲太平洋地区的贸易自由化。自2005年开始相关的谈判,最初是根据文莱、智利、新西兰、新加坡四国所签订的贸易协议展开相关磋商,而自2009年起由美国主导谈判。2015年10月6日,12个环太平洋国家——美国、日本、马来西亚、越南、新加坡、文莱、澳大利亚、新西兰、加拿大、墨西哥、智利、秘鲁等在美国亚特兰大达成协议签署TPP。此12国所涵盖范围之人口共约8亿,国内生产毛额(GDP)约占全球的40%,贸易总额则占全球的26%。

② 根据世界银行(World Bank)2014年的统计资料,东盟10个会员国之总人口数共计6.2亿。其中又以印度尼西亚居冠,达2.8亿人口。

另外，中国既名列金砖国家之中，是目前世界最重要的大型新兴市场之一，与东盟诸国又曾存在深远的历史渊源，且双方如今的贸易往来相当紧密①，其影响东盟各国的经济与民生甚巨，检视中国股市对东盟各国股市之影响，亦是个颇重要的议题。同时，也可和美股与东盟各股市间的关系作一比较，探讨在次贷危机前后，美国股市与中国股市，究竟何者会对东盟各股市产生较大的影响？并由此探讨美中两国对东盟各国影响力的消长以及变化。中国近来正积极参与亚洲地区乃至全球的各项事务，除上述的"一带一路"战略外，目前也正在倡议并主导亚洲基础设施投资银行（Asian Infrastructure Investment Bank，AIIB，简称亚投行）的设立②，当前也已到了将近完备的阶段。因此，中美两国与东盟各国间的关系变化，对中国当前与未来的国际布局至关重要。探究中国与东盟诸国双边金融市场（股市）关系的变化，并且以此延伸至国际政治与外交领域，亦期望本文的研究结果，能在此方面对政府相关部门提出有益的政策建言，此乃本文的研究动机之二。

接着，可再分为两个层次。首先，如上所述，如今于东盟诸国境内具有为数众多的华侨与华裔人口，而华商在诸国的各级产业中亦多占有重要地位，这些产业包含了各个层面，除一般所认知的食品、纺织、营造等之外，尚有能源、电信、运输、金融与大众服务等等，影响各国的民生甚巨。经济上的产值亦十分庞大，可以说华商对东盟各国经济的发展至为关键，那本文的核心议题对东南亚的华商而言就至关重要了。其次，近年，中国与东盟国

---

① 根据中国国家统计局2013年的统计资料，中国对东盟的出口额度占总出口额度的比例达8.8%，而自东盟的进口额度则占了总进口额度的11.1%。

② 亚洲基础设施投资银行是一个即将成立，目的在于向亚洲各国或地区之政府提供资金，以支持基础设施建设的区域内国际多边开发机构，其成立宗旨在于促进亚洲区域内的互联互通建设，以及经济一体化进程，并且加强中国与其他亚洲国家和区域组织的合作。总部预计将设在中国北京，法定资本为1000亿美元。中国国家主席习近平于2013年10月2日在雅加达与当时的印度尼西亚总统苏西洛举行会谈时，首次倡议筹建该机构，中国国务院总理李克强于同月出访东南亚时，也曾向东南亚各国政府高层提出相关的倡议。2014年10月24日，中国、印度、新加坡等共21国在北京正式签署了《筹建亚洲基础设施投资银行备忘录》，但因当时的印度尼西亚政府正面临换届，于是另于2014年11月25日签署备忘录，成为第22个意向创始成员国。

家在贸易与金融上的往来也日趋频繁,交易规模亦逐渐上升,同时,中国企业对东盟各国的投资亦逐年递增,再加上近来"一带一路"政策与亚投行议题的发酵。倘若中国金融市场对东盟诸国金融市场的影响确实日渐增强,彼此间的金融联动性日趋加深,那么此现象势必会对东南亚地区的众多华商与中资企业带来未来更庞大的商机。

然而事分两面,近来中国与东盟国家间亦存在诸多矛盾,如和越南与菲律宾对南海岛屿的主权争议。而东盟各国政府对与中国经贸依存度加深的现象亦必存戒心,处处提防。再加上美国的介入,其并可能会借由引入美方势力来平衡,那么此对华商与中资企业未来的前景,就势必会投下更多的不确定性与风险。探讨中国与东盟各国双方金融联动性深浅对华商与中资企业的影响与意义,此乃本文的研究动机之三。

本文共分为五部分,第一部分为蔓延效应之实务与理论上定义的说明,第二部分将介绍本文拟采用的安德斯与希克勒斯不对称门槛协整模型①,第三部分为资料说明以及实证结果分析,第四部分为检定结果与分析模型说明,第五部分则为结论。

一 蔓延效应之定义

由于次贷危机事件是本文研究背景中的一个主要切入点,本文欲借由次贷危机作为一个时间的划分点,探讨美中两国股市对东盟各国股市的影响力在次贷危机前后的消长与变化。因此,在此先对若干关于金融和经济危机,以及由危机事件所引发之蔓延效应的文献进行探讨。

世界银行(World Bank)对"蔓延效应"的定义,分为广泛性(broad definition)、限制性(restrictive definition)及非常限制性(very restrictive definition)。广泛性的定义指市场之间冲击的传递或外溢效果(spillover

---

① Enders, W. & Siklos, P. L., "Cointegration and Threshold Adjustment", *Journal of Business and Economic Statistics*, 29 (2001): pp. 166 – 176.

effect),但冲击并不分正面与负面,亦不需要危机事件的发生来引导;限制性的定义指市场间的冲击传递或是相关性超过了双方基本面的联结(links),亦指彼此之间具有共同移动(co-movement)的特征,链接的途径可分为金融面(financial)、实质面(real)及政策面(political);而非常限制性的定义则指在某一重大的风险冲击后,市场间的相关性较平时加强。危机蔓延理论中的传递机制(transmission mechanism)则说明,当不同市场间存在共同移动或共同趋势的特征,则一个市场的信息冲击会传导至另一市场。

　　多恩布什、帕克与克莱森斯亦指出,蔓延效果的最恰当定义应是指市场间的联系、共同移动程度在风险冲击或干扰过后显著增加的现象①。福布斯与瑞哥本则提出了非危机偶发理论(non-crisis-contingent theories)及危机偶发理论(crisis-contingent theories)阐述传递机制。前者认为,蔓延效果中的传递过程若是由冲击发生前已存在的联系途径所导引,则仅能称为相互依存效果(interdependence effect),并强调此时冲击的传导只是事前联系途径的延续,危机前与后的传递机制并没有改变。在危机事件之后,市场之间的联动性并不会增加,而只与基本面相关。后者则认为,若传递过程是由原先存在之联结途径的增强、减弱或由外生冲击所衍生的其他联系途径所引起,即在危机之后,传递机制因某种原因发生了变化,使得市场之间的联结度增强,才能称为蔓延效果②。卡明斯基、莱因哈特与维奇等亦将蔓延效应重新定义为:当一国发生危机事件后,根据此事件的发展,在数小时至数天的时间内,使周遭国家产生了迅速且强烈的被传递现象的实时效应(immediate effects)。其亦探讨了历年国际金融危机所造成的蔓延效果,指出蔓延效果的其中一个传导机制是国际贸易。而本文的分析主要是依据世界银行对蔓延

---

① Dornbusch, R. Park, Y. C. & Claessens, S., "Contagion: Understanding How it Spreads", *The World Bank Research Observer*, 15 (2000): pp. 177 - 197.
② Forbes, K. & Rigobon, R., "Measuring Contagion: Conceptual and Empirical Issues. in Stijn Claessens, & Kristin J. Forbes, eds.: International Financial Contagion", (Kluwer Academic Publishers, Norwell, MA), (2001).

效果的非常限制性定义①。

蔓延效应的检测方式，可分为衡量市场之间共同移动程度的变化，以及衡量市场波动性的外溢效果（volatility spillover effect）。福布斯与瑞哥本指出，实证上常用的检测方法有以下四种：一为市场之间的相关系数检测；二是 ARCH 及 GARCH 模式（Autoregressive Conditional Heteroskedasticity 与 Generalized Autoregressive Conditional Heteroskedasticity，分别称为自我相关条件异质性模型，以及广义自我相关条件异质性模型）；三为协整（co-integration）关系检定，检测市场之间长期均衡关系及领先—落后关系的强弱；四是以 Probit 模型计算特定风险事件发生的概率。其中相关系数及协整关系检定是探讨共移程度，而 ARCH、GARCH 模型则是探讨波动外溢现象。本文对蔓延效果的检测在于探讨市场之间的共移变化。

如上文所述，本文的一个重点在于，协整方法用于分析危机事件的冲击，是否会改变市场之间的长期均衡关系（代表市场间的共移趋势）、因果关系、冲击反应及预测变异数分解，并以此判断蔓延效应。但是传统的协整方法，均假设误差修正项（error correction term）的调整方式是"对称的"，即不论股市是好消息或坏消息、上涨状态或下跌状态，调整的速度都是相同的。然而若干的研究，如库特摩斯、沈中华与陈建福等皆指出，股市之间的协整关系，上涨、下跌时常有不同的调整方式（不对称性调整）②。如果股市的协整关系的确存在不对称性现象，则好坏消息传递速率的不同将会如何影响各国股市间的联动关系，以传统协整方法去描述两个市场的联结，再依此结论探讨市场间的效率是否会存在偏误？这表示，当我们在探讨股市之间的协整关系时，应该要考虑不对称的门槛调整方式，而过去所谓国际股市之间的联结性、传递性、共同移

---

① Kaminsky, G. L., Reinhart, C. M. & Vegh, C. A., "The Unholy of Financial Contagion", *The Journal of Economic Perspectives*, 17 (2003): pp. 51 – 74.

② Koutmos, G., "Asymmetries in the Conditional Mean and the Conditional Variance: Evidence from Nine Stock Markets", *Journal of Economics and Business*, 50 (1998): pp. 277 – 290；沈中华、陈建福：《B 股开放政策对中国大陆股票市场效率性有影响吗？不对称门槛共整合模型的应用》，《财务金融学刊》2003 年第 11 卷第 3 期，第 89 ~ 119 页。

动、相互依存效果以及蔓延效果,在此新假设下的变化,则是一个值得探究的议题,因此本文不考虑没有不对称的门槛协整[①],而以同时考虑了"不对称性""门槛效果"及"协整"的安德斯与希克勒斯模型,检测在次贷危机的前后,美股是否会对中国及东盟各国股市产生不对称的蔓延效应。

二 研究方法:安德斯—希克勒斯不对称门槛协整模型

为检测次级房贷危机前后美股、中股与东盟各国股市之联动性及共移情形的变化,探讨美股对中国及东盟各国股市的蔓延效果或相互依存效果,并且进一步探究次贷危机前后,美股与中股,究竟何者会对东盟各股市有较大的影响。本文采用安德斯与希克勒斯的不对称门槛协整方法,分别分析美股、中股与东盟各国股市协整关系的不对称性调整过程,探讨美股、中股及东盟各国股市之间,协整关系在该危机前后不同情况下的状态(regime)变化。

本文选取的东盟国家为新加坡、马来西亚、印度尼西亚、泰国及菲律宾等五个发展相对先进的东盟国家股市,以日频率数据进行分析。由于必须考虑东盟各国股市与美股交易日的时差问题,因此数据排序是以当日(t期)的东盟各股市数据对应前一日($t-1$期)的美股资料。伊恩与辛蒙曾指出,探讨存在交易日时差之股市(如美股与亚股)间的互动,必须谨慎处理股市样本间的动态关系,否则将产生错误的实证结果[②]。

[①] Balke, N. S. & Fomby, T. B. , "Threshold Cointegration", *International Economic Review*, 38 (1997): pp. 627 – 645. ; Siklos, P. & Granger, C. W. , "Regime – Sensitive Cointegration with an Application to Interest Rate Parity", *Macroeconomic Dynamics*, 3 (1997): pp. 640 – 657.

[②] Eun, C. S. & Shim, S. , "International Transmission of Stock Market Movements", *Journal of Financial and Quantitative Analysis*, 24 (1989): pp. 241 – 256.

传统的协整方法,无论是恩格尔[1]与格兰杰或是约翰森[2],隐含的假设皆为协整变量之间具有线性关系,以及误差修正项对称调整的机制,即不论均衡误差项是正或负,调整系数都是相同的,并没有考虑到"不对称性"或"非线性"的问题。安德斯与希克勒斯指出,当均衡误差项的调整方式是不对称或是有门槛效果存在时,恩格尔与格兰杰的协整检定将会产生模型的误设错误(misspecification error),因此他们将恩格尔—格兰杰的架构扩充为误差修正项的调整是具有不对称特性的门槛协整模型。以下我们将介绍安德斯—希克勒斯的门槛协整模型。

假设东盟第 i 国第 t 期的股市变量 $Y_{i,t}$ 与美国、中国之股市变量 $X_{j,t*}$ 三者均为 I(1) 之序列,由于中股与东盟各国股市间并无交易日的时差问题,因此对中股而言, $X_{j,t*}$ 为当日(t 期)之资料;然对美股而言, $X_{j,t*}$ 则为前一日($t-1$ 期)之资料。要检定两变量之间是否具有不对称的协整关系,可以利用安德斯与希克勒斯的两阶段检定。首先,利用OLS法估计 $Y_{i,t}$ 与 $X_{j,t*}$ 之间的长期均衡关系如下:

$$Y_{i,t} = \eta_0 + \eta_1 X_{j,t*} + \varepsilon_{k,t} \qquad i=1,2\cdots,5 j=1,2 \qquad (1)$$

其中 $i=1,\cdots,5$,表示本文所选取的五个东盟国家股市; $j=1,2$,表示美国与中国的股市, $\varepsilon_{k,t}$ 表示 $Y_{i,t}$ 与 $X_{j,t*}$ 之间长期均衡关系的随机残差项,而 $k=1,\cdots,10$。斯托克指出,若 $Y_{i,t}$、$X_{j,t*}$ 具有协整关系,则 η_0、η_1 的OLS估计量会具有超级一致性(super-consistency),收敛的速度会比定态的变数更快[3]。接着,安德斯与希克勒斯考虑了以下回归式,来检定长期均衡关系式

---

[1] Engle, R. & Granger, C. W., "Cointegration and Error Correction: Representation, Estimation, and Testing", *Econometrica*, 55 (1987): pp. 251-276.

[2] Johansen, S., "Statistical Analysis of Cointegration Vectors", *Journal of Economic Dynamics and Control*, 12 (1988): pp. 231-254.; Johansen, S., "Determination of Co-integration Rank in the Presence of a Linear Trend", *Oxford Bulletin of Economics and Statistics*, 54 (1990): pp. 383-397.; Johansen, S., "The Role of the Constant and Linear Terms in Co-integration Analysis of Non-stationary Variables", *Econometric Review*, 13 (1994): pp. 205-229.

[3] Stock, J., "Asymptotic Properties of Least-Squares Estimators of Cointegrating Vectors", *Econometrica*, 55 (1987): pp. 1035-1056.

中的残差项是否为定态：

$$\Delta\varepsilon_t = I_t\rho_1\varepsilon_{t-1} + (1 - I_t)\rho_2\varepsilon_{t-1} + \sum_{i=1}^{p-1}\beta_i\Delta\varepsilon_{t-i} + \zeta_t \qquad (2)$$

其中，$I_t = [T_t, M_t]$，T_t 及 M_t 又可分别表示如下：

$$T_t = \begin{cases} 1 & if \quad \varepsilon_{t-1} \geq c \\ 0 & if \quad \varepsilon_{t-1} < c \end{cases} \qquad (3A)$$

$$M_t = \begin{cases} 1 & if \quad \Delta\varepsilon_{t-1} \geq r \\ 0 & if \quad \Delta\varepsilon_{t-1} < r \end{cases} \qquad (3B)$$

$I_t[T_t, M_t]$ 定义为划分状态的指针函数（Heaviside indicator function），$p-1$ 为差分项的落后期数，ζ_t 为满足白色噪音的随机误差项，c 与 r 则为待估计的未知门槛值。东（Tong, H.）曾证明 ρ_1 与 ρ_2 的最小平方估计量之渐进分配为多变量正态分布[①]。

安德斯与希克勒斯将（2）式与（3A）式称为门槛自我回归（Threshold Autoregressive, TAR）协整模型，而将（2）式与（3B）式称为动能门槛自我回归（Momentum-Threshold Autoregressive, M-TAR）协整模型。在 TAR 协整模型中，误差修正项的调整具有不对称特性以及门槛效果，即当 ε_{t-1} 大于门槛值时，指针函数 $T_t = 1$，状态的调整为 $\rho_1\varepsilon_{t-1}$；反之，当 ε_{t-1} 小于门槛值时，指针函数 $T_t = 0$，状态的调整为 $\rho_2\varepsilon_{t-1}$。在（2）式与（3A）式中，如果 $\rho_1 = \rho_2$ 且 $c = 0$，则恩格尔—格兰杰 ADF 协整架构其实是安德斯—希克勒斯门槛协整 TAR 模型的一个特例。

在 TAR 协整模型中，指针函数 T_t 取决于 ε_{t-1} 之水平值，但安德斯与格兰杰认为，当资料序列发生不对称调整，即当资料序列的动能（momentum）从一个方向转到相反方向时，指针函数的决定也有可能取决于 ε_{t-1} 与其前期的变动关系。安德斯与希克勒斯于是参照其做法，将误差修正项的调整取决

---

① Tong, H., "Threshold Models in Non-Linear Time Series Analysis", New York: Springer-Verlag, (1983). Tong, H., *Non-Linear Times Series: A Dynamical Approach*, Oxford, U. K.: Oxford University Press, (1990).

于 ε_{t-1} 的差分值，提出了另一种指针函数 M_t[（3B）式]，M_t 与（2）式即为上述的 M-TAR 协整模型。希克勒斯曾分别以 TAR 及 M-TAR 两种协整模型，分析美国及英国的股价指数与失业率协整关系的不对称变化[1]。鲍彻也曾以 M-TAR 模型探讨美股指数与通货膨胀率间长期结构调整的不对称性[2]。

在（3A）式与（3B）式中，门槛值 c 与 r 为须加以估计的未知参数，而估计门槛值的方法，我们采用了陈克辛所提出的 grid search 法，陈克辛曾证明此方法以残差平方和（RSS）最小原则所决定的门槛值会具有一致性。其估计过程分述如下[3]：

（1）首先由 $Y_{i,t}$ 与 X_t 之间的长期均衡关系式（1）得到残差项 ε_t 与其差分值 $\Delta \varepsilon_t$。

（2）接着将 ε_t 或 $\Delta \varepsilon_t$ 从小到大排序，并排除最小与最大各 15% 的样本，保留中间 70% 的观察值[4]。

（3）将所保留之 70% 的观察值，以 grid search 法，逐次进行回归估计，并将所得之各残差平方和，根据残差平方和最小原则确定最恰当的门槛值 c 或是 r。

由于比较非线性协整模型与传统线性协整模型间的结果差异乃本文的重点动机之一，由上述可知，恩格尔—格兰杰 ADF 协整架构是安德斯—希克勒斯门槛协整模式中的一个特例。为使协整模型的选择可以趋于一致，本文同时选择了恩格尔—格兰杰模型与安德斯—希克勒斯模型两种基本假设相同但又具有差异的协整方法，以作为比较的基础。

---

[1] Siklos, P., "Asymmetric Adjustment from Structural Booms and Slumps", *Economics Letters*, 77 (2002): pp. 329-333.

[2] Boucher, C., "Asymmetric Adjustment of Stock Prices to Their Fundamental Value and the Predictability of US Stock Returns", *Economics Letters*, 95 (2007): pp. 339-347.

[3] Chan, K. S., "Consistency and Limiting Distribution of the Least Squares Estimator of a Threshold Autoregressive Model", *The Annals of Statistics*, 21 (1993): pp. 520-533.

[4] 当欲进行不对称协整的顽强性（robustness）检验时，可将门槛值的参数空间由原先的 70% 扩大，亦即将原先所排的最小与最大各 15% 的观察值样本数减少。

三 实证结果分析

（一）研究期间与资料说明

本文的核心宗旨在探讨次贷危机的风险冲击，是否会使美股对中国以及东盟国家股市产生不对称性的蔓延效果，并且要分析在次贷危机的前后，美股与中股，究竟何者会对东盟国家股市产生较强的影响，以此探究中国在历经了廿余年来的崛起、发展之后，如今是否已足以撼动美国在东亚的地位。美股的样本，我们选取以标准普尔500指数（S&P 500 Index）为代表；标准普尔500指数泛指纽约证券交易所（New York Stock Exchange，NYSE）及美国证券交易所（American Stock Exchange，AMEX）交易类股中的前500大企业，由于其成分股占纽约证交所总市值的80%以上，且在选股上考虑了市值、流动性以及产业代表性等因素，该指数较道琼斯工业指数（Dow Jones Industrial Average Index）以及纳斯达克指数（NASDAQ Index）更能准确地反映美国的资本、证券市场状态与经济基本面。中国股市则选取了上海证券综合股价指数（SSE Composite Index）；中国由于实施外汇管制，同时对股市投资人亦有特殊的身份限制，将发行的股票区分为人民币普通股（A股）及人民币特种股（B股）。一般中国的境内投资人是购买A股，交易货币为人民币，而境外投资人则是购买B股，其中上海B股以美元交易，深圳B股以港币交易。若以A股代表中国境内的资金，B股代表外资，则本文认为不论是A股或B股可能皆无法完全反映美股对其交易走势的影响。因此本文采用上海证券综合指数，它是以在上海证券交易所挂牌上市的全部股票为计算范畴，以各股的发行总量为其综合权数。上海证券综合指数（简称上证综合指数）由于可以充分呈现上海证券市场的交易状态，是反映上海证券交易所挂牌股票总体走势的代表性统计指标，此乃本文选择此目标之主要因素。而东盟国家的股市则包括了新加坡、马来西亚、印度尼西亚、泰国及菲律宾（即所谓的海上丝绸之路国家）五个东盟中经济规模最大且发展水平相对较高国家的股价指数①。

本文的研究期间为 2005 年 9 月 1 日至 2015 年 3 月 31 日，由于考虑各国股市交易日及休市日的不一致，在处理数据时，只要有一个股市于某日没有交易，便将其他市场当日的数据一并删除，保留所有目标股市的同步（synchronized）交易日。滨尾等的实证研究指出，以此种方式处理各国股市异步交易的问题，并不影响实证结果之正确性②。同时由于须考虑中国与东盟各国股市与美股交易日的时差问题，数据排序是以第 t 期的中国与东盟各国股市数据对应第 $t-1$ 期的美股资料。在经过删除处理之后，共有 1861 笔交易日数据。

由于次贷危机可能会对美股、中股与东盟各股市之间的联动性或协整关系产生影响，所以必须先定义出次贷危机的确切起始点，以将全部的样本分为危机前后两个部分。

次贷危机的起始时点，虽然官方目前并没有明确的定义，但学者与产业界普遍仍是以新世纪金融公司（New Century Financial Corp）事件为整起危机的开端③，然而 2008 年 9 月 15 日所发生之投资银行雷曼兄弟的破产事件，

---

① 由于中国股市有 10% 的涨跌幅限制，而美国及新加坡股市则没有此种限制，在过往的相关文献中，多位学者曾提出质疑，不同股市的涨跌限制会否影响其协整的估计结果？根据我们的计算，在本文研究期间，中国上海证券综合指数日股价指数变动率触及 10% 涨跌幅限制的交易日共有 17 天，股价指数变动率超过 10% 的交易日占全部样本的比例少于 3%，相当微小。根据过去实证上的经验，如果触及涨跌幅限制的样本少于 5%，则对估计结果的影响很小，所以本文认为涨跌幅限制对实证结果的影响极为有限。再者，由于涨跌幅限制是针对个别股票，而本文采用的资料是大盘股价指数，在一个交易日内，个股价格齐涨或齐跌的概率相当低，因此涨跌幅限制对于本文实证结果的影响应该不显著。
② Hamao, Y., Masulis, R. W. & Ng, V., "Correlations in Price Changes and Volatility across International Stock Markets", *The Review of Financial Studies*, 3 (1990): pp. 281 - 307.
③ Gorton, G. B., "The Subprime Panic", *NBER Working Paper*, No. w14398, National Bureau of Economic Research, (2008). Sikka, P., Filling, S., & Liew, P., "The Audit Crunch: reforming auditing," *Managerial Auditing Journal*, 24 (2009): pp. 135 - 155. Claessens, S., Ariccia, G. D., Igan, D., & Laeven, L., "Cross - Country Experiences and Policy Implications From the Global Financial Crisis", *Economic Policy*, 25 (2010): pp. 267 - 293. Longstaff, F. A., "The Subprime Credit Crisis and Contagion in Financial Markets", *Journal of Financial Economics*, 97 (2010): pp. 436 - 450.

又加剧了整个危机的严重性及影响[1]，这使得次贷危机在 2007～2008 年以及 2009～2010 年这两个期间，对美国乃至全球股市的冲击或影响强度可能并不相同。朗斯塔夫指出，次贷危机依照时间进程，可以划分为两个不同的阶段。第一个阶段是开始于 2007 年初，主要是由金融机构和市场投资者因持有次贷相关的证券资产所产生的巨额亏损所引起；而第二阶段则是始于 2008 年底，主因是全球性的信贷危机造成各国政府及金融业者的大规模去杠杆化，因而引起金融体系的流动性持续紧缩而导致。因此，为确保研究结果的稳健性，本文拟选取两个时间切割点，首先以新世纪金融公司事件发生的时点，即该公司被纽约证券交易所终止交易的 2007 年 3 月 13 日为第一个切割点，将 2005 年 9 月 1 日至 2007 年 3 月 13 日此段期间定义为"次贷危机之前"；接着以雷曼兄弟破产事件的时点为第二个切割点，将 2007 年 3 月 14 日至 2008 年 9 月 15 日定义为"次贷危机期间的第一阶段"；再将 2008 年 9 月 16 日至 2015 年 3 月 31 日定义为"次贷危机期间的第二阶段"，以比较不同期间的估计结果。

本文使用的数据为股价指数的报酬率或变动率，亦即股价指数自然对数值的一阶差分值，表示如下：

$$\Delta LIP_{i,t} = (\ln IP_{i,t} - \ln IP_{i,t-1}) \times 100$$

其中 $IP_{i,t}$ 表示本文中的七个股价指数，而 $LIP_{i,t} = \ln IP_{i,t}$。表 1 为七个股市股价指数日报酬率的叙述统计量，由 Jarque – Bera 统计量发现，所有股市的股价指数日报酬率在 1% 显著水平下皆不为常态分配。而由 jung – BoxQ 统

---

[1] Swan, P. L. "The Political Economy of the Subprime Crisis: Why Subprime was so Attractive to Its Creators", *European Journal of Political Economy*, 25 (2009): pp. 124 – 132. Sobreira, R., "The Brazilian Experience on Prudential Regulation and Its Impacts on the 2008 Financial Crisis", *Brazilian Journal of Political Economy*, 31 (2011): pp. 893 – 902. Afonso, A., Furceri, D., & Gomes, P., "Sovereign Credit Ratings and Financial Markets Linkages: Application to European Data", *Journal of International Money and Finance*, 31 (2012): pp. 606 – 638. Frankel, J. A., & Saravelos, G., "Can Leading Indicators Assess Country Vulnerability? Evidence from the 2008 – 09 Global Financial Crisis", *Journal of International Economics*, 87 (2012): pp. 216 – 231. Dumontaux, N., & Pop, A., "Understanding the Market Reaction to Shockwaves: Evidence from the Failure of Lehman Brothers", *Journal of Financial Stability*, 9 (2013): pp. 269 – 286.

计量发现，除新加坡及泰国外，其余五个股市的股价指数报酬率在5%显著水平下都具有自我相关性。

图1至图3，分别是本文所采用之所有样本国家股市2005~2010年的股价指数、股价指数报酬率（变动率），以及股价指数报酬率的波动幅度（各图所对应的国家依序为美国、中国、新加坡、马来西亚、印度尼西亚、泰国及菲律宾）。其中，各国股价指数报酬率的波动幅度皆是以一个ARMA（1，1）-GARCH（1，1）模型（又称作自我回归、移动平均—广义自我相关条件异质性模型）所配适出的条件异质性方差变量来衡量。

借由观察图1至图3发现，约在2007年下半年至2009年上半年的此段期间（亦可视为次贷危机期间），各国股市指数均呈现大幅下跌的趋势，且各国股市指数的变动幅度与各股市报酬率的波动幅度亦皆有加剧以及大幅增加的情形出现。且上述三者都是在2008~2009年达到了最严重的状况（股市指数在此段时间落至了谷底；而股市指数的变动幅度及股市报酬率波动幅度则均达到了最高峰，表示此时的风险达到了最大。但当中的马来西亚股市在后两者可能不如其他国家股市明显），显示出次贷危机对各国股市的冲击及负面影响差异，尤其是在雷曼兄弟公司破产事件之后，该危机的负面冲击达到了最高点，显示出投资银行雷曼兄弟破产事件的确是会加剧整个危机的严重性以及影响。

表1 股价指数报酬率叙述统计量（2005年9月1日~2015年3月31日）

	美国（标普500指数）	中国（上证综合指数）	新加坡	马来西亚	印度尼西亚	泰国	菲律宾
Mean	-0.00437	0.0765	0.0286	0.0134	0.0107	0.0571	0.0779
Max.	9.7743	20.2039	8.4639	10.8953	13.8357	12.1272	10.2630
Min.	-9.4695	0.00068	-10.1859	-11.0389	-12.6489	-11.4749	-8.6708
Std. Dev	1.5970	2.9807	1.6889	1.8760	2.0975	2.2552	1.9500
Skewness	-0.6381**	-0.7618**	-0.3094**	-0.5319**	-0.0850	-0.2113*	-0.0256
Kurtosis	10.9675***	14.3123***	6.3596***	9.8704***	8.2027***	6.6458***	6.0444***
Jarque-Bera	2710.18***	5423.34***	485.754***	2011.90***	1127.92***	560.703***	131.729***
L-BQ(24)	114.990*** (0.000)	76.032*** (0.000)	22.046 (0.577)	39.790** (0.023)	48.052*** (0.002)	25.597 (0.374)	45.461*** (0.005)

注：1. *、**、*** 分别表示在10%、5%及1%的显著水平下，拒绝虚无假设。
2. Jarque-Bera 为正态性检定统计量。
3. L-BQ Ljung-BoxQ 统计量。

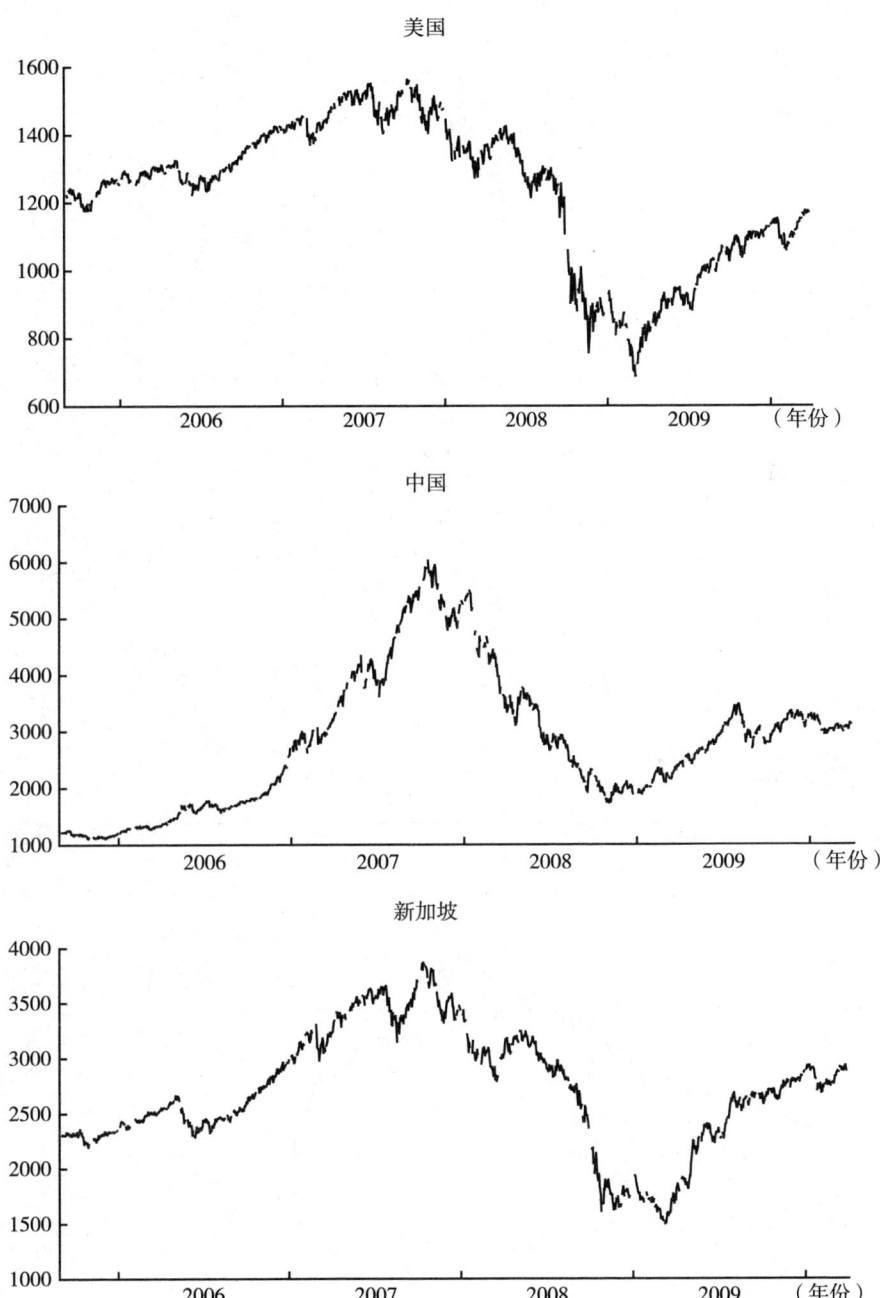

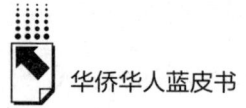

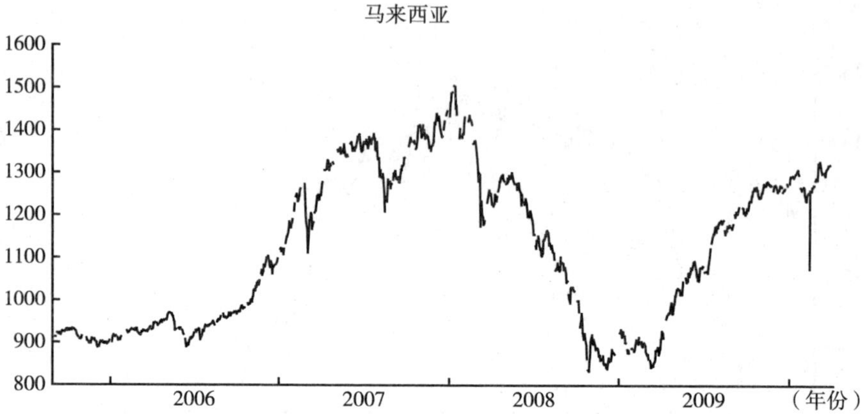
马来西亚
1600
1500
1400
1300
1200
1100
1000
900
800
2006
2007
2008
2009
（年份）

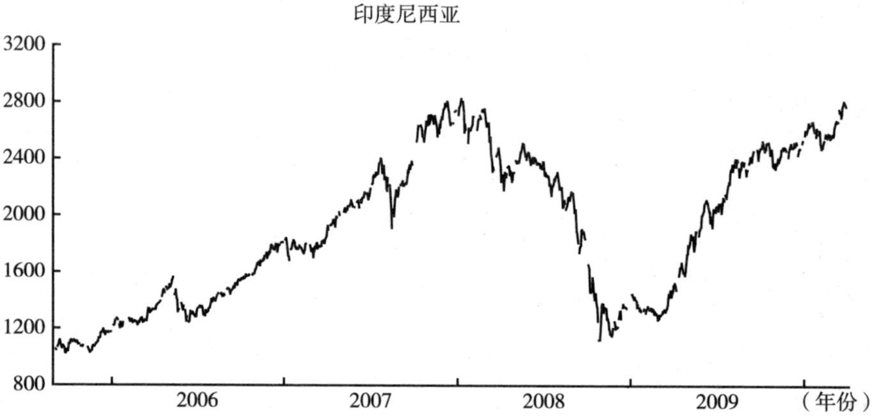
印度尼西亚
3200
2800
2400
2000
1600
1200
800
2006
2007
2008
2009
（年份）

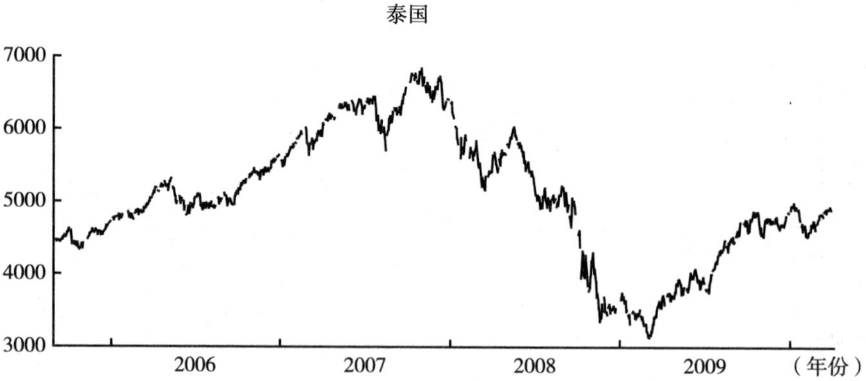
泰国
7000
6000
5000
4000
3000
2006
2007
2008
2009
（年份）

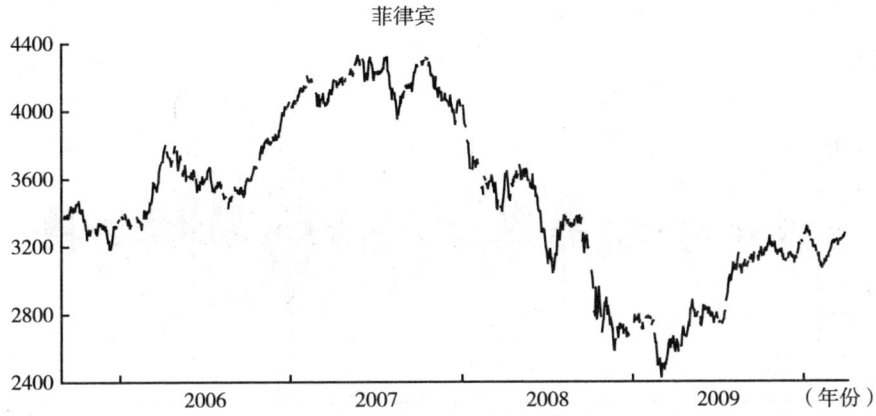

图1 各国股市之股价指数

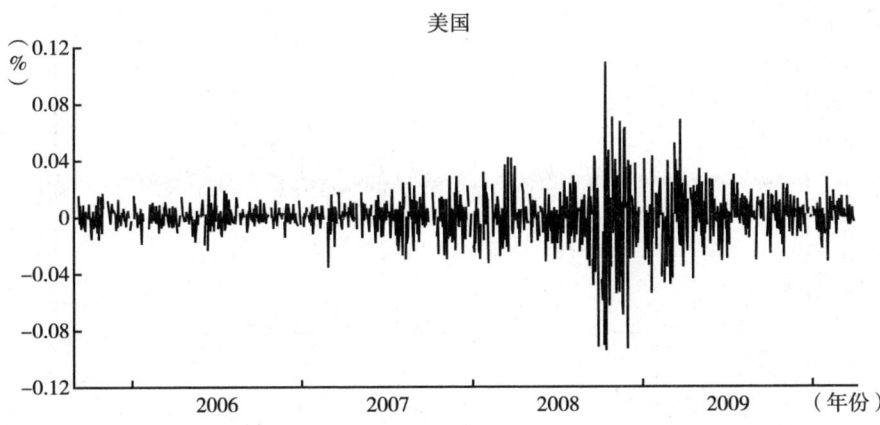

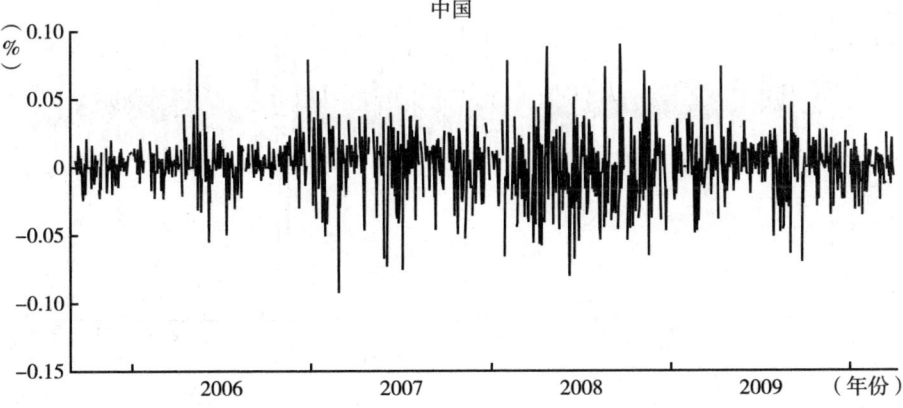

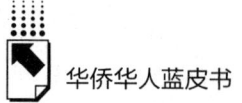

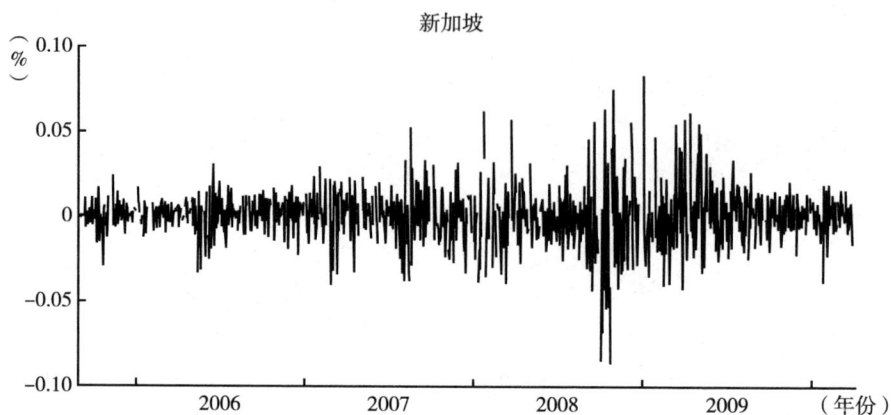

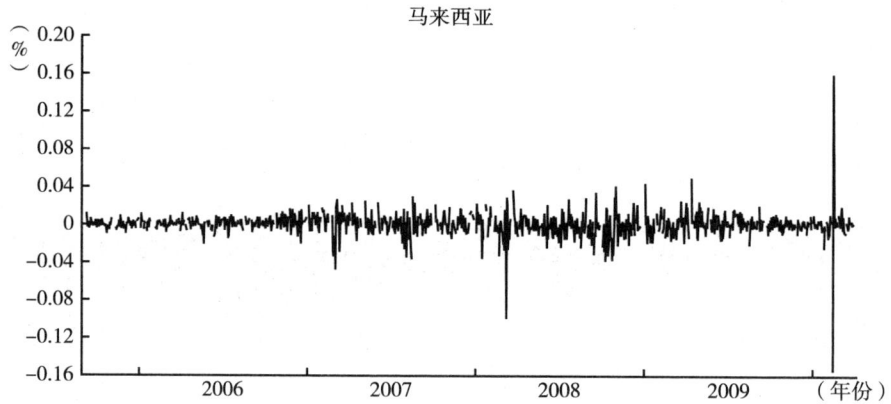

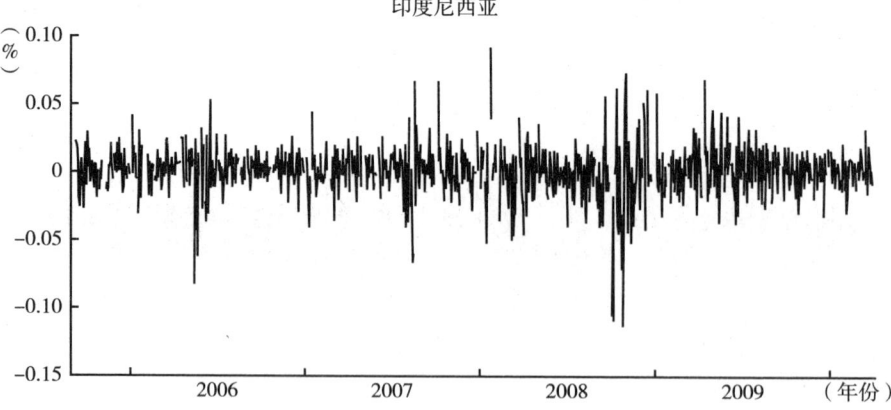

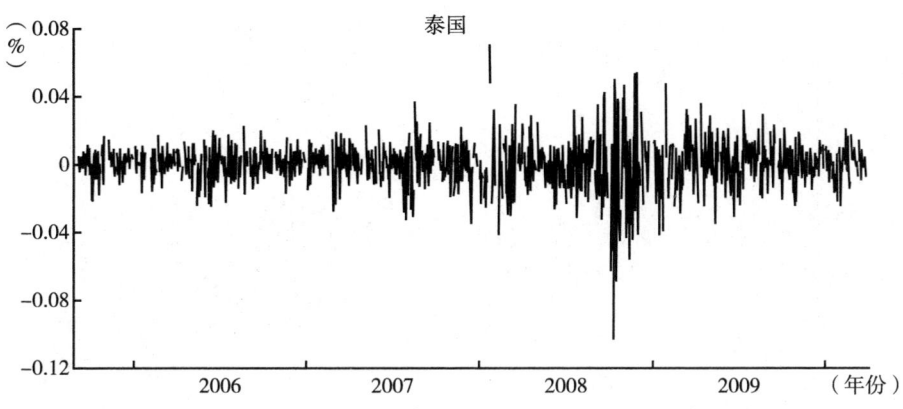

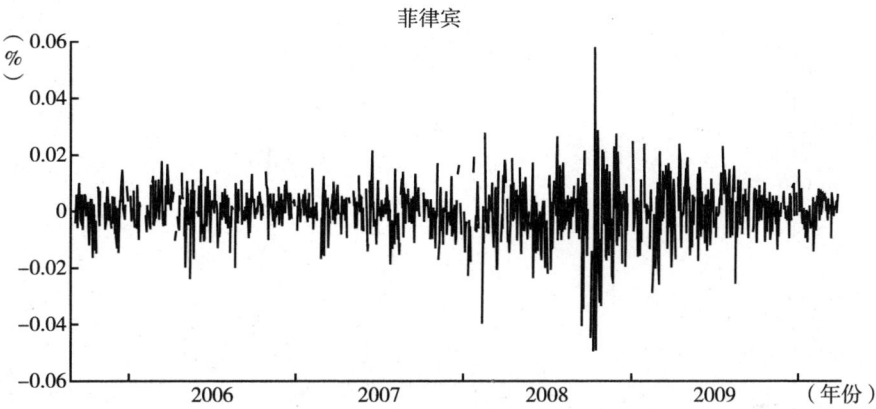

图2　各国股市之股价指数报酬率

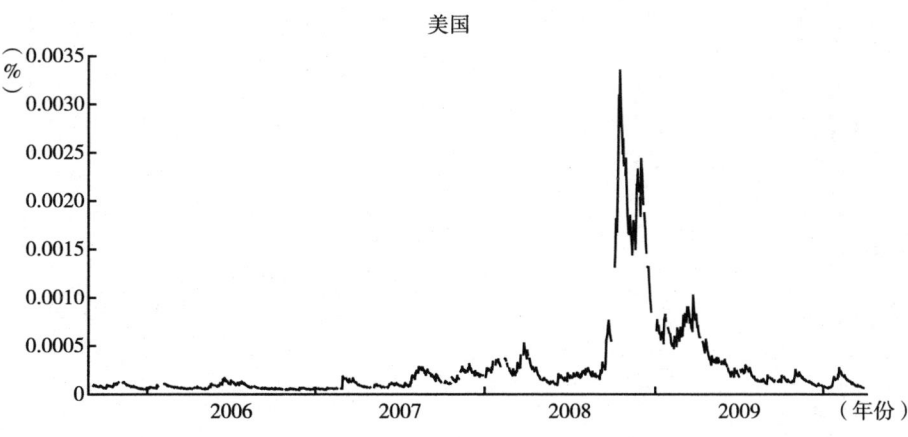

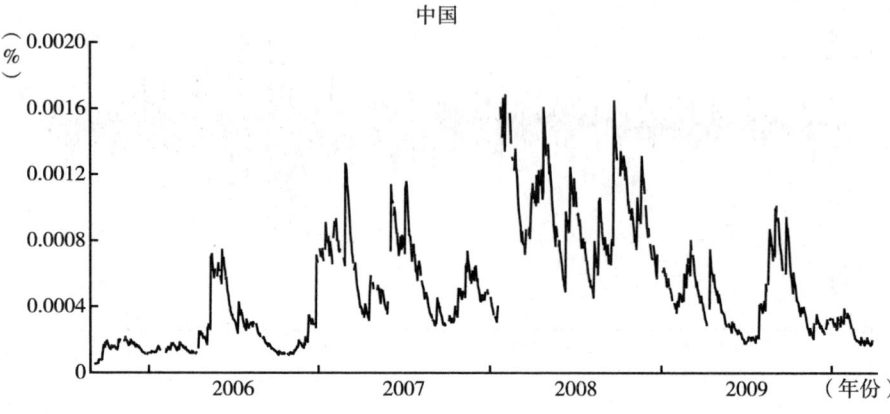

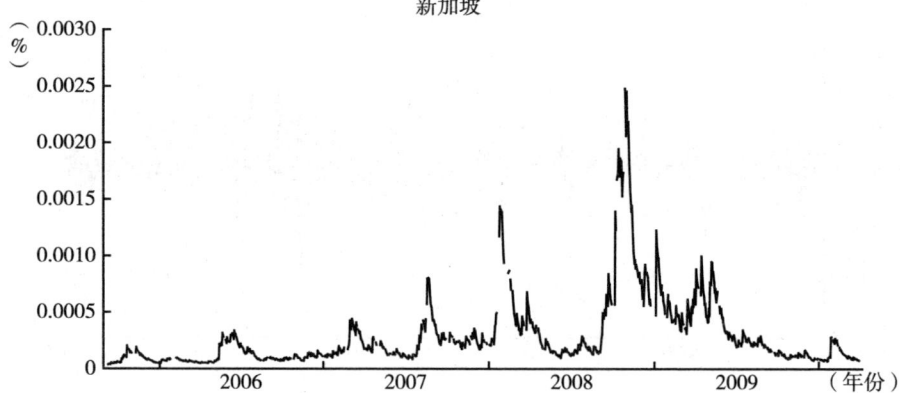

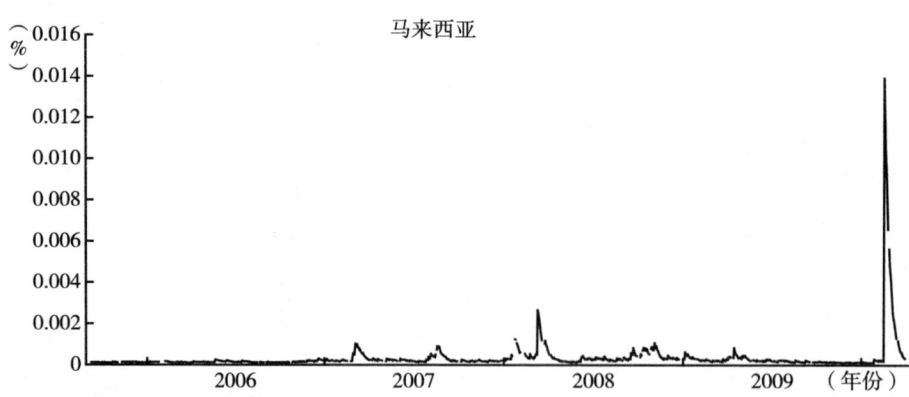

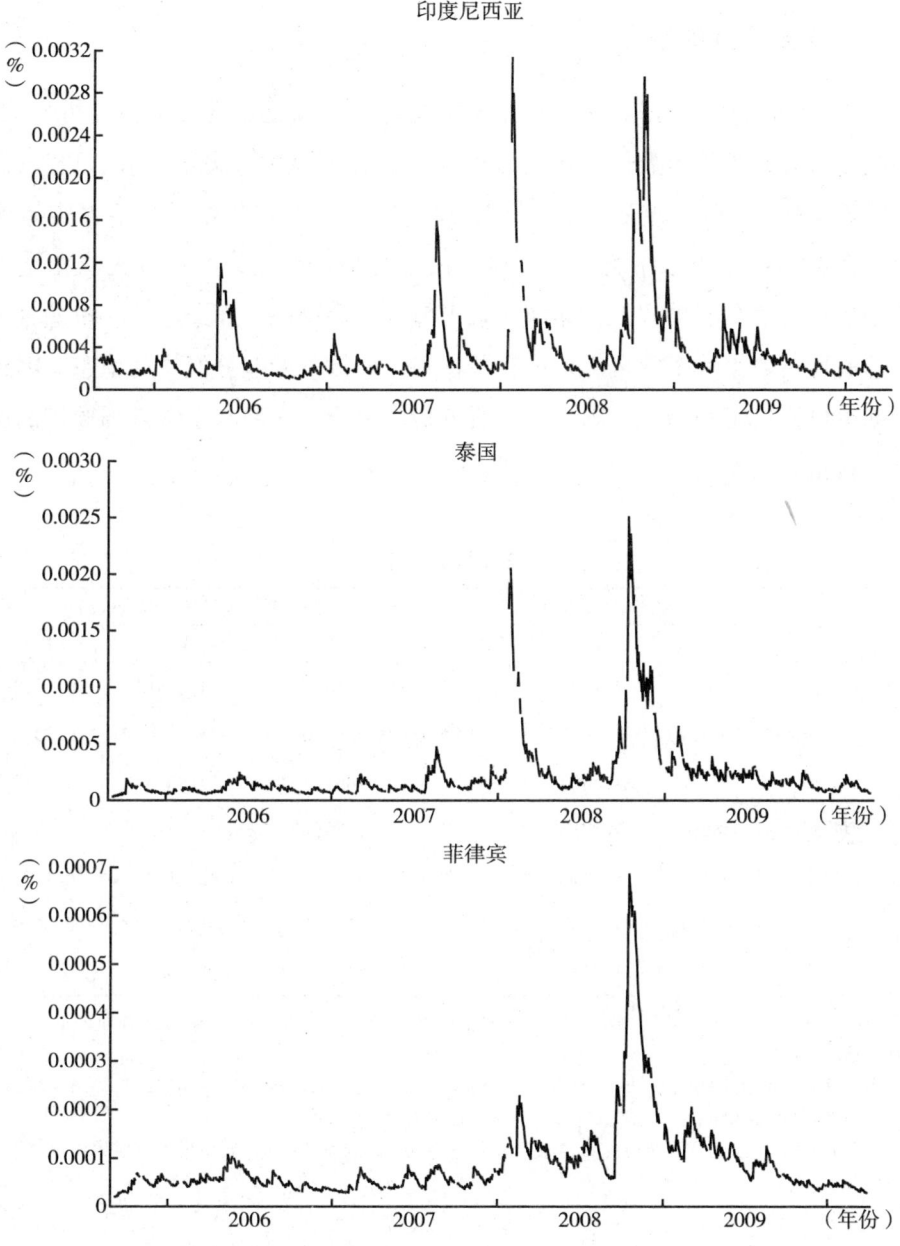

图3 各国股市之股价指数报酬率的波动幅度*

*各国股价指数报酬率的波动幅度皆是以一个 ARMA（1，1）-GARCH（1，1）模型所配适出的条件异质性方差变量来衡量。

（二）单位根检定

由于时间序列数据通常具有非稳态的特性，因此在进行协整分析之前，须先对所有的股价指数进行单位根检测。本文则同时考虑了 ADF、PP 以及 PSS 等三种单位根检定法。表 2 所示即为单位根检定的结果，根据表 2 数据，在 10% 的显著水平之下，对所有股价指数的数据，我们皆无法拒绝其原始的水平值具有单位根，亦即该水平值皆不为稳态，而经过了一阶差分之后的股价指数报酬率则全部拒绝有单位根，即该一阶差分值均为稳态。因此根据单位根检定的结果，确认本文所分析之美股、中股与东盟各国股市的所有股价指数数据均为 I（1）之序列。

表 2 单位根检定

	水平值（Level）			一阶差分值（First difference）		
	ADF	PP	KPSS	ADF	PP	KPSS
美　国	-0.9786(1)	-1.1002	7.1128 ***	-15.2856(2) ***	-34.2251 ***	0.1988
中　国	-1.5013(1)	-1.6018	3.7954 ***	-28.7351(0) ***	-28.9781 ***	0.2373
新 加 坡	-1.1197(2)	-1.3023	3.9863 ***	-31.7851(3) ***	-29.8546 ***	0.3012
马 来 西 亚	-1.0688(0)	-1.1012	7.8721 ***	-30.2376(2) ***	-28.2672 ***	0.1954
印度尼西亚	-1.2984(0)	-1.3513	5.3427 ***	-28.6792(1) ***	-32.7542 ***	0.1701
泰　国	-1.2897(1)	-1.3743	1.2132 ***	-33.5872(0) ***	-31.5216 ***	0.1670
菲 律 宾	-1.3550(2)	-1.3591	1.0376 ***	32.5822(2) ***	-32.5682 ***	0.1518

注：1. * *、* * * 分别表示在 5% 及 1%，拒绝虚无假设。括号中为落后差分项的期数，以 AIC 的最小值决定。

2. ADF，PP 及 KPSS 之 10%、5% 及 1% 临界值分别为：-2.568251、2.864225、-3.436683；-2.568412、2.864487、-3.437108 及 0.3470、0.4630 与 0.7390。

3. ADF PP 之虚无假设为存在单位根之非定态序列，而 KPSS 之虚无假设为不存在单位根之定态序列。

（三）传统协整检定

本部分要说明的是传统协整检定的结果，本文将采用恩格尔与格兰杰以及约翰森两种传统的协整检定法。同时本部分将分别检测美股（A 部分）、中股（B 部分）与东盟各国股市之间的协整关系，而其间共分为三个阶段，即"次贷危机之前""次贷危机期间的第一阶段"与"次贷危机期间的第二阶段"。

表 3 所列为恩格尔—格兰杰 ADF 协整的检定结果。根据表 3 中 A 部分之（1）所显示，在次贷危机之前，于 10% 的显著水平下，我们可以拒绝"美股标普 500 指数与新加坡、印度尼西亚股市间没有协整关系"的原假设，表示在次贷危机前，美股与新、印股市存在协整关系。由 A 部分之（2），次贷危机第一阶段，在 10% 的显著水平之下，我们无法拒绝"美股与中国、新加坡、马来西亚、印度尼西亚、泰国及菲律宾之间没有协整关系"的原假设，表示在次贷危机第一阶段，美股与中国和五个东盟股市间，皆不存在协整关系。再由 A 部分之（3）所示，次贷危机第二阶段，在 10% 的显著水平下，我们可以拒绝"美股与印度尼西亚股市间没有协整关系"的原假设，表示在次贷危机第二阶段，美股与印股存在协整关系，但其统计量较危机之前并无明显变化，表示协整的程度与危机前相比无明显增强。

接着，由表 3 中的 B 部分观察中股与东盟各国股市间的协整关系，根据 B 部分之（1）所显示，在次贷危机之前，于 10% 的显著水平下，我们可以拒绝"中股上证综合指数与马来西亚、印度尼西亚股市之间没有协整关系"的原假设，表示在次贷危机前，中股与马、印股市存在协整关系。由 B 部分之（2），次贷危机第一阶段，在 10% 的显著水平下，我们无法拒绝"中股与新加坡、马来西亚、印度尼西亚、泰国及菲律宾股市之间没有协整关系"的原假设，表示在次贷危机第一阶段，中股与五个东盟股市间皆不存在协整关系。再由 B 部分之（3）所示，次贷危机第二阶段，在 10% 的显著水平下，我们可以拒绝"中股与马来西亚股市间没有协整关系"的原假设，表示在次贷危机第二阶段，中股与马来西亚股市间存在协整关系，但其统计量却较危机之前明显减少（其显著水平却较危机前增加），表示协整的程度反较危机之前减弱。

接下来，表4所列为约翰森最大特性根协整检定的结果。据表4中A部分之（1）最大特性根检定统计量所示，在次贷危机之前，美股与新加坡、马来西亚、印度尼西亚等的股市之间存在协整秩（co-integrating rank），而协整秩的数目则各有2个。表示在次贷危机之前，美股与新、马、印三国的股市间具有协整关系。由A部分之（2）所示，在次贷危机第一阶段，美股与六个亚洲股市皆不存在协整秩，表示美股与此六个股市在此阶段皆不具有协整关系。接着再由A部分之（3）所示，次贷危机第二阶段，美股虽和新、印两国具有协整关系，但是仅各具有1个协整秩，秩的数目反而较危机前减少，表示美股和此两股市间的协整关系与危机前相比有明显减弱。而中国、泰国及菲律宾的股市则是在危机之前、危机第一阶段及危机第二阶段与美股皆不具有协整关系。

最后，由表4中B部分的（1）、（2）及（3），观察中国股市与东盟股市于三个阶段的约翰森协整关系。由B部分之（1）所示，在次贷危机前，中股与马来西亚、印度尼西亚股市间存在协整关系（各具有2个协整秩）。由B部分之（2）所示，在次贷危机第一阶段，中股与五个东盟股市间皆不存在协整关系。再由B部分之（3）所示，次贷危机第二阶段，中股亦仅与印度尼西亚股市间存在协整关系，且协整秩的数目较危机前减少，表示中股和印股间的协整程度反较危机前明显减弱。而新加坡、泰国及菲律宾的股市则是在危机之前、危机第一阶段及危机第二阶段与中国股市皆不存在协整关系。

由过去的实证研究显示，当某一危机事件爆发时，信息冲击会造成国家、金融市场（股市）间的蔓延现象，导致国际金融市场（股市）之间的协整关系有所改变，但是根据上述两种传统协整检定的结果，在次贷危机的前后，美股与中股及五个东盟股市，以及中股与五个东盟股市之间的长期均衡关系却未有明显增强。换言之，依照上述两种协整检定的结果，次贷危机并没有能够改变美中股市和东盟股市间的共移趋势，此种结果似乎并不合理。由于恩格尔—格兰杰与约翰森两种协整检定的模型皆属线性协整模型，均假设均衡误差项的调整方式是不存在门槛的对称性调整，此假设与许多研究的发现并不符合,如萨兰提斯指出,股市在上涨及下跌时的调整方式并不相同①。一旦股市间的协整关系存在非对称特性,就会产生模型的误设错误,所以下一部分我们将运用安德斯与希克勒斯的不对称门槛协整检定,重新来检视美中股市与东盟股市间的协整关系在次贷危机前后的变化。

表3 美股、中股与东盟股市之恩格尔—格兰杰协整检定

	(1)次贷危机之前	(2)次贷危机期间(阶段一)	(3)次贷危机期间(阶段二)
	恩格尔—格兰杰 ADF Statistic	恩格尔—格兰杰 ADF Statistic	恩格尔—格兰杰 ADF Statistic
A 部分(美国)			
中　　国	-2.003	-0.887	-2.453
新 加 坡	-3.596**	-2.154	-2.662
马 来 西 亚	-1.513	-1.841	-2.872
印度尼西亚	-3.312*	-2.112	-3.336*
泰　　国	-1.673	-2.077	-2.463
菲 律 宾	-2.003	-1.086	-2.816
B 部分(中国)			
新 加 坡	-2.097	-0.211	-2.921
马 来 西 亚	-3.403**	-0.377	-3.311*
印度尼西亚	-3.108*	-0.493	-1.602
泰　　国	-1.753	-1.173	-2.901
菲 律 宾	-1.642	-1.256	-2.831

注:1. 模型的落后差分项期数,是以 AIC 的最小值决定。
2. *、**、*** 分别表示在10%、5%及1%的显著水平下,拒绝虚无假设。
3. ADF 协整检定统计量的临界值取自恩格尔与柳(1987)。

---

① Sarantis, N., "Nonlinearities, Cyclical Behaviour and Predictability in Stock Markets: International Evidence", *International Journal of Forecasting*, Vol. 17 (3), 2001, pp. 459 – 482.

表4 美股、中股与东盟股市之约翰森协整检定

		(1)次贷危机之前		(2)次贷危机期间(阶段一)		(3)次贷危机期间(阶段二)	
		Rank	Max – Eigen Statistics	Rank	Max – Eigen Statistics	Rank	Max – Eigen Statistics
A 部分(美国)							
中国		r = 0	12.25624	r = 0	13.80560	r = 0	14.43260
		r≤1	0.82284	r≤1	0.19933	r≤1	2.01180
新加坡		r = 0	19.81863 **	r = 0	12.07438	r = 0	19.64110 **
		r≤1	5.28490 **	r≤1	1.67469	r≤1	2.23073
马来西亚		r = 0	18.78373 **	r = 0	16.41311	r = 0	17.25294
		r≤1	4.10876 **	r≤1	1.07666	r≤1	3.02028
印度尼西亚		r = 0	18.41140 **	r = 0	16.80083	r = 0	19.89577 **
		r≤1	4.82884 **	r≤1	0.91596	r≤1	2.46594
泰国		r = 0	14.32292	r = 0	12.47342	r = 0	13.07537
		r≤1	0.26085	r≤1	1.56334	r≤1	1.78228
菲律宾		r = 0	13.12587	r = 0	11.84511	r = 0	12.14581
		r≤1	3.00146	r≤1	1.87962	r≤1	1.87542
B 部分(中国)							
新加坡		r = 0	11.64498	r = 0	15.30977	r = 0	15.14911
		r≤1	2.03764	r≤1	1.48094	r≤1	2.28976
马来西亚		r = 0	18.66857 **	r = 0	15.11189	r = 0	14.74618
		r≤1	4.99965 **	r≤1	1.64157	r≤1	1.16803
印度尼西亚		r = 0	18.91606 **	r = 0	12.68036	r = 0	23.66776 **
		r≤1	7.10402 **	r≤1	1.72291	r≤1	3.04766
泰国		r = 0	11.76551	r = 0	7.84561	r = 0	14.88124
		r≤1	2.97225	r≤1	1.57814	r≤1	2.02189
菲律宾		r = 0	6.61327	r = 0	1.25563	r = 0	4.08792
		r≤1	0.17886	r≤1	0.87191	r≤1	1.11854

注：本文中的约翰森协整检定模型，系采用约翰森（1994）所提出之向量自我回归模型中含有二次趋势项且协整方程式具有线性趋势的模型，而协整秩数目系采用约翰森（1988）提出的最大特性根检定（Maximum Eigenvalue Co – integration Test）决定。其中5% 显著水平之下，虚无假设为不存在协整关系（r = 0）的临界值为18.39771，而虚无假设为存在一个协整关系（r = 1）的临界值则为3.84147。

四 安德斯—希克勒斯不对称门槛协整检定

本部分要说明不对称门槛协整检定的结果，欲检测不对称门槛协整关系，安德斯与希克勒斯提出了两种可以考虑的模型，TAR 协整检定以及 M–TAR 协整检定。安德斯与格兰杰认为，当资料序列发生不对称调整时，指针函数的决定也可能取决于序列动能（momentum）的改变。鲍彻亦指出，M–TAR 模型是以落后误差项的差分值（$\Delta\varepsilon_{t-1}$）为门槛变量，在估计参数时收敛速度会比以落后误差项水平值（ε_{t-1}）为门槛变量的 TAR 模型更快，因此本文将采用 M–TAR 协整模型检测美股、中股与东盟股市间的协整关系。

根据安德斯—希克勒斯的不对称门槛协整模型，欲检定美股标普 500 指数与中国、新加坡、马来西亚、印度尼西亚、泰国及菲律宾六国股市；以及中国股市上证综合指数与新、马、印、泰、菲五国股市间的协整关系，原假设为美股与中、新、马、印、泰、菲六个股市，以及中股与新、马、印、泰、菲五个股市间不存在协整关系（$\rho_1 = \rho_2 = 0$）。安德斯与希克勒斯指出，此检定统计量虽为 F 统计量，但在原假设为真的情况下，检定统计量会产生扰攘参数（nuisance parameters）的问题，导致该统计量的渐进分配并不是传统的 F 分配，而是须经由 Monte Carlo 模拟法模拟而得。本文 M–TAR 协整检定的检定统计量临界值取自安德斯与希克勒斯。

表 5 为安德斯—希克勒斯不对称门槛协整检定的结果，根据 M–TAR 模型检定统计量，首先由 A 部分观察美股与中国、东盟股市间的不对称协整关系。如表 5 中 A 部分之（1）所示，次贷危机之前，在 10% 的显著水平下，美股与中、新、马、印、泰、菲六国股市所得到的 F_C 协整检定统计量分别为 3.181、6.762、7.968、7.543、3.687 及 2.998，其中新、马、印等国的统计量大于临界值，表示该检定结果拒绝了"美股与新、马、印等国股市间没有协整关系"的原假设，但是美股与中、泰、菲等国股市没有协整关系的原假设则无法拒绝。而在拒绝无协整关系的原假设后，接着要进行

的是对称性检定,亦即检测正、负误差修正项的调整系数是否有差异,原假设为对称性调整($\rho_1 = \rho_2$),该检定为标准F检定。在10%的显著水平下,美股与六个股市所得的F_A不对称检定统计量分别为1.122、1.998、3.401、3.188、1.398以及1.287,其中马来西亚及印度尼西亚的统计量大于临界值,表示结果拒绝"美股与马来西亚、印度尼西亚股市之间协整关系的调整为对称"的原假设,显示美股与马、印股市间的协整关系存在非对称现象(asymmetric)或是门槛效果。由上述结果可知,在次贷危机之前,美股与马、印股市具有不对称的协整关系。

由A部分之(2)所示,次贷危机的第一阶段,在10%的显著水平下,美股与中、新、马、印、泰、菲六国股市所得之F_C统计量分别为3.213、6.152、8.501、7.806、4.771与3.998,其中仍是新、马、印三国的统计量大于临界值,表示检定结果拒绝"美股与新、马、印等国股市间没有协整关系"的原假设。但是美股与中、泰、菲等国股市没有协整关系的原假设仍无法拒绝。对称性检定方面,在10%的显著水平下,美股与六个股市所得之F_A统计量分别为1.396、5.558、6.221、3.239、2.109及2.098,其中新、马、印的统计量大于临界值,表示拒绝"美股与新、马、印股市间的协整关系之调整为对称"的原假设,显示在次贷危机的第一阶段,美股与新、马、印的股市具有不对称的协整关系,但是其中与新加坡的协整关系却较危机之前稍微减弱。

再由A部分之(3)所示,在次贷危机的第二阶段,于1%的显著水平下,其F_C统计量分别为3.511、18.864、11.645、13.326、13.001和12.997,显著拒绝了"美股与新、马、印、泰、菲等股市间没有协整关系"的原假设。而在对称性检定方面,由F_A统计量,在1%的显著水平下,美股与此五个股市皆显著拒绝"协整关系的调整为对称"的原假设,表示在次贷危机第二阶段,美股与除中国之外的新、马、印、泰、菲五股市皆具有不对称的协整关系,且其协整关系较危机前,以及危机第一阶段皆有明显增强的趋势。但在危机前后的三个阶段中,美股与中国股市却均不存在协整关系。

接着,我们再由B部分观察中国股市与五个东盟股市间的不对称协整关系。由表5中B部分之(1)所示,于次贷危机前,在10%的显著水平下，中股与东盟五股市的 F_C 统计量分别为 3.676、4.118、3.979、3.758 及 3.673，表示我们无法拒绝"中股与新、马、印、泰、菲等国股市间没有协整关系"的原假设。而在对称性检定方面，由 F_A 统计量，在 10% 的显著水平下，中股与新、马、印、泰、菲之股市同样皆无法拒绝"协整关系的调整为对称"的原假设，表示在次贷危机前，中股与五个东盟股市间均不具有不对称的协整关系。由 B 部分之（2）所示，次贷危机第一阶段，在 10% 的显著水平下，其 F_C 统计量显著拒绝了"中股与新、马、印之股市间没有协整关系"的原假设。而在 5% 的显著水平下，F_A 统计量则拒绝了中股与马、印两国股市之"协整关系的调整为对称"。最后，再由 B 部分之（3）所示，次贷危机第二阶段，在 1% 的显著水平下，由 F_C 及 F_A 所显示，我们可以显著拒绝"中股与新、马、印之股市间没有不对称的协整关系"。但是于危机前后的三个阶段，中股与泰国及菲律宾股市皆不存在协整关系。

综合表 5 的结果，分别比较 A 和 B 两部分之（1）、（2）及（3）中的 F_C 与 F_A 可以发现，在次贷危机的第一阶段，美股与六国股市的 F_C 统计量与危机前相比并无明显增加的情形，表示在危机第一阶段，美股与中、新、马、印、泰、菲的协整关系并无明显提升，虽然与新、马的 F_A 统计量较事件之前有明显增加，但此也仅能表示美股与此两国股市的协整不对称性较危机前有所提升。但至少在次贷危机第一阶段，美股与中国、东盟股市间的协整关系并没有变得更为紧密。但是到了危机的第二阶段，美股与新、马、印、泰、菲东盟五国股市的 F_C 及 F_A 统计量较事件之前均有明显的增加，表示在次贷危机第二阶段，美股与新、马、印、泰、菲的协整关系，以及协整的不对称性较危机之前皆有明显提升，显示在次贷危机第二阶段，美股与东盟股市之间的不对称性协整关系变得更为密切；但美股与中国股市间的关系，在危机前后的三个阶段却无明显变化。而中国股市与五个东盟股市间的协整状态在三个阶段的变化，与美股的情形却有颇大的差异，在次贷危机第一阶段，中股与其中的新、马、印三国股市间的协整关系与危机之前相比更为密切；到了危机的第二阶段，其与此三国股市协整的程度，以及协整的不对称性更是皆有明显提升。另外，再比较美中股市和东盟五国股市协整关系的强弱，发现在次贷危机前，中股与东盟五股市间并不存在协整关系，而在次贷危机之后，由第一阶段至第二阶段，美中两国股市与东盟国家股市的协整关系都有明显的提升。

以上的实证结果表明，在次贷危机的初期，即自新世纪金融公司事件发生至投资银行雷曼兄弟破产（2007年3月14日~2008年9月14日），美股对中国及东盟的股市并不存在蔓延效应，而仅存在相互依存效应；但中国股市却对其中的新、马、印三国股市存在蔓延效果。然而自雷曼兄弟破产事件之后，美股对东盟五国的股市皆产生了蔓延效果，但是对中国股市却依然仅存在相互依存效果；而中国股市仍是对新、马、印三股市存在蔓延效果。此结果也说明了雷曼兄弟破产事件对于整个次贷危机所产生的重大影响，以及对美国乃至全球股市与金融市场所产生之冲击。

另外，在上述结果中我们发现，安德斯—希克勒斯的 M－TAR 不对称门槛协整检定与前文之恩格尔—格兰杰及约翰森两种协整检定有极大的差异，由恩格尔—格兰杰和约翰森两种协整检定的结果显示，次贷危机并没有改变美中股市与东盟股市间的协整关系。根据过去文献指出的，当发生重大危机的风险冲击时，应会导致国际股市间（美中股市与东盟股市）的协整关系发生变化。由于此两种协整模型皆假设协整的调整过程是线性或是对称的，因此我们并无法以该两种模型的检定得到协整关系改变的结果。但是安德斯—希克勒斯的不对称门槛协整检定，则显示次贷危机（雷曼兄弟破产事件）确实会导致美股标普500指数与新、马、印、泰、菲五国以及中股与新、马、印三国股市间的协整关系发生变化（增强）。由于股市间的协整关系可以视为一种共同移动趋势，在次贷事件之后，美股、中股与部分东盟股市协整关系的提升，表示双方共移趋势的增强，证实美股对新、马、印、泰、菲五国，以及中股对新、马、印三国的股市存在蔓延效果，但美国股市对中国股市、以及中国股市对泰国及菲律宾等的股市则仅有相互依存效果。

而在次贷危机期间（包括了第一以及第二阶段），美股、中股与东盟股市协整调整之不对称性普遍亦较危机之前增强，表示美股、中股的上涨（好消息）及下跌（坏消息）对东盟股市的不对称性影响在次贷危机之前并无太大的差异，但在次贷危机期间，尤其是在第二阶段，就具有明显差异，协整关系出现门槛效果或是原本存在的门槛效果增强。显示次贷危机产生的风险冲击，会提升国际股市之间信息的传递效率，使信息（尤其是负面信息）的传递更为快速，造成或是增强了投资人恐慌的预期心理，进而导致市场对风险趋避程度的改变，因而造成国际股市蔓延现象的产生。

另有三点发现值得注意。其一，中国股市与五个东盟国家股市在次贷危机之前是不具有协整关系的，但在次贷危机后，由第一阶段至第二阶段，中国股市与其中的新、马、印三国股市之协整关系就呈现出逐步提升的趋势，显示中国股市对部分东盟国家股市的影响，于次贷危机后亦有逐渐增强的现象。虽然该影响不及美股，但此点显示了中国自20世纪80年代改革开放以来，经贸上经历了廿余年的高速发展，如今综合实力已具备一定之规模，加上地缘关系，其对东盟国家在贸易、经济上更具有举足轻重的影响。虽然在次贷危机之前，中国股市与东盟国家股市间的关系较美股与东盟股市间的关系弱，但在次贷危机之后，尤其是在雷曼兄弟破产事件之后，此重大风险冲击除改变了美股对东盟股市的传递机制，亦改变了中国股市对东盟股市的影响机制，导致了美股和中股皆对东盟国家的股市产生了蔓延效应（除中股与泰股、菲股）。然而，美国毕竟是危机的来源以及全球经济的龙头，而东盟的部分国家（如马、印、泰、菲）在历经多年之市场转型与经济改革后，与国际金融市场也已达到一定程度的接轨，因此在如此重大的风险冲击之下，美国股市对其股市的影响仍然要强于中国股市。

其二，在美国股市与中国以及五个东盟国家股市于次贷危机后的协整程度排序上，由强至弱依序为新加坡、印度尼西亚、泰国、菲律宾、马来西亚及中国，本文以为此顺序在某种程度上可以视为反映六个亚洲股市市场自由度及国际化程度的指标，其中以新加坡股市居冠，显示新加坡股市在市场开放上要高于中国和其他四个东盟国家的股市。阿加沃尔等[1]、柯林斯与毕克

---

[1] Aggarwal, C., Inclan, C. & Leal, R., "Volatility in Emerging Stock Markets", *Journal of Financial and Quantitative Analysis*, 34 (1999): pp. 33 – 55.

皮①及邓吉等②的实证研究发现，当发生国际金融危机时，大部分被蔓延的国家是以开发中或新兴市场国家为主，由于以往发生的金融危机多源于新兴市场，多是危机发生国本身的金融体制及法规不健全，加上国际资金的炒作所引起，邻近国家极容易因为与该国的地缘关系而产生被蔓延现象。而次贷危机则是肇因于美国各大金融机构衍生性金融商品交易的巨额亏损，因此与美国金融、证券市场联动性的强弱才应是造成被蔓延程度有所差异的主要因素。聂建中、高友笙与杨超翔曾探讨次贷危机前后，美股对中国台湾、香港和新加坡、日本、韩国、印度尼西亚以及上海七个亚洲股市产生的蔓延现象，结果发现，在次贷危机之后，美股对日本、中国香港、新加坡等发展较成熟、市场开放程度较高，和美国市场联动性较强的证券市场，所产生的蔓延效果比对中国台湾、韩国、印度尼西亚及上海等要更为明显③。本文研究的中国及五个东盟国家，除新加坡之外均属于新兴市场，而由本文的实证结果得知美股对新股所产生的蔓延效果，比对其他国家的股市要更为明显，显示了新加坡在证券以及金融市场上的开放程度与国际化程度要高于中国与其他东盟国家。新加坡长期以来是亚洲发展最成熟且经济自由度最高的金融市场之一（通常与中国香港并列），因此与美股的联动性最强，乃是合理的结果。

其三，同样是在美股与中国及五个东盟国家股市于次贷危机前后的协整程度排序上，如上所述，由于此顺序大致反映了六个亚洲股的市场国际开放程度。中国股市在危机前后三个阶段与美股却皆不具有协整关系，联动性最低，亦显示了中国股市当前的市场自由度与国际开放程度在六个亚洲股市中居末。

由于新加坡证券市场的自由度及国际开放程度为本文中的亚洲国家之

---

① Collins, D. & Biekpe, N., "Contagion: a Fear for African Equity Markets?" *Journal of Economics and Business*, 55 (2003): pp. 285 – 297.
② Dungey, M., Fry, R., González – Hermosillo, B. & Martin, V., "Contagion in International Bond Markets During the Russian and the LTCM Crises", *Journal of Financial Stability*, 2 (2006): pp. 1 – 27.
③ 聂建中、高友笙、杨超翔：《次级房贷危机前后美股对亚股的不对称性蔓延效果》，《中原企管评论》2011 年第 9 卷第 1 期，第 25 ~ 52 页。

表5 美股、中股与东盟股市之安德斯—希克勒斯不对称门槛协整检定

	(1)次贷危机之前			(2)次贷危机期间(阶段一)			(3)次贷危机期间(阶段二)			协整关系	协整不对称性	是否存在蔓延效果
	F_C	F_A	r	F_C	F_A	r	F_C	F_A	r			
A部分(美国)												
中国	3.181	1.122	0.00568	3.213	1.396	-0.01326	3.511	1.921	0.02811	增加	增加	否
新加坡	6.762*	1.998	-0.00653	6.152*	5.558**	0.02208	18.864***	8.667***	-0.01751	先减后增	增加	是
马来西亚	7.968**	3.401*	-0.02097	8.501	6.221**	-0.01846	11.645***	10.808***	-0.01121	增加	增加	是
印度尼西亚	7.543**	3.188*	0.00953	7.806**	3.239*	0.01127	13.326***	8.511***	0.03156	增加	增加	是
泰国	3.687	1.398	-0.01743	4.771	2.109	0.01871	13.001***	9.101***	-0.09153	增加	增加	是
菲律宾	2.998	1.287	0.01825	3.998	2.098	-0.01976	12.997***	10.098***	0.07865	增加	增加	是
B部分(中国)												
新加坡	3.676	2.112	-0.00403	5.998*	2.003	0.00887	9.001***	7.201***	-0.01021	增加	先减后增	是
马来西亚	4.118	1.486	0.00281	6.657**	5.701**	0.00697	8.997***	7.005***	0.01225	增加	增加	是
印度尼西亚	3.979	1.561	-0.00754	7.598**	6.001**	-0.01765	10.298***	8.013***	-0.00897	增加	增加	是
泰国	3.758	1.876	0.00786	3.857	2.411	-0.01976	4.991	2.711	-0.02364	增加	增加	否
菲律宾	3.673	1.756	-0.01811	3.966	2.398	0.01887	5.011	2.797	0.02511	增加	增加	否

注：1. 模型的落后差分项期数，是以AIC的最小值决定。r为估计的门槛值。
2. ***、**、*分别表示在10%、5%及1%的显著水平下，拒绝虚无假设。
3. F_C与F_A皆为F统计量，其虚无假设分别为没有协整（$\rho_1 = \rho_2 = 0$）及对称性调整（$\rho_1 = \rho_2$），其中F_C检定统计量的临界值取自安德斯与希克勒斯（2001）。

冠,与美国的证券市场联动性要较其他国家更强;因此新加坡的金融业者、投资人所持有与次贷债权相关衍生性商品的部位亦可能要高于其他五国的投资人,换言之,新加坡对美国的"曝险部位"高于中国与其他东盟国家,使得次贷危机所造成的蔓延效应,对新股的蔓延程度要较中、马、印、泰、菲等国股市明显,此结果亦显示了次贷危机与过去源于新兴市场的金融危机,在成因及产生影响上的主要差异。

五 本文结论与对华商发展的意义

东盟乃亚洲与全球经济发展的重要参与者,亦是维系亚洲区域安全与稳定的战略要冲。而中国自改革开放之后经贸上的发展进境一日千里,当前更是仅次于美国的世界第二大经济体,近年来对于亚洲各国在经贸上的影响力,也隐然有与美国并驾齐驱甚至是逐渐超越之势。

另外,全球的金融市场及经济景气近年亦因为2007年美国的金融危机而经历了剧变。过往文献对金融危机的蔓延现象虽然有颇多的讨论,但检视全球自20世纪80年代末期以来所发生的数次金融危机,1987年的美股危机,在时空、科技与总体经济背景上已与当前差异太大;墨西哥、泰国、巴西及俄罗斯等的危机事件则仅为新兴市场的区域性金融危机,影响范围有限。始于2007年的美国次贷危机在影响深度与波及广度上都超过了上述诸次危机。

本文采用了恩格尔—格兰杰与约翰森两种传统的协整检定方法,以及允许股市变量的协整关系具有不对称性调整的安德斯—希克勒斯不对称门槛协整检定方法,分别检测2005~2015年美股标普500指数与中国上证综合指数,以及新加坡、马来西亚、印度尼西亚、泰国及菲律宾五个东盟国家股市,以及中国股市和新、马、印、泰、菲五国股市之间不对称的长期均衡关系,以分析美国次贷危机对美股与中国及此五个东盟国家股市,以及中国股市与此五个东盟股市间市场联动性的影响,并进一步探讨次贷危机的负面冲击,是否会造成美股对中国与东盟五国股市,以及中国股市对东盟五国股市的危机蔓延效应。以及在次贷危机前后，美股与中股，究竟何者会对东盟五国股市产生较强的影响，借由分析美中两国股市对东盟各国股市的影响力在次贷危机前后的消长与变化，探讨中国在历经了廿余年的崛起与发展之后，如今在国际政治以及经贸上是否已足以撼动美国在东亚的地位。而经由本文的实际检测，发现传统协整检定的结果确实和不对称门槛协整检定的结果有相当明显之差异。

本文的主要发现有以下三点，而其中之意义可再分为对国际金融市场的意义，以及对于中国企业与东南亚华商发展的意义，其中，第一与第二点属对国际金融市场的意义，而第三点则分属对中国企业与华商发展的意义。兹分述如下。

（一）对国际金融市场的意义

第一点，为支持过去大部分文献的结论[1]，当国际上爆发重大的经济及金融危机，各国股市间极易产生相互传递或蔓延的共移趋势效果。经由安德斯—希克勒斯不对称门槛协整检定的结果发现，在2008年9月15日美国的投资银行雷曼兄弟破产事件发生之后（即本文中所指的次贷危机第二阶段），美股与新、马、印、泰、菲五国股市，以及中股与新、马、印三国股市的协整关系较危机之前均有大幅提升，共移程度明显加强，证实美股对新、马、印、泰、菲，以及中股对新、马、印的股市存在蔓延效果；但在危机前后的三个阶段中，美国股市与中国股市，以及中国股市与泰、菲两国的股市则皆不存在协整关系，协整检定统计量亦无明显变化，显示美股与中股以及中股与泰、菲两国股市仅存在相互依存效果。再由协整调整不对称性的比较得知，美股、中股的上涨（好消息）及下跌（坏消息），对东盟股市（不含美股与中股、以及中股与泰、菲股市）之影响的不对称性，在危机第二阶段，较危机之前以及危机第一阶段有明显的增强（协整

---

[1] 关于蔓延理论的文献，如2000年的多恩布什等、2001年的福布斯与瑞哥本，而实证研究的文献则有1990年的金与瓦德瓦尼、1993年的艾瑞斯汉纳帕林与杜卡斯及2005年的卡普瑞里等。

关系门槛效果加强),显示美股、中股对东盟股市的蔓延效应是由于风险冲击使得市场中负面信息的传递速度加快,因而改变了市场投资人的预期心理与风险趋避程度所导致。

第二点,与过去部分实证结果不同,以往文献探讨的金融危机事件,多是源于新兴市场,邻近国家极容易因为与危机发生国的地缘关系而产生被蔓延的现象。但本文以次贷危机为背景的实证结果则显示,与危机发生国(美国)在金融、证券市场的联动性强弱才是造成被蔓延程度不同的因素。由于新加坡的证券市场自由度及国际化程度为本文中东盟国家之冠,与美国的证券市场联动性亦较强;同时也因为如此,新加坡的金融业者及投资人所持有之与次贷债权相关衍生性金融商品的部位高于其他国家的投资人,亦即新加坡对美国的"曝险部位"要高于中国与其他的东盟国家,因此而产生了较明显的被蔓延现象。此显示出次贷危机与过去发生于新兴市场的金融危机,在成因及产生影响上的主要差异。

(二)对中国企业与东南亚华商发展之意义

就第三点而言,此点发现的意义则在于,经由分别比较美国股市、中国股市与东盟五国股市之间的协整关系,中国股市与五个东盟国家股市在次贷危机之前并不存在协整关系,但在次贷危机之后,随着危机事件的不断升级,由第一阶段至第二阶段,中国股市与新、马、印三国的股市协整关系就呈现出逐步提升的趋势,显示中国股市对部分东盟国家股市的影响力,于次贷危机后亦有逐渐增强的现象。虽然其影响力仍不如美国股市,但此点已显示出中国自 20 世纪 80 年代初的经济改革以来,经贸上经历了廿余年的高速发展,目前综合国力已具备一定之水平及规模,加上与东南亚地区(东盟)的地缘关系,如今中国对东盟国家在经贸上更是已具有相当程度的影响力(此影响可能亦包括了对东亚地区的其他国家),显示中国当前已越来越具备作为东亚区域经济领头羊的资格与气势。

而这点对目前东南亚地区的中资企业以及当地华商而言,亦分别具有相当程度之指标作用。

1. 对中国企业发展之意义

首先，对中国企业而言，可分为实体经济面以及金融市场面两方面来讨论：在实体经济面，又可以说是立基于"一带一路"网络的构建上；而金融市场面，则是在于人民币的国际化与离岸人民币市场的设立。

(1) "一带一路"的构建

在实体经济面，东盟各国的金融、经贸向中国靠拢，对中资企业于东南亚地区的投资，以及对东南亚各国的出口本就具有正面效益。一方面可以降低当地经营生产中各项有形及无形的成本，另一方面亦可以扩大市场规模以及市场占有率。而大量的中资企业进入东南亚，如再配合近来中国所倡议之"一带一路"大战略与亚投行的设立，借由日后将完成的基础水电设施及铁路公路，与河、海、航空等运输系统（亚投行成立之本意便在于向亚洲各国或地区之政府提供低成本之资金，以支持当地的基础设施建设、带动该地区的就业及经贸发展，并且进一步促进亚洲区域内的互联互通建设，以期最终可达成经济的一体化），其发展必更具有规模与价值，亦可以此地区作为跳板，进一步将腹地延伸至南亚、中亚、西亚以及非洲地区，将亚投行的效益发挥于海上丝绸之路经济网络的建设之上。

(2) 人民币国际化与离岸人民币市场的设立

在金融市场面，彼此间资本及金融市场的紧密连动，首先便更有利于双方在金融交易规模上的扩大及金融监理上的合作。如此不但有助于中国银行业与金融业在东南亚地区的进一步发展，亦可节省日后中资企业于当地进行融资时的交易、汇兑成本以及往来的时间。

其次，再就人民币国际化、相关金融商品的发展以及离岸人民币市场设立来看，前有言之，随着中国综合国力的增强，更成为仅次于美国的世界第二大经济体，人民币的国际化也逐渐成为全球所关注的焦点。目前，美元仍为世界各国所普遍接受作为国际交易、计价与结算单位的工具，其次则是欧元。而当中国的影响力逐步扩大，人民币迈向国际化的需求增加，尝试以人民币作为亚洲地区国际贸易的结算单位，并建构中国与亚洲各国（包括东盟）双边的货币清算机制就有其必要性。数年之前中国官方就已先以境内的数个重点区域为试点，测试以人民币作为清算单位，再逐步推广至周边的贸易伙伴国家。2009年中国开放了上海与广州、深圳、珠海、东莞等珠江三角洲地区，以及香港、澳门与东盟国家之间以人民币作为贸易结算单位。本文认为，此有可能正是近年中国与东盟各国股市及金融市场联动性渐趋紧密的其中一项重要因素，而后则更开放至全中国境内所有的省份，以及与境外所有国家之间的人民币贸易结算。而在货币清算机制建立后，中国与东盟各国双方的金融机构皆可开办人民币与其个别本国货币的存放款与汇兑等相关业务，而东盟各国的外汇指定银行（Do-Mestic Banking Unit，DBU）亦将可突破以往只能透过国际金融业务分行（Offshore Banking Unit，OBU）承做人民币存放款业务之限制，并取消OBU间不得相互拆借的规定，允许各OBU之间以及OBU与DBU之间的相互拆借。如此，则人民币流通性及DBU的人民币业务量都将因此而大幅提高，更有助于人民币的国际化。

借由中国与东盟诸国金融市场的紧密连动以及货币清算机制，更可为中国与东盟双边之互利双赢再创另一契机。未来，除了双方投资贸易及观光互访便利性的促进、金融交流与业务推广的增强之外，更可加速东盟各国政府打造金融平台，开放其境内的DBU与各金融业者承做人民币相关业务，并可进一步发行人民币债券及开发各种以人民币为计价单位的理财商品[①]。此举除了可扩大人民币金融商品的市场发展规模，且东盟各国境内的离岸人民币（CNT）市场亦将俨然形成，而离岸人民币中心之打造亦指日可待。虽然在短期内可能仍难敌各国资金汇集的香港离岸人民币（CNH）市场，但鉴于中国与东盟诸国近年来的金融市场紧密连动，长期仍有取香港市场而代之的机会。如此，不但可为东盟各国成为人民币离岸市场的可能性奠定根基，也象征着东盟各国离岸人民币时代的来临。而对于人民币国际化进程的增速，甚至是未来亚元（AMU）区领航地位的渐然形成，也都有相当之帮助。

---

① 目前已有之类似商品，如所谓的"地瓜债"，乃泛指在台湾所发行的人民币计价债券。其他又如台资企业透过海外子公司于香港发行者，称为"点心债"，于中国所发行者称作"熊猫债"，于日本发行者称作"武士债"，而于韩国发行者则称作"泡菜债"。

2. 对东南亚华商发展之意义

接着,再讨论对于东南亚华商发展的意义。对东南亚地区的华商而言,我们则可以分为三个层面来讨论:一为华商于东南亚地区的持续发展,二则是华商转向中国的发展,三则为华商于国际市场上的发展。

(1) 华商于东南亚的发展

首先就华商于东南亚的发展来看,中资企业大量进入该地区,当地华商于语言、文化(此点对中资企业与当地企业而言皆是)以及通路(主要是对中资企业的需求而言)上的优势,便可成为中国企业与当地政府及企业间的最佳"桥梁"。中国企业初入东南亚地区,不论是对中国企业,还是当地的企业和政府部门来说,彼此之间的交流与合作均会面临语言隔阂、文化迥异以及习惯差异等的问题与障碍,而华商对当地语言及华语文、华人文化的熟悉,以及本身于当地长久经营所累积的基础与经验,这些相对于当地企业的优势,便可作为双方交流的媒介,成为一种类似中国清朝中叶至民国初年活跃于商场与政坛的"买办"之角色。由当地华商担任中资企业与当地政府及企业之间的中介角色,随着中国与东盟诸国在各方面的日趋紧密,配合近来诸多议题的发酵,在可预见的未来,将会有更多的中国企业朝东南亚开拓,带来更多双边的合作与交流项目,可期望达成中资企业、华商、当地政府以及当地企业四赢的局面。

(2) 华商转向中国的发展

其次,就东南亚华商转向中国发展的议题来看,先由近来所谓"红色供应链"的概念谈起。"红色供应链"是指中国近年来所积极发展建立的,本土电子上下游及其周边之相关产业,目的在于解决电子业上游零组件,如半导体、内存等,对进口(主要是从中国台湾及韩国)的高度依赖之问题,并欲进一步朝海外市场发展。而从"红色供应链"亦衍生出了另一种称为"红色资本市场"的概念。"红色资本市场"则是指,如果中国的资本市场(股市)能够给予初次上市之企业较高的评价(如较高的本益比)及相对较易筹资的环境,则将可以吸引海外的华资企业(此包含台资公司、港澳资公司以及东南亚地区的华裔公司)在中国大陆进行 IPO(Initial Public

Offerings，首次公开募股），或是将原本已在中国营运的部分事业（子公司、分公司）切割出去，寻求在中国独立挂牌上市。由于中国资本市场对于上市企业通常会比台湾或香港的资本市场有较高之评价，且其目前已逐渐采取新的注册制度，并且开放海外华资企业的新上市申请，集资的门槛亦较台港市场为低，这对海外华资企业在中国大陆上市自是较台港更为有利。虽然"红色资本市场"目前仍属尚未成熟，然而通过此种概念，对东南亚的华商企业欲寻求在中国上市已是一大利多，加上如今双方的金融市场联动日趋紧密，一方面再借由上述所提及之人民币的货币结算机制，降低资金的交易与汇兑成本；另一方面，于中国上市亦可增加其企业或品牌的价值，并借此吸引人才，更有利于华商日后进一步开拓中国市场。基于这些利基，未来就可望吸引更多东南亚的华商企业前往中国发展。

（3）华商于国际市场的发展

再次，就东南亚华商于国际市场的发展来讨论。综合以上所述可知，随着中国与东盟诸国在金融、经贸及外交事务各方面的日趋紧密，中国在国际上的任何重大信息，都会直接或间接地影响到东南亚的华（侨）商。中国当前正积极构建一个能串联亚、非、欧三大洲的经济网络（"一带一路"）。对中国而言，欲达成此目的，东盟各国的地位至关重要，而欲打通东盟的通路与市场，华（侨）商所扮演的角色就着实关键。而华（侨）商同时兼具对当地语文及华语文、当地文化与华人文化的熟悉优势，更是台商、港商所无法替代的优势，利用此种优势，配合中国当前的持续发展，在国际上进行各种经贸战略布局，东南亚地区的华商便可望在东南亚区域以外的国际市场，诸如南亚、中亚、西亚、非洲，甚至是欧洲等，开拓新的商机。

另外，由本文的实证研究结果发现，虽然在次贷危机之前，中国股市与东盟国家股市间的关系，要弱于美股与东盟股市间的关系。但在次贷危机之后，尤其是在雷曼兄弟破产事件之后，此重大的风险冲击除了改变美股对东盟股市的传递机制，亦改变了中国股市对东盟股市的影响机制，因此导致了美国股市和中国股市皆对东盟国家的股市产生了蔓延效应（除中股与泰、菲股市）。然而美国毕竟是危机的来源以及当前全球经济的龙头，而东盟的部分国家（如马、印、泰、菲等）在历经多年之市场转型与经济改革后，与国际金融市场也已达到一定程度的接轨，因此在如此重大的风险冲击之下，美国股市对其股市的影响仍然要强于中国股市对其股市的影响。

最后，本文的实证结果亦提供了一项重要的信息，即于次贷危机前后的三个阶段，美国股市与中国股市间均不具有协整关系，彼此仅存在相互依存效应，联动性于本文的六个亚洲股市中最低，显示中国金融市场的国际开放程度可能在六个亚洲国家中居末。

关于此点，本文认为亦具有正反两面的意义。正面意义为，中国股市与美股的联动性弱，表示当欧美国家发生如次贷危机般的重大经济风险时，由于当前全球金融市场间的高度关联性，投资人固然难以利用与美股联动性强之股市以达到分散风险目的，但中国的股市或金融资产于此时反而可以成为投资人资金避险的一个渠道。近日来，希腊的债务危机引发了欧元区的动荡不安；日本虽然因实施量化宽松政策与货币贬值措施而使数十年的失落略有起色，但是长期的成效仍有待验证；美国虽摆脱了自次贷危机以来的衰退泥沼，但当前的经济前景不明，各界对升息与否亦莫衷一是。而中国对亚州国家的影响力正与日俱增，其对于左右亚州乃至世界经济的局势正处于一关键角色，此时正是发挥此项优势的时机点。

而反面意义则为，与美股的联动性弱，原因就在于中国政府对金融、证券、外汇等市场与信息的管制较其他亚洲国家（包含东盟）严格，而此将可能会妨碍中国金融市场与国际金融市场的接轨，造成境外资金在出入中国市场上的障碍，并且不利于中国金融、证券市场日后的进一步发展。对于中国当前正在部署的经贸战略，如亚投行、"一带一路"等，亦可能会带来一定程度的负面冲击。在未来，如何更进一步开放市场，如何营造更自由、更有效率的投资环境，并且保有本身市场的自主性与独立性，实值得政府相关部门深思，此发现也许值得政府相关单位在金融政策及法规的制定与执行中，作为参考依据。

参考文献

沈中华、陈建福:《B股开放政策对中国大陆股票市场效率性有影响吗？不对称门槛共整合模型的应用》,《财务金融学刊》2003年第11卷第3期。

聂建中、高友笙、杨超翔:《次级房贷危机前后美股对亚股的不对称性蔓延效果》,《中原企管评论》2011年第9卷第1期。

Afonso, A., Furceri, D., & Gomes, P., "Sovereign Credit Ratings and Financial Markets Linkages: Application to European Data", *Journal of International Money and Finance*, 31 (2012).

Aggarwal, C., Inclan, C. & Leal, R., "Volatility in Emerging Stock Markets", *Journal of Financial and Quantitative Analysis*, 34 (1999).

Arshanapalli, B. & Doukas, J., "International Stock Market Linkages: Evidence from the Pre-and Post-October 1987 Period", *Journal of Banking and Finance*, 17 (1993).

Balke, N. S. & Fomby, T. B., "Threshold Cointegration", *International Economic Review*, 38 (1997).

Boucher, C., "Asymmetric Adjustment of Stock Prices to Their Fundamental Value and the Predictability of US Stock Returns", *Economics Letters*, 95 (2007).

Caporale, G. M., Cipollini, A. & Spagnolo, N., "Testing for Contagion: A Conditional Correlation Analysis", *Journal of Empirical Finance*, 12 (2005).

Chan, K. S., "Consistency and Limiting Distribution of the Least Squares Estimator of a Threshold Autoregressive Model", *The Annals of Statistics*, 21 (1993).

Claessens, S., Ariccia, G. D., Igan, D., & Laeven, L., "Cross-Country Experiences and Policy Implications from the Global Financial Crisis", *Economic Policy*, 25 (2010).

Collins, D. & Biekpe, N., "Contagion: A Fear for African Equity Markets?" *Journal of Economics and Business*, 55 (2003).

Dornbusch, R. Park, Y. C. & Claessens, S., "Contagion: Understanding How It Spreads", *The World Bank Research Observer*, 15 (2000).

Dumontaux, N., & Pop, A., "Understanding the Market Reaction to Shockwaves: Evidence from the Failure of Lehman Brothers", *Journal of Financial Stability*, 9 (2013).

Dungey, M., Fry, R., González-Hermosillo, B. & Martin, V., "Contagion in International Bond Markets during the Russian and the LTCM Crises", *Journal of Financial Stability*, 2 (2006).

Enders, W. & Granger, C. W., "Unit-Root Tests and Asymmetric Adjustment with an Example Using the Term Structure of Interest Rates", *Journal of Business and Economic Statistics*,

16 (1998).

Enders, W. & Siklos, P. L., "Cointegration and Threshold Adjustment", *Journal of Business and Economic Statistics*, 29 (2001).

Engle, R. & Granger, C. W., "Cointegration and Error Correction: Representation, Estimation, and Testing", *Econometrica*, 55 (1987).

Engle, R. & Yoo, S., "Forecasting and Testing in Co – integration Systems", *Journal of Econometrics*, 35 (1987).

Eun, C. S. & Shim, S., "International Transmission of Stock Market Movements", *Journal of Financial and Quantitative Analysis*, 24 (1989).

Forbes, K. & Rigobon, R., "Measuring Contagion: Conceptual and Empirical Issues." in Stijn Claessens, and Kristin J. Forbes, eds.: *International Financial Contagion*, (Kluwer Academic Publishers, Norwell, MA), (2001).

Frankel, J. A., & Saravelos, G., "Can Leading Indicators Assess Country Vulnerability? Evidence from the 2008 – 09 Global Financial Crisis", *Journal of International Economics*, 87 (2012).

Gorton, G. B., "The Subprime Panic", NBER Working Paper, No. w14398, *National Bureau of Economic Research*, (2008).

Hamao, Y., Masulis, R. W. & Ng, V., "Correlations in Price Changes and Volatility across International Stock Markets", *The Review of Financial Studies*, 3 (1990).

Johansen, S., "Statistical Analysis of Cointegration Vectors", *Journal of Economic Dynamics and Control*, 12 (1988).

Johansen, S., "Determination of Co-integration Rank in the Presence of a Linear Trend", *Oxford Bulletin of Economics and Statistics*, 54 (1990).

Johansen, S., "The Role of the Constant and Linear Terms in Co – integration Analysis of Non – stationary Variables", *Econometric Review*, 13 (1994).

Kaminsky, G. L., Reinhart, C. M. & Vegh, C. A., "The Unholy of Financial Contagion", *The Journal of Economic Perspectives*, 17 (2003).

King, M. A. & Wadhwani, S., "Transmission of Volatility between Stock Markets", *Review of Financial Studies*, 3 (1990).

Koutmos, G., "Asymmetries in the Conditional Mean and the Conditional Variance: Evidence from Nine Stock Markets", *Journal of Economics and Business*, 50 (1998).

Longstaff, F. A., "The Subprime Credit Crisis and Contagion in Financial Markets", *Journal of Financial Economics*, 97 (2010).

Sarantis, N., "Nonlinearities, Cyclical Behaviour and Predictability in Stock Markets: International Evidence", *International Journal of Forecasting*, 17 (2001).

Siklos, P., "Asymmetric Adjustment from Structural Booms and Slumps", *Economics*

Letters, 77 (2002).

Siklos, P. and Granger, C. W., "Regime – Sensitive Cointegration with an Application to Interest Rate Parity", *Macroeconomic Dynamics*, 3 (1997).

Sikka, P., Filling, S., & Liew, P., "The Audit Crunch: Reforming Auditing", *Managerial Auditing Journal*, 24 (2009).

Sobreira, R., "The Brazilian Experience on Prudential Regulation and its Impacts on the 2008 Financial Crisis", *Brazilian Journal of Political Economy*, 31 (2011).

Stock, J., "Asymptotic Properties of Least – Squares Estimators of Cointegrating Vectors", *Econometrica*, 55 (1987).

Swan, P. L. "The Political Economy of the Subprime Crisis: Why Subprime Was so Attractive to its Creators", *European Journal of Political Economy*, 25 (2009).

Tong, H., "Threshold Models in Non – Linear Time Series Analysis", New York: Springer – Verlag, (1983).

Tong, H., *Non – Linear Times Series: A Dynamical Approach*, Oxford, U. K.: Oxford University Press, (1990).

B.8 华人家族企业的关系类型管理机制研究

吴东儒　肖威　谢介仁　林春培*

摘　要： 本文旨在探讨华人家族企业中管理者身份关系与其所拥有的权力和对部属的影响战略之间的关联性。在结合华人社会的关系（Guanxi）理论、权力基础和影响战略等三个概念的基础上，对家族企业管理者进行问卷调查，共回收289份有效问卷。经过多因素方差分析和阶层回归分析后发现，家族企业中不同关系类型的管理者所拥有的权力和对待部属的影响战略都有所不同；拥有越多职位权的管理者，尤其是属于家人关系的管理者，在对待部属上越会使用刚强果断的方式。朋友关系的管理者在家族企业中扮演着桥梁角色，弥补家人关系的管理者过于强势的影响战略，是一种使企业顺利运作的润滑剂。家族企业是华人最常见的企业形态，但是华人家族企业常常因为传承问题而无法继续延续其企业；为了完成组织赋予的目标和提升整体的工作绩效，建议这类型企业要重视人和的概念，维持企业内部良好的沟通管道。

关键词： 家族企业　华人式关系　权力　影响战术

---

* 吴东儒，博士，华侨大学工商管理学院讲师，主要研究方向为华商研究、组织行为和消费者行为；肖威，博士，华侨大学经济与金融学院讲师，主要研究方向为经济学、华商研究；谢介仁，博士，台湾长荣大学国际企业学系教授，主要研究方向为创新管理、华人组织行为；林春培，博士，华侨大学工商管理学院副教授，主要研究方向为创新管理、华商研究。

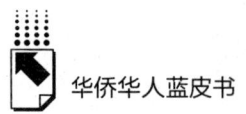

一 绪论

家族企业可以说是社会上一种常见的企业组织形态[1];家族企业在欧洲占有整体企业数的52%,在荷兰、德国及奥地利等地区则超过80%[2],而在华人地区更有80%的企业属于家族企业。关于家族企业的定义,学者认为,家族企业必须符合企业内有两位或是两位以上的董事为家族成员,以及企业内家族成员持有超过5%以上的所有权等两个条件[3]。巴塞洛缪斯和坦尼维斯基则认为,家庭企业是家族成员担任该公司经理人或是董事会主要成员,并且40%以上的股权由家族成员与亲属所持有[4]。此外,家族企业是一种特殊企业治理模式[5],因为其家族中的成员不仅以经营权、所有权等方式涉入企业的经营,其成员间的身份关系以及家族对外联系也构成了家族独有的社会资本[6]。因此,本文则延续前述学者对于家族企业的定义,从经营权和所有权的角度切入。

在华人社会中,建立在血缘关系或家族情感连结上的关系网络,是一种特殊且历史悠久的形态,也是现今许多华人企业得以延续的重要因素,其中家族企业就是最好的代表。为达成企业所交付的任务,管理者需要有足够的权力去带领部属员工,因此企业会依据其结构赋予管理者正式且必需的权力,使其能顺利执行该职务。但随着社会的发展变化,家族企业也采取交叉

---

[1] Burkart M., Panunzi F. and Shleifer A, "Family Firms", *Journal of Finance*, 58 (2003): pp. 2167 - 2210.
[2] Donckels R. and Frohlich E., "Are Family Businesses Really Different? European Experiences From Stratus", *Family Business Review*, 4 (1991): pp. 149 - 160.
[3] Gomez-Mejia L., Larraza-Kintana M. and Makri M., "The Determinants of Executive Compensation in Family-Controlled Public Corporations", *Academy of Management*, 46 (2003): pp. 226 - 237.
[4] Bartholomeusz S. and Tanewski G. A., "The Relationship between Family Firms and Corporate Governance", *Journal of Small Business Management*, 44 (2006): pp. 245 - 267.
[5] Miller D. and Le Breton-Miller I., "Family Governance and Firm Performance: Agency, Stewardship, and Capabilities", *Family Business Review*, 19 (2006): pp. 73 - 87.
[6] Arregle J., Hitt M. A., Sirmon D. G. and Very P., "The Development of Organizational Social Capital: Attributes of Family Frms", *Journal of Management Studies*, 44 (2007): pp. 73 - 95.

持有股权的方式运作，但不变的是组织内部的重要职位或决策权仍由原本家族内的亲信（包括血缘关系、姻亲关系、朋友关系）所掌握。因此，关于家族企业的治理问题，以及组织内部的职责分配和权力划分就变成一个重要的课题。企业中的管理者会为了完成工作目标而采取某些行动来影响部属的行为，以达到领导的效果。影响战略（influence tactics）是领导的主要内涵[1]，它就是一种要求对方配合自身想法和需求的方法或手段。它可以影响上司、同级或部属的行为进而产生态度、价值观、信仰或行为上的改变。管理者借影响战略的协助（如以身作则、命令、游说）去带领、修正他人的行为，以达成日常工作及长期的组织目标；更重要的是，管理者的影响战略对于其领导效能而言是一个重要的因素，因为它将决定领导的成败，并会立即反映到团队或组织绩效上。

然而，在华人社会与企业中，特别强调个人的关系（Guanxi），且无论是从社会环境到企业，还是从政府官员到平民百姓，均可以看出关系的存在[2]。事实上，华人社会将关系（Guanxi）视为一种重要且特殊的资源，因为这攸关个人或企业的生存，所以判断或区分关系是权力者首要关注的要素[3]。综上所述，关系可以用来保护自己或是借此得到稀缺资源，以获得比其他人多的机会或免于威胁[4]。华人社会基于文化背景和家业维系的影响，偏好由自己的孩子或家族后代等有血缘关系者做接班人，为避免缺口的问题发生，这些被视为接班人或未来企业中重要的人就会早早被安排进入该企

---

[1] Durbin A. J. *Leadership：Research Findings, Practice and Skills* (3rd ed.) (Poston：Houghton Mifflin Company, 2001).

[2] Jacobs J. B., "A Preliminary Model of Particularistic Ties in Chinese Political Alliances：Kan-ch'ing and Kuan-hsi in a Rural Taiwanese Township", *The China Quarterly*, 78 (1979)：pp. 237 – 273；Wu T. J., Tsai H. T. and Yeh S. P., "The Role of Manager's Locus of Control between Perceived Guanxi and Leadership Behavior in Family Business", *Revista Internacional de Sociologia*, 72 (2014)：pp. 87 – 104.

[3] Hwang K. K., "Face and Favor：The Chinese Power Game", *American Journal of Sociology*, 92 (1987)：pp. 944 – 974.

[4] Hwang K. K., "Face and Favor：The Chinese Power Game", *American Journal of Sociology*, 92 (1987)：pp. 944 – 974.

业,并身居要职,以利就近学习。所以,由于受到家族式关系(family Guanxi)的深刻影响,企业大自组织整体范畴、人员编制,小至章程规范等或多或少都可以嗅出其中关系的成分。

在家族企业中,管理阶层或一些具有重要决策权的管理者多为家族成员所担任,但并非所有管理者都是由家族成员所担任①;此外,过去文献曾将关系类别分为家人关系、朋友关系和利害人关系三类②,可是后续研究却并未以实证方式验证三种关系类型的真正差异。因此,本文研究目的之一是分析家族企业中不同关系类别的管理者,其拥有的权力以及对待部属的影响战略是否有所差异。而过去关于管理者影响战略的研究显示,不论其影响对象是上司、部属或同事,最常被使用的策略就是合理诉求,其次为交换③。然而,这对企业形态特殊的家族企业而言是否也有如此结果。所以,本文研究目的之二是探讨不同关系类别下,拥有不同权力的家族企业管理者将如何领导影响部属的行为。

二 文献探讨

(一) 关系(Guanxi)

在华人社会,人与人之间的联系就叫作关系(Guanxi),是华人社会特有的现象,其概念类似社会网络(social network)中的人际关系。华人文化

---

① Hwang K. K., "Face and Favor: the Chinese Power Game", *American Journal of Sociology*, 92 (1987): pp. 944-974.
② Zhang X. and Li G., "Does Guanxi Matter to Nonfarm Employment", *Journal of Comparative Economics*, 31 (2003): pp. 315-331; Taormina R. J. and Gao J. H., "A Research Model for Guanxi Behavior: Antecedents, Measures, and Outcomes of Chinese Social Networking", *Social Science Research*, 39 (2010): pp. 1195-1212; Tsai H. T., Wu T. J. and Yeh S. P., "A Study of Chinese Guanxi Type in Family Business from the Perspective of Power-Based and Leadership Behaviours", *South African Journal of Economic and Management Sciences*, 16 (2013): pp. 102-114.
③ Kipnis D., Schmidt S. M. and Wilkinson I., "Intraorganizational Influence Tactics: Explorations in Getting One's Way", *Journal of Applied Psychology*, 65 (1980): pp. 440-452; Yukl G., Leadership in Organizations (4th ed.) (NJ: Prentice Hall, 2002).

强调"集体主义"与"顺序"的价值观是从儒家思想衍生出来的，它提供个体在社会上的角色定位，以及与他人相处的行为法则；这种与他人相处的基本联结称为"关系"[①]，后来更演化成为华人社会中重要的价值观。关系是由目标（object）、势力（forces）和人（persons）三者结合而成的；事实上，关系除了指夫妻关系、亲属关系（kinship）和朋友间的关联性外，它强调的是人与人之间的联结[②]。所以，关系带给华人的不只是生活上的便利，伴随而来的可能还有经济或政治地位上的便利[③]。也就是说，关系可视为一种社会联结（social connection），但是这种关系联结主要是建立在双方的共有利益或便利上[④]。

在华人社会中，关系网络的强度常常被用来衡量一个人的价值[⑤]，所以不论在寻求意见或解决问题上，华人家族式关系（Chinese Family Guanxi）是影响个人最重要且最直接的因素[⑥]。关系对于每一个人的重要性，会随着个人所重视的事物不同而有所差异；雅克布斯指出，关系的主要连结来源包括血缘关系（姻亲、直系或旁系亲属）、地缘关系、同学关系、同事关系、

[①] Hwang K. K., "Face and Favor: The Chinese Power Game", *American Journal of Sociology*, 92 (1987): pp. 944 – 974.

[②] Yang M. M., *Gifts, Favors and Banquets: The Art of Social Relationships in China* (NY: Cornell University Press, 1994); Tsai H. T., Yeh S. P. and Wu T. J., "The Use of Governmental-Firm Guanxi under Different Market Conditions for Taiwanese Hospitality Firms Invested in China", *Actual Problems of Economics*, 12 (2011): pp. 4 – 11.

[③] Gold T., Guthries D. and Wank D. *Social Connections in China* (Cambridge: Cambridge University Press, 2002).

[④] Wu T. J., Tsai H. T. and Yeh S. P., "The Role of Manager's Locus of Control between Perceived Guanxi and Leadership Behavior in Family Business", *Revista Internacional de Sociologia*, 72 (2014): pp. 87 – 104.

[⑤] Yang C. F., *Psychocultural Foundations of Informal Groups: The Issues of Loyalty, Sincerity, and Trust*. In L. Dittmer, H. F. & Lee, P. N. S. (Eds.), *Informal Politics in East Asia* (pp. 85 – 105) (NY: Cambridge University Press, 2000); Wu T. J., Tsai H. T. and Yeh S. P., "The Role of Manager's Locus of Control between Perceived Guanxi and Leadership Behavior in Family Business", *Revista Internacional de Sociologia*, 72 (2014): pp. 87 – 104.

[⑥] Hwang K. K., "Face and Favor: The Chinese Power Game", *American Journal of Sociology*, 92 (1987): 944 – 974; Zhang X. and Li G., "Does Guanxi Matter to Nonfarm Employment", *Journal of Comparative Economics*, 31 (2003): pp. 315 – 331.

朋友关系、结拜（兄弟）关系，甚至师生关系①。杨美慧根据关系远近程度提出三种主要的关系类型：家人关系（家庭成员间的关系，如父母、子女、兄弟、姐妹、夫妻及其他家人）、熟人关系（亲戚、朋友、邻居、同事、同乡）以及生人关系②（纯粹认识的陌生人，与自己无任何直接或间接持久性的社会关系）。最近有关关系的研究则进一步将不同的关系形式转化成为行为模式，而称为关系行为（Guanxi behavior），其中分成家人关系（Guanxi family）、朋友关系（Guanxi friends）以及利害人关系（Gunaxi favors）三种类型③。当个人需要寻求帮助时首先会想到家人，所以说亲属关系是关系建立的第一步，其次才会寻求亲密的朋友关系或非家人关系的朋友协助。

以上的关系联结不一定属于可直接联结的，所以不一定是建立在真正的关系基础上，而是借助互惠互助的方式而使彼此关系更为亲近，最终达成对彼此都有利的目标。其中，"情愫"就是维持关系的重要因素之一④；它可以借助社会互动，而将没有亲戚关系或不同社会阶层的人联系在一起，而且只要社会互动有持续，那么彼此间便会发生感情而且越来越好。所以发展维持亲密关系的方法之一，就是以帮忙对方来建立亲密的关系；必须注意的是，可靠和信用是维持关系的重要因素。

（二）权力基础 (power based)

一般对权力的解释指的是有能力操纵某人某事。弗伦奇和雷文认为，权

---

① Jacobs J. B., "A Preliminary Model of Particularistic Ties in Chinese Political Alliances: Kan-ch'ing and Kuan-hsi in a Rural Taiwanese Township", *The China Quarterly*, 78 (1979): pp. 237 – 273.

② Yang M. M., *Gifts, Favors and Banquets: The Art of Social Relationships in China* (NY: Cornell University Press, 1994).

③ Taormina R. J. and Gao J. H., "A Research Model for Guanxi Behavior: Antecedents, Measures, and Outcomes of Chinese Social Networking", *Social Science Research*, 39 (2010): pp. 1195 – 1212.

④ Lee D. Y. and Dawes P. L., "Guanxi, Trust, and Long-Term Orientation in Chinese Business Markets", *Journal of International Marketing*, 13 (2005): pp. 28 – 43; Zhuang G., Xi Y. and Tsang S. L., "Power, Conflict, and Cooperation: The Impact of Guanxi in Chinese Marketing Channels", *Industrial Marketing Management*, 39 (2010): pp. 137 – 149.

力指的是一方可以影响且左右另一方决定的能力[1]。权力亦可视为个人所拥有的独特资源，因为当个人拥有能够控制、支配他人的资源时，就能对他人有所控制。所以说，权力是基于对资源的取得，而能控制或能使用资源的人，通常是拥有权力的特定人员。因为权力是一种互动的关系，它指的是个人拥有他人所需的资源，因而能够控制、影响他人的生活、行为与态度，所以在组织中，权力运用的方向不一定是上对下而已。芬克尔斯坦认为，在制定策略性决策时，经理人所运用的权力扮演关键性的角色[2]，因为有效率的经理人会通过赋权（empowerment）的方式来与成员一起分担权力与责任[3]，以表现出对部属的承诺与信任。

弗伦奇和雷文以五种不同的权力基础来描述企业管理者对于其部属的领导行为。①合法权（legitimate）：个人在组织中因正式职位而被赋予的正式权力。②奖赏权（reward）：能分配有价值之奖赏给他人的权力。③强制权（coercive）：能给予他人不想要之事物或惩罚的权力。④专家权（expert）：凭借特殊技能或知识而获得的权力。⑤参考权（referent）：因独特性格而致使部属愿意服从的权力[4]。罗森伯格和波林研究发现，权力的运用会随着管理者的职务级别和工作任期而有所不同，较有经验的组织成员与经理人在与人相处时较偏好运用合法权与参考权[5]。学者们进一步认为，专家权与参考权属于从"个人"特质衍生出来的专属权力，而合法

---

[1] French J. R. P. and Raven B., "The Bases of Social Power". In Cartwright, D. (Ed.) *Studies in Social Power* (Ann Arbor: University of Michigan Press, 1959).

[2] Finkelstein S., "Power in Top Management Teams: Dimensions, Measurement, and Validation", *Academy of Management Journal*, 35 (1992): pp. 505 – 538.

[3] Conger J. A. and Kanungo R. N., "Toward a Behavioral Theory of Charismatic Leadership in Organizational Settings", *Academy of Management Review*, 12 (1987): pp. 637 – 647; Holpp L., "Applied Empowerment. *Training*", 31 (1994): pp. 39 – 44.

[4] French J. R. P. and Raven B., The Bases of Social Power. In Cartwright, D. (Ed.) *Studies in Social Power* (Ann Arbor: University of Michigan Press, 1959).

[5] Rosenberg M. and Pearlin L., "Power-Orientations in the Mental Hospital", *Human Relations*, 15 (1962): pp. 335 – 349.

权、奖赏权及强制权则是由"组织"所赋予的正式权力①，因而提出将五大权力基础区分为职位权（position power）与个人权（personal power）两种。

加西卡、瑞斯特伯格和丹森的研究指出，个人一生受家庭的影响最大，当个人需要寻求帮助时首先会想到家人，其次才会寻求亲密的朋友关系或非家人关系的朋友协助②，所以说，寻求亲密友人的协助是华人寻求关系的第二选择③。企业会根据个人职责或专长的不同而赋予不同权力④，但家族企业是一个特殊的情况，因为其核心权力大都由家族成员或亲朋好友所掌控，所以拥有家族关系的管理者其所拥有的职位权必定高于其他关系的管理者；相对的，属于其他关系类别的管理者，其所拥有的个人权会高于家人关系的管理者。本研究推论，相较于利害人关系的管理者，属于家人关系的管理者拥有较多的职位权；相反，相较于家人关系的管理者，属于利害人关系的管理者拥有较多的个人权。因此，在家族企业中，不同关系类别之管理者与所拥有的权力间具显著差异（见图1 H1）。

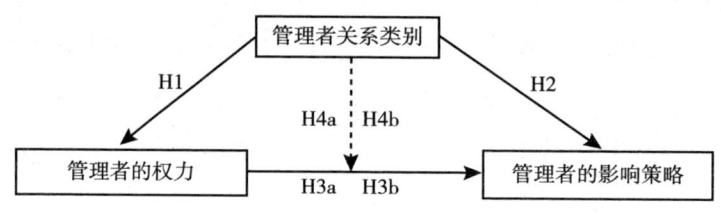

图1 研究模型

---

① Robbins S. P., *Organizational Behavior* (9th ed.) (New Jersey: Prentice-Hall, 2001); Yukl G., *Leadership in Organizations* (4th ed.) (NJ: Prentice Hall, 2002).
② Garcia P. R. J. M., Restubog S. L. D. and Denson T. F., "The Moderating Role of Prior Exposure to Aggressive Home Culture in the Relationship between Negative Reciprocity Beliefs and Aggression", *Journal of Research in Personality*, 44 (2010): pp. 380 – 385.
③ Taormina R. J. and Gao J. H., "A Research Model for Guanxi Behavior: Antecedents, Measures, and Outcomes of Chinese Social Networking", *Social Science Research*, 39 (2010): pp. 1195 – 1212.
④ Ibid..

(三) 影响战略

"影响"是一个说服他人相信或从事某种特定行为的重要工具,所以说领导管理最主要的作用在于影响组织内的其他人。但是单靠其无法解决或完成组织所交代的任务,所以主管必须运用各种影响技巧才能达到目的,这包括了人际和政治关系的运用;而管理者影响他人的行为或方式的动作称为影响战略(influence tactics)。影响战略意指权力拥有者转换其权力基础形成特定的行动,以获得其欲求之事物[1]。尤克尔和法尔比认为,影响是串联权力和欲达成目的之间的重要因素,也就是如何将权力基础转换为特定行动的桥梁;而且组织中影响战略的实施,会依照其影响的企图和实施目标的不同而有所差异,而影响的方向也可分为上行(upward)、平行(lateral)及向下(downward)等三类[2]。

企业中的人际关系虽然可区分为垂直上下关系与水平同事关系,但是在华人企业中,无论工作或生活层面上部属均受到上司的深刻影响,因而展现出不同的工作效能与行为;所以相对于水平式的同事关系,管理者与部属间的垂直式关系更显重要。一般而言,实施者在施行影响企图时,会依据目标同时选用一个甚至多个影响战略。克普内斯等[3]、施里斯海姆和赫坚[4]将影响战略分为六种分类。① 逢迎(ingratiation):提出要求之前,先表现亲善与讨好。② 交换(exchange):以彼此所欲求的利益相互交换。③ 合理

---

[1] Kipnis D., Schmidt S. M. and Wilkinson I., "Intraorganizational Influence Tactics: Explorations in Getting One's Way", *Journal of Applied Psychology*, 65 (1980): pp. 440 – 452; Hinkin T. R. and Schriesheim C. A., "Development and Application of New Development and Application of New Scales to Measure the French and Raven (1959) Bases of Social Power", *Journal of Applied Psychology*, 74 (1989): pp. 561 – 567.

[2] Yukl G. and Falbe C. M., "Infuence Tactics in Upward, Downward, and Lateral Infuence Attempts", *Journal of Applied Psychology*, 75 (1990): pp. 132 – 140.

[3] Kipnis D., Schmidt S. M. and Wilkinson I., "Intraorganizational Influence Tactics: Explorations in Getting One's Way", *Journal of Applied Psychology*, 65 (1980): pp. 440 – 452.

[4] Schriesheim C. A. and Hinkin T. R., "Influence Tactics Used by Subordinates: A Theoretical and Empirical Analysis and Refinement of the Kipnis, Schmidt, and Wilkinson Subscales", *Journal of Applied Psychology*, 75 (1990): pp. 246 – 257.

(rationality):以事实为基础,提出合乎逻辑与理性之意见。④果断(assertiveness):采取直接且强硬的作风,如命令他人遵照规定行事。⑤向上诉求(upper appeals):寻求上级主管协助。⑥联盟(coalition):寻求组织内其他人员之支持。尤克尔等发现,主管影响部属最常使用的是合理策略,而压力与联盟则是最无效率的策略①。

也因为管理者与企业的关系类别不同,所以其在管理或领导员工时所倾向的行为方式就会有所不同。基于资源的观点,权力是一种稀有资源,倘若该管理者是家族企业中的亲戚,那么企业会因此给予他较多且较为特殊的权力,所以在管理员工上的作风就会采用较为强硬的方式;相较而言,若管理者与家族企业的领导者属于纯利益关系,其可能会采用较为保守的方式以管理部属。本研究推论,相较于利害人关系的管理者,属于家人关系的管理者在对待部属上会使用较为刚硬的影响战略,如果断策略;相对的,相较于家人关系的管理者,属于利害人关系的管理者在对待部属上会使用较为友善的影响战略,如逢迎策略、交换策略。故在家族企业中,不同关系类型的管理者对待部属的影响战略具有差异性(见图1H2)。

另外,布拉斯和伯克哈特认为,影响战略是权力运用的结果,而且两者间有显著关系②。且尤克尔在权力与影响战略模式中认为,领导者影响战略的选择会依据对象而有所不同,并且其所拥有的权力将强化领导者的影响企图③。综上所述,企业会因为管理者能力或职位的不同而赋予适当的权力,以追求组织运作上的流畅程度;也因为管理者拥有不同的权力,所以在领导和影响部属上所使用的方式也有所不同。在企业中,由于拥有较多职位权的管理者能借助组织所赋予的正式权力要求部属执行任务,所以在对待部属上就较容易使用强硬的果断策略,而相对不会使用逢迎或交换等较为和善的策

---

① Yukl G. and Falbe C. M., "Infuence Tactics in Upward, Downward, and Lateral Infuence Attempts", *Journal of Applied Psychology*, 75 (1990): pp. 132 – 140.
② Brass D. J. and Burkhardt M. E., "Potential Power and Power Use: An Investigation of Structure and Behavior", *Academy of Management Journal*, 36 (1993): pp. 441 – 470.
③ Yukl G., *Leadership in Organizations* (4th ed.) (NJ: Prentice Hall, 2002).

略；反之，拥有较多个人权的管理者则会因为本身的专业或性格特质，在对待部属上就较容易使用和善的逢迎或交换策略，而不会使用较为强硬的果断策略。本文认为，在家族企业中，拥有较多职位权的管理者，在对待部属上较容易使用强硬的影响战略，如果断策略；相反，拥有较多个人权的管理者，在对待部属上则较容易使用和善的影响战略，如逢迎或交换策略。故本文提出 H3a：职位权与果断策略间具正向关系，个人权与逢迎、交换、合理、向上诉求与联盟策略间具正向关系（见图1 H3b）。

企业式的关系和家族式的关系所代表的意义是不一样的①，企业式关系（business Guanxi）大多意旨赠礼、贿赂等比较非正式的互换恩惠（favor exchange），而家族式关系（family Guanxi）则是强调义务（reciprocal）帮忙、协助的互换恩惠。在家族企业中就可以看到上述两者。在家族企业中，掌握企业内部的重要职位或是决策权的管理者多以家族内亲信为主，可见在该类型的企业中，管理者的身份关系是组织赋予重要职务、权力或职位的重要考虑因素之一。本文认为，在家族企业中位居管理者的应不只存在家人关系者而已，通常都还会掺杂着朋友关系或利害人关系的类型在其中；然而，家族企业为了巩固其所有权或是为了使其运作更为顺畅，会因为管理者的身份关系而赋予不同的权力以保护稀有的资源，进而导致该管理者在对待部属的行为上会有所不同。因此本研究推论，相较于（朋友）利害人关系的管理者，属于家人关系的管理者拥有较多的职位权，在对待部属上则会选择果断策略；相比属于家人关系的管理者，属于（朋友）利害人关系的管理者拥有较多的个人权，在对待部属上则会选择逢迎、交换、合理、向上诉求与联盟策略。故属于家人关系之管理者，其职位权与果断策略间具干扰效果（见图1 H4a），属于利害人关系之管理者，其个人权与逢迎、交换、合理、向上诉求与联盟策略间具干扰效果（见图1 H4b）。

---

① Hwang K. K. *Confucian Relationalism*: *Philosophical Reflections*, *Theoretical Construction*, *and Empirical Research* (Taipei: Psychological Publishers. in Chinese, 2009).

三 研究设计

(一)研究对象

对于家族企业的定义有多种,但几乎都是从股权和经营权两方面作区分。从股权方面来说,只要企业中超过50%的股权是由家族成员所持有,那么该企业就可以称作家族企业;若是以经营权来说,则只要企业内超过两位具决策、领导权的高层管理者由家族成员所担任,那么就可以称作家族企业。本文根据此定义并以台湾地区的家族企业为主要研究对象。在进行调查前先以电话或电子邮件确认是否愿意接受访问调查后,再进一步约时间进行问卷调查;本文共调查了112间家族企业,每间企业以2~5份问卷进行调查,共回收325份问卷,其中有效问卷为289份。

对基本资料进行分析后发现,此次回收的样本中管理者以男性(61.6%)且中层管理者为多数,平均年龄在26~45岁,且其职务以生产研发(28.0%)和人事总务(21.8%)居多。而这些研究对象与企业内高层主管的关系类型系以家人关系为多数(44.3%),其次为朋友关系(30.8%),最后为利害人关系(24.9%)(见表1)。

表1 样本描述性统计

属性	项目	人数(人)	比例(%)
性别	男性	178	61.6
	女性	111	38.4
年龄	25岁以下	31	10.7
	26~35岁	134	46.4
	36~45岁	78	27.0
	46岁以上	49	17.0
服务年限	5年以下	107	37.0
	6~10年	84	29.1
	11~15年	53	18.3
	16~20年	28	9.7
	21年以上	17	5.9

续表

属性	项目	人数	百分比(%)
产业类别	非制造业	78	27.0
	制造业	211	73.0
职务级别	高层管理者	68	23.5
	中层管理者	124	42.9
	基层管理者	97	33.6
与高层主管关系	家人关系	128	44.3
	朋友关系	89	30.8
	利害人关系	72	24.9
职务类别	生产研发	81	28.0
	营销企划	61	21.1
	人事总务	63	21.8
	财务会计出纳	49	17.0
	信息	35	12.1

(二) 变量衡量

1. 权力

本文对权力的定义：权力是施用者相对掌握具有重要性及稀有的资源，得以对目标者施用具潜在性的影响力。此部分采用弗伦奇和雷文之社会权力分类架构的五种类别作为权力基础构面的因素，分别是强制权、奖赏权、合法权、专家权及参考权[1]。参考并修订赫坚和施里斯海姆的社会权力基础量表[2]（Bases of Social Power Questionnaire）简化成的20个问项量表，且以5点尺度量表加以衡量。最终，将依照尤克尔的分类方式将五个种类分为职位权和个人权两类[3]。此部分 Cronbach's α 为 0.912。

2. 影响战略

影响战略的定义：影响战略为管理者即权力拥有者转换其权力基础形成

---

[1] French J. R. P. and Raven B., *The Bases of Social Power. In Cartwright, D. (Ed.) Studies in Social Power* (Ann Arbor: University of Michigan Press, 1959).

[2] Hinkin T. R. and Schriesheim C. A., "Development and Application of New Development and Application of New Scales to Measure the French and Raven (1959) Bases of Social Power", *Journal of Applied Psychology*, 74 (1989): pp. 561–567.

[3] Yukl G., *Leadership in Organizations* (4th ed.) (NJ: Prentice Hall, 2002).

在领导行为上特定行为的种类及方式。本文采用开普尼斯等对影响战略的六种分类，分别是：逢迎、交换、合理、果断、向上诉求与联盟[1]，此量表共包含18个题项，本文将以5点尺度量表加以衡量。此部分Cronbach's α为0.887。

3. 管理者关系类别

此部分将衡量该管理者与家族企业中最高领导者的关系类别，共分为家人关系、朋友关系以及利害人关系三种。该数据实属类别变量，所以在进行回归分析前，先将关系类别以利害人关系为基准设定成2个虚拟变量，分别为家人关系（家人关系为1，其他为0）、朋友关系（朋友关系为1，其他为0）。

4. 控制变量

本文参照过去关于家族企业之研究[2]，并将管理者之性别、服务年限、职能类别、职务级别以及产业类别设为控制变量。其中，在年限部分则以服务10年为基准，未满10年者为0，10年以上者为1；职能类别则以是否为营运单位为基准，非营运单位为0（包含财务会计、人事总务、信息），营运单位为1（包含生产开发、营销业务）；而职务级别则是以中层主管为基准，基层管理者为0，中层管理者以上为1。

四 实证分析

帕德萨科夫等认为同源变异（common method variance，CMV）可能造成混淆研究结果[3]，因此本文依据其建议，用哈门氏单因子分析（Harmen's

---

[1] Kipnis D., Schmidt S M and Wilkinson I, "Intraorganizational Influence Tactics: Explorations in Getting One's Way", *Journal of Applied Psychology*, 65 (1980): pp. 440 – 452.

[2] Kellermanns F. W. and Eddleston K. A., "Feuding Families: When Conflict Does a Family Firm Good", *Entrepreneurship Theory and Practice*, 28 (2004): pp. 209 – 228; Chung H. M., "The Role of Family Management and Family Ownership in Diversification: The Case of Family Business Groups", *Asia Pacific Journal of Management*, (2012), doi: 10.1007/s10490 – 012 – 9284 – x.

[3] Podsakoff P. M., MacKenzie S. B., Lee J. Y. and Podsakoff N. P., "Common Method Biases in Behavioral Research: A Critical Review of the Literature and Recommended Remedies", *Journal of Applied Psychology*, 88 (2003): pp. 879 – 903.

single-factor)检测 CMV 是否存在。结果出现 11 个因子,且第一个因子的累积解释变异量为 15.24%,未占多数解释量,显示本文衡量之问卷无 CMV 之问题。

表 2 列出了各变数的相关系数。所有相关系数大于或等于 0.15 时,其统计之显著性在 $p<0.05$ 水平;而相关系数大于或等于 0.23 时,其统计之显著性在 $p<0.01$ 水平。由表 2 可知,家族企业中属于家人关系的管理者与其在企业中的职务级别呈显著正向相关且与职位权和个人权间亦达显著相关性。而属于朋友关系的管理者与其在企业中的职务级别呈显著正向相关且与职位权和个人权间亦达显著正向相关。由此可约略看出,在家族企业中不同关系类别的管理者所拥有的权力会有所不同。

经过 ANOVA 差异性分析后发现,在家族企业中不同的关系类别的管理者所拥有的权力和对待部属的影响战略也会有所不同(Wilks' $\lambda = 0.691$,$P<0.001$)。由表 3 看出,拥有家人关系的管理者会比朋友关系、利害人关系的管理者拥有更多的职位权;而属于利害人关系的管理者,其所拥有的个人权亦会比家人关系的管理者多。另外,在对待部属上,拥有利害人关系的管理者会比朋友关系、家人关系的管理者更容易使用逢迎策略和交换策略;而拥有家人关系的管理者会比朋友关系、利害人关系的管理者较容易使用果断策略。因此,本文研究假设 1 和假设 2 成立。

借助层级回归(hierarchical regression),本文将性别、服务年限、职务级别、产业类别与职能类别列为控制变量,接着将权力设为自变量,影响战略设为因变量进行复回归分析(见表 4)。在有控制变量的情况下,本文发现家族企业中的管理者拥有越多的职位权,其在对待部属上越容易使用果断策略($\beta = 0.372$,$P<0.001$),而越不会使用逢迎策略($\beta = -0.273$,$P<0.01$)和交换策略($\beta = -0.245$,$P<0.01$)。但若是其拥有越多的个人权,在对待部属上则越会使用逢迎策略($\beta = 0.315$,$P<0.001$)、交换策略($\beta = 0.278$,$P<0.01$)、合理策略($\beta = 0.161$,$P<0.05$)、向上诉求($\beta = 0.258$,$P<0.01$)和联盟策略($\beta = 0.264$,$P<0.01$),而越不会使用果断策略($\beta = -0.294$,$P<0.001$)。故本文研究假设 3 成立。

表2 相关系数表

	M	S.D.	1	2	3	4	5	6	7	8	9	10	11	12	13	14	15
1. 性别	0.34	0.48	1														
2. 年限	0.31	0.44	-0.15*	1													
3. 职能类别	0.27	0.69	0.12	-0.09	1												
4. 产业类别	0.59	0.44	0.01	-0.04	0.11	1											
5. 职务级别	0.49	0.48	-0.03	-0.06	0.01	0.13	1										
6. 职位权	3.84	0.41	-0.11	0.02	-0.11	-0.07	0.48**	1									
7. 个人权	3.53	0.49	-0.02	-0.15	0.03	-0.02	-0.17*	-0.32**	1								
8. 逢迎	3.42	0.51	0.07	-0.05	-0.02	-0.15	0.27**	-0.37**	0.43**	1							
9. 交换	3.51	0.57	0.13	-0.12	-0.02	-0.05	-0.29**	-0.37**	0.35**	0.51**	1						
10. 合理	3.98	0.52	0.21*	-0.12	0.09	0.06	0.06	-0.04	0.14	0.02	0.19*	1					
11. 果断	3.67	0.72	0.11	0.01	-0.02	0.26**	0.31**	0.45**	-0.38**	-0.42**	-0.21**	0.24**	1				
12. 向上诉求	3.79	0.62	0.03	-0.12	0.01	-0.07	-0.39**	0.08	0.23**	-0.19**	0.01	0.25**	0.54**	1			
13. 联盟	3.67	0.55	-0.18*	0.01	0.08	-0.14	0.15	-0.09	0.28**	0.32**	0.19**	-0.01	-0.29**	-0.11	1		
14. 家人关系	0.29	0.49	0.05	-0.02	-0.04	-0.09	0.37**	0.39**	-0.25**	-0.27**	-0.33**	0.07	0.36**	0.17*	-0.11	1	
15. 朋友关系	0.23	0.44	-0.05	-0.04	0.11	0.08	0.19**	0.24**	0.21**	-0.18*	0.15	0.01	0.18*	0.28**	0.04	-0.37**	1

注：N=289；* p<0.05，** p<0.01，*** p<0.001

表3 不同关系类别、权力和影响战略之差异性分析

	平方和	自由度	F检定	显著性	scheffe事后比较
职位权	17.576	2	29.431***	0.001	1>2>3
个人权	4.780	2	8.328***	0.001	3>1
逢迎	9.873	2	14.557***	0.001	3>2>1
交换	10.452	2	13.813***	0.001	3>2>1
合理	0.455	2	0.682	0.483	
果断	13.104	2	14.975***	0.001	1>2>3
向上诉求	3.132	2	4.484***	0.001	2>3
联盟	2.184	2	1.112	0.121	

注：$P<0.01^{**}$，$P<0.001^{***}$ 1. 家人关系 2. 朋友关系 3. 利害人关系。

本文根据巴伦和肯尼[①]的建议将权力设为自变量，因变量设为影响战略，且关系类型设为干扰变量而验证假设4，但因为关系类型属于类别变量（category），所以在进行回归分析之前先将其以虚拟变量取代。由表5不同关系类型和权力的交互项可以看出，相较于利害人关系的管理者，拥有家人关系（β = -0.352，P<0.001）的管理者拥有个人权越多时，在对待部属的行为上越不容易使用逢迎策略，反观属于朋友关系（β = 0.359，P<0.001）的管理者则较容易使用逢迎策略（见图2）；同理，相较属于利害人关系的管理者，拥有家人关系（β = -0.391，P<0.01）的管理者拥有的个人权越多时，在对待部属上越不容易使用交换策略，反而属于朋友关系（β = 0.478，P<0.001）的管理者则较容易使用交换策略（见图3）；最后是拥有家人关系（β = 0.392，P<0.001）和朋友关系（β = 0.251，P<0.05）的管理者，其拥有的职位权越多时，在对待部属上越容易使用果断策略（见图4）。故本文研究假设4部分成立。

---

① Baron R. M. and Kenny D. A., "The Moderator-Mediator Variables Distinction in Social Psychological Research: Conceptual, Strategic, and Statistical Considerations", *Journal of Personality and Social Psychology*, 51 (1986): pp. 1173 – 1182.

表4　权力对影响战略之回归分析

		因变数										
		逢迎		交换		合理		果断		向上诉求		联盟	
		M1	M2	M1	M2	M1	M2	M1	M2	M1	M2	M1	M2
控制变量	性别	0.074	0.064	0.132	0.115	0.044	0.047	0.089	0.117	0.277**	0.274**	0.154*	0.130
	年限	-0.185**	-0.168**	-0.078	-0.054	0.068	0.045	-0.295***	-0.133*	-0.076	-0.082	-0.005	-0.016
	职能类别	-0.131	-0.073	-0.038	-0.063	0.058	0.065	0.003	0.018	0.127	0.122	-0.157**	-0.144*
	产业类别	-0.014	-0.041	-0.089	-0.078	0.052	0.053	0.059	0.025	0.026	0.015	0.026	0.032
	职务级别	-0.306***	-0.147*	-0.304***	-0.152*	0.194**	0.206**	0.331***	0.283***	-0.183*	-0.165*	-0.176*	-0.156*
预测变量	职位权		-0.273**		-0.245**		0.062		0.372***		0.121		-0.117
	个人权		0.315***		0.278**		0.161*		-0.294***		0.258**		0.264**
	F值	6.018	11.82	6.185	10.233	5.088	6.422	7.598	15.512	3.805	7.329	4.017	7.785
	R²	0.149	0.323	0.152	0.267	0.117	0.21	0.181	0.374	0.098	0.221	0.105	0.248
	ΔR²		0.174		115		0.093		0.193		0.123		0.143

注：N=289；* p<0.05，** p<0.01，*** p<0.001。

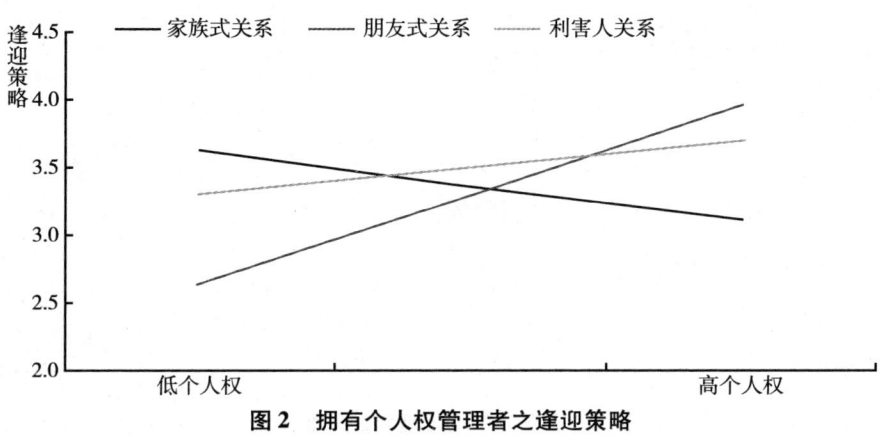

图 2　拥有个人权管理者之逢迎策略

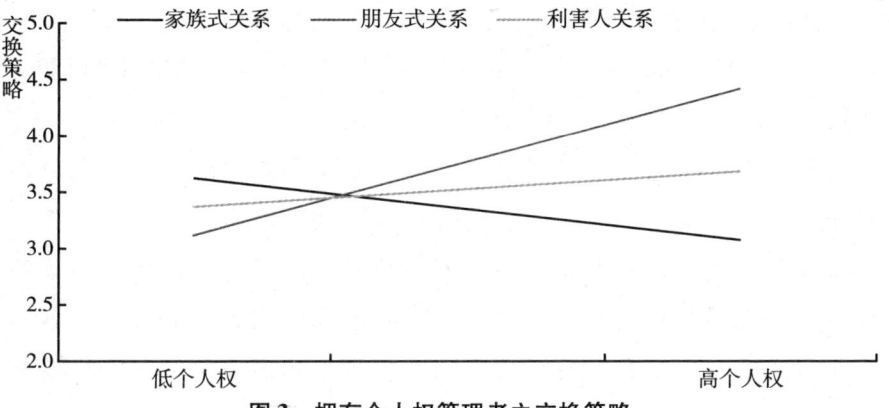

图 3　拥有个人权管理者之交换策略

五　结论

家族企业在台湾社会扮演了重要角色,这也是华人社会中常见的企业形态,也因为内部重要角色几乎都是由亲人或朋友所担任,所以在上司—部属间存在沟通上的问题。因此,关于家族与企业的治理问题,权力划分及组织的职责分配就成为一个重要的课题。本文的研究目的在于探讨家族企业中管理者的身份关系与其所拥有的权力、影响战略间之关联性。本研究共回收289 份有效样本,并以 MANOVA 和 hierarchical regression 分析该数据。结果

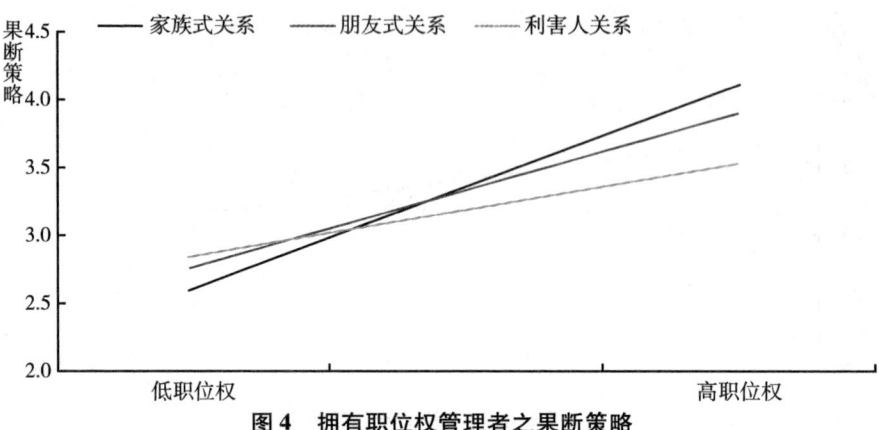

图 4　拥有职位权管理者之果断策略

发现,在家族企业中不同关系类别的管理者,其所拥有的权力也有所不同,因此,导致在领导部属上的行为有所差异。因此,本研究希望以此结果,能给家族企业未来在派任管理者上提供一些建议。

如同本文所推论,在家族企业中拥有较多职位权的管理者仍是以家族成员为主,而属于利害人关系的管理者则拥有较多的个人权。拥有利害人关系的管理者较家人关系的管理者容易使用逢迎策略和交换策略来影响部属;属于朋友关系的管理者则较属于利害人关系的管理者容易使用向上诉求策略;而家人关系的管理者较属于利害人关系的管理者常使用果断策略来影响部属。因为属于家人或朋友关系的管理者都较属于利害人关系的管理者多一层特殊的、独有的关系,这种关系就如同黄光国所说的特权或是特别照顾等[1];也因为属于亲友关系的管理者常被企业视为未来接班人,所以企业常常会赋予其重要的职权,因此在对待部属上常不会顾及其感受,而使用较为强硬的手段作为诉求,要求其遵照本身的意思行事;相较之下,拥有利害人关系的管理者会较拥有家人关系的管理者在对待部属上容易有同理心,所以会更容易使用较为谦卑的逢迎或交换策略来影响部属。

---

[1] Hwang K. K. *Confucian Relationalism: Philosophical Reflections, Theoretical Construction, and Empirical Research* (Taipei: Psychological Publishers. in Chinese, 2009).

将权力以职位权和个人权①两种不同来源作区分，深入探讨管理者拥有何种权力，与其对待部属的影响战略之结果可补足尤克尔②研究上的不足。同时，在分析结果上也发现，家族企业中的管理者若拥有越多的职位权，其在对待部属上越容易使用果断策略，而越不会使用逢迎策略和交换策略；因为拥有企业所赋予的正式权力，所以家族企业的管理者在对待部属上会采取较为直接且强硬的方式去命令部属，而不是用较为平和的态度去对待该部属。反之，拥有较多个人权的管理者则会用较为和善的态度去影响部属，如逢迎、交换、合理或联盟等策略；因为个人权是由个人特质或专业伴随而来的权力，所以在和部属相处上其是依照本身的专业去领导部属，该管理者就会以道德劝说或以较和善的态度去影响部属，抑或是以专业的角度协助部属，一起完成目标任务。

最后，本文在不同关系类型对权力与影响战略间的干扰效果分析上也有几点有趣的发现。首先，由图2和图3可以看出，因为拥有家族特殊身份关系，当属于家人关系的管理者拥有越多个人权时，在对待部属上越不会使用逢迎和交换策略；值得一提的是，属于朋友和利害人关系的管理者拥有越多个人权时，在对待部属上越会使用逢迎和交换策略。本文尝试以资源基础论的观点来探讨此结果，因为家族的成员与企业之间的特殊关系（也就是血缘关系），使其在一开始就拥有他人所没有的资源，因此属于家人关系的管理者往往都会有种优越感，所以在顾及面子（Mianzi）的情况下，在对待部属上较无法以和善的态度去面对；而属于朋友关系的管理者因为在关系（Guanxi）的协助下，以非正式的管道（经过面试关卡）顺利进入该企业，所以其会知道关系的重要性，为了巩固本身在企业中的资源或地位，因此较会以拉拢、交换等亲和的方式讨好部属员工，以求与其维持良好的关系，进而获得企业中更多的资源。如图4所示，属于家人关系的管理者，若其拥有的职位权越多，则在对待部属上就较其他两种关系的管理者更容易使用果断

---

① Robbins S. P. *Organizational Behavior* (9th ed.) (New Jersey: Prentice-Hall, 2001); Yukl G., *Leadership in Organizations* (4th ed.) (NJ: Prentice Hall, 2002).
② Yukl G., *Leadership in Organizations* (4th ed.) (NJ: Prentice Hall, 2002).

策略；因为属于家人关系的管理者在自家工作，无形之中就会散发一种优于他人的优越感，也因为有家族在背后的支柱作用，属于家人关系的管理者拥有越多的职位权时，其会更容易沉溺于权力所带来的快感，因而导致在领导部属上无法以同理心对待，故较容易以刚硬直接或命令的方式去影响部属的行为，而且最终会导致该类型管理者与其部属间的距离越拉越远。

管理者对于部属的影响策略，不单是为了达成其本身任务，也是要以达成企业整体的任务目标；因此管理者需善用企业所赋予的权力，多使用动之以情或理性游说等影响方式，让部属了解任务及其自身的重要性，建立起互信关系，并减少使用权威强迫他人，以免造成部属产生反抗心理，最终影响组织目标达成。

由于家族企业中的家族式关系浓厚，属于家人关系的管理者常被视为企业接班人，所以内部重要职权会掌握在其手中，因此在对待部属上较不会顾及其感受，而较常使用强硬或命令的手段作为诉求，要求部属遵照本身的意思行事；这样使得上司—部属间的沟通和相处容易发生隔阂。本文认为，属于朋友关系的管理者在家族企业中有种"桥梁"和"润滑剂"的作用，借助与上司间的特殊关系，进而帮忙部属员工传达信息；也因为属于朋友关系之管理者在对待部属员工上能以较为和善的态度，所以也能协助属于家人关系的管理者安抚或拉拢部属员工，使其能顺利执行、完成组织所赋予的任务。

华人家族企业的传承问题是目前最急需解决的问题之一，其中最为有名的例子就是20世纪初东南亚四大家族企业的接班人并未能继续将家族事业发扬光大，而最后都走上衰落之路。在这些过去的历史事件中可以归纳出几点家族企业在经营上的问题点：①接班人传承问题；②家族企业转型创新问题；③企业交叉股权问题；④企业内部沟通问题。所以，本文建议在家族企业这种较为封闭的组织中，管理者应该更注重内部沟通（不论是平行或是垂直式关系）及管理者职位派任的问题，这样除了较容易达成组织赋予的目标和提升工作绩效外，也能维持良好的上司与部属间关系，能使组织运作更加流畅。而对于后续研究之建议，也是希望可以更深入探讨企业中不同关系类别的管理者，其绩效、工作投入程度或是创新能力等，以补足目前研究不足的缺口。

表5 权力、关系类型与影响战略间之干扰效果分析表

	因变量																	
	逢迎			交换			合理			果断			向上诉求			联盟		
	M1	M2	M3	M1	M2	M3	M1	M2	M3	M1	M2	M3	M1	M2	M3	M1	M2	M3
第一步																		
控制变量																		
性别	0.074	0.065	0.048	0.132	0.124	0.122	0.044	0.079	0.106	-0.089	-0.109	-0.101	0.277**	0.274**	0.224**	0.154*	0.169*	0.172*
服务年限	-0.185**	-0.167**	-0.165**	-0.078	-0.062	-0.077	0.068	0.034	0.046	-0.295***	-0.288***	-0.315***	-0.076	-0.082	-0.091	-0.005	-0.016	-0.013
职能类别	-0.131	-0.068	-0.059	-0.038	-0.07	-0.062	0.058	0.068	0.061	0.003	0.002	0.012	0.127	0.103	0.099	-0.157*	-0.141*	-0.236**
产业类别	-0.014	-0.030	-0.029	-0.089	-0.086	-0.084	0.052	0.049	0.057	0.059	0.029	0.031	0.026	0.015	0.027	0.026	0.031	0.023
职务级别	-0.306***	-0.113*	-0.105*	-0.304***	-0.124*	-0.157*	0.194**	0.202**	-0.223**	0.331***	0.188*	0.198*	-0.183**	-0.205**	-0.289***	-0.176*	-0.171*	-0.161
第二步																		
预测变量																		
职位权		-0.167*	-0.101		-0.221**	-0.216*		0.095	0.079		0.272**	0.296**		0.143	0.119		-0.127	-0.096
个人权		0.323***	0.292**		0.211**	0.171		0.182*	0.156		-0.214**	-0.203**		0.229**	0.213*		0.249**	0.226**
家人关系		-0.121	-0.116		-0.175*	-0.169*		0.085	0.079		0.219*	0.196*		0.108	0.096		0.127	0.087
朋友关系		-0.161*	-0.198*		0.106	0.098		0.142	0.123		0.184*	0.152		0.163	0.126		0.145	0.127
职能*d$_{家人}$			-0.165			-0.207			0.045			0.372***			0.115			-0.131
职能*d$_{朋友}$			-0.04			-0.084			0.126			0.251**			0.153			0.087
个人*d$_{家人}$			-0.352**			-0.391**			0.135			0.127			0.126			0.145
个人*d$_{朋友}$			0.359**			0.478**			0.168			-0.144			0.139			0.132
F值	6.018	9.719	13.174	6.185	7.762	13.324	5.088	6.613	6.788	4.241	10.427	14.582	3.805	6.195	6.683	4.017	6.916	7.587
R^2	0.149	0.317	0.419	0.152	0.286	0.414	0.117	0.211	0.234	0.110	0.257	0.441	0.098	0.195	0.228	0.105	0.221	0.256
ΔR^2		0.168	0.102		0.134	0.128		0.094	0.023		0.147	0.184		0.097	0.033		0.121	0.035

注: N=289; $^{*}p<0.05$, $^{**}p<0.01$, $^{***}p<0.001$。
$d_{家人}=(1,0)$, $d_{朋友}=(0,1)$, $d_{utility人}=(0,0)$。

参考文献

Arregle J., Hitt M. A., Sirmon D. G. and Very P., "The Development of Organizational Social Capital: Attributes of Family Frms", *Journal of Management Studies*, 44 (2007).

Bartholomeusz S. and Tanewski G. A., "The Relationship between Family Firms and Corporate Governance", *Journal of Small Business Management*, 44 (2006).

Baron R. M. and Kenny D. A., "The Moderator-Mediator Variables Distinction in Social Psychological Research: Conceptual, Strategic, and Statistical Considerations", *Journal of Personality and Social Psychology*, 51 (1986).

Barsade S. G., Ward A. J., Turner J. D. F. and Sonnenfeld J. A., "To Your Heart's Content: A Model of Affective Diversity in Top Management Teams", *Administrative Science Quarterly*, 45 (2000).

Brass D. J. and Burkhardt M. E., "Potential Power and Power Use: An Investigation of Structure and Behavior", *Academy of Management Journal*, 36 (1993).

Burkart M., Panunzi F. and Shleifer A, "Family Firms", *Journal of Finance*, 58 (2003).

Chung H. M., "The Role of Family Management and Family Ownership in Diversification: The Case of Family Business Groups", *Asia Pacific Journal of Management*, (2012).

Costa P. T. and McCrae R. R., "The NEO Personality Inventory Manual", Odessa, FL: *Psychological Assessment Resources*, (1985).

Conger J. A. and Kanungo R. N., "Toward a Behavioral Theory of Charismatic Leadership in Organizational Settings", *Academy of Management Review*, 12 (1987).

Danny M, Isabelle Le B. M., Richard H. L. and Albert A. C., "Are Family Firms Really Superior Performers", *Journal of Corporate Finance*, 13 (2007).

Donckels R. and Frohlich E., "Are Family Businesses Really Different? European Experiences From Stratus", *Family Business Review*, 4 (1991).

Finkelstein S., "Power in Top Management Teams: Dimensions, Measurement, and Validation", *Academy of Management Journal*, 35 (1992).

Garcia P. R. J. M., Restubog S. L. D. and Denson T. F., "The Moderating Role of Prior Exposure to Aggressive Home Culture in the Relationship between Negative Reciprocity Beliefs and Aggression", *Journal of Research in Personality*, 44 (2010).

Hinkin T. R. and Schriesheim C. A., "Development and Application of New Development and Application of New Scales to Measure the French and Raven (1959) Bases of Social Power", *Journal of Applied Psychology*, 74 (1989).

Holpp L. , "Applied empowerment. Training", 31 (1994).

Hwang K. K. , "Face and Favor: The Chinese Power Game", *American Journal of Sociology*, 92 (1987).

Jacobs J. B. , "A Preliminary Model of Particularistic Ties in Chinese Political Alliances: Kan-Ch'ing and Kuan-hsi in a Rural Taiwanese Township", *The China Quarterly*, 78 (1979).

Kellermanns F. W. and Eddleston K. A. , "Feuding Families: When Conflict Does a Family Firm Good", *Entrepreneurship Theory and Practice*, 28 (2004).

Kipnis D. , Schmidt S. M. and Wilkinson I. , "Intraorganizational Influence Tactics: Explorations in Getting One's Way", *Journal of Applied Psychology*, 65 (1980).

Lee D. Y. and Dawes P. L. , "Guanxi, Trust, and Long-Term Orientation in Chinese Business Markets", *Journal of International Marketing*, 13 (2005).

Miller D. and Le Breton-Miller I. , "Family Governance and Firm Performance: Agency, Stewardship, and Capabilities", *Family Business Review*, 19 (2006).

Mitchell R. K. , Morse E. A. and Sharma P. , "The Transacting Cognitions of Non-Family Employees in the Family Businesses Setting", *Journal of Business Venturing*, 18 (2003).

Molly V. , Laveren E. and Deloof M. , "Family Business Succession and its Impact on Financial Structure and Performance", *Family Business Review*, 23 (2010).

Podsakoff P. M. , MacKenzie S. B. , Lee J. Y. and Podsakoff N. P. , "Common Method Biases in Behavioral Research: A Critical Review of the Literature and Recommended Remedies", *Journal of Applied Psychology*, 88 (2003).

Rosenberg M. and Pearlin L. , "Power-Orientations in the Mental Hospital", *Human Relations*, 15 (1962).

Rotter J. B. , "Generalized Expectancies for Internal Versus External Control of Reinforcement", *Psychological Monographs: General and Applied*, 80 (1966).

Schriesheim C. A. and Hinkin T. R. , "Influence Tactics Used by Subordinates: A Theoretical and Empirical Analysis and Refinement of the Kipnis, Schmidt, and Wilkinson Subscales", *Journal of Applied Psychology*, 75 (1990).

Spector P. E. , "Behavior in Organizations as a Function of Employee's Locus of Control", *Psychological Bulletin*, 3 (1982).

Taormina R. J. and Gao J. H. , "A Research Model for Guanxi Behavior: Antecedents, Measures, and Outcomes of Chinese Social Networking", *Social Science Research*, 39 (2010).

Tsai H. T. , Yeh S. P. and Wu T. J. , "The Use of Governmental-Firm Guanxi Under Different Market Conditions for Taiwanese Hospitality Firms Invested in China", *Actual Problems of Economics*, 12 (2011).

Tsai H. T. , Wu T. J. and Yeh S. P. , "A Study of Chinese Guanxi Type in Family

Business from the Perspective of Power-Based and Leadership Behaviours", *South African Journal of Economic and Management Sciences*, 16 (2013).

Wu T. J., Tsai H. T. and Yeh S. P., "The Role of Manager's Locus of Control between Perceived Guanxi and Leadership Behavior in Family Business", *Revista Internacional de Sociologia*, 72 (2014).

Yukl G. and Falbe C. M., "Infuence Tactics in Upward, Downward, and Lateral Infuence Attempts", *Journal of Applied Psychology*, 75 (1990).

Zevon M. A. and Tellegen A., The Structure of Mood Change: An Idiographic/Nomothetic Analysis, *Journal of Personality and Social Psychology*, 43 (1982).

Zhang X. and Li G., "Does Guanxi Matter to Nonfarm Employment", *Journal of Comparative Economics*, 31 (2003).

Zhuang G., Xi Y. and Tsang S. L., "Power, Conflict, and Cooperation: The Impact of Guanxi in Chinese Marketing Channels", *Industrial Marketing Management*, 39 (2010).

Durbin A. J., *Leadership: Research Findings, Practice and Skills* (3rd ed.) (Poston: Houghton Mifflin Company, 2001).

French J. R. P. and Raven B., "The Bases of Social Power". In Cartwright, D. (Ed.) *Studies in Social Power* (Ann Arbor: University of Michigan Press, 1959).

Gold T., Guthries D and Wank D, *Social Connections in China* (Cambridge: Cambridge University Press, 2002).

Hwang K. K., *Confucian Relationalism: Philosophical Reflections, Theoretical Construction, and Empirical Research* (Taipei: Psychological Publishers. in Chinese, 2009).

Lewin K., *The Conceptual Representation of the Measurement of Psychological Forces* (NC: Duke University Press, 1938).

Luo Y. D., *Guanxi and Business* (Singapore: World Scientific Publishing, 2007).

Morck R A, *History of Corporate Governance around the World: Family Business Groups to Professional Managers* (Chicago: University of Chicago Press, 2005).

Pervin L. A., *Personality: Theory and Research* (6th ed.) (New York: John wily & Sons, 1993).

Robbins S. P., *Organizational Behavior* (9th ed.) (New Jersey: Prentice-Hall, 2001).

Yang C. F., "Psychocultural Foundations of Informal Groups: The Issues of Loyalty, Sincerity, and Trust". In L. Dittmer, H. F. & Lee, P. N. S. (Eds.), *Informal Politics in East Asia* (NY: Cambridge University Press, 2000).

Yang M. M., *Gifts, Favors and Banquets: The Art of Social Relationships in China* (NY: Cornell University Press, 1994).

Yukl G., *Leadership in Organizations* (4th ed.) (NJ: Prentice Hall, 2002).

文 教 篇

The Reports on Culture and Education

B.9

美国华文教育促进中美人文交流与融入主流教育的途径和策略

胡建刚*

摘 要: 华文教育是中美人文交流的重要平台。以"中国寻根之旅""华文教育·教师研习美国班"等为代表的华文教育项目对增进中美人文交流作出了独特贡献,得到社区学分认可、深化与主流社会的友好联系是华文教育融入主流的重要进展。

为促进中美人文交流,华文教育冬(夏)令营等活动主体可适度扩大到美国非华裔学生群体,本土化文化活动应向非华裔社区延伸,华文师资培训可向主流教育的中文教师开放。为进一步融入主流,华社、侨界应立足于族裔教育权

---

* 胡建刚,男,汉语言文字学博士,华侨大学华文教育研究院副院长,研究方向为海外华文教育、现代汉语语法。

利，争取主流社会对华文教育的认可与支持，如为中文学校免费或低收费提供校舍等；推动中文学校师资获得美国教师资格，填补主流教育的中文师资缺口；中文学校教学以吸收主流教育的理念和方法为重要原则。

关键词： 美国 华文教育 中文学校 人文交流 融入主流

美国的汉语教学主要由主流教育体制下的汉语教学和华侨华人社会的华文教育两部分组成，后者在美国也被称为中文教育。美国是中国改革开放以来最主要的移民目的地之一，也是开展汉语教学和华文教育的传统重要国家。在中美构建新型大国关系的进程中，华文教育既发挥了促进中美人文交流的重要作用，又面临着融入主流教育等诸多挑战，任重而道远。

一 美国主流教育的汉语教学

自1871年耶鲁大学开始开设汉语课程以来，美国主流教育的汉语教学已有150多年的历史。第二次世界大战期间，因战争需要，美国的汉语教学得到主流社会的高度重视。为满足情报搜集等工作对语言人才的需要，美国军方曾委托哈佛大学、耶鲁大学、国防语言学院等一些有中文教学基础的院校培养能熟练运用汉语的人才。战后，冷战的需要也促使美国政府依旧对汉语教学给予了支持。

1958年，在美国政府颁布的《国防教育法》（*National Defense Education Act*）中，汉语被列为"关键语言"（critical languages）。由此，许多大学在美国政府的资助下开设了中文教学课程；到20世纪60年代初，美国教授汉语的学校增加到100所左右。在此基础上，20世纪七八十年代，卡内基基金会、道奇基金会等机构持续提供经费支持，推动汉语教学走进美国中学。1993年，美国大学理事会决定设立SAT Ⅱ汉语考试，这一举措把美国的汉语教学推上了一个新台阶。

2003年美国大学理事会决定增设AP中文项目①。该项目包括AP中文课程和AP中文考试。从2006年起，全美各地中学开始设置AP中文课程，2007年开始举办了AP中文考试。AP中文项目的设置，为美国的汉语教学带来了强大的生机，全美各地中小学纷纷开始设立中文课程。截至2011年，超过5000所的美国公立大中小学开设了中文课程，学习中文的学生人数达到20多万；开设中文专业的大学达1000多所，学生人数达5.2万人②。

2010年2月，俄勒冈州成为美国第一个通过立法来推动汉语教学进入中小学课堂的州。汉语目前已成为美国仅次于西班牙语的第二大外语。

"2013年中国在美留学生数量多达24万人左右。而过去4年中，来华留学的美国学生也逐年增加，总数已达92855人，是中国第二大国际学生来源国。"③ 自从2004年全球第一所孔子学院在美国马里兰大学正式投入运营以来，目前双方合作在美国设立的孔子学院达102所，孔子课堂377家，注册学生22万人，267万人参加过由孔子学院主办的各类活动。美国是中国国家汉办在全球设立孔子学院和孔子课堂最多的国家，其377家孔子课堂的数量超过了国家汉办在美国以外其他地区所设立的孔子课堂的总和。

二 美国华文教育的发展与现状

（一）美国华文教育的历史发展

在美国主流教育开展汉语教学的同时，以对华侨华人子女进行汉语和中华传统文化教育的华文教育在美国社会也长期存在。秉持中国人重视教育的一贯传统，早在1888年，旅美华侨华人就在时任清廷驻旧金山总领事馆欧

---

① AP中文项目，全称为美国"大学汉语和中国文化预修课程及考试"项目，是美国大学理事会（College Board）设立的美国中文课程及考试项目。
② 《美国"汉语热"持续高烧 全美中文大会盛况空前》，中新社，2014年4月13日，http://news.timedg.com/2012-04/13/9542295.shtml。
③ 《在美孔子学院达102所》，《人民日报（海外版）》2014年7月11日，第1版。

阳明总领事倡议下，在旧金山创建了美国第一所侨校——金山中西学堂。后来，该学堂先后更名为大清书院及中华侨民公立学校，1927年正式更名为美洲中华中学校并沿用至今。之后，纽约华侨中文学校、南侨学校等华文学校陆续建立，为华侨华人子弟提供受教育的机会。因为早期北美的移民主要来自广东地区，因此这些学校主要教授粤语和文言文。

到了20世纪70年代，大量台湾移民涌入美国。以服务台湾移民为主的台湾背景的中文学校大量出现，这些学校以教授繁体字和注音符号为主，大部分为全美中文学校联合总会（NCACLS）的会员学校。

20世纪80年代以来，随着留学生和移民人数的大量增加，美国的华裔人口增长迅速。依据美国人口普查数据，1990年美国在家说中文（包括方言）的人数为125万人，2000年的人数为202.2万人，2003为219万人，2007年为247万人，年均增长率为5.75%；而在中国出生但在美国居住的人口，1990年为53万人，在2000年就增加到152万人，十年的增长率为187%①。

随着以上人员在美国成家立业和落地生根，子女的教育问题亟待解决，于是大批周末制中文学校如雨后春笋般涌现。这类学校大都以教授简体字和汉语拼音为主，招收了大批华侨华人子弟入学，办学规模日益扩大。在教授中文的同时，该类学校还非常重视中国文化的教学，中国武术、国画、书法、民族舞蹈、围棋等都是学校重要的教学内容。这其中大部分为全美中文学校协会（CSAUS）的会员学校。

（二）美国华文学校的主要类型

当前，美国华文学校的主要形式为中文学校（Chinese Language School），尤其是周末制和课后制中文学校。这类学校因为主要是对移民教授母国语言与文化，所以又被称为族裔传统学校（Heritage School）。周末制中文学校有效地解决了美国华侨华人居住地分散、中文教学时间难以统一安排的问题，

---

① 转引自温晓虹《美国中文教学面临的挑战与对应策略》，《世界汉语教学》2011年第4期。

受到了华社的欢迎。以具有近 80 年办学历史的传统华校旧金山南侨学校为例，该校自 1985 年开始，改革办学模式设立周末中文班后，在 10 年内，周末制的中文班级数量就由 3 个增加到 16 个，在校学生人数也从 410 人增加到了 1995 年的 740 多人，而且周末班学生数量几乎是每日班学生数量的两倍①。可以说，周末制中文学校的创办是美国华文教育在办学形式方面最成功的自我调整之一。

根据建立者、教学内容和教学对象的不同，美国现有的中文学校大体上可以分为以下五种类型。

1. 传统侨校

传统侨校大多是由早期的中国移民所开办，建立时间早，办学设施相对齐备。这类学校大多分布在传统的华侨华人聚居区内，交通便利，生源稳定，很多侨校仍保持着每日教学的模式，利用每周星期一至星期五下午的时间，对华侨华人子弟进行 2~3 小时的中文教学。这类学校的教学对象中仍有相当一部分是广东移民的子弟，所以部分学校依旧使用粤语或其他汉语方言进行教学。代表性学校如旧金山中华中学校、南侨学校等。

2. 台湾移民学校

20 世纪 70 年代后，台湾移民开办的周末制中文学校数量快速增加。不同于传统侨校一般由社团、商会等出资举办，台湾移民学校大多为在美国接受了良好的高等教育并定居下来的专业人士创办，他们往往既是中文学校的创办者，也是中文教师，还是学校的行政事务管理者。这类学校常租用宗教场所或主流学校的教学场地来实施教学；大多采用由台湾"侨委会"出资编写和免费赠送的中文课本，或北美中文学校联合总会组织编写的《美洲华语》等教材，教授普通话、繁体字、注音符号等。代表性学校如旧金山尔湾中文学校等。

3. 大陆新移民学校

中国改革开放后，由大陆赴美的华侨华人数量迅猛增加，由此也产生了

---

① 肖炜蘅：《当代华文教育浅析》，《八桂侨史》1999 年第 3 期。

对子女进行中华语言文化教育的需要。而之前已经存在的中文学校在教学内容和体系上又与大陆的教育体系存在很大差异,子女们接受起来有困难。基于此,大陆赴美的新移民就依靠自身力量,建立了大批教授普通话、简体字、汉语拼音的周末制中文学校。这类学校大多使用大陆编写的中文教材,如贾益民教授主编的《中文》等;教授普通话、汉语拼音和简体字,这既衔接了美国主流学校的中文教学内容,也符合国际标准化组织对汉语教学的要求,因此发展迅速。代表性学校如休斯敦华夏中文学校、波士顿剑桥文化中心等。

4. 香港新移民学校

20世纪80年代以来,移居北美的香港新移民也创办了不少中文学校。这类中文学校一般采用粤语作为课堂教学语言,教学用字使用繁体字,但在教学内容、方法和办学模式等方面又不同于之前同样教授粤语的传统侨校,而是更趋同于新移民所创办的中文学校。

5. 印支华人学校

20世纪70年代,受国际政治影响,中南半岛大批华裔难民进入美国。他们也高度重视子女的汉语言文化教育,创办了一些周末制的中文学校。这类学校往往由社团兴办,大多以"中山"命名,教学语言既有普通话,也有方言。

以上五种类型的学校在美国中文学校群体中都占有一定的比例,但主体是台湾新移民和大陆新移民创办的周末制、课后制中文学校。美国华侨华人来源复杂,不同类型的中文学校满足了不同地区、不同方言、不同文化背景的华侨华人社会的需要,共同推动了美国华文教育的发展。

中国改革开放30多年来所创造出的"中国速度""中国奇迹",既极大地提升了汉语的实用功能,又极大地增强了在美华侨华人的民族自豪感,提升了他们对民族语言与文化的认同度,从而为华文教育事业发展提供了更宽广的平台。尤其是2013年习近平主席和奥巴马总统关于构建中美新型大国关系共识的达成,更为美国华文教育带来了前所未有的发展机遇。

三 中美新型大国关系构建的重要支柱——人文交流

(一)中美新型大国关系的内涵

2013年6月,习近平主席与奥巴马总统在加利福尼亚的安纳伯格庄园举行会晤。中美两国元首同意共同努力构建中美新型大国关系。习近平主席将中美新型大国关系的内涵概括为以下三点:第一,不冲突、不对抗;第二,相互尊重;第三,合作共赢。习近平主席还特别阐述了中美新型大国关系的实现路径,即以下四条:提升对话互信新水平,开创务实合作新局面,建立大国互动新模式,探索管控分歧新办法[1]。

奥巴马总统对于习近平主席关于构建中美新型大国关系的精要阐述作出了积极反应。他表示,美方高度重视美中关系,愿在互利互尊的基础上,与中方构建国与国之间新的合作模式,并共同应对各种全球性挑战。

构建中美新型大国关系,这是两国着眼于世情和各自的国情,以及中美关系未来发展所达成的重要共识,高度符合各自的国家利益以及世界格局,即以合作而非对抗、和平而非战争的方式共存共处。

(二)人文交流是中美新型大国关系构建的重要支柱

2014年7月9~10日,在构建新型大国关系框架下,中美两国在北京举行了第六轮中美战略与经济对话和第五轮中美人文交流磋商,使战略互信、经贸合作与人文磋商共同成为构建中美新型大国关系的"三驾马车"。人文交流在构建中美新型大国关系中的重要性日益凸显。

2015年6月24日,中美第六轮人文交流高层磋商在华盛顿举行,刘延东副总理参加并致辞。她表示,中美构建"相互尊重、合作共赢"的新型大国关系,不仅将造福于中美两国人民,也将对世界和平、人类进步作

---

[1] 《跨越太平洋的合作——杨洁篪谈习近平主席与奥巴马总统安纳伯格庄园会晤成果》,《人民日报》2013年6月10日。

出重要贡献。合作共赢,不仅需要政治对话的互尊互信和经贸合作的互利互惠,也需要人与人之间包容理解、互学互鉴。人文交流在中美关系发展进程中发挥了不可替代的作用。中美之间应通过人文交流,使两国关系更有温度、韧度、深度和广度,为中美构建新型大国关系提供更好支撑。刘延东副总理的讲话再次确定了人文交流的重大意义。

(三)汉语教学是促进中美人文交流的有效途径

在中美人文交流中,汉语教学是一个非常重要而特殊的平台。2013年4月,由美国大学理事会、亚洲协会与孔子学院总部/国家汉办共同主办的第六届全美中文大会在波士顿召开。为期3天的大会以"拥抱未来"为主题,亚洲协会董事会主席亨利达·福尔,美国大学理事会主席大卫·科尔曼,美国教育部助理部长德伯拉·德里斯勒,中国教育部副部长郝平,孔子学院总部总干事、国家汉办主任许琳等中美人士出席了开幕式并致辞。在会上,双方都高度评价了开展汉语教学对推动中美人文交流、促进中美关系的重要影响。

而在第五轮中美人文交流高层磋商联合成果清单中,与汉语教学密切相关的成果就有以下多项:继续实施中方"汉语桥万人来华研修"项目;继续实施美方"十万人留学中国计划";中方宣布启动"百千万"计划,未来5年邀请100名美国青年领袖访华游学;促成双方各1000名优秀大学生到对方一流高校研学;继续执行400名非洲裔美国大中学生来华游学项目;继续执行向传统非洲裔大学联盟的学生来华学习提供1000个奖学金名额;继续推动孔子学院和课堂在美发展①。

以上述具体项目为依托,中美人文交流必将成为促进两国人民相知与相识的"探路者"、深化两国各领域务实合作的"铺路者"、深化两国关系的"推动者"。

(四)华文教育在中美人文交流中的独特地位与作用

刘延东副总理2015年6月22日在《今日美国报》发表了题为《系牢

---

① 《第五轮中美人文交流高层磋商联合成果清单》,《人民日报》2014年7月11日。

中美人文交流纽带》的署名文章。文章指出："多年来，中美关系虽经风雨，但人员往来、人文交流从未停止。可以说，'人和'是中美人文交流的原动力。也正因如此，依靠潜力无限的民间力量，人文交流才能焕发更大活力和魅力。发动两国民间和企业的力量，将日益成为两国人文交流合作的重要着力点。"由此可见，在中美人文交流中，除了在政府层面推动一些项目外，在非政府层面，民间的人文交流也同样具有重要的地位和作用。而已在美国存在和发展了100多年、深入美国社会的华文教育，就是中美民间人文交流不可多得的天然管道。"国之交在于民相亲。"华文教育在加强中美青年之间的交往、增进两国人民之间的人文交流方面，已经发挥了其独特作用。

四 华文教育促进中美人文交流的实现途径与成效

作为一种在美国历史悠久的族群教育形态，华文教育以自己独特的方式和特有的形式，为中美之间的民间交流，尤其是帮助美籍华裔青少年了解和认知中国作出了杰出的贡献。

（一）以类型丰富的活动帮助美国华裔青少年认知当代中国

1. "中国寻根之旅"等"请进来型"活动

为帮助海外的华裔青少年更深入地了解中国、体认中国，以国务院侨办为代表的相关机构和组织举办了多种形式的夏（冬）令营活动，邀请华裔青少年来到中国，亲身体验和领略中华文化，感受祖（籍）国的发展，或者亲眼看看祖辈生活过的故乡。这些活动以国务院侨办所组织的"海外华裔青少年中国寻根之旅夏（冬）令营"最为典型。该项活动自1999年正式推出，由国务院侨办/中国海外交流协会与地方有关单位合作，挖掘特色文化资源，共同邀请海外华裔和港澳台地区青少年来中国大陆游览参观、学习交流、寻根问祖，通过多姿多彩的游教活动，使广大营员了解古老中国的悠久历史和灿烂文化，增强同为炎黄子孙的民族认同感和自豪感。活动形式从最初的寻根问祖到与学习中华文化、学习中华才艺、和国内学生交流相结合等，受到海外侨胞尤其是华裔青少年的热烈欢迎。截至2013年，已有近15万名海外华裔青少年参加了寻根之旅活动①。

仅2012年，国务院侨办及各地侨办举办的一系列海外华裔青少年中国寻根之旅活动达到超两万人的规模，在福建、广东、浙江等重点侨乡还举办省内集结营活动。活动强调游教结合，以教为主，对于12岁到18岁年龄段的孩子来说，参观游览中国的历史名胜会对其产生直观的影响，通过教学活动则更能让孩子们学到实实在在的中华文化知识。

根据相关统计，在中国寻根之旅活动中，以国家参营次数来计算，活跃程度最高的是美国，美国是海外华裔子弟参加寻根之旅夏（冬）令营次数和人数最多的国家之一。2012年，来自美国的华裔青少年参加的"寻根之旅"活动有：云南德宏春令营、浙江温州营、湖南长沙营、河南濮阳营、河南嵩山少林寺营、天津营、四川营、吉林营、江苏扬州营、宁夏营、山东营、广东顺德营、广东花都营、新疆营、北京朝阳营、海南海口营、云南营、福建营。活动区域遍及15个省、市、自治区的不同城市或文化点②。这些常年居住和生活在美国的青少年，在组织者的精心安排下，得以亲身体会大半个中国的风土人情，了解各具特色的中国地域文化。2014年美国华裔青少年参加"寻根之旅"夏（冬）令营情况统计见表1。

表1　2014年美国华裔青少年参加寻根之旅情况

序号	营团名称	举办地	学习内容	文化考察点
1	相约北京冬令营	北京	茶艺、功夫、书法	故宫、长城、颐和园、鸟巢、水立方
2	重庆营	重庆	汉语、剪纸、书法、茶艺、民族舞蹈	大足石刻、古镇磁器口、綦江农民版画、山城夜景、重庆美食
3	优秀华裔青年营	温州	青年领导力、中国传统文化等	瓯越故里文化寻根
4	温州营	温州	中华文化	领略温州故乡风情
5	华裔家庭夏令营	北京、厦门	学习古筝、学扎风筝	故宫、长城、鼓浪屿、武夷山

① 贾益民主编《世界华文教育年鉴（2014）》，社会科学文献出版社，第29页。
② 根据贾益民主编《世界华文教育年鉴（2013）》"华教活动"内容统计整理。

续表

序号	营团名称	举办地	学习内容	文化考察点
6	"汉唐文化行"营	西安	中国书法、汉语口语、陕西文化	名胜古迹,体验民俗风情
7	美国·泰国华裔青少年夏令营	厦门	书法、国画、武术、汉礼仪、中国地理	华侨博物院、陈嘉庚纪念馆、曾厝垵文创村、鼓浪屿
8	江西九江营	九江	汉语、文化讲座、才艺课	南昌、九江、景德镇和婺源等地文化景观,书院、文博园
9	福建福州营	福州	中华文化课程	三坊七巷、马尾船政博物馆、武夷山、漳州土楼、鼓浪屿
10	四川巴蜀营	成都	汉语、舞蹈、武术、书法和剪纸、泥塑	峨眉山、乐山大佛、熊猫基地、乌木博物苑
11	浙江杭州营	杭州	汉语、中国书法、中国戏曲、中国舞蹈、中国功夫	六和塔、白塔公园、杭州孔庙等名胜古迹。
12	广东广州营	广州	传统乐器、茶艺、剪纸、舞狮、饮食文化	顺德清晖园、莲花山
13	四川成都营	成都	汉语、中华才艺、书法、武术、剪纸	三国文化、巴蜀民俗;与大熊猫亲密接触,四川美食
14	河南营	河南	学习少林拳法,学习书法、剪纸	少林寺
15	宁夏营	宁夏石嘴山	汉语、书法、武术、泥塑、面具制作	移民村、黄河景观大道、沙湖、沙坡头
16	贵州贵阳营	贵阳	中国文化、武术、民族音乐、贵州地理	关岭国家地质公园、黄果树瀑布、西江千户苗寨
17	黑龙江营	黑龙江黑河	传统民族舞蹈、武术、汉语书法	瑷珲历史陈列馆
18	走进珠海营	珠海	汉语、中华文化	珠海长隆海洋王国
19	武术夏令营福建营	泉州、厦门	汉语、南少林武术、福建历史地理、书画、民族音乐、象棋	泉州、武夷山、鼓浪屿
20	福建龙岩营	龙岩	汉语、闽西文化	闽西风景文化点
21	江苏营	无锡	汉语、中华文化	无锡、南京风景文化点

资料来源:根据《世界华文教育年鉴(2015)》"华教活动"内容统计整理。

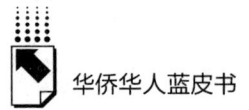

统计显示，2014年，来自美国的华裔青少年参加了21个"寻根之旅"团组的活动，活动足迹遍布中国的15个省、市、自治区的近20个城市，从东北的边陲城市黑龙江黑河，到南国的广东珠海，从地处东南沿海的泉州和厦门，到西部地区的宁夏石嘴山市，都留下了美国华裔青少年的足迹。参加"寻根之旅"期间，他们不但学习了汉语，更重要的是还亲身体验了博大精深的中华文化，考察了中国各地的风土人情，极大地增进了对祖（籍）国的了解，培养了对祖（籍）国的感情；培育了华裔青少年的华裔族群意识，有助于促进他们发挥桥梁作用，做中美人文交流的推动者。

"中国寻根之旅"活动目前已经产生了后续的深远影响，发挥着持续的影响力。2012年2月，"中国寻根之旅"夏（冬）令营美国营员联谊会成立。这个联谊会的成立，为历年来的参营营员提供一个加深友谊、进一步学习和传承中华文化的平台，有助于更深入、更广泛地向美国华裔青少年推广中华文化，帮助他们成长为中美合作共赢的青年友好大使。

旧金山中华文化中心也于2012年2月举办了为期半个月的2011年度美国华裔青少年寻根之旅中国行成果展，以实物、照片等多种形式展示了寻根团成员们在寻根之旅中的收获。多名寻根团成员表示，中国之行让他们重新认识了自我，有了更强的身份认同感，同时也大大开阔了眼界，很有意义。

除了国侨办主办的中国寻根之旅冬（夏）令营，中国华文教育基金会也通过募集民间捐款，主办了多种类型的美国华裔青少年参加的营团活动，如"海外华裔青少年江西感知行——金辉夏令营""海外华裔青少年齐鲁文化行——金帝夏令营济南营""美国华裔青少年壮乡文化行冬令营""海外华裔青少年完美四川巴蜀营"等。

另外，各种专项活动也都经常组织美国华裔青少年访问中国，增进中美青少年之间的交流。例如，2013年7月1日，由美国《侨报》总编辑郑衣德先生率领的美国《侨报》小记者访问团抵达中国，先后在北京、福建参观访问。该团由16名参加美国华文媒体通信写作竞赛的华裔青少年获奖小记者组成，他们是在美国文化熏陶下成长的新一代，但都对学习中文、中国文化有浓厚兴趣。其他还有如"中华文化知识竞赛优胜者夏令营""中国少林功夫夏令营""海外华裔青年上海寻根参访团""领养中国儿童外国家庭夏令营"等。其中海外华裔青年上海寻根参访团团员主要是美国的大学生，而且主办方还精心组织了中美大学生一起访问上海的企业、社区、农村和公益组织的活动，既有助于美国大学生全面了解中国，同时也创造了增进中美青年大学生友谊和交流的机会。而"领养中国儿童外国家庭夏令营"自2004年以来开始举办，已连续举办了10余期，共有近千余位领养家庭的美国父母和被领养孩子应邀来华参加了该活动，对促进中美人员往来、人民交流大有裨益。

2. "中华文化大乐园"等"走出去型"活动

"中华文化大乐园"是国务院侨办根据海外青少年了解中国历史、学习中华文化的需求而精心打造的"走出去"的本土型品牌活动。活动由国侨办主办，各省侨办与各国"海外华文示范学校"合作承办，采取选派国内优秀教师赴海外举办中华文化夏令营的形式，开设汉语知识、中华武术、民族音乐、民族舞蹈、中国书法、绘画、手工艺等课程，以"五个一"（学会一首歌、一支舞、一套拳、一幅画、一件手工艺品）为基本目标，旨在进一步加深广大海外华裔青少年对博大精深的中华文化的了解。该活动注重因材施教，强调快乐教学，自2011年推出以来，共有来自20多个国家的1万多名营员参营，已经成为促进中外文化交流、增进中外友好合作的平台，在美国也获得了极佳的反响。

2012年，"中华文化大乐园"在美国先后举办了华盛顿营、纽约营、波士顿营，分别由来自宁夏和吉林等省、自治区的老师教授美国当地的孩子武术、舞蹈、音乐、绘画、剪纸等优秀中华才艺；2013年，"中华文化大乐园"先后在美国举办了由湖南省承办的夏威夷营、由江苏省侨办承办的旧金山营、由吉林省侨办承办的芝加哥营和休斯敦营、由四川省侨办承办的纽约营。"中华文化大乐园"2013年和2014年在美国举办情况见表2、表3。

表2 2013年"中华文化大乐园"在美国举办情况

营团名称	举办地点	承办单位	培训内容
夏威夷营	明伦学校	湖南省侨办	中华文化知识、少林武术、音乐舞蹈、书法国画、手工制作
旧金山营	南侨学校	江苏省侨办	剪纸、舞狮、抖空竹、书法、中国结、民族舞蹈、民族歌曲
芝加哥营	中北大学	吉林省侨办	传统书法、中国古典诗歌、中国画、手工、泥塑、武术、传统戏典、中国民族舞蹈、益智游戏
纽约营	鸣远中文学校	四川省侨办	中国古诗、儿童国画、传统书法、篆刻版画、中国结艺、神奇剪纸、民族舞蹈、太极拳
休斯敦营	华夏中文学校	吉林省侨办	剪纸、手工、书法、武术、水墨画、诗词、京剧

资料来源：根据《世界华文教育年鉴（2014）》"华教活动"内容统计整理。

表3 2014年"中华文化大乐园"在美国举办情况

营团名称	举办地点	承办单位	培训内容
华盛顿营	美中实验学校	江西理工大学、九江学院	中华手工、中国书法、中华魔术、中华武术、民族声乐、民族舞蹈、中华美术
休斯敦营	华夏中文学校	广西区侨办	"壮乡"文化、中国历史地理、古诗诵读、中华武术、壮族音乐舞蹈、书法、中国画、传统手工艺
洛杉矶营	尔湾中文学校	福建省侨办	"玩"中学中文、中华文化
南加州营	惠提尔大学	华侨大学	民族舞蹈、武术、水墨画、剪纸、中文童谣、民歌

资料来源：根据《世界华文教育年鉴（2015）》"华教活动"内容统计整理。

在将中华文化送进美国华侨华人社区、中文学校，送到华裔青少年身边的同时，"中华文化大乐园"活动也和美国的主流社会发生了广泛的联系，为美国主流社会接触、了解中华文化，增进两国人民的民间情谊做出了努力。2013年，在中华文化大乐园夏威夷营闭幕式上，檀香山市议会向明伦学校、湖南省外侨办及教师团颁发了奖状，表彰他们为中美教育和文化交流所作出的杰出贡献；在2013年芝加哥营活动期间，参营的中国教师们来到芝加哥希林协会托老中心，为中心的老人送去了原汁原味的中华文化大餐，受到了希林协会的赞誉和中心老人的欢迎。

2014年，"中华文化大乐园南加州营"在南加州惠提尔大学举办，项目名称为"NI HAO"（你好），已经连续举办了3年，面向美国社会的普通民众,受到热烈欢迎。惠提尔学区教委委员艾瑞拉博士表示,这是当地青少年了解中华文化最直接和最佳的项目。全美中华青年联合会会长任向东指出,参加乐园活动的学生都有可能是未来中华文化的爱好者和传播者,这样的项目对于促进中美民间公共外交具有非常正面的效果。

除了"中华文化大乐园"外,国务院侨办主办的"中华文化大赛",台湾"侨委会"主办的"汉字文化节"系列活动,全美中文学校联合总会承办的"青少年中国文化常识比赛""海华中国历史文化奖学金征文比赛"等活动,都是在美国举行的中华文化推广活动。由于这些活动的各个阶段部分或全部在美国本土进行,所以参赛面广,参与性强,受关注度高,产生了非常好的传播效应,让更多的美国青少年对中国、对中华文化产生了初步的感性认识,种下了未来中美之间友好交往的种子。

3. "中外名校学生交流夏令营"等中美青年直接交流型活动

在华文教育领域推动的系列活动中,有部分活动创造了中美青年学生直接交流与交往的机会,如"中外名校学生交流夏令营"。该项活动自2010年开始,由广东省侨办支持省内名校培正中学等与美国百年名校洛威尔高中等共同合作举办。该项活动既帮助了美国的华裔新生代加深对祖(籍)国的了解,感受岭南文化,感知南粤风土人情,也为广东省青年学生了解、体验美国的教学和学习模式,了解美国的历史文化提供了平台。"中外名校学生交流夏令营"已连续举办多届,反响热烈,办营规模每年递增,海外营员来源学校也从最开始的洛威尔高中发展到了涵盖其周边的高中和大学。活动每年确定一个主题,中美优秀青年学子通过对社会热点问题进行合作探讨交流,共同完成学术报告,并通过发表主旨演讲、互教互学、参与社会实践等多种形式的活动交流,达到增进了解、深化交流的目的。

(二)以立体化的师资培训增进美国中文教师对当代中国的认知

华文教育在促进中美青年人文交流,尤其是在帮助美国华裔青少年感受中国、体验中华文化方面作出了独特的贡献。除此之外,华文教育还以多层次、全方位、立体化的师资培训为美国的中文教师了解当代中国、加深对中华文化的理解与认知付出了诸多努力。对海外华文师资进行"请进来""走出去"多种类型的培训,一直是中国侨务部门的重要工作。以2012年为例,美国各类中文教师就先后参加了"华文教育·教师研习"美国班、"海外华文教师《中文》教材教法研习班"等多个师资培训班(见表4)。

表4　2012年美国中文教师参加"请进来"师资培训情况

培训班名称	参加人员	举办地点	培训内容
"华文教育·教师研习"美国班	中文教师、华校校长	北京、福建	中国武术、学校管理艺术、中国民俗文化、中国文化概况、闽南文化、观摩中小学教学
"华文教育·教师研习"中华文化才艺班	华文教师	广东	国学经典赏析、中华文化系列讲座、武术、国画、书法、民族舞蹈、手工制作、民谣传唱
海外华校校董华夏行	华校校董、校长	上海、江西、湖南	国学、中医保健、中国国情、湖湘文化讲座、岳麓书院、韶山、张家界
华文教育·杰出人士华夏行	优秀华文教师、杰出华教人士	北京、新疆、福建、四川	中医讲座、国学讲座、老舍茶馆品茗听戏、天桥民俗,新疆军垦博物馆、历史文化名胜,观摩交流华文教学
《中文》教材教法研习班	中文教师	暨南大学	《中文》教学理念及总体设计、《中文》教材教法、太极拳
"华文教育·教师培训"欧美班	中文教师	云南	小学写作、小学课堂教学技能、水墨画

资料来源:根据《世界华文教育年鉴(2013)》"华教师资培养"内容统计整理。

从表4可以看出,美国中文教师参加的"请进来"培训班既有以"交流提升中华才艺,传承中华文化"为主题的中华文化才艺班,也有针对《中文》教材的实践教学专门开办的"海外华文教师中文教材教法研习班";既有专门面向美国中文教师的"华文教育·教师研习"美国班,也有面向校长、校董的"海外华校校董华夏行"。培训班学员既学习了中文教学法、汉语本体知识,也接触了武术、国画、书法、民族舞蹈、手工制作、民谣传唱等中华优秀文化;既体验了湖湘文化、闽南文化,也了解了新疆的军垦历史、北京的天桥民俗。中文教师是向美国青少年展示中华文化的第一扇窗口，让中文教师切实理解中华文化，切身体验当代中国的发展与进步，对中美之间的人文交流意义重大。

与此同时，为进一步扩大师资培训的受益面，提升美国中文师资的整体素质，中国海外交流协会还组织了"走出去"的"华文教育·名师巡讲"团多次赴美讲学，传播中华文化，讲授中文教学。2012年8月，中国海外交流协会组织了复旦大学葛剑雄教授、北京师范大学朱志平教授等6名专家分成2个讲学组，围绕中华文化、汉字词汇教学和儿童心理学等内容，分别在美国5个城市开展了巡回讲学。美国600余名华文教师参加了培训活动，参加学员对巡讲团的专家给予了高度评价[1]。来自台湾地区的一位中文学校校长致信全美中文学校协会说："这是我出国二十多年第一次听大陆的教授来美讲学。谢谢你们请到有权威的大教授，我校老师对教授们的讲学赞不绝口。每年的教师培训帮助老师们能够学有所用，也激发了老师们传播中国文化的极大热情和责任感。这样的培训很难得，明年一定要鼓励更多的人参加。"2013年8月，"海外华文教育名师巡讲团"赴美国讲学，四川大学王晓路教授等专家学者先后在纽约、波士顿、费城、亚特兰大、华盛顿等城市主讲了"比较视野中的中国文化：特质与要素的重新考量"等主题讲座。中国台湾地区也常在美国举办"美国华盛顿地区华文教师暑期研习班"等中文师资班。

以上面向美国多种类型中文师资培训班的举办，有效地培养了一大批了解中国甚至认同、欣赏中华文化的美国中文教师，为深化两国人文交流播下了火种。

（三）设立"华文教育示范学校"支持美国华文教育发展

海外华文学校虽然分布地域广泛、数量众多，但也存在整体发展水平不高、教学质量参差不齐等不足。2008年，为提升华文学校的办学水平，国

---

[1]《中国海外交流协会华文教育巡讲团赴美讲学受好评》，中国新闻网，2012年8月29日，网址：http://www.chinanews.com/hwjy/2012/08-29/4143442.shtml。

侨办启动了"海外华文教育示范学校"建设项目,即遴选一批办学场所相对固定、办学水平较高、在当地较有影响并具有一定示范作用的华文学校予以重点扶持。经过层层推荐与选拔,2009年,确定了22个国家的58所华校,成为首批"华文教育示范学校",其中美国有8所中文学校入选(见表5)。海外华文教育示范学校建设是国侨办为促进海外华文教育发展而实施的一项重大举措,本着"成熟一批,评选一批,建设一批,成功一批"的原则,国务院侨务办公室先后于2011年、2013年、2014年分三批再行启动了示范学校评选活动,共有152所华文学校入选,其中2011年46所、2013年88所、2014年18所[①]。

表5 "华文教育示范学校"美国入选名单(共8所)

第一批示范学校(2009年)	1. 希望中文学校
	2. 南侨学校
	3. 圣地亚哥华夏中文学校
	4. 尔湾中文学校
	5. 休斯敦华夏中文学校
	6. 亚特兰大现代中文学校
	7. 华夏中文学校
	8. 希林亚裔社区中心

而在后三批评选中,美国先后共有23所中文学校入选(见表6)。

为加强示范学校建设,切实发挥示范学校对华文教育发展的榜样和引领功能,国侨办在教师队伍培训与培养、教材提供与编写、华裔子弟文化活动等方面加大了支持力度。同时,积极做好牵线搭桥工作,在国内华文教育基地院校和华文教育示范学校之间建立帮扶关系,以全方位提高示范学校的整体办学水平。2014年2月国侨办裘援平主任访美时,先后走访了美洲中华中学校、波士顿剑桥中国文化中心、旧金山南侨学校等华文教育示范学校,看望学校师生,询问学校发展状况,给予了办学方面的支持。

---

① 《国侨办和中海协1~4批"华文教育示范学校"名单》,中国华文教育网,2015年2月16日,网址:http://www.hwjyw.com/info/content/2015/02/16/31444.shtml。

美国华文教育促进中美人文交流与融入主流教育的途径和策略

表6 2011~2014年"华文教育示范学校"美国入选名单（共23所）

第二批示范学校(2011年)	1. 哈维中文学校 2. 美中实验学校 3. 剑桥中国文化中心 4. 瑞华中文学校
第三批示范学校(2013年)	1. 特拉华州春晖中文学校 2. 美洲中华中学校 3. 美国夏威夷明伦学校 4. 德克萨斯达拉斯现代语文学校 5. 底特律中文学校 6. 西北中文学校 7. 克利夫兰当代中文学校 8. 亚省现代中文学校 9. 圣路易现代中文学校 10. 长城中文学校 11. 密歇根州新世纪中文学校 12. 俄亥俄州现代中文学校 13. 亚省希望中文学校 14. 安华中文学校 15. 大辛辛那提中文学校
第四批示范学校(2014年)	1. 光华中文学校 2. 明尼苏达明华中文学校 3. 凯瑞中文学校 4. 匹兹堡中文学校

数据来源：《国侨办和中海协1~4批"华文教育示范学校"名单》，中国华文教育网，2015年2月16日，网址：http：//www.hwjyw.com/info/content/2015/02/16/31444.shtml。

五 美国华文教育融入主流教育的探索

在中美构建新型大国关系过程中，华文教育在中美人文交流领域发挥了独特的作用，但也面临着诸多挑战。其中最重要的挑战之一，就是华文教育如何融入主流教育体制。

推动华文教育融入所在国的主流教育体制，是华文教育未来长期生存与

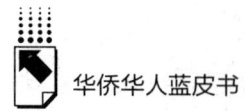

发展的必然选择,也是国家侨务主管部门支持和推动的华文教育重要发展方向。2013年11月,在拜访泰国潮州会馆时,国侨办主任裘援平女士清晰地指出:"将更好地为海外侨胞服务,包括维护侨胞的合法权益,支持侨胞融入当地主流社会,为住在国经济繁荣、社会进步和国家发展发挥才智。"2014年2月,国侨办主任裘援平女士出访美国,到各地拜访美国侨团,参访各类美国中文学校。她先后拜访了美洲中华中学校、波士顿剑桥中国文化中心、旧金山南侨学校等华文教育机构。在波士顿剑桥中国文化中心,裘援平主任欣然为该校题词:"弘扬中华语言文化,促进中美友好交流",以此来鼓励美国的中文学校积极主动办好华文教育,深化中美文化交流。在参访南侨学校时,裘援平主任进一步指出,海外华文教育随着中国的发展壮大,已不单是为满足华裔子弟教育需求,世界上很多国家、族裔的人士都希望学习中文,华文教育也要积极融入主流,面向所在国的友族人士教授中文与中华文化。

华文教育在美国积极主动融入主流教育,既是华文教育本身生存、发展的需要,也是更全面发挥华文教育推动中美人文交流这一社会功能的需要。根据李嘉郁(2012)对华文教育融入主流的分析,美国华文教育融入主流社会可从以下几个方面努力:第一,尽量将中文学校纳入美国正规国民教育体系,以获得当地各级政府的保障和支持;第二,根据主流教育机构的中文考试标准制订教学规划,根据主流教育机构的外语教师资格标准培养中文教师;第三,努力将中文教学所取得的成果推介给主流教育机构;第四,推动华文教育生源的多元化,实现中文学校社会功能的当地化;第五,推动中美民间及官方文化教育的交流与协作。

(一)美国三项汉语教学政策为华文教育融入主流提供了接口

因应其国家发展需要,20多年来,美国政府在汉语教学政策方面出现了有利于华文教育融入主流的多项进展,其中最重要的有以下三项:设立SAT Ⅱ中文考试,设立AP中文项目,汉语被认定为"关键语言"(critical language)。以上三项语言政策为华文教育与主流教育的接轨提供了良好的接口。

1. 设立 SAT Ⅱ 中文考试

SAT Ⅱ 中文考试于 1994 年开始举办,使中文成为美国大学入学外语考试的可选语言课程之一。这是中文进入美国主流教育的代表性事件,极大地推动了全美中文教学的发展。在此之后,中文学校纷纷出现,美国的两大华文教育机构——全美中文学校联合总会和全美中文学校协会也都是在 1994 年建立的。

2. 设立 AP 中文项目

2003 年 12 月,美国大学委员会决定开发 AP 中文项目,宣布将中文列入高中 AP 课程,以适应正在不断增长的全球经济以及多元文化发展的需要。这一决定对中文教育影响深远。在美国大学委员会、中国汉办和美国各地方学区的共同努力下,2007 年 5 月,AP 中文考试首次举行,试题用字采取传统繁体字与简体字并列的形式,输入法则以注音符号输入法和汉语拼音输入法共同使用。目前,参加 AP 中文考试的美国学生逐年递增。

AP 中文课程及考试项目的设立,加快了美国中小学开设中文课程的步伐,直接促进了学习中文的人数大量增加,客观上十分有利于中文教育融入主流,也改善了华文教育的生存环境,扩大了华文教育的生存空间。许多中文学校抓住这一机遇,面向 AP 考试开设相关课程,既满足了考生的辅导要求,同时也解决了学生在中文学校学习中文因缺乏上升通道而出现的"天花板"问题。例如,目前在华人居住集中的地区设有 4 个校区、有学生 1200 多名、开设各类中文班级达 70 多个的亚特兰大中文学校就开设了 AP 中文考试补习班,聘请经验丰富的大学教师授课①。

3. 将汉语列为"关键语言"

2006 年初,时任美国总统布什提出了国家安全语言计划(National Security Language Initiative),旨在提高美国学生的整体外语水平。这一项目由美国国务院、教育部、国防部和国家情报局等联合执行。其目标为以下三

---

① "亚特兰大现代中文学校"官网首页,网址:http://www.acca-web.org/。

个：第一，增加从小就掌握关键语言的学习者人数；第二，提高掌握高级外语水平的人数；第三，增加外语教师的人数，扩充教学资源。在国家安全语言计划框架下，美国国务院、教育部、国防部和国家情报局等各自推出了实施计划：教育部推出"K-16"计划，即资助校区及其参与合作的大学，实施从幼儿园到大学持续的外语学习与教学计划，同时建立 E-learning 语言资源库；国家情报局推出暑期语言培训计划"星谈计划"（star talk）①；国防部推出培养国家高级语言人才的"语言领航项目"（flagship language program）等。以上项目都已经正式启动，如 2013 年 6 月由"星谈计划"赞助的加州大学伯克利分校全美中文教学中心免费华文教师暑期培训班正式开课，该班提供两门华文师资培育证书班必修课，包括中文教材教法初级和高级，共 6 学分；另外 3 门必修课为华文教师教学须知、跨文化沟通及第二语言教学。而"语言领航项目"则不仅在大学推行，还广泛分布于中小学。该项目为学习者提供学习支持，促进高水平语言学习，并最终使之达到专业水平；推动院校支持，为外语学习与改革提供长期的支持；将在美国国内学习与赴海外中心学习相结合；提升国家的关键战略语言能力。截至 2014 年 5 月，领航项目已经在美国 22 所大学发展了 26 个项目中心、10 个海外学习中心及 3 个 K-12 项目，提供包括中文在内共计 10 种语言的培训；而中文领航项目则总共设有 11 个项目中心，分别为：亚利桑那州立大学、杨百翰大学、佐治亚理工学院、纽约城市大学亨特学院、印第安纳大学、旧金山州立大学、密西西比大学、北乔治亚大学、俄勒冈大学、罗德岛大学、西肯塔基大学②。

美国政府制定的以上国家语言安全战略，虽然出发点是为其自身的国家利益，但在客观上也推动了美国汉语教学的发展，同时为华文教育拓展了平台。

---

① "星谈计划"是美国"国家安全语言项目"的一部分，目的是通过为 K-16 的学生提供参加夏令营活动、为语言教师提供培训机会的方式，提升美国教授和学习国家安全语言的人数。"星谈"（star talk）是该语言项目教学理念首字母的缩写。
② 李中山：《美国中文领航项目对国际汉语教学项目推广的启示》，《云南师范大学学报》（对外汉语教学与研究版）2014 年第 6 期。

(二)华文教育机构或团体推动华文教育融入主流的努力

1. 争取所在学区对中文学校学习经历的学分认可

向当地学区申请对学生在中文学校学习经历的学分认可,一直是美国的中文学校为改善外围生存环境而努力的目标。1993年5月11日,经过华侨华人的不懈努力,旧金山教育委员会终于全票通过承认包括中文学校在内的各私立学校的外语教育,华文教育终于开始得到学区认可,结束了长期以来华文教育独立于主流教育之外"花开花谢不关春"的状态,这对华文教育的实施以及华侨华人族裔文化传承具有重大意义。

在华盛顿州,亚太语言学校则以"校外学习计划"向当地教育系统提出申请,经教育主管部门查证认可,同意该校授予学生高中学分,学生在该校的每150课时可以折算一个外语学分。从2014年起,华侨文教中心与加州州立大学圣伯纳迪诺分校共同推出中文学校授予中文课程学分计划,学生在中文学校完成250小时中文课程后,可以通过第三方或者大学中文能力测验,之后就可以取得一年的加州州立大学中文学分。该计划的实施,可以鼓励学生继续留在中文学校学习中文。

中文学校的以上努力使得学生在中文学校的学习经历得到了主流教育的认可,具有了较好的社会价值,而不只是为了服从家庭长辈的要求或者满足个人的兴趣爱好,有效激发了学生的中文学习积极性。

2. 华文教育组织把与主流教育接轨作为核心任务

中文教育组织是推动汉语教学在美国发展的重要力量,也是推动华文教育融入美国主流社会的核心力量。目前美国存在几大中文教育组织,具有较大影响力(见表7)。

全美中文学校联合总会自1994年成立以来,就一直在推动华文教育与主流社会接轨;2012年,全美中文学校协会第九次全国代表大会暨全美华文教育研讨会确定的大会主题为"凝聚力量,拓宽渠道,纵深发展",会议讨论的热点议题之一就是如何推动协会资源共享,共同致力华文教育主流化。

表7 美国的主要中文教育组织

组织名称	成立时间	会员特点	办会宗旨	备注
全美中文学校联合总会（NCACLS）	1994	以台湾地区移民开办的中文学校为主	推广中华语言与文化，并促使进入美国及国际学术主流，团结一致维护全美中文学校之权益；精益求精，提升中文学校之品质及整体形象	2002年，该会拥有会员学校600余所，学生人数8万余人*
全美中文学校协会（CSAUS）	1994	以大陆地区移民开办的中文学校为主	加强全美各中文学校之间的交流与合作，促进美国的中国语言和文化教育，推动中美两国间的文化交流与合作	会员学校400余所，会员学校学生人数10万人以上，教师8000人以上**
全美中小学中文教师协会（CLASS）	1994	中小学中文教师	致力于帮助和促进全美学前至十二年级学生的中文教学工作	
美国中文教师学会（CLTA）	1962	各高校、中小学和社区学校的汉语教师、学生	致力于促进世界范围内中国语言、文学、文化的教学以及汉语教学法的研究	

* 数据来源：杨乃庄：《社论：请赞助支持全美中文学校联合总会》，全美中文学校联合总会官网，http://www.ncacls.org/ncacls_materials.htm。

** 数据来源：《全美中文学校协会简介》，全美中文学校协会官网，http://www.csaus.net/about12.asp。

3. 强化与主流社会的友好联系

2012年，全美中文学校协会第九次全国代表大会在俄亥俄州辛辛那提市举办时，辛辛那提市特地将开幕式日期12月8日定为辛辛那提市的"全美中文学校协会日"。会议期间，俄亥俄州州长约翰·柯思琪从哥伦布市赶来辛辛那提参加了开幕式；辛辛那提市市长马克·梅洛里、副市长罗克妮·夸尔以及辛辛那提临近城市西彻斯特市华裔市长王利等在开幕式上致欢迎辞。中国国务院侨办文化司司长雷振刚、中国驻纽约总领馆副总领事周立民等参加会议并发表讲话。中美各政界、华教组织，包括美国州议员、参议员等，中国各大省市侨办纷纷发来贺函。会议还首次邀请美国中文教育界另外三大组织代表参会，与这些组织的负责人共同座谈，就协会间相互合作、资源整合与资源共享等问题进行讨论，对推动美国中文教育事业的发展产生了积极影响。

4. 推动中文教学的理念、方法与主流教育接轨

如何让中文教学摆脱固有的中国式教学传统，更多地与美国的教学理念和教学方法接轨，以适应在美国教育体系中成长的华裔青少年的需要，是美国华文教育界举办的各类中文教学论坛或研讨会、工作坊等共同关注的论题。2012年11月10~11日，第三届"中文教学论坛"（CLEF）在美国加州旧金山海湾索菲特酒店举行，论坛由美国加州中文教学研究中心主办、加州中文教师协会联合主办，加州大学伯克利分校全美中文教学中心等16家机构协办，论坛议题就包括了课堂教学和管理、科技和中文教学、最新研究成果及应用、教师培训和课程、中文项目和合作等方面。

2012年12月1日，美国大纽约地区中文教师协会于佩斯大学孔子学院举办中文教学法研讨活动。此次活动的主要目的是培训纽约地区中文教师多元的中文教学方法，检视文化活动在中文课堂教学过程中的功能和地位。来自内蒙古的剪纸老师李旺向台下的中文老师展示如何制作中国民间传统剪纸，目的是以剪纸这类文化活动为引导，增加学习者的中文学习兴趣。

5. 举办本土化的中文教学活动及比赛

各级华文教育组织积极充当美国本土化的中文及中华文化赛事的积极策划者和组织者。2013年3月下旬，美国北加州中文学校联合会在北半岛中文学校举行，举办了学术比赛，比赛项目共17个，包括演讲、书法、绘画、作文、拼音、翻译、朗读、打字等，参赛者按年龄分为4组，吸引近600名学生参加。2013年6月上旬，美国东部中文学校协会在华盛顿地区举行第40届年会，颁发学生学艺竞赛活动、资深教职员工和优秀学生等近20个奖项。

（三）主流社会有助于华文教育融入主流的举措

1. 美国教育主管人员积极与中国教育部门交流

为更充分地了解中文教育在母国的实施情况，美国主流教育管理部门也积极前往中国，实地考察与交流。2014年6月下旬，美国教育官员及公立

学校校长访华团来到北京,进行了为期6天的考察交流活动。在北京市侨办的协调安排下,访华团先后与北京市教委、东城区教委及汇文中学、171中学、东直门中学等单位和学校进行了专题座谈,就北京市与美国相关州的教育发展情况,特别是教育国际化发展情况以及相关学校的办学特点、对外交流合作成果等进行了深入交流。该访华团共10人,由美国教委联合会和亚利桑那州等5个州的学区教委官员及校长组成。

2013年6月14日,美国里奇兰中心市荣誉市长雷默德·弗兰西斯·斯库密兹也带领该市代表团到乐清国际外国语学校考察访问,交流彼此的教育理念。美国旧金山教育局长卡然萨曾于2013年上半年到中国交流访问。回到美国后,4月9日,他到旧金山中文沉浸学校跟三年级学生畅谈他访问中国的心得,并特别提出今后要安排旧金山的"教师与行政主管"到中国相关学校的工作交换计划,让他们到中国服务一年,吸收中国的教学经验。可以说,美国教育主管部门的有识之士已经越来越清晰地认识到推动中文教学与母语国的交流与合作的重要性。

2. 学区主动培训主流学校教师了解华裔学生特点

为了帮助华裔学生更好地适应美国公立学校的学习生活,个别学区为主流公立教育系统中的教师特别举办一些培训班,让公立教育系统的教师能更全面地掌握华裔学生的特点和需求。2013年8月中旬,由南海岸中华文化协会、加州州立大学富尔顿分校及尔湾学区联合主办的教师中华文化研习班开班。与会教师从历史、地理、文学、科学、音乐、艺术等各方面认识中华文化,目标是加强教师对华裔学生及家庭的了解,在公立教育系统中提供更切合学生背景的教学环境。这是华侨华人人口众多的尔湾学区首度举办教师中华文化研习活动,由南海岸中华文化协会负责募集经费,研习课程由加州州立大学富乐顿分校的国际教育资源中心设计、提供。

3. 大学提升中文课程地位

为推动中文教学的发展,美国部分大学从课程设置入手,逐步提升中文课程的地位。2013年,美国俄克拉荷马州州立大学将汉语升级成辅修课程,实现了汉语课程的"华丽转身"。尽管学校此前已经有初级汉语和中级汉语选修课程，但将中文课程设置为关乎学位的辅修课程，这还是第一次。

4. 主流学校举办面向全体学生的中文比赛或文化活动

为提升美国学生学习中文的兴趣，营造汉语学习的良好氛围，部分美国主流学校或者机构也尝试举办全体学生参加的各类中文竞赛或文化活动。例如，美国库比蒂诺的霍姆斯特高中成立了华文教育推广委员会，从2010年就开始举办"Chinese for Fun——中文好好玩"打字及卡拉OK比赛，旨在鼓励主流学校学生选修中文课程，增加对中文的兴趣，凝聚学习华文的风气，让学生积极选修华文课程。本次比赛共吸引100多位学生参赛。

2013年3月下旬，美国青少年文化中心主办了第12届"湾区儿童中文识字小天才"比赛，旨在通过中文识字比赛加强孩子们学习中文的兴趣。

2013年6月，美国马萨诸塞州州立大学波士顿分校中国事务中心在华埠举办"中国汉语文化日"活动，以此推动汉语教育在新英格兰地区深入开展。数十个中国文化展示活动吸引了上千人参与，推动了中国文化走近当地民众。

六 中美新型大国关系构建与美国华文教育的发展策略

作为世界上最大的发达国家和最大的发展中国家，中美构建新型大国关系这一主张是基于双方实力与共同利益而达成的共识，务实而具有很强的生命力。在以"不冲突、不对抗，相互尊重，合作共赢"为核心内容的中美新型大国关系构建过程中，中美之间进行积极的人文交流，将有助于夯实中美关系的民意基础，减少两国的战略误判，加深双方的相互依赖，推动中美之间的文明互鉴。现在，中美之间每年的人员往来已超过300万人次，平均每天约有1万人穿梭于太平洋两岸，每26分钟就有一架航班往来于两国之间。中国在美留学生已达到23.6万，而美国在华留学生也达到了2.4万。中国约有3亿人掌握或正在学习英语，而美国有1000多所大学开设了中文专业，20多万人学习中文，他们既是中美交流的受益者，也是支持中美关系友好、推动两国关系发展的积极力量①。

而且,中美两国文化都有独特的历史传统和人文精神,都有文化的自信与包容力。在当前文化多样化的时代里,中美两国在文化上"各美其美,美美与共",体现了新型大国关系的核心内涵。

中美新型大国关系的构建,人文交流的开展,离不开地位功能独特的华文教育;而美国华文教育要想在基于合作共赢的中美新型大国关系框架下获得更大的发展,并能为中美构建新型大国关系作出更大的贡献,就必须因应客观形势的变化,积极调整办学方向,全方位融入主流。因为当今美国的华文教育,已不再是传统的侨民教育。中文学校脱胎于侨校,但教学对象已经不再是客居美国的华侨,而主要是定居美国并加入美国籍的华人。华文教育当前主要是对华裔进行族群的语言文化教育,进行华族族群文化的熏陶,是在培养具有华族文化传统及气质、对华友好的华裔美国人。要实现这一目标,美国华文教育在人文交流领域,在融入主流教育方面,仍将大有可为。

(一)华文教育促进中美人文交流的发展策略

华文教育在推动中美民间人文交流领域具有天然的优势,而且之前也取得了很大的成绩,如"海外华裔青少年寻根之旅""中华文化大乐园""中外名校学生交流营"等。在此基础上,华文教育界还可以步子更大一些,视野更开阔些,依托现有基础,逐步扩大华文教育这一人文交流渠道的主题与对象范围,以在促进中美交流上发挥更大的作用。

第一,可在现有海外华裔青少年寻根之旅冬(夏)令营等活动的基础上,进一步扩大活动参与者的范围,如可把参营对象从华裔青少年扩展到在美国各中文学校学习中文的非华裔学生,举办"美国青少年中文实践之旅""美国青少年中国认知之旅"等活动,从而让更多来源的美国青少年有机会来亲身感受和认知中国,扩大对华友好的力量,为深化中美人文交流作出贡献。

第二,"中华文化大乐园"等本土化文化活动在美国已经取得了很大成

---

① 董春岭:《中美人文交流:四轮驱动中美新型大国关系》,《世界知识》2014年第16期。

功,但目前主要合作方还是美国的示范中文学校,教学对象也主要是华裔子弟。为进一步深化交流,增加依托华文教育的中美人文交流内涵,中华文化大乐园等活动可以有计划地展开与美国主流教育中小学名校的合作,把寓教于乐的中华文化教学推进到主流名校,让更多的非华裔美国青少年有机会直接感知中华文化,促进中美人文交流。

第三,"请进来"型华文师资培训班,培训对象可以进一步延伸到主流学校中小学、大学的中文教师,甚至非华裔的中文教师;培训主题也可以进一步拓展到对中国学生学习特点、中国教育体制、中国式教学理念的了解。这类中文教师是未来以中文教学为平台促进中美人文交流的核心力量,可尽早将其纳入工作范围。

第四,拓展与中文学校校舍提供方的合作与交流。美国的中文学校,尤其是新移民开办的周末制中文学校,绝大多数没有独立的校舍,都是租用当地主流中小学校的校舍来办学。通过校舍提供或租用关系,这些主流学校无形中就和中文学校形成了密不可分的关系,客观上也会产生对中文教学、中华文化的亲近感。这也是通过华文教育为中美人文交流创造出的一支重要力量。可以通过举办"美国中文学校校舍合作方校长华夏行"等活动,邀请这类学校的校长或领导分层次、分类型来中国看一看、走一走,了解中国现状,培养对华好感。这既有利于为中文学校在美办学营造宽松的办学环境,也有利于培养更多热心于中美友好交往、合作共赢的有生力量。

(二)华文教育融入主流教育的可行性策略

基于"不冲突、不对抗,相互尊重,合作共赢"的中美新型大国关系必将促进中美人文交流的日益繁荣,这就需要培养和提供大批谙熟汉语的人才。美国政府也注意到了这一情况,推出了系列中文人才培养计划,重视各类中文人才的培养。在这一历史进程中,美国华文教育也要创新思路,抢抓机遇,发展自己。

1. 鼓励中文学校师资进入美国主流教育

当前,美国大量的主流学校开设中文课程,需要大量的合格中文教师,

尤其是开展备受推崇的沉浸式教学（immersion program），因为实施沉浸式教学，一个班得配备双导师，也就是两个中文教师。故预计在未来3~5年，美国中文教师的需求量会大大增加，而美国现有合格中文教师的数量远远不能满足这一需要。中国国家汉办派遣了志愿者教师到美国中小学，协助开展中文教学，但这一项目现在也碰到了若干困难。更为重要的是，美国政府高度重视国民在中小学阶段的教育，这一阶段的主流教育一般都聘用本国教师。因此，实际上，中国志愿者教师是难以进入美国中小学课堂直接从事教学工作的。因此，立足于训练美国人成为中文教师，让美国人来教美国孩子中文，就成为不二的选择。在这当中，首选渠道就应是鼓励中文学校的华人师资进入美国中小学课堂，进入美国中小学体系。这样既避免了美国政府政治上的阻隔，同时也有利于中文学校自身的生存与发展。当然，中文学校的现有中文师资要进入主流教育体系，还得经过相关课程的培训，获得相关的资格证书。国家有关部门可以启动专项项目，拿出部分资金，与美国的大学中文系或者东亚系合作开办学分可以得到美国认可的培训班课程，支持有志于进入主流学校担任中文教师的华校师资修读以上课程，并获得相关教师资格，或者设立美国中文师资本土化培养专项奖学金，鼓励中文教师提出计划和申请。为避免发生中途随意退学的现象，也可以协议规定老师们必须修完全部课程，拿到相应的学分或证书之后再发放奖学金等。总之，鼓励和帮助现有中文学校师资进入美国主流教育体系，美国华文教育界大有可为。

2. 立足于族裔教育权利，力争获得政府的更有力支持

美国是一个多元文化的国家，各民族都有接受本民族语言文化教育的权利。美国的华社要充分利用政府的相关政策，加强沟通，为华文教育争取更多的办学经费支持和更强有力的政策保障。如同样是多元文化国家的加拿大，政府就对祖裔文化和学校采取了宽松的政策，并给予了必要的支持。在多伦多和渥太华，当地的中文学校基本上是由教育局统筹管理，无偿地提供公立学校校舍，并给任教的中文老师开发工资，学生免收学费学中文；而在温哥华地区，一部分属于非营利社团组织的民间力量办学的中文学校，可以通过BC省祖裔语言协会同教育局协调，按非营利组织的优惠价格租用公立

中学校舍，在晚间或周末上课。以此为鉴，可以说，美国的华文教育在争取族裔教育权利、争取主流社会的资源支持方面还有较大的活动空间。

3. 着力吸收主流教育的教学理念与方法

当前，美国华文教育的性质，已经由先前华侨教育的母语教学转变为特点鲜明的族裔语言文化传承教育，具有第二语言教学的显著特点。在这一基础上，美国华文教育要正视教学对象——华裔子弟是在美国文化环境中成长、长大这一现实，大胆摆脱之前母语教育意识在内容和形式上的桎梏，多从教学理念（如美国外语教学的"5C 标准"[①]）、课堂管理、教学方法、考试制度以及学校管理各个方面去关注主流教育的当下特点与需求，并及时地借鉴和吸收，提高中文教学在当地的融入度，提升学习者对中文教学的接受度，以便取得更好的教学效果。比如，在各类华校师资培训中，就要侧重根据美国的二语教学课堂特点来安排教学内容和训练方式，提升华校师资适应美国课堂需要的教学能力。部分中文学校和华文教育组织在这些方面也已经进行了有益的探索，并取得了不错的效果，如西雅图的太阳世界全日制中英双语幼儿园就采用沉浸式中英文教学方法，该校由美中老师共同管理。2014年4月25日，美国华语教学资源中心举行新闻发布会，宣布将把美国联邦政府与加州政府力推的全国统一课程标准"共同核心标准"（Common Core State Standards）[②] 纳入中文教学，作为指导其开展中文教学的标准。

参考文献

陈倩：《美国华文教育的现状与启示》，《比较教育研究》2010 年第 3 期。

丁安琪：《美国"星谈"语言教师培训项目论析》，《云南师范大学学报》（对外汉

[①] 该外语课程标准的主题是 Communication（交际），Cultures（文化），Connections（贯连），Comparisons（比较），Communities（社区）。因 5 个单词都以字母 C 开头，故称为"5C"标准。

[②] "共同核心标准"是美国政府于 2010 年 6 月颁布的首部全国统一课程标准。该标准要求全美学生在进入大学之前，在每个年级的学习必须接受相同的课程标准。

语教学与研究版）2010 年第 1 期。

丁霞：《20 世纪 90 年代的美国华文教育及展望》，《吉林工程技术师范学院学报》2004 年第 1 期。

耿红卫：《美国华文教育史简论》，《理论界》2007 年第 1 期。

贾益民主编《世界华文教育年鉴（2013）》，社会科学文献出版社，2014。

贾益民主编《世界华文教育年鉴（2014）》，社会科学文献出版社，2015。

贾益民主编《世界华文教育年鉴（2015）》，社会科学文献出版社，2016。

金灿荣、方浩：《构建中美新型大国关系的复杂性和助力》，《领导科学》2014 年第 4 期。

董春岭：《中美人文交流：四轮驱动中美新型大国关系》，《世界知识》2014 年第 16 期。

黄仁国：《中美人文交流高层磋商机制分析》，《现代国际关系》2010 年第 8 期。

李嘉郁：《"融入主流"的华文教育与华文教育工作的思考——以侨务部门对美国华文教育工作为例的研究》，《八桂侨刊》2012 年第 2 期。

李中山：《美国中文领航项目对国际汉语教学项目推广的启示——以旧金山州立大学中文领航项目为例》，《云南师范大学学报》（对外汉语教学与研究版）2014 年第 6 期。

梁培炽：《美国华文教育发展新理念》，《暨南学报》（哲学社会科学版）1998 年第 4 期。

梁培炽：《美国华文教育论丛》，中国华侨出版社，2014。

刘汉标、张兴汉编著《世界华侨华人概况》（欧洲、美洲卷），暨南大学出版社，1994。

刘延东：《深化中美人文交流　构建新型大国关系——在第三轮中美人文交流高层磋商会议上的讲话》，《世界教育信息》2012 年第 6 期。

刘延东：《系牢中美人文交流纽带》，《今日美国报》2015 年 6 月 22 日。

刘瑜：《浅谈美国杨百翰大学中文领航项目的汉语培训模式》，《华文教学与研究》2014 年第 2 期。

陆效用：《美国 21 世纪的"5C"外语教育》，《外语界》2001 年第 5 期。

罗青松：《美国〈21 世纪外语学习标准〉评析——兼谈〈全美中小学中文学习目标〉的作用与影响》，《世界汉语教学》2006 年第 1 期。

麦礼谦著《传承中华传统：在美国大陆和夏威夷的中文学校》，肖炜蘅译，《华侨华人历史研究》1999 年第 4 期。

王建勤：《美国"关键语言"战略与我国语言国家安全战略》，《云南师范大学学报》（哲学社会科学版）2010 年第 2 期。

温晓虹：《美国中文教学面临的挑战与对应策略》，《世界汉语教学》2011 年第 4 期。

武在争:《从排斥、隔离到融合——美国华人华文教育百年发展探悉》,华中师范大学硕士论文,2003。

〔美〕希拉里·克林顿:《中美人文交流将增进两国之间的理解、共鸣和信任——在第三轮中美人文交流高层磋商会议上的讲话》,《世界教育信息》2012年第6期。

席春玲:《美国中文学校发展述评》,《比较教育研究》2004年第10期。

肖炜蘅:《当代华文教育浅析》,《八桂侨史》1999年第3期。

辛懿:《简论中国对美公共外交在中美新型大国关系中的作用》,《学术探索》2014年第12期。

徐坚:《构建中美新型大国关系的历史条件与主要问题》,《国际问题研究》2013年第2期。

姚道中:《夏威夷大学和美国的中文教学》,《华文教学与研究》2014年第1期。

姚道中:《谈谈AP中文教材和AP中文测试的中国文化成分》,《汉语国际传播研究》2014年第1期。

张会:《美国本土中文师资培训现状与探索——以旧金山地区为例》,《云南师范大学学报》(对外汉语教学与研究版)2014年第3期。

张瑾:《美国主流学校中的中文教育——历史与展望》,《福建论坛》(人文社会科学版)2010年专刊。

周聿娥、张树利:《新移民与美国华文教育》,《东南亚纵横》2005年第6期。

B.10
泰国新生代华裔的国家认同与文化认同研究

沈 玲*

摘　要： 通过对泰国近 500 名新生代华裔及其家庭成员就语言使用、语言能力、族群意识等问题的问卷调查与访谈发现，泰国华裔青少年在认同方面表现出多元化的特点。从国家认同来看，他们已完全倾向于居住国，从文化认同来看，新生代华裔与其祖辈相比，对中华文化更多的是理智型认同，而其祖辈更多的是情感型认同。

关键词： 泰国新生代华裔　认同　国家认同　文化认同

引　言

认同（identity），原意为相同或同一，后来用于心理学中，指的是个人与他人、群体或模仿人物在情感上、心理上的趋同。20 世纪 80 年代以来，认同主要指一种身份意识，包括性别身份认同、族裔散居者的文化身份认同或民族文化认同等在内的问题成为精神分析批评、后结构主义批评等争论的焦点。

---

* 沈玲，华侨大学华文学院副教授，研究方向：华文教育、华文文学、文学理论。本文为教育部人文社科研究青年基金项目"基于国家文化软实力建构的海外新生代华裔民族文化认同研究"（项目号：12YJCZH172）的阶段性成果，"华侨大学人文社会科学学科高水平论文、著作专项资助计划"项目成果之一。

认同包括自我认同与集体认同。从哲学、心理学角度来看，自我认同是因自我意识萌生而产生，并伴随着自我意识的成熟而形成的一种身份感，它具有一定的稳定性特征。集体认同则侧重于社会学、政治学的角度，是指因对所属地域、文化、集体的某种体验而来的归属感，像国家认同、民族认同、文化认同、乡土认同等都属于集体认同。历史、性别、阶级、种族、民族、宗教信仰、地域等是建构集体认同的主要依据。自我认同与集体认同并非毫无关联，集体认同中的历史、性别等因素是形成自我认同的社会性因素。

海外华人的认同是一个复杂的存在，对此众多学者提出了自己的看法。王庚武教授将现今正在变化中的东南亚华人身份认同状况分成历史认同、中国民族主义认同、村社认同、国家（当地）认同、文化认同、种族认同和阶级认同。他指出，可通过多种认同（multiple identities）这个观念来处理华人的认同问题[1]。庄国土教授倾向于将东南亚华人的认同分成政治国家认同和族群认同两类，其他包括文化、历史、阶级、法律、社区、种族等在内的认同全部归入其中[2]。就海外华人华侨而言，人口的迁移流动以及在异域的生存发展必然伴随着认同的发生与变化。认同问题并不是静态的，在不同时期同一类人表现出的认同有可能发生变化。海外华人的认同情况复杂，从认同类型来看，有国家认同、政治认同、经济认同、文化认同等，虽然这些认同概念各有交叉，但当我们谈及认同时，还是可以在多重认同的前提下区分不同的认同来进行讨论，而且各国的华人情况不同，除了要分类型讨论还应分国别来研究。

海外华侨华人多集中在东南亚地区，其中又以印度尼西亚、泰国、马来西亚三国的华侨华人数最多，而泰国又是东盟十国中唯一没有遭受殖民统治的国家。历史上泰国政府没有特别排挤与压迫华人，反而是积极接纳华人融入泰国社会。从族群关系来看，泰国的华人与泰国原住民友好相处，这些都为泰国华人认同泰国打下了良好的基础。

---

[1] 王庚武：《东南亚华人的身份认同之研究》，载《华人与中国：王庚武自选集》，上海人民出版社，2013，第304~306页。
[2] 庄国土：《略论东南亚华族的族群认同及其发展趋势》，《厦门大学学报》（哲学社会科学版）2002年第3期。

学术界对泰国华人华侨的认同研究或者从宗教和民间信仰角度切入，或者从华人认同、政治参与角度切入，或者从民族学角度进行比较，对泰国华人的认同问题作了较深入的理论探讨，已取得了不少成果，形成了一些代表性的观点。比如，美国施坚雅（Skinner，也译作斯金纳）的《泰国华人社会：历史的分析》一书在关注泰国华人同化政策研究的同时得出结论：泰国华人都会被同化，泰国华人社会在未来将不复存在。这就是学术界普遍认为的斯金纳"单一认同模式"。他的观点受当时国际大环境的影响，带有冷战思维，其同化理论受到后人较多的质疑。考福林（Coughlin，有译作高国麟、柯林）在其代表作《双重认同：当代泰国华人》一书与论文中认为，泰国华人虽然在国家认同上倾向于泰国，但仍保持着一定的本民族文化认同，因此泰国华人的认同是双重认同（double identity）。唐志强和陈国贲提出的"唐和陈模式"（Tong and Chan paradigm）则主张，泰国华人的认同是多元的、复杂的，并不是单一朝着斯金纳的同化模式发展[①]。庄国土教授认为，泰国"华人族群认同意识逐渐削减，但进程放慢"[②]。国内有研究者认为，自1975年中泰建交以来，华人的发展有了更加广阔的空间，华人更加主动、广泛地参与当地政治生活，随着泰国华人政治认同转向泰国，他们的文化认同也发生了巨大变化，有既认同当地文化又认同华人文化的特点[③]。还有研究者通过对泰国华人社会的考察发现，泰国华人不是被同化而是主动融入泰国社会，泰国华人与中国并没有形成过真正的"集体认同"，泰国华人的认同是基于经济规范下的阶层认同[④]。

目前学界对泰国华人的认同研究侧重于老一辈华人，而对于新生代华裔缺少调查研究。实际上，自20世纪90年代以来，世界格局已发生了巨大变

[①] 参见黄素芳《泰国华侨华人研究的历史与现状》，《八桂侨刊》2007年第3期。
[②] 庄国土：《略论东南亚华族的族群认同及其发展趋势》，《厦门大学学报》（哲学社会科学版）2002年第3期。
[③] 参见陈晓宏《战后中泰关系视域下的泰国华人认同研究》，广西民族大学硕士学位论文，2013。
[④] 参见赖映红《泰国华人身份属性及认同对中国软实力建构的启示》，暨南大学硕士学位论文，2012。

化，中国经济地位和政治地位的崛起，像泰国等海外华人华侨生活较多的国家与中国的政治、外交关系都有良好的改进，国际形势与经济的发展使得海外新生代华裔生活的社会政治、经济、文化等方面都有不同于以往的特征，因此在认同方面自然会出现新的情况。"全球化进程改变了华侨的生存状态，从而对他们的生存身份产生了新的影响，对他们的身份归属和文化认同带来了新的特点。"[1] 而青年期是塑造认同的最佳时期，通过对新生代华裔青少年的调查，可以发现他们在文化认同方面所具有的特点。

基于以上考虑，本调查组于2013年4月至8月在泰国曼谷公立中山学校、罗勇光华学校、吞武里易三仓学校、普吉泰华学校、挽武通大同学校和公立文益学校6所学校就泰国新生代华裔的文化认同问题进行了问卷调查和访谈。虽然王庚武教授对认同的分类较为繁复，但他提出的多重认同观念给我们研究海外华人的认同方面以很大的启发。本文即在王庚武教授的多重认同框架之下进行研究与分析。

本问卷共有21大题108小题，内容涉及被试对象的个人情况、语言、宗教信仰、文化、社团、媒体使用等方面，除与个人情况有关的题目不涉及其祖辈、父辈外，其他题目均有对被试者祖辈、父辈的调查。本文主要以其中的12大题57小题展开讨论，以期通过对华人家庭三代人的对比发现新生代华裔在认同等方面的新变化。

本调查共分发问卷600份，实际回收501份，回收率83.5%，其中有效问卷438份，有效率87.43%。本调查问卷分别设有汉语版和泰语版，泰国新生代华裔青少年或因自身汉语水平或因阅读习惯，均选择泰语版问卷进行作答。

参与调查的泰国新生代华裔青少年的基本情况如下：男性198人，占45.2%，女性240人，占54.8%。所有被试均出生于泰国，均有泰国国籍，其中华人混血占8.16%。平均年龄14.7岁。39.8%的被试来自富裕家庭，55.1%的华裔家庭条件一般，约5.1%的家庭经济不太好。

---

[1] 韩震：《全球化时代的华侨华人文化认同的特点》，《扬州大学学报》（人文社会科学版）2009年第1期。

一 泰国新生代华裔的国家认同分析

在认同类型中,文化认同是核心,国家认同则起支配作用,影响其他认同。关于国家认同,不同的学者有不同的看法,笔者认为,简单来说,国家认同就是在政治生活中产生的归属感与情感依附,包括对国家的态度与情感取向。国家认同带有一定的强制性,它的转变标志是国籍的改变。就东南亚地区来说,至20世纪80年代,大多数华人已经加入了居住国国籍,国家认同的转变至此也基本完成。在入籍问题上,泰国政府曾几次修改入籍条件,到1975年9月,华人入泰国籍的条件再次放宽,只要同时满足月收入100美元以上、能说泰语、非政治犯这三个条件即可申请入泰国籍,取消了在泰国连续居住满5年以上才能申请的限制,这就进一步促成在泰国的华人加入泰国国籍。而泰国政府实行的出生地和血统相结合的政策又使得华人华侨的后代可以自动获取泰国国籍。

1. 国籍情况

问卷对新生代华裔及其家庭主要成员的国籍问题进行了调查,结果见表1。

表1 国籍情况

单位:%

调查对象\国籍	中国籍	泰国籍	不清楚
新生代华裔的祖辈	16.00	8.00	76.00
新生代华裔的父辈	1.88	82.30	15.81
新生代华裔	0	100.00	0

从表1可以看出,如果去除不清楚部分,在新生代华裔所在的华人家庭中,确定是中国籍的比例呈代际下降,即祖辈为中国籍的最多,其次为父辈,而新生代华裔均于20世纪90年代以后在泰国出生,已全部加入泰国国籍。他们从小接受泰式教育,视泰国为自己的祖国,自认是泰国人。

2. 参政意识

参政意识是国家认同的另一个标志。泰国华人的参政意识是东盟十国中最强的。本调查问及泰国新生代华裔的职业选择,结果显示,在未来的职业选择上,泰国新生代华裔更倾向于从事商业活动,较少有进入政坛的打算。即便选择进入政府部门当公务员,也是因为这一工作社会地位较高,收入稳定,新生代华裔并未将升官晋职等视为努力追求的目标。通过访谈还发现,95%以上的被试没有那种以泰人身份参政议政而为泰国华人争取更多权利的想法。其实从新生代华裔明确表示他们是泰国人这一点可以看出,在泰国新生代华裔心目中,华人和其他泰国人一样享有同等权益,有不少被试明确表示现在没有必要特别强调他们的华人身份。正如有学者指出的,"华裔作为泰人中的一分子,其参政议政已是非常自然和普遍的事情。根本而言,华人或华裔参政与泰人参政已无实质性的差别。"[1] 他们"以公民身份参政,不凸显华族身份,不代表华族群体"[2]。泰国华人的参政主动而积极,他们高度认同泰国的政治与社会。这种认识的形成与泰国的国籍法有关。因为若从政治法律角度来看,在泰国,不论你的血统、文化、宗教为何,只要入了籍,都是泰国公民。而且在实际的政治生活中,泰国的华人是以泰籍泰人的法律身份而不是泰籍华人或华族的身份参与政治活动,特别是1992年"五月流血事件"以后,泰国走向多元民主,华人参政的环境更加宽松,获得的参政权利也较过去更多。正因为泰国人与华人都可以自由参政,并有同等的参政权利,同样受国家法律保护,所以华人也无须着重彰显其华人特性。

实际上,经过多年的同化,泰国的华人与泰人已高度融合,正因此,接受调查的被试才认为无须特别强调其血统或民族。另外,从历史上看,泰国参政的华人中有不少就是企业家,他们在经济上获得较大的发展之后,或通过选举、资助政党直接参政,或作为影响政府决策的压力团体间接参政,以此获得更大的势力。因此,即使表面看来,被试的新生代华裔没有浓重而明

---

[1] 许梅:《泰国华人政治生活的变迁》,《东南亚研究》2002年第2期。
[2] 庄国土:《东南亚华人参政的特点和前景》,《当代亚太》2003年第9期。

确的参政意识，但也不能因此断定那些选择从商的新生代华裔一定会放弃未来参政的可能。

3. 中文姓名使用情况

有研究指出，泰国是"华人被同化的程度最深"① 的国家。所谓华人被同化程度最深，最主要表现在三个方面：一是基本上归化，绝大多数加入泰籍；二是华人以泰国为家，效忠于新的祖国甚至改泰名、泰姓，表明华人落地生根的观念较强；三是接受泰国的文化、语言以至很多习俗，如合掌礼，进泰国的寺庙，同泰国人民一起过宋干节（泼水节），甚至成年剃度出家等②。

从国籍来看，本次调查的新生代华裔已全部加入泰籍。从姓名来看，姓氏是标志血缘关系的一种文化符号，有着调整和维持社会结构的作用。中国传统文化中历来重视血缘以及由此而来的姓氏制度。某种意义上，是否拥有中文名字是对宗族与民族认同的判断指标。一般来说，认同中华传统文化，认同华人身份的华人倾向于保留与使用中文姓名。但是，泰国为了同化华侨采取了一系列措施，如泰国皇室对上层华人赐爵封衔、颁布《姓氏条例》，准许华人将原来的中文姓氏更换为泰人姓氏等。这就使得一批华人不再坚持中文姓氏，反以有泰姓为傲。而且"华人中更换泰姓的人日益增多。据报道，目前申请更换姓氏者，华人占90%"③。

表2是本次对中文姓名的调查结果。

表2 使用中文姓名情况

单位：%

中文姓名 \ 调查对象	新生代华裔	新生代华裔的父辈	新生代华裔的祖辈
有	9.06	3.64	4.55
没有	90.94	96.36	95.45

---

① 暨南大学东南亚研究所广东华侨研究会编著《战后东南亚国家的华侨华人政策》，暨南大学出版社，1989，第87页。
② 许国栋：《从华人宗教信仰剖析泰国的同化政策》，《华侨华人历史研究》1994年第2期。
③ 周聿峨：《东南亚华文教育》，暨南大学出版社，1995，第270页。

从表 2 中可以看到，90％以上的泰国新生代华裔以及他们的祖辈、父辈没有中文姓名。调查同时发现，有 5.46％的被试的中文名字是父辈起的，55.45％的被试的中文名字是家中的祖辈所起，39.09％由老师等其他人所起。在有中文名的被试中，约有 61％的中文名是由其直系亲属所起，其中由父母所起的比例小于由祖辈所起的比例。这些数据表明，在姓名方面愿意保留华人特性的泰国华人较少，泰国华人家庭虽遵从由祖辈为孙辈起名的传统，但对中文姓名并不特别重视。在有中文名字的新生代华裔青少年中，有 61.84％的人知道自己中文名字的意思，34.88％的人会写自己的中文名。进一步调查发现，新生代华裔的中文名多在华校学习时使用，占 44.21％，其次为亲朋好友见面打招呼时使用等。在家庭成员之间，无论是父母叫孩子还是爷爷叫孙子，泰国名都是最常使用的，且祖辈、父辈与孙辈之间泰国名字的使用比例呈上升趋势。具体结果见表 3。

表 3　姓名使用情况

单位：％

使用场合＼姓名	中文名	泰文名	英文名	其他
调查对象的父母称呼调查对象	3.68	91.91	2.94	1.47
调查对象的爷爷称呼调查对象	1.63	89.43	5.69	3.25
调查对象的爷爷称呼调查对象的父亲	3.36	87.39	5.88	3.36
调查对象称呼华人朋友	3.23	9.68	5.65	81.45

仅就中文姓名的调查来看，在泰国华人家庭中，中文姓名的保留人数与使用人数都较低，泰国华人对自己中文姓名的重视和了解程度都不太充分。泰国新生代华裔仍有华人身份认同，但更多的是泰国人身份认同。本调查显示，一方面，在有中文姓名的被试中，由直系亲属之外如教师等起中文名的比例不低，另一方面，新生代华裔有中文姓名的比例相较于他们的父辈和祖辈有所上升。因调查均在设有汉语课的学校进行，且汉语课任课教师均为不懂泰文的中国教师，因此有中文姓名的新生代比例上升更可能是汉语教育在泰国蓬勃开展的结果，而并不能表明泰国新生代华裔宗族与民族认同的上

升。

通过以上对被试的国籍、职业选择、参政态度、中文姓名等的调查分析,可以认为泰国新生代华裔在国家认同上已完全认同泰国,泰国政府多年来在同化华人方面采取的措施确实取得了很明显的效果。

二 泰国新生代华裔的文化认同分析

尽管泰国华人在日常生活外在表现的许多方面,如衣食住行、风俗习惯、语言使用上已经与泰国人没有多少不同,不过在深层次,泰国华人与泰国人还是存在差异。这种差别正是华人文化认同的体现。我们知道文化认同是对群体或文化的态度与情感取向,它包括个体与外部世界、其他个体或群体的关系。不同于政治国家认同的强制性特征,文化认同是个体的本能选择。在能体现个体文化认同的所有因素中,语言符号、行为规范、价值观念等是常见的考查指标。下面我们将从语言、族际通婚等方面分别对新生代华裔的文化认同进行分析。

1. 几种主要语言掌握与使用情况

本问卷分别就泰国华人社会几种主要语言的掌握与使用情况进行了调查。

关于祖籍方言的掌握情况,调查结果见表4。

表4 祖籍方言掌握情况

单位:%

调查对象\掌握程度	听说流利	听说一般	能听懂,只会说一点儿	能听懂,但不会说	听不懂也不会说
华裔青少年	4.85	47.57	39.81	0.97	6.80
华裔青少年的父辈	20.38	42.93	20.51	7.43	8.75
华裔青少年的祖辈	5.41	67.57	4.05	9.46	13.51

在被调查的泰国新生代华裔中,祖籍方言听说流利的占4.85%;听说一般的占47.57%;能听懂,但只会说一点儿的占39.81%;能听懂,但不

会说的占 0.97%；听不懂，也不会说的占 6.8%。若将听说流利与听说一般的都视为可以用祖籍方言进行日常交际，则对比华人家庭的三代人可以发现，泰国新生代华裔与其父辈用祖籍方言交际的水平总体低于其祖辈，祖籍方言的掌握情况与代际呈正相关。

关于汉语普通话的掌握情况，调查结果见表5。

表 5　汉语普通话掌握情况

单位：%

调查对象＼掌握程度	听说流利	听说一般	能听懂，只会说一点儿	能听懂，但不会说	听不懂也不会说
华裔青少年	11.45	32.06	41.22	16.03	3.82
华裔青少年的父辈	22.82	11.21	12.37	16.91	23.20
华裔青少年的祖辈	15.91	11.36	6.06	15.91	3.79

从表5可以发现，若将汉语普通话听说流利与听说一般的都视作能以普通话进行交际，华人家庭汉语普通话的掌握情况与代际呈正相关。与其祖辈、父辈相比，泰国新生代华裔是华人家庭三代人中普通话水平总体最好的一代，他们对汉语普通话的掌握情况好于汉语方言。

关于新生代华裔及其家人自认为哪种语言说得最好，调查结果见表6。

表 6　对自我语言表达水平的评估

单位：%

调查对象＼语言	英语	泰语	汉语普通话	汉语方言	其他
华裔青少年	11.97	41.88	18.80	15.38	11.97
华裔青少年的父辈	30.00	16.25	28.75	3.75	21.25
华裔青少年的祖辈	26.24	34.75	1.42	34.04	3.55

从表6可以看出，泰国华人家庭中，新生代华裔的父辈自认为英语水平最高的人最多（30%），新生代华裔自认为泰语水平最好的人最高（41.88%），而新生代华裔的祖辈自认为泰语水平最高的人数和自认为汉语

方言水平最高的人数相差不多，都在34%左右。这一结果也与上文泰国华人家庭三代人对祖籍方言和汉语普通话的调查结果相印证。但在祖辈中，自认为普通话水平最高的比例不到2%，表面看起来与表5中的结论矛盾，但表6主要是比较几种语言表达水平，表5则只考察一种语言的表达水平，两者侧重点不同。

表6还显示，新生代华裔的父辈自认为英文水平和汉语普通话水平最高的比例最高。本调查中的新生代华裔所在的家庭多数经营商业活动，且近40%的家庭经济条件不错，作为家庭支柱的父辈是英文水平和汉语水平最高的一个群体并不奇怪。这与英文和中文在泰国经济发展中实用价值的提高有关。20世纪70年代以来，泰国经济发展，华人资本在其中占有重要地位，要更好地发展跨国贸易或者获得升迁，熟练地掌握英语就成了关键。因为英文在经济生活中有如此重要的地位，华人才会更努力地学习。90年代以来，随着中国的崛起，中泰经济交往的日渐频繁，汉语普通话的实用价值也进一步提高，成人学汉语的热情也因此大增。

而作为调查对象的泰国新生代华裔普遍出生在语言控制基本不存在的90年代以后。实际上从20世纪80年代末以来，泰国政府就开始放宽华文教育政策。华文成为外语教育语种之一，可以按照目前泰国外文教育教学政策合法进行。华文教育可以从小学一直到高中，大学有中文系或中文组。小学的华文教育从原来的一至四年级延长至六年级，那些未开设华文的学校可以从五年级开始教授华文。在中学，华文也成为选修课。越来越多的学校开设汉语课，华文培训中心也不断增加，有不少来自中国的教师加入了泰国汉语教师队伍。虽然表6的数据显示，新生代华裔并不认为汉语普通话是他们说得最好的语言，但考虑到他们现在多是初中学生，未来汉语普通话的水平还有不少提升的空间与可能。新生代华裔与泰国人在共同的学校接受相同的教育，平常与泰国人有较多的接触机会，自然他们的泰语水平要远远高于汉语水平，包括汉语方言水平。可见，与其祖辈、父辈不同，新生代华裔生活在一个更宽松开放的时代，新生代华裔的国际化与本土化均得到了加强，表现在语言上就是多种语言能力的兼备与提高。

有研究指出："如今，在泰国 70 岁以上的老年人能够熟练掌握汉语方言，四五十岁左右的人可用少量的华语进行交流，而因为华文教育的断层等原因，比较年轻的人多半不会讲华语或者汉语方言。"[①] 从本调查的结果来看，老一辈华人的汉语方言水平确实要高于其孙辈，而包括汉语方言在内的几种语言在现代华人社会的使用情况则较为复杂。泰国的华人多数来自中国的潮汕地区，潮州话是华人社会的主要方言，因为潮州人较早在泰国从事商业活动，社会影响力较大，因此潮州话也是华人社会的商业用语，一些来自中国其他地域的华人也会说潮州活，早期华校还曾一度将潮州话作为教学用语，有的私立中等专业学校，如呖喃隆商校直到 1992 年才改用汉语普通话作为教学语言。此外，客家话、闽南话、粤语等也有一定的使用人群。从表 4 可以看到，泰国华人家庭三代人中，有的祖辈、父辈既听不懂又不会说祖籍方言，成长在这样家庭的新生代们丧失了方言的学习环境，泰语成为他们的母语或最常用交际语言。除此之外，有不少泰国华人家庭三代人能说方言与汉语普通话。本调查问卷将潮州话、客家话、闽南话、粤语等单独列出来，与汉语普通话、泰语、英语等一起进行了调查，以了解泰国华人社会几种主要语言的使用情况。调查结果见表 7。

从表 6 可以看出，不论是方言水平还是汉语普通话水平，泰国新生代华裔都不是最高的群体。而表 7 则表明，新生代华裔确实具有多语言能力，但其语言使用情况较为复杂。在日常生活中，如与亲戚、父母、祖父、华人朋友交谈时他们能根据说话对象与场合转换语言，同时存在较多语言混用现象。而其祖辈与父辈交谈时及父母之间交谈时更常用包括潮州话、客家话、闽南话、粤语等在内的汉语方言，泰语和汉语普通话的使用率都不如汉语方言高。

---

① 蔡昌卓主编《东盟华文教育》，广西师范大学出版社，2010，第 316 页。

表 7 几种主要语言使用情况

单位：%

使用情况 语言	新生代华裔青少年与父母之间	新生代华裔青少年与祖辈之间	新生代华裔青少年华人朋友之间	新生代华裔青少年与华人同学之间	新生代华裔青少年与亲戚之间	新生代华裔青少年与非华人同学朋友之间	公共场合	新生代华裔父母之间	新生代华裔父辈与祖辈之间
泰语	5.79	4.10	3.20	5.56	1.57	5.47	4.65	6.50	8.87
汉语普通话	9.09	6.56	16.80	5.56	11.81	6.25	8.53	9.76	4.03
潮州话	0.83	5.74	33.60	9.52	16.54	3.91	21.71	49.59	33.06
闽南话	1.65	4.10	21.60	3.97	18.11	10.94	18.60	9.75	4.03
客家话	9.09	1.64	9.60	19.84	40.16	10.94	13.18	20.33	30.65
粤语	11.57	3.28	8.80	24.60	18.90	19.53	3.10	11.38	41.94
英语	7.44	2.46	22.40	7.94	10.24	7.81	10.08	5.69	3.23
混合,但以普通话为主	3.31	14.75	3.20	16.67	5.51	16.41	6.98	3.25	11.29
混合,但以汉语方言为主	14.05	3.28	24.80	6.35	15.75	14.84	11.63	2.44	9.68
混合,但以泰语为主	12.40	10.66	2.40	1.59	3.15	0.78	9.30	0.81	3.23
混合,但以英语为主	22.31	9.02	4.00	1.59	11.02	24.22	3.10	4.07	2.42

2. 汉字书写水平

除了语言表达能力外，问卷还调查了新生代华裔及其家庭成员的汉字书写水平。调查结果见表8。

表8 汉字书写水平

单位：%

书写水平 调查对象	非常好	一般	只会写一点儿	不会写
新生代华裔	44.57	13.04	15.22	27.17
新生代华裔的父辈	37.75	15.6	23.79	22.87
新生代华裔的祖辈	33.62	20.69	41.38	4.31

表8显示，就汉字书写水平而言，新生代华裔处于两个极端，汉字书写水平最高与不会写的比例均是华人家庭三代人中最高的。新生代华裔的祖辈中不会写汉字的人最少，只会写一点儿的比例最高。

有学者认为，地域观念、方言的使用是出于文化关系，而不是政治与权力关系[1]，不过就本次调查而言，政治关系与权力关系导致了新生代华裔的地域观念与方言使用与其祖、父辈相比发生了不小的变化。这种变化主要体现在祖籍地域观念的淡薄和方言水平与使用频率的降低。实际上，政治关系、权力关系会影响语言的使用。在某些国家，在政治高压、强权政治统治之下，一个族群的语言可能会从显性使用到隐性使用，甚至会一度消失，而另一种语言也可能取代一种语言成为强势语言。同样经济关系也会促进一种语言的流行与使用。泰国虽没有严重的打击华文教育的行为，但泰国政府颁布的法律法规在一定时期还是影响了汉语在泰国的发展与使用。

接受调查的新生代华裔的祖辈和父辈出生并接受教育的时间大致是在20世纪四五十年代到七八十年代，在这短短的几十年里，泰国的华文教育经历了起伏。1946年《中暹友好条约》规定，华人有设立学校教育子女的自由，但7~14岁的华人学龄儿童均接受泰文初小四年的强迫教育。1947

---

[1] 林其锬：《论文化认同与华人社会》，《华侨华人历史研究》1992年第1期。

年中国驻泰使馆人员与泰国教育部的协议又规定,华文学校一至四年级每周华文课的时间在10~12.5小时。泰国的华文教育获得了短暂的发展。1947年銮披汶执政之后,华文课只能上到小学四年级,且周课时降低,教材由泰国教育部统一编订,泰国的华文教育陷入低谷。1954年,泰国政府修改了1918年的《暹罗民立学校法》(又称"民校条例"),规定不准增加华校学生的名额,不准华校增办,校主必须是三代泰籍之人等,华校因此锐减。1960年,泰国政府又公布《发展国家教育方案》,规定华校须于三年内逐渐减少华文的教学时数,三年后初小各年级每周只能教授5小时。后因各华校董事会与华人社团的请求,泰国教育部同意接受政府津贴的华校每周可教6小时华文,不接受政府津贴的华校每周可教授10小时华文,但民办华校只能开办四年制小学。所以华校学生与华校数量又一次减少。1975年中泰建交之后,泰国政府才允许教授华文的民办小学由四年制延长为六年制,但五六年级不准教授华文,而改以每周教授5小时英文。允许教授华文的学校,小学一、二年级每周只可教授5小时,原有的三、四年级每周仍可教授10小时,但以后要逐渐减少。20世纪80年代初,泰国教育部又规定全国中小学实行新学制,华校可设五、六年级,但只准教英文,全部华文日校初小一至四年级,每周都只准教授5小时华文[1]。由此可以推测,本次调查的泰国新生代华裔所在的家庭,如果没有另外上华文补习学校或补习班,其祖辈与父辈在学校接受华文教育的时间并不多。同时,此时泰国政府还对华文教师严格审查,相当长的一段时间内,泰国的汉语教师都处于短缺状态,不少教师也没有接受过严格的汉语学历教育,教师的汉语普通话水平不高,教出来的学生的汉语普通话水平也可想而知。另外,华文在当时也失去了使用价值,作为一种没有什么实际用处的民族语言,学习的时间少,效果不明显,而其他功课的压力又大,家长考虑孩子的前途,也会更重视孩子的泰语和英语学习。在种种因素影响下,现在新生代华裔的祖辈与父辈的汉语听说读写水平不会很高。

---

[1] 周聿峨:《东南亚华文教育》,暨南大学出版社,1995,第282~283页。

现在，随着世界范围内汉语热的兴起，包括本次被调查的四百多名新生代华裔在内，有越来越多的泰国华人与泰国人开始学习汉语。《中国社会科学报》2012年12月17日《国外语言生活动态栏目》引一则编译自泰国《国家报》2012年4月24日的报道宣称："泰国 汉语成最受泰国学生欢迎外语。"据统计，"泰国教育部基础教育委员会管辖的700所学校约30万名学生学习中文。日语、韩语也日渐受欢迎，175所学校约3.4万名学生学习日语，1.2万名学生学习韩语，而韩语仅次于近些年才开始在基础委管辖的学校中教授。亚洲语言日渐风靡，而西方语言，尤其是法语，则日渐式微。基础委教育标准局副局长指出，中国经济强盛致使学生更多地关注亚洲语言。东盟经济共同体也影响学生选择学习周边国家的语言"。从中可以发现，经济因素已经成为影响语言学习者学习动机的最直接因素。这一点在上文已有论及，而现在泰国新生代华裔的汉语学习动机也有明显的表现。

3. 中文学习动机

本调查考察了新生代华裔青少年的中文学习动机，此项设为多选，但绝大多数新生代华裔青少年只选择了其中一个原因。调查结果见表9。

表9 中文学习动机

单位：%

学习中文的原因	父母要求	祖辈要求	自己想学，因为我是华人	中文对将来找工作很有用	对中国文化感兴趣	想到中国旅行	想和中国人做生意	想到中国定居	其他
百分比	6.08	2.82	0.45	2.48	2.14	81.08	2.14	0.79	2.03

表9的结果表明，只有0.45%的被试表示是"自己想学，因为我是华人"，2.14%的华裔被试因为对中国文化感兴趣才学习汉语，8.9%的华裔被试表示是父母或爷爷奶奶要求他们学习汉语，其他则是因为学汉语对找工作有用，或者因为将来想和中国人做生意、到中国来旅行而学习汉语。通过访谈得知，多数泰国华裔学生的家庭从事与中国有关的贸易、餐饮、旅游等工作，受家庭影响，华裔学习汉语为的是将来更好地从事相关的工作。可见，

新生代华裔学习动机的工具性特征比较明显,新一代的年轻华人普遍以一种务实的心态学习汉语。

从表9可以看出,因家中长辈要求学习中文的比例并不高。这一方面说明,泰国华人家庭比较民主,较少强迫孩子做他们不喜欢做的事情;另一方面也表明,在族群语言学习方面,泰国华人家庭并不将其视为文化代际传承所必需。这正如有研究所指出的,"泰国华人在华语问题上也有分歧。大部分华人认为华文是传承中华民族文化的纽带,而且华人在泰国的经济地位较高,他们以能说华文为荣。但也存在另一种声音,也有人因为融入泰国当地生活、与泰人通婚等原因,不重视华文,不要求子女学习华文"①。

那么,新生代华裔如何看待华语学习?本问卷对新生代华裔主动学习中文的意愿设计了几组问题进行调查,调查结果见表10。

表10 中文学习意愿

单位:%

调查内容	选择比例
如果有机会,愿意到中国长期学习中文	25.2
不愿意到中国长期学习中文	42.28
如果有条件,将来会坚持让自己的孩子学中文	48.46
不会坚持让自己的孩子学中文	10.77
由孩子自己决定是否要学中文	21.54
要求孩子会听说汉语方言即可,不一定要学习汉语	19.23
如果条件允许,将来会让自己的小孩到中国学习中文	52.03
不会送孩子到中国去学中文,但一定会在泰国的华校学习中文	24.39
即便条件允许也不会允许孩子到中国学中文	12.2

表10显示,有25.2%的被试表示,如果有机会,愿意到中国长期学习中文,42.28%表示不愿意,另有32.52%的被试表示要看情况而定。这表明,有一些新生代华裔仍具有积极主动的族群文化学习意愿。问卷中还设置

---

① 蔡昌卓主编《东盟华文教育》,广西师范大学出版社,2010,第316页。

了两道假设题。关于如果条件允许,是否会坚持让他们的孩子学习中文,调查结果表明,有48.46%的新生代华裔表示将来会坚持让自己的小孩学习中文,10.77%的人表示不会,另有21.54%的被试表示由孩子自己决定,有19.23%表示只要求孩子会听说汉语方言即可,不一定要学习汉语。关于如果条件允许,将来是否会让孩子到中国学习中文,52.03%的被试表示会让自己的小孩到中国学习中文,24.39%表示不会送孩子到中国学中文,但一定会在泰国的华校学习中文,只有12.2%的人表示即便条件允许也不会允许孩子到中国学汉语。从上述几组数据可以看出,新生代华裔对下一代的汉语学习总体是积极的,有近一半的被试坚持让下一代学习汉语,一半以上愿意孩子到祖籍国学习汉语。

综合表4至表8的结果可以发现,泰国新生代华裔在族群语言的使用与书写等方面并没有较其祖辈、父辈有明显的提高,甚至其祖籍地地域方言的水平与使用能力都有所降低。对于海外华人来说,国际化和本土化的增强往往伴随着民族性的减弱,表现在语言上就是本族群语言能力和使用频度的降低,而族群语言水平的降低意味着对本民族文化认同程度的降低。以上研究表明,泰国新生代华裔在民族文化认同方面已远不如其长辈。

泰国新生代华裔一方面承认汉语是传承民族文化的重要纽带,是华人独特性的重要标志,作为华人应当学习汉语;但另一方面,并非全部新生代华裔都会主动学习汉语,他们也不再百分百坚持汉语作为民族语言在本族群中的传承。实际上,当泰语或英语就能满足交际需要、现实生活中汉语已非必需时,华裔在语言使用中的随意性就会大大增强,这正是语言的情感价值与实用价值的矛盾带来的影响。

4. 对族际通婚的态度

在泰国,泰国政府鼓励华人与他族通婚,实际生活中华人与非华人通婚的情况并不少见。对于海外华人来说,与当地人通婚某种意义上可以反映其融入当地主流社会的程度,而华人是否愿意与当地人通婚也能反映他们的身份认同。"这是因为族群之间的基本差异深植于人们的群体认同之中","而每一个人只有对另一个人在感情和心理上都认为'可以接受'和感到十分亲近的时候，才有可能考虑到与他（她）缔结婚姻的问题"，所以族际通婚可作为"测量不同族群相互关系和深层次融合程度的一个非常重要的方面"①。

本调查对华裔青少年对待族际通婚的态度进行了考察。结果显示，只有16.67%的华裔表示不会和他族通婚，只和华人通婚；51.86%的华裔表示不确定；31.48%的华裔肯定地表示会和泰国人通婚。我们知道，同族内不同方言人群之间的通婚会导致方言的消失或强化，族际之间的通婚也会造成语言使用的变化，族外通婚让本族群内语言使用的单一性与纯粹性不复存在。泰国新生代华裔愿意与他族通婚的比例不低，由此可以推测，未来华人家庭中祖籍方言和普通话的使用频率可能呈下降趋势，同时与语言变化相伴的极可能是民族文化认同的削弱。

5. 参加祭祖活动的情况

以上从语言使用方面探讨了泰国华人家庭的文化认同。关于新生代华裔参加其家族祭祖活动的情况，调查结果见表11。

表11 有关祭祖活动的调查

单位：%

调查内容	比例
参加过在中国举行的家族祭祖活动	24.1
参加过其家族在泰国举行的祭祖活动,但没参加过在祖籍地举行的祭祖活动	70.59
家族从来没有回祖籍地举行过祭祖活动	2.98
从没参加过在祖籍地举行的祭祖活动	2.37
如果有条件,将来打算回祖籍地探亲或祭祖	25.86
如果有条件,将来也不打算回祖籍地探亲或祭祖	41.38
如果有孩子,未来会带他们回祖籍地探亲或祭祖	16.67
如果有孩子,未来不会带他们回祖籍地探亲或祭祖	13.33

有24.1%的被试参加过在中国举行的家族祭祖活动，70.59%的被试参加过其家族在泰国举行的祭祖活动，但没参加过在其祖籍地举行的祭祖活

---

① 马戎：《民族社会学》，北京大学出版社，2004，第436~437页。

动，只有不到3%的被试表示其家族从来没有回祖籍地举行过祭祖活动，不到2.4%的泰国新生代华裔从没参加过在祖籍地举行的祭祖活动。这些数据一方面表明，仍有较多的泰国华人家庭保留着传统的祭祖习惯，若不能回祖籍地祭祖，他们会选择在泰国举行祭祖活动；另一方面，有较多的华裔新生代被家中长辈带着回祖籍地参加祭祖活动，这也表明泰国华人会有意识地培养后代的华人意识。当问及"如果有条件，将来有没有打算回祖籍地探亲或祭祖"时，25.86%的新生代华裔表示有此打算，41.38%没有这一打算，32.76%表示不好说。而当问及"如果您有孩子，您会带他们回祖籍地探亲或祭祖"时，16.67%的被试表示会，13.33%的被试表示不会，70%的被试表示不好说。这些数据也反映出泰国华裔青少年主动回祖籍地探亲或祭祖的愿望并不是特别强烈，但考虑到本次调查的新生代华裔青少年均是未成年人，他们的想法尚未定型，经过家中长辈的引导，未来不排除有更多的新生代华裔会有此类意识。换言之，新生代华裔的华人意识进一步发展的空间比较大。

"一般来说，汉族同化别的民族，而在泰国不同，汉族被泰族同化。"[1]其实若从另一角度来看，泰国华人接受泰国的文化正是其民族性的一种体现。中华文化本身就以包容为特点，中华民族的性格中也有重实用的一面，所以当华人移居到泰国后，与泰国政府的各种政策体制培养相适应，除了在国家认同上转向泰国认同之外，在文化上也很自然地包融吸纳外族文化，从而入乡随俗。正如台湾学者戎抚天指出的："在与中华文化有基本关系的文化特质上，华人受到的影响却不大，如祭祖、家庭成员间的权利与义务关系，尤其在价值取向上，更保留很多中国传统的色彩，如服膺自然、崇古、内向发展。"[2] 本调查也印证了这一结论。访谈发现，几乎所有被试的泰国新生代华裔所在的家族在过春节这类传统节日时依然遵守传统的节日习俗，

---

[1] 范宏贵：《华南与东南亚相关民族》，民族出版社，2004，第184页。
[2] 李亦园、文崇一、施振民主编《东南亚华人社会研究》（上），台北正中书局，1985，第16页。潘艳贤《民族意识调控的国际例证——20世纪泰国民族政策及泰国华人认同意识的演变》，广西民族大学硕士学位论文，2007，第49页。

他们会在重要的日子里敬奉祭祀祖先。本调查也证实,泰国新生代华裔在文化认同上显示出双重性的特征。他们虽在国家认同上倾向于泰国,接受了不少泰国文化,但并没有完全泰国化,依然保留了不少中华传统文化。

三 泰国新生代华裔与老一辈华人华侨的文化认同对比分析

"许多研究者从不同角度对人们的民族文化认同本质和内涵给予了界定,其中最有代表性的观点当属态度情感说和价值类型说。前者认为个体的民族文化认同取向反映的是一定社会文化资源满足其内在文化心理需求程度的主观体验,表现为人们对于某种相对稳定的文化模式的归属感,包括社会价值规范、宗教信仰、风俗习惯、语言艺术等的认同,其实质是一种'自我认同',是个体协调自己的认知、态度和行为相同或相一致的程度。因此人们的某种民族文化认同一旦形成就有较强的稳定性,可以不受地域、环境、语言等限制而独立存在。价值类型说则主张民族文化认同具有生存适应价值,是人们借以评量外来新异文化的内在心智操作准则,指特定个体或群体认为某一文化系统内在于自身心理和人格结构中,并自觉循之以评价事物、规范行为。此外,当人们面临社会文化转型或者多元文化情境时,个体民族文化认同的价值取向便趋于多元性、多样性和多维性,而由此建构的民族文化认同心理结构和类型一直是学界的聚焦点。"[①] 就泰国华人的民族文化认同而言,老一代华人的民族文化认同更多属于态度情感类型,而新生代华裔则属于价值类型。

1. 对中国的情感与态度

本调查发现,入籍的新生代华裔对祖籍国有一定的亲近之情,这正是其华人意识的外在表现。问卷考察了泰国华裔青少年国家认同的归属意

---

① 王沛、胡发稳:《民族文化认同:内涵与结构》,《上海师范大学学报》(哲学社会科学版) 2011 年第 1 期。

识，即泰国华裔青少年在泰国和祖籍国中国之间，倾向于哪一方。因为体育比赛较少受客观政治环境和经济利害的制约，问卷中有一题假设有一场体育比赛，竞赛双方分别是中国和泰国，请他们选择支持的一方。调查结果见表12。

表12 体育比赛中支持国家的情况

单位：%

支持方\调查对象	新生代华裔	新生代华裔的父辈	新生代华裔的祖辈
中国队	30.38	38.04	43.69
泰国队	31.65	33.8	23.3
不好说	37.97	34.06	33.01

调查结果显示，支持中国队的比例从高到低依次为：新生代华裔青少年的祖辈、父辈、新生代华裔青少年。支持泰国队的比例从高到低依次为：新生代华裔青少年的父辈、新生代华裔青少年、新生代华裔青少年的祖辈。表示"不好说"的比例从高到低依次为：新生代华裔青少年、新生代华裔青少年的父辈、新生代华裔青少年的祖辈。从结果可以看出，在泰国华人家庭中，祖辈是支持中国队最多的一个群体，同时又是支持泰国队最少的一个群体。调查表明，支持中国队的比例与代际呈负相关，即被试的祖辈一代选择支持中国队的人数最多，其次是被试的父辈一代，而新生代华裔支持中国的比例最低，但新生代华裔支持中国队的比例和支持泰国队的比例差别并不大。泰国新生代华裔已全部加入泰国籍，在国家认同上已明确指向泰国，但若结合表1的调查结果可以发现，并非全部泰籍新生代华裔都选择支持泰国队。而新生代华裔的父辈中有中国籍的不到2%，但支持中国队的比例达到38%多。政治上的国家认同与文化上的认同并不总是相等的，泰国的华人不论是否改变国籍，他们对中国仍有感情。

关于"中国与泰国相比，更喜欢哪一个国家"，调查结果见表13。

表13 对中国、泰国的喜爱情况

单位：%

调查内容 调查对象	中国	泰国	两国都喜欢	两国都不喜欢	不好说
新生代华裔	14.91	7.46	34.65	35.09	7.89
新生代华裔的父辈	16.45	15.23	21.59	25.46	21.27
新生代华裔的祖辈	6.39	10.96	27.40	46.12	9.13

从调查结果来看，新生代华裔青少年所在的泰国华人家庭中，喜欢中国的比例从高到低依次为：被试父辈、被试自己、被试祖辈；喜欢泰国的比例从高到低依次为：被试父辈、被试祖辈、被试自己；表示两者都喜欢的比例从高到低依次为：被试自己、被试祖辈、被试父辈；表示两者都不喜欢的比例从高到低依次为：被试祖辈、被试自己、被试父辈；表示"不好说"的从高到低依次为：被试父辈、被试祖辈和被试自己。表13的数据表明，泰国新生代华裔喜欢中国的比例不是最高，但若加上中国和泰国都喜欢的比例，则是最高（49.56%）；新生代华裔的父辈中，喜欢中国的加上两者都喜欢的，总比例为38.04%；有6.39%的被试祖辈喜欢中国，加上中泰两国都喜欢的，总比例为33.79%。这一数据同样表明，较多的新生代华裔对祖籍国抱有好感。

但当问及"将来是否会到中国定居"时，只有6.99%的新生代华裔表示会，39.52%表示将来不会到中国定居，另有53.49%表示"不好说"。通过访谈发现，出生并成长于泰国宽松华人政策之下的新生代华裔，他们对其居住国泰国的情感归属和国家认同意识明确，但对祖籍国中国的亲近之情依然存在，不过这种亲近有一个前提，即不改变他们现有的生活环境。比起定居中国，他们更愿意到作为祖籍国的中国去游览参观，这一点从表9对中文学习动机的调查中也可以看出。表9显示，有超过81%的新生代华裔学习中文是想到中国旅行。对新生代华裔而言，泰国已经成为他们的家乡、他们的祖国，他们不愿意离开家乡到遥远的中国去生活。另外，若将表12的数据与表13的数据进行比较会发现，虽然泰国新生代华裔喜欢中国的比例较高，但在诸如有关国家荣誉的体育赛事方面，支持中国队的比例又是三代人中最低的。这看似矛盾的结论正好说明，泰国新生代华裔对祖籍国的认同更为理性。

2. 对中国的了解程度

华裔青少年对祖籍国的了解程度直接反映他们身份认同的程度。本调查设计了多个问题来考察泰国新生代华裔青少年及其家庭成员对祖籍国中国的了解情况。当问及"您的家族从什么时候开始定居到泰国"时，仅3.1%的被试选择"不清楚"，有65.12%的被试的家族从祖父开始在泰国定居，11.63%的被试家族从曾祖父辈开始在泰国定居，18.6%的被试家族从父辈开始定居泰国。当问及"您的家族从哪儿移居到泰国"时，也只有9.7%的新生代华裔青少年选择"不清楚"，知道自己家族从中国移居到泰国的占90%以上。这表明泰国新生代华裔对家族史的了解程度比较高。

"认同是个记忆问题。"① 集体认同与历史意识密切相关。"过去的叙事以不同方式规定了我们的位置，我们也以不同方式在过去的叙事中给自身规定了位置，身份就是我们给这些不同方式起的名字。"② 因此，在对待本民族历史的态度中内蕴的是个体的集体认同意识。

调查组对泰国华人家庭对中国历史的了解程度进行了调查，结果见表14。

表14 对中国历史的了解情况

单位：%

调查人群 \ 了解程度	非常了解	一般了解	一点儿也不了解	现在不了解，以后会加强对中国历史的了解
华裔青少年	32.24	35.53	12.50	19.73
华裔青少年的父辈	30.50	20.05	16.60	32.85
华裔青少年的祖辈	26.56	30.47	17.19	25.78

---

① 〔美〕戴维·莫利、〔英〕凯文·罗宾斯：《认同的空间》，司艳译，南京大学出版社，2001，第124页。
② 〔英〕斯图亚特·霍尔：《文化身份与族裔散居》，见罗钢、刘象愚主编《文化研究读本》，中国社会科学出版社，2000，第211页。

从表14可以看出,包括新生代华裔在内的泰国华人对祖籍国的历史了解情况总体不错,但非常了解的比例只占三分之一左右。不过华人家庭三代人的比例差别也不大,且有意愿在未来加强对中国历史了解的比例比较高。回顾泰国华文教育的历史可以发现,1948年5月銮披汶政府下令全国所有的华校必须用泰国教育部编订的中文教材,而这些教材中关于中国历史、文化、习俗等都不准提及。不少泰国华人因此失去学习中国历史、文化、习俗等知识的机会。这也是新生代华裔的祖辈、父辈对中国历史了解情况并不是特别好的原因。

调查组对泰国华裔青少年及其家庭成员对当代中国的了解程度同时进行了调查,调查结果见表15。

表15 对当代中国的了解情况

单位:%

调查人群\了解程度	非常了解	一般了解	一点儿也不了解	现在不了解,以后会加强对当代中国的了解
华裔青少年	15.25	19.49	41.53	23.73
华裔青少年的父辈	40.04	17.94	34.73	7.31
华裔青少年的祖辈	29.37	39.68	26.19	4.76

从表15可以看出,非常了解当代中国比例最高的是华裔青少年的父辈,其次是华裔青少年的祖辈,华裔青少年中非常了解中国的比例最低。本调查中大多数被试的家庭都从事零售业或服务业等经济活动,而政治与经济的关系非常密切,作为华人家庭中坚力量的父辈更关心当代中国,他们中非常了解当代中国的人数比例也是三代人中最高的。而新生代华裔平均不足15岁,正在求学阶段,对当代政治不是特别关心,所以非常了解当代中国的人数比例最低。不过若将对当代中国非常了解和一般了解的一起统计,在华人家庭三代人中,了解比例从低到高依次为:华裔青少年(34.74%)、青少年的父辈(57.98%)、青少年的祖辈(69.05%)。可见,在华人家庭中,辈分越高,了解当代中国的人越多,辈分与了解当代中国的比例呈正相关,即随

着辈分的下降，了解当代中国的人数亦随之下降。而"一点也不了解当代中国"和"现在不了解，以后会加强"的人与辈分呈负相关，即辈分越低，比例越高。若将本调查结论与对中国历史了解程度的调查结论综合来看，可以发现，在华人家庭三代人中，了解中国的过去和现在的人群比例从高到低的是祖辈、父辈和新生代自己，总体呈下降趋势。

3. 对中文书籍的阅读意愿与兴趣

通过调查得知，新生代华裔所在家庭中有37.61%的中文书最多，31.19%的家庭中文报纸最多，4.59%的家庭中文杂志最多，有26.61%的家庭没有任何中文书报杂志。前文已分析，今天泰国的华人家庭仍有汉语方言、汉语普通话的使用环境，与之相似，华人家庭也保留着一定的中文阅读习惯，但仍有不少家庭没有这一环境。调查还发现，就新生代华裔青少年所在的华人家庭而言，第一代、第二代和第三代感兴趣的重点差异并不明显。关于"如果能阅读中文书，会喜欢看哪方面内容的中文书"，调查结果见表16。

表16 中文书籍的阅读意愿与兴趣

单位：%

调查对象＼内容	中国文化	中国历史	中国文学	当代中国经济	中国法律	当代中国政治	中国哲学	旅游指南	其他
华裔青少年	19.10	24.72	15.73	12.36	3.93	7.87	3.37	1.12	11.80
华裔青少年的父辈	18.74	26.45	6.64	5.57	2.55	19.70	1.82	6.02	12.52
华裔青少年的祖辈	12.24	14.80	17.85	10.20	3.57	4.08	7.14	3.06	27.04

本题为多选题，表16显示，除未列入选择的其他内容的书籍外，华裔青少年中文书籍的阅读意愿与兴趣从高到低依次为：中国历史、中国文化、中国文学、当代中国经济、当代中国政治、中国法律、中国哲学、旅游指南等。新生代华裔父辈的中文书籍阅读意愿与兴趣从高到低依次为：中国历史、当代中国政治、中国文化、中国文学、旅游指南、当代中国经济、中国法律、中国哲学等。新生代华裔祖辈的阅读意愿与兴趣

从高到低依次为：中国文学、中国文化、中国历史、当代中国经济、中国哲学、当代中国政治、中国法律、旅游指南等。可见，如果具备基本的阅读能力，现代泰国华人家庭三代人都更倾向于阅读有关中国文化、中国历史、中国文学的中文书籍，这表明泰国华人仍很关心本民族的传统文化。

不过相对来说，现在泰国华人家庭中第一代的阅读意愿分布总体较均衡，愿意阅读有关中国法律、政治中文书籍的比例略低于阅读中国历史、中国文化等的比例，第二代和第三代的阅读意愿分布则相差较大。第二代中愿意阅读与当代中国政治有关的中文书籍的比例（19.7%）是三代人中最高的，这一点也正好和上文对当代中国了解情况的调查结论相符。第三代愿意阅读与中国历史、文化、文学有关的中文书籍的人数高于当代中国政治书籍的阅读人数。在实际访谈中发现，新生代华裔相对了解较多的中华文化知识偏重于美食、旅游等，而对中华文化中有关精神文化、制度文化等的了解非常不充分，更多的是从想象的层面去认识与理解。可能正是因为这一点，新生代华裔中有不少人愿意阅读中国历史、中国文化等方面的中文书籍来加强对中国的了解。而对于新生代华裔的祖辈、父辈而言，他们成长并接受教育时期正逢泰国政府统一并限制了中文教材的内容，这就使得他们对中国历史、文化等的了解不是很充分，因此现在的他们如有可能更愿意阅读有关中国历史、中国文化等的中文书籍。

4. 几种主要媒体的使用情况

表17是对泰国华人家庭几种主要媒体使用情况的部分调查结果。

表17 几种主要媒体使用情况

单位：%

类型	使用群体	新生代华裔青少年	新生代华裔青少年的父辈	新生代华裔青少年的祖辈
报纸	中文	25.28	32.98	37.88
	泰文	23.03	19.48	22.73
	英文	22.47	20.70	2.27

续表

类型 \ 使用群体		新生代华裔青少年	新生代华裔青少年的父辈	新生代华裔青少年的祖辈
杂志	中文	34.92	27.76	47.19
	泰文	4.76	6.70	13.48
	英文	12.70	20.30	23.60
影视	中文	11.86	23.47	27.83
	泰语	2.54	11.56	12.17
	英文	20.34	15.48	13.91
广播	中文	17.52	21.15	20.30
	泰语	9.49	3.64	2.54
	英文	1.46	19.92	7.11
网站	中文	37.96	29.68	42.28
	泰文	4.63	4.90	9.76
	英文	20.37	13.36	14.63

从表17可以看出，新生代华裔的祖辈是阅读中文报纸、中文杂志，收看中文影视、浏览中文网络人数最多的一个群体，新生代华裔选择英文报纸、影视、网站的比例比其祖辈或父辈都高。

表18显示，比起年轻一代，老一辈的泰国华人更喜欢阅读繁体字的报纸杂志。一方面，泰国的中文报纸、中文出版物多数都用繁体字，且这一代人在接受中文教育时学过繁体字；另一方面，在他们心中，繁体字代表着中华传统文化。接受调查的新生代华裔喜欢阅读简体字，是因为他们使用的汉语教材就是简体字，而且在他们看来，比起繁体字，简体字更容易认、容易写，学简体字的压力没有学繁体字的压力大。

表18 纸质媒体阅读语言选择

单位：%

类型 \ 使用群体		新生代华裔青少年	新生代华裔青少年的父辈	新生代华裔青少年的祖辈
报纸、杂志	简体	78.22	54.27	42.03
	繁体	21.78	45.53	57.97

四 结论

通过对泰国新生代华裔及其祖辈、父辈在祭祖、方言使用、学习动机、中文阅读意愿、阅读兴趣、对中国的情感、对中国的了解、媒体使用情况等方面的调查可以发现，泰国的华人在文化方面的认同表现出双重性、多元化特征，既认同泰国文化，又认同中国文化。不过比较而言，华人家庭中老一代华人对中华传统文化有一种强烈的自豪感，他们有着较为浓厚的中国情结，在家庭观念、道德意识等方面较多保留与祖籍国的联系，并希望这种联系能让后代延续下去，因此他们会带自己的后代去祖籍地探亲或祭祖，或在泰国坚持祭祖活动。老一代华人对族群文化的情感型认同在现实生活中的另一表现就是更多说汉语方言、恪守勤劳节俭等民族美德，对中国传统文化了解较多，也喜欢中国传统文化，平时多与本族人交往，习惯看中文报纸、中文影视节目，听中文广播。

而新生代华裔在中国传统文化与现代西方文化、泰国文化之间进行比照，选择性地接受那些他们认为合适的传统，包括价值观念、生活规范、道德意识等，他们会带着实用性目的，而非出于强烈的民族情感去学习本族群语言，他们也不再完全坚持民族语言与文化的代际传承。前文的相关分析都表明，新生代华裔无论是对传统中华文化还是当代中华文化的了解都不如其祖辈和父辈。可以认为，如果说海外华人都兼具本土性、民族性与国际性特征，那么老一辈泰国华人身上民族性是最为显性的表现，其次才是本土性、国际性；而泰国新生代华裔则是国际性、本土性的表现远较民族性明显，他们对中华文化的认同更多的是审美型认同与理智型认同。

本调查只就泰国几个地区的几所学校进行了调查，有效样本438份，相较于全泰国的华侨华人数量而言不算多，而泰国华侨华人分布广泛，各地区的华侨华人情况也不尽相同，地域的局限与样本数量的局限以及个体差异一定程度上影响了调查结论的信度与效度。若想更全面地了解泰国新生代华裔青少年的认同问题，需要对更多的地域、更多的群体展开调查研究，但本调查结论还是可以提供一定的参考。

"文化认同是寻求某种文化的一致性或同一性,但由于它缘起于文化的差异、流变和断裂,因而其进程、形态和内容都是复杂而多重的。文化认同是一种建立在分化、差异(甚至对立)基础上的选择过程,因此这种认同并不是对单纯的或只有单一色调的形象的叙述,而是对复杂的或各种颜色相互浸染的图景的叙述。"[①] 从泰国新生代华裔青少年的民族文化认同调查可以发现,泰国新生代华裔青少年对泰国的国家认同与情感归属明确,但他们对自己的祖籍国中国依然怀有亲近的情感,华人身份认同意识表现在许多方面,从他们对祖先、语言、历史等的态度可以看出,这一代保留着本民族的文化认同,只不过认同程度呈减弱趋势,并且越来越隐性化与复杂化。要进一步提升泰国新生代华裔的民族文化认同,无论是在海外汉语教育方面,还是在中华文化的海外传播方面,都需要我们付出更大的努力。

参考文献

王庚武:《东南亚华人的身份认同之研究》,载《华人与中国:王庚武自选集》,上海人民出版社,2013。

庄国土:《略论东南亚华族的族群认同及其发展趋势》,《厦门大学学报》(哲学社会科学版)2002年第3期。

黄素芳:《泰国华侨华人研究的历史与现状》,《八桂侨刊》2007年第3期。

陈晓宏:《战后中泰关系视域下的泰国华人认同研究》,广西民族大学硕士学位论文,2013。

赖映红:《泰国华人身份属性及认同对中国软实力建构的启示》,暨南大学硕士学位论文,2012。

韩震:《全球化时代的华侨华人文化认同的特点》,《扬州大学学报》(人文社会科学版)2009年第1期。

许梅:《泰国华人政治生活的变迁》,《东南亚研究》2002年第2期。

[①] 韩震:《全球化时代的华侨华人文化认同问题研究》,《华侨大学学报》(哲学社会科学版),2007年第3期。

庄国土：《东南亚华人参政的特点和前景》，《当代亚太》2003年第9期。

暨南大学东南亚研究所广东华侨研究会编著《战后东南亚国家的华侨华人政策》，暨南大学出版社，1989。

许国栋：《从华人宗教信仰剖析泰国的同化政策》，《华侨华人历史研究》1994年第2期。

周聿峨：《东南亚华文教育》，暨南大学出版社，1995。

韩震：《全球化时代的华侨华人文化认同问题研究》，《华侨大学学报》（哲学社会科学版）2007年第3期。

林其锬：《论文化认同与华人社会》，《华侨华人历史研究》1992年第1期。

蔡昌卓主编《东盟华文教育》，广西师范大学出版社，2010。

马戎：《民族社会学》，北京大学出版社，2004。

范宏贵：《华南与东南亚相关民族》，民族出版社，2004。

潘艳贤：《民族意识调控的国际例证——20世纪泰国民族政策及泰国华人认同意识的演变》，广西民族大学硕士学位论文，2007。

王沛、胡发稳：《民族文化认同：内涵与结构》，《上海师范大学学报》（哲学社会科学版）2011年第1期。

〔美〕戴维·莫利、〔英〕凯文·罗宾斯：《认同的空间》，司艳译，南京大学出版社，2001。

罗刚、刘象愚主编《文化研究读本》，中国社会科学出版社，2000。

B.11 东南亚华人舞蹈家在公共外交中的作用及其局限

张 媛*

摘 要： 中国与东南亚自古因特殊的地缘、血缘、族源关系而使国家间的经济、政治、文化艺术交往较其他地区更加错综复杂。在中国与东南亚的公共外交领域，舞蹈艺术以其非语言文字的文化特征，以不同的作用机制和路径，在中国与东南亚国家间始终扮演着"外交先行官"的重要角色，为中国的对外发展营造良好的国际环境，在公共外交中发挥着重要作用，同时，舞蹈艺术作为公共外交的重要手段也有其自身的局限性。本文试图提出解决问题的建议和策略，使舞蹈艺术成为中国与东南亚国家间更加行之有效的外交方式。

关键词： 舞蹈艺术 公共外交 作用 局限

舞蹈是一种具有特殊意识形态的艺术形式，它通过鲜明生动的舞蹈形象、以审美为中介实现它的社会作用与价值。作为非语言文字的人体动态文化，舞蹈艺术能够突破国家和民族的限制，逾越语言和文字的障碍，五湖齐赏，四海通行，成为全人类交流思想、增进友谊的天然手段。舞蹈艺术作为

---

* 张媛，硕士，华侨大学音乐舞蹈学院讲师，研究方向：跨文化舞蹈交流与传播、民族舞蹈学。本文是2014年华侨大学"华侨华人研究"专项经费资助一般项目"当代东南亚华人舞蹈家研究"（项目编号：HQHRYB2014-03）课题成果。

社会经济、政治和文化发展中的重要组成部分,已经成为国家之间密切交往的重要手段。在新中国建立初期,舞蹈艺术在展现中国悠久的历史文化、传播中国人民友好情感、推动中国公共外交方面发挥了积极的作用,被当时的政务院总理兼外交部长周恩来称为"大使前的'大使'""外交的先行官"。

目前,学术界对于公共外交理论,普遍引用的是1965年塔夫茨大学(Tufts University)弗莱舍法学院埃德蒙德·格利恩(Edmumd Gullion)的说法:"超越传统外交范围以外国际关系的一个层面,它包括一个政府在其他国家境内培植舆论、该国国内的利益团体与另一国内的利益团体在政府体制以外的相互影响,以通讯报道为职业的人如外交官和记者之间的沟通联系,以及通过这种过程对政策制定以及涉外事务处理造成影响。"[①] 简单讲,公共外交是主权国家通过与别国公众进行信息沟通,来达到维护国家利益,塑造国家形象,有效实现外交政策目标的手段。公共外交的具体形式包括教育交流、语言推广、文化交流以及对外电视广播等,这些活动通常着眼于改善接受国对本国的舆论环境,并以此来提高国家的形象与声誉。本文立足于公共外交的视域,从舞蹈学和跨文化传播学的角度来审视舞蹈艺术在公共外交中的作用及局限。因此,本文视域中的公共外交是指,以一国政府为主导,其他非政府组织和民众参与、对国外公众进行的信息传播和文化交流活动,其目的旨在影响国外公众,实现国家之间的相互理解和文明共享,以提高本国国家形象和国际影响力的外交方式。伴随着中国在国际经济、政治舞台上地位的不断提高,舞蹈艺术也必将成为推动中国公共外交发展不可忽视的重要力量。

一 舞蹈艺术影响中国与东南亚公共外交的作用机制和路径

东南亚,历史上称为"南洋",独特的地理位置,使中国与东南亚地区

---

① Harold Nicolson, *Diplomacy*, Georgetown University Press, 1988.

早在两汉时期就已经有了人员往来，舞蹈艺术交流也伴随其中。在古代"海上丝绸之路"的交往中，灿烂辉煌的中华舞蹈艺术对东南亚产生了深远的影响。早在汉武帝时期，中国海船就已途经泰国到达黄支国（今印度契普拉姆）。"从越南出土的相当于汉朝时期的铜鼓乐舞图案看，舞人的舞姿、装束都与我国出土的石寨山形铜鼓纹饰非常接近。如越南沱江鼓上的舞姿与广西贵县罗泊湾一号墓出土的铜鼓《翔鹭舞》相似。老挝铜鼓上的《翔鹭舞》与广西西林土280号铜鼓所绘《翔鹭舞》基本一致。泰国南奔鼓上的乐舞图与我国云南江川李家山M24：36号铜鼓所绘乐舞很相近。"[①] 这表明，汉代中国的舞蹈艺术已经对东南亚各国产生了不同程度的影响。隋代，隋炀帝派遣王君政、常骏出使赤土国（当时泰国南部的国家），赤土国国王派婆罗门鸠摩罗以舶30艘来迎，"吹蠡击鼓，以乐隋使"，这是历史上中国与泰国舞蹈艺术交流的最早记录。据记载，"永宁元年，西南夷掸国王献乐及幻人，能吐火、自支解、易牛马头。明年元会，作之于庭，安帝与群臣共观，大奇之"[②]。这些史料记载是中缅舞蹈艺术交流的序幕。明永乐三年（1405）至宣德八年（1433）年，郑和"七下西洋"，其中前三次的航海目的地和后四次航海往返的必经地都是东南亚，郑和下西洋促进了中国与东南亚国家的友好往来，也推动了中华舞蹈艺术在东南亚的传播，为中国与东南亚舞蹈艺术的交流开启了一个崭新的时代，也为中国的外交发展带来了更大的契机。

据不完全统计，从新中国成立至20世纪末，中国与东南亚国家的舞蹈艺术交流活动情况为："中国与越南舞蹈交流16次，其中中国出访5次；中国与柬埔寨舞蹈交流8次，其中中国出访3次；中国与老挝舞蹈交流6次，其中中国出访2次；中国与缅甸舞蹈交流20次，其中中国出访12次；中国与泰国舞蹈交流11次，其中中国出访6次；中国与印度尼西亚舞蹈交流9次，其中中国出访4次；中国与马来西亚舞蹈交流29次，其中中国出

---

① 王介南：《中国与东南亚文化交流志》，上海人民出版社，1998，第183页。
② 范晔：《后汉书》卷五十一，《陈掸传》，中华书局，1965年，第1685页。

访28次；中国与新加坡舞蹈交流10次，其中中国出访8次；中国与菲律宾舞蹈交流12次，其中中国出访5次。"① 可以看出，中国与东南亚国家的舞蹈艺术交流频繁，而且中国出访的团体，基本都是国家或地方政府院团，这不仅推动了中华舞蹈艺术在东南亚的广泛传播，而且展示了良好的国家形象，为中国与东南亚国家间的经济、政治往来铺平了道路，也凸显了舞蹈艺术在国际交往中的重要作用。"迄2007年，东南亚华人华侨总数约为3348.6万……约占东南亚人口数的6%，约占全球华人华侨人口数的73.5%。"②由于中国与东南亚国家在地缘、血缘、族源上特殊且密切的关系，中国与东南亚之间的文化艺术交流较之其他地区更为频繁。在中国大力发展"丝绸之路经济带"和"21世纪海上丝绸之路"的政策推动下，中国与东南亚国家的舞蹈艺术往来必将伴随着"一带一路"的发展而更加紧密，舞蹈艺术在中国与东南亚公共外交舞台上必将发挥更加重要的作用。

（一）舞蹈艺术通过风俗习惯、节庆礼仪等行为文化和制度文化，体现中国国情，在东南亚乃至国际社会展现中华文化

从文化学的角度看，文化的内部结构有四个层次："物态文化、制度文化、行为文化、心态文化。行为文化是人际交往中约定俗成的以礼俗、民俗、风俗等形态表现出来的行为模式，制度文化则是人类在社会实践中组建的各种社会行为规范。"东南亚作为世界上华人的最主要聚居地，华人文化在这里得到最大限度的保留和发展，这是一种以中华民族文化为主体的复合型文化，而舞蹈艺术则是这种复合型文化的重要组成部分，舞蹈艺术通过节庆礼仪、风俗习惯等行为文化和制度文化使中华文化得以在东南亚乃至国际社会展现。

---

① 王克芬、隆荫培：《中国近现代当代舞蹈发展史》，人民音乐出版社，1999，第780~799页。
② 庄国土：《东南亚华侨华人数量的新估算》，《厦门大学学报》（哲学社会科学版）2009年第3期，第62页。

东南亚节庆礼仪参与者众多，几乎成为全体华人常态化的活动，成为传承和弘扬中华舞蹈艺术的重要平台。舞蹈艺术通过传统文化固定的表现形式，如春节、清明节、元宵节、端午节、中秋节等约定俗成的民间欢庆活动、宗教祭礼等活动形式来表现，每当节庆时，舞龙灯、耍狮子、跑旱船等各种中华舞蹈艺术都纷纷亮相，不仅烘托了节日气氛，而且以鲜活生动的方式演绎并传播着中华舞蹈艺术的丰富内涵，让东南亚国家人民有了"零距离"接触中华舞蹈艺术的机会。以春节这个最全面、最充分显现东南亚华人理念的节日为例，过春节，在某种意义上已经具有文化与族群认同的象征意义，它不仅是家庭亲人欢聚的佳节，是传承中华文化、凝聚社群认同的舞台，而且也成为东南亚其他非华人的重要节日。在东南亚许多国家，春节也已经成为法定公众节假日。节庆礼仪、风俗习惯作为一种传承和弘扬中华舞蹈艺术的行为文化和制度文化，它较为系统地体现了当代东南亚华人对中华传统文化的继承。民间节庆能够延续下去，首先是民众的愿望，其次是权力机构的意志。当代东南亚华侨华人社会及其华社，尤其是年深日久的社团，每当节庆之时，舞蹈艺术都在其中发挥着重要的作用，中华舞蹈艺术的独特魅力得以充分展现出来，并逐渐被当地所接受。

由此可见，舞蹈艺术通过这套不断维系和完善华人节庆礼仪的机制而代代相传，并且通过这种活动机制，不断扩大参与的群体和范围。一是向东南亚主流社会的平民大众中延伸，二是向东南亚当地政要、富商大贾以及学界名流中延伸，从而使舞蹈艺术在东南亚更大范围内发挥作用，成为开展公共外交的重要路径。

（二）舞蹈艺术通过华文传媒推动中国和东南亚的友好关系，实现和平的外交理念

由于东南亚华人较多，华文传媒也较为发达，随着现代社会的发展，华文传媒的通俗性已经成为公共外交中最为重要的作用机制和路径之一。原上海歌舞团和"总政"歌舞团的著名编导家应萼定和蒋华轩曾先后在20世纪80年代末至90年代中期担任新加坡广播公司舞蹈团的艺术总监和驻团编

导家。"这个舞团主要是为电视节目屏幕设计舞蹈节目,每位编导家每周均须推出几个新节目,因此,每年的舞蹈创作量数以百计……对编导家功力和出活率要求之高,足以令在剧场工作的编导家瞠目结舌……1990年春节,应萼定为该团编导的新春喜庆节目,曾作为中新两国国家电视台的交换节目,在中国的中央电视台播出。"[1] 像应萼定和蒋华轩这样在中国传统文化根基上成长起来的编导家,他们触摸着中华文化的脉搏,身上沁透着强烈的民族色彩,根深蒂固的传统文化,使得他们能够为新加坡华文传媒提供丰富多彩且数量可观的舞蹈节目,足以彰显中华舞蹈艺术及华人的巨大影响力。此外,华文报刊、电台、网络等也是传播舞蹈艺术的重要传媒。

舞蹈艺术通过华文传媒实现文化与当地民众的结合。东南亚华文传媒和其他大众传媒一样,除了具有传播信息、引导舆论、服务社会、提供娱乐等功能,更重要的是华文传媒具有弘扬中华文化、维护华人权益、促进华人与当地民族沟通融合,加强东南亚国家对中国的认知与联系的特殊功能。因此,在以华文传媒作为舞蹈艺术的传播手段时,尽管带有较强的通俗性,但仍不失作为主流文化严肃而高尚的一面。无疑,这种通俗性的大众传播是潜移默化地推动中国与东南亚国家关系友好发展、实现和平外交理念的重要方式。

(三)通过华人舞蹈社团、华文学校等组织传播、传授舞蹈艺术,促进多民族文化的和谐共生

华人舞蹈社团和华文学校是传授舞蹈艺术、培养舞蹈人才的重要组织,华人舞蹈社团和华文学校的传播机制和路径,首先是举办各种弘扬中华舞蹈艺术的比赛。例如,始于2004年的马来西亚全国华族舞蹈公开赛便是全马规模最大、影响最大的华族舞蹈赛事。每两年举办一次,至今已成功举办六届,参赛者是来自全马各地的舞蹈社团及舞蹈爱好者,其中还有部分非华族

---

[1] 王克芬、隆荫培:《中国近现代当代舞蹈发展史》,人民音乐出版社,1999,第686~687页。

人参赛,比赛还邀请华人社团领导及当地政府官员作为嘉宾。该项比赛不仅推动了当地华族舞蹈的发展,而且推动中华舞蹈艺术在各族各阶层的广泛传播。正如马来西亚文化、艺术及文物部副部长拿督黄锦鸿在谈到全国华族舞蹈比赛时所说,"让大马华族舞蹈更趋向多元及现代感,不只引起华族的共鸣,让其他民族对华族舞更有亲切感,达到民族艺术多元化交融的最高境界"[①]。

其次,通过华文学校系统专业地传授舞蹈艺术。华文学校作为集中传授和传播中华舞蹈艺术的教育组织,主要是通过开设舞蹈课程和建设舞蹈社团来实现的,它不仅有中华民族特色的课程设置,还有较为科学的教学计划,它的组织有序、目的明确,较之其他传播方式,这是一条更为普及的舞蹈艺术传播路径。通过华文学校教授中华舞蹈艺术,不但使中华舞蹈在东南亚后继有人,而且使中华文化的传播代代相承。

随着当代华文学校的不断发展,中华舞蹈课程及舞蹈社团会在更多学校开设,进一步争取东南亚国民教育的认同,扩大舞蹈艺术对当地主流社会的影响。通过华文学校进行的舞蹈艺术传播,无论从内容还是从实现机制与路径来看,都是其他传播方式难以比肩的。华文学校是传承中华舞蹈艺术的重要阵地,它的兴盛与发展有助于推动中华舞蹈艺术在东南亚的传播,也有利于东南亚国家更加客观地认识中华文化的价值和意义。

再次,通过开展各种活动,增进与住在国民族的联系与往来。"始建于1946年的印尼泗水华侨音乐基金社,每逢中国传统节日,都会组织各种音乐、舞蹈等中华传统艺术的演出,邀请华人与友族参加,增强住在国对中华文化的了解,加深华族与当地民众的融合。"这不仅有利于改善印度尼西亚各族人民对华人的态度,而且能够改善印度尼西亚对中国的态度,文化认同能够促使两国人民进一步和谐相处,从而推动当地社会对华人的开放与对中华文化的包容,促进不同民族多元文化的和谐共生。

华人舞蹈社团和华文学校在东南亚社会所起的作用是其他力量无法取代

---

① 《第20届全国华人舞蹈节暨第9届全国华校校际舞蹈观摩赛特刊》,2006,第1页。

的，它不仅推动舞蹈艺术在东南亚的传播和发展，丰富东南亚国家舞蹈艺术表现形式，而且加深了东南亚国家对中国的了解与合作，良好的民意基础进一步加强，从而促进国家间的良性互动，是中国开展公共外交的重要途径。

（四）通过舞蹈艺术自身的非语言文化特征，实现超越国界的文化交流，进而增强中国的文化吸引力和政治影响力，改善国际舆论环境，维护国家利益

舞蹈艺术作为一种特殊的文化现象，对于人类社会而言是不可缺少的。舞蹈的产生远在语言文字之前，英国哲学家科林伍德认为，"舞蹈是一切艺术之母，也是一切语言之母"。舞蹈渗透在社会生活的各个方面，从人们日常的生活情感，到深刻的哲学思想以及严肃的宗教信仰，很多都是通过舞蹈的方式进行表达的。

首先，从舞蹈艺术的本体来看，舞蹈的非语言文化特征使其自身成为"无国界的语言"，它在形式上具有超越国家、民族边界的特性。假如对一个国家和民族的语言、历史等不了解，完全可以通过舞蹈来理解和辨识这个国家的文化内涵。舞蹈艺术所产生的共鸣可以超越国界，它可以起到任何语言文字都无法比拟的交流传感作用，这对于中国与东南亚这种有着特殊地缘、血缘、族源关系的国家来说更为突出。东南亚国家的舞蹈在动态、动律、体态等方面与中国某些民族的舞蹈有着惊人的相似之处。例如，中国汉族胶州秧歌、傣族舞蹈和印度尼西亚巴厘岛舞蹈、泰国舞蹈、柬埔寨舞蹈等都不同程度地呈现出"相似性"的"三道弯"体态造型，而这种"相似性"使中华舞蹈艺术在东南亚国家具备了广泛的可接受性，从而在中国与东南亚国家关系中成为一支独立力量发挥作用。

其次，从舞蹈艺术的社会性来看，舞蹈艺术具有广泛的社会功能。就其本身而言，舞蹈艺术是一种纯粹的艺术，如果把它放在社会中考察，它也蕴含着一定的社会关系。从人类初始，舞蹈就在某种程度上脱离了纯粹的艺术属性，而成为重要的社会工具。例如，具有仪式性作用的求偶舞、具有维持部族繁衍生息作用的生殖崇拜舞等，都表明舞蹈艺术与社会生活具有密切的关系。所以，舞蹈艺术既具有艺术性，又具有社会性，还具有动作语言的"相似性"。正是由于这些特性，舞蹈艺术与国家间的相互交往才产生重要的关联，才实现了超越国界的文化交流。

最后，舞蹈艺术本身并不带有政治含义，而是作为一种政治先锋，表达一种政治姿态，释放沟通的善意和信号。舞蹈艺术最大的作用，便是它隐藏的超越舞蹈艺术本身的象征意义，是它背后所包含的外交艺术的"弦外之音"和政治智慧，是它所具有的跨民族、信仰和文化的强大力量，这使舞蹈艺术具有了某种政治性色彩。通过舞蹈身体语言的传达，通过舞蹈艺术的思想性和观念性，使不同文化、信仰和意识形态的民族和国家产生良性互动，改善中国与东南亚国家的关系，从而起到"破冰"作用。由此可见，正是基于舞蹈艺术自身的非语言特征，它在国际关系中始终扮演着重要角色，在中国与东南亚公共外交中发挥重要的作用。

二 华人舞蹈家在公共外交中的作用

公共外交的主要任务是向国外公众介绍一个客观和全面的中国形象，进而影响国外的公共舆论。舞蹈艺术的非语言特征使其具有跨国、跨文化的特性，因此，舞蹈家在国家间的交往中从古至今都是特殊的角色。他们不仅在中国与东南亚国家关系的发展中起着桥梁和纽带的作用，也成为中华民族进行"国际公关"的一种重要手段和途径，是塑造中国国家形象、推动中国公共外交的重要力量。

（一）扮演中华文化的信使，提升国家形象和信誉

国家形象是一个国家的战略资源，而舞蹈艺术交流则是树立和传播良好国家形象的重要手段之一。舞蹈艺术在公共外交中以身体语言为手段，扮演传播中华文化的信使，从而将中华文化、国家形象投射到东南亚国家民众的视野之中，提升中国的信誉。在这个过程中，使舞蹈艺术在公共外交中发挥

重要作用的是东南亚华人舞蹈家。

首先，东南亚华人舞蹈家不同于早期移民舞蹈家，他们大多具有较高的文化水平，精通住在国语言、汉语及英语等多种语言，接受过较为系统的舞蹈教育，在舞蹈等综合文化方面具有较高的素养，他们活跃在东南亚乃至世界其他国家的文化、教育等领域，教授、传播、发展中华舞蹈，并做出了令人瞩目的成绩。马来西亚的许瑛纷、新加坡的蔡曙鹏便是典型代表。他们出生在东南亚，学历高、舞蹈文化素养好，他们自身的行为、修养，不仅在住在国促进了中华舞蹈艺术的普及、扩大了中华文化的影响力，而且在客观上提高了东南亚国家对中国人、对中华文化的认知度，他们自身素养、形象的提升，也有效地改善了东南亚对中国的认知。东南亚华人舞蹈家或经过多年打拼和不懈努力，在文化修养、经济实力乃至政治地位方面较前辈都有所增强，他们积极参与住在国的公共事务，并不断发出声音，成为一个重要的群体。蔡曙鹏是一位出类拔萃且四海为家的舞蹈博士，具有印度尼西亚、新加坡、英国、中国等多国的成长和学习经历，并先后执教于新加坡、泰国、韩国、日本等多所高校，教授"东南亚戏剧""东南亚舞蹈""中国舞蹈史""舞谱入门"等课程。他"以渊博的学识和开阔的视野，为各国培养出许多的舞蹈创作、表演和理论人才，因此博得国际同行们的敬重，并多次应邀担任印尼、马来西亚、泰国、韩国等多国舞蹈、戏剧大赛的评委要职，为亚洲和世界舞蹈的健康发展贡献出自己的聪明才智"[①]。他的论文散见于28个国家主办的国际舞蹈研讨会上，备受舞蹈及文化界重视。身为龙的传人，他多次来中国观摩舞蹈比赛，曾在郑州师范学院、厦门大学、上海戏剧学院等多所院校讲学。像许瑛芬、蔡曙鹏这样高学历、高素养的舞蹈家在东南亚还有很多。马来西亚第一个华人专业舞团——共享空间的创始人马金泉和叶忠文，也是典型代表，二人都毕业于香港演艺学院，接受过专业系统的舞蹈学习，在舞蹈表演、编导、教育、管理方面均有较深造诣，他们带领的舞团先后行走过四十多个国家和地区，成为当代马来西亚华人舞蹈家的代表。可

[①] 王克芬、隆荫培：《中国近现代当代舞蹈发展史》，人民音乐出版社，1999，第697页。

见,东亚南华人舞蹈家不仅传播了舞蹈艺术,而且提升了华人的形象、提升了中国的国家形象。

其次,东南亚华人舞蹈家通过舞蹈艺术这种非语言文字宣传中华文化及国家形象,是中华文化表达和传播的有效力量。在东南亚华人舞蹈家中,有些具有较高舞蹈造诣、社会地位或经济实力的人,他们参与社会活动的能力强,能够发挥一定的社会名流效应,他们有参与住在国构建文化和话语的资格,从而在较高层面上成为向住在国介绍、传播中华舞蹈文化的信使,进而帮助建构中国文化的国际影响力。由新加坡华人舞蹈家范东凯担任艺术总监的"新加坡妆艺大游行",是华人农历新年时举行的传统游行活动,始于1973年,近年来已发展成盛大的街头游行,一般连续举办两天,第一天邀请总理做主宾,第二天邀请总统做主宾,之后,妆艺大游行活动走入邻里社区,为百姓表演,新加坡总理李显龙、副总理张志贤、总统纳丹、陈庆炎等国家政要都参加过该项活动。该活动汇集了舞蹈、街头彩车、戏曲、舞狮和舞龙等众多中华艺术形式,也融入了欧美等国家的艺术元素,参加人数已达万人,被誉为"东方狂欢节"。2013年解放军艺术学院舞蹈系主任刘敏率领的中国红星舞蹈团也应邀参加了该活动,以汉唐古典舞《桃夭颂》征服了现场观众,博得了观众的好评。解放军艺术学院作为中国唯一一所部队专业艺术院校,它的参与更说明了这项活动的影响力已经上升到国家层面。可以说,在某种程度上,正是由于华人担任了"妆艺大游行"的艺术总监,中华舞蹈艺术才得以更加多姿多彩地展现,中国多个艺术团队才能在异国大展风采。众所周知,倘若让他国民众通过舞蹈艺术对本国产生好感,那么这种艺术形式必须既能体现国家特色,又能得到民众的认可,范东凯及其"妆艺大游行"无疑已经做到了这些。更重要的是,从影响的深度来看,它的影响已经不仅仅局限在普通民众,而且已经扩大到非华人社会,并且上升到了国家层面,深受国家政要的喜爱;从影响的广度来看,它不仅成为新加坡的一个重要节庆活动,而且活动范围涉及东南亚、美洲、非洲、欧洲等十多个国家和地区。由此可见,舞蹈艺术作为中华文化的信使,不仅推动了中华文化在东南亚国家

的传播和发展,而且影响遍及世界,在更大范围表达、传播和塑造了中国国家形象。

(二)沟通文化分享文明,营造有利的外交环境

美国国务院外交官曾经指出,政治渗透不可避免带有强制手段的烙印,经贸往来常常被指责为自私和恃强凌弱,只有文化合作才真正意味着思想交流和无拘无束。哈佛大学教授塞缪尔·亨廷顿提出的"文明冲突论"认为,冷战后的世界,冲突的基本根源不再是意识形态,而是文化方面的差异。一般来说,两国民众在缺乏沟通和了解的情况下,在某种程度上只能通过想象来建构对他国的认知,而这种认知方式容易产生误解和偏见,尤其是当两国政府处在敌对的情况下,文明的冲突更无法避免。舞蹈艺术一方面作为非语言文字文化是人们易于接受和便于交流沟通的方式,它可以超越语言、文字的障碍,是能自由跨越国界的情感艺术形式;另一方面又是体认世界的一条途径,是一种认识的工具。由此,舞蹈艺术便可以成为沟通中国与东南亚国家关系的重要纽带,中国公共外交的开展可以借助舞蹈艺术把国家的经济、文化、外交等各项政策传播到当地民众中,修正国外媒体的报道,塑造中国国家形象,为中国营造良好的外交环境。

华人舞蹈家吴素琴先后在新加坡、加拿大、美国等多个国家求学、就职、任教,由她和邓添福共同创办的新加坡舞蹈剧场,已成为亚太地区最优秀的专业舞团之一,并得到新加坡总统的赞助。她带领新加坡舞蹈剧场多次出访,为观众带去许多中西合璧的作品。他们不计较个人得失,来往奔波于世界各地,既找到了为住在国与祖籍国文化交流发挥自身力量的更大舞台和机会,也为中华舞蹈艺术的海外传播,为中国营造有利的国际外交环境作出了重要贡献。

舞蹈艺术对促进中国与东南亚舞蹈交流具有重要意义,在改善中外关系中发挥了突出作用,是中国公共外交的丰富资源。德国著名理论家哈贝马斯认为:"不同的文化类型应当超越各自传统和生活形式的基本价值的局限,作为平等的对话伙伴相互尊重,并在一种和谐友好的气氛中消除误

解,摒弃成见,以便共同探讨对于人类和世界的未来有关的重大问题,寻求解决问题的途径。这应当作为国际交往的伦理原则得到普遍遵守。"① 由此,舞蹈艺术交流也是平等的、双向的交流过程,既是外国公众了解中国、认识理解中国的过程,也是中国了解外国、减少对其他国家和民族误解的过程。在中国的公共外交活动中,舞蹈艺术作为不可忽视的重要力量,是开展公共外交的重要路径之一,是政府组织可借鉴和利用的资源。所以,在公共外交中,舞蹈艺术作为文化桥梁,有助于打破国家或民族文化之间的壁垒,将不同文化融合在一起,创造新的审美感受,而这种融合的过程,就是不断借鉴他国文化、了解他国民族、培育友谊的过程。中国与东南亚国家间的关系较为复杂,而舞蹈艺术却能超越政治藩篱和时空成为维系中国与东南亚国家人民情感的纽带,可以表现人类共同的情感,这也是它仅靠肢体语言就能在不同民族和国家中产生共鸣的原因。"从建构主义的角度看,行为体若有着共有知识,它们之间就有着高度的相互信任。这样,世界就被分成了两部分,与自己具有相互认同的、拥有共有知识的行为体被认为是可信赖的,而与自己没有认同的行为体,双方之间依旧会陷入困境。"② 从这个角度看,在公共外交中,中国借助舞蹈艺术与东南亚不同民族、不同文化、不同信仰的国家进行沟通,是消除误解与冲突、沟通异国文化、分享文明的极好方式,而这种方式也是其他方式所不可取代的。

(三)架起合作的桥梁,推动实现互利多赢

舞蹈艺术作为一种无国界的语言,不仅可以被国家、个人作为实现各种目标的工具,而且作为独立的本体,可以在公共外交中产生重要的影响。这种影响,不是抽象的"国家",而是欣赏舞蹈的大众,正是通过舞蹈艺术本

---

① 〔德〕尤尔根·哈贝马斯、米夏埃尔·哈勒:《作为未来的过去:与著名哲学家哈贝马斯对话》,章国锋译,浙江人民出版社,2001,第215页。
② 〔美〕亚历山大·温特著《国际政治的社会理论》,秦亚青译,上海人民出版社,2008,第311页。

身的精神性使人们得到一种文化的认同，进而在公共外交中起到桥梁作用，推动中国与东南亚国家实现互利多赢。

"1955年6月至8月，由郑振铎任团长、周而复任副团长的中国文化代表团一行77人，应印度尼西亚政府的邀请赴印尼访问，演出了京剧、舞蹈、合唱、独唱、民乐合奏等节目。……该团是中国与印尼建交后中国派遣的第一个访问印尼的文艺团体，当时正值万隆会议结束，两国关系交好。周恩来亲自指示该团的任务是通过文化艺术活动，发展两国的文化交流，进一步增进两国的友好关系，以加强亚洲和平。本着这一指示，代表团在雅加达、万隆等7个城市共演出31场，观众40余万人。印尼总统苏加诺和总理沙斯特罗阿米佐约出席观看了首场演出。"① 这次演出活动，向印尼人民广泛介绍了中华民族的优秀文化艺术，增进了两国人民和艺术工作者的了解和友谊。

自2009年春节开始，由国务院侨办组织的"文化中国·四海同春"活动至今已成功举办6届，该活动"旨在丰富海外侨胞春节文化生活，满足海外侨胞精神文化需求，展示中华文化的丰富多彩和博大精深，增进世界人民对中华文化的了解和喜爱，以侨为桥，沟通中国与世界"②。该活动汇集了总政歌舞团、中央民族歌舞团等国家一级院团的艺术家，为海外侨界乃至主流社会奉献了高水平的演出，成为国家级春节慰侨访演和文化传播的重要品牌。该活动已多次走进马来西亚、菲律宾等东南亚国家，为当地人们送去节日的祝福。

中华舞蹈艺术在东南亚的传播，有效促进了中国与东南亚国家的文化艺术交流，不仅增进了国家间的友谊，而且配合了中国外交活动的开展，进而推动两国间经济、科技、文化与教育各项事业的交流、合作与发展，推动实现中国与东南亚国家的互利多赢。

---

① 王克芬、隆荫培：《中国近现代当代舞蹈发展史》，人民音乐出版社，1999，第791页。
② 《文化中国·四海同春活动简介》，http：//www.chinanews.com/zgqj/2013/01-25/4520399.shtml。

三 舞蹈艺术在中国与东南亚公共外交中发挥作用的局限

(一)东南亚国家因素的影响

当我们进一步探讨舞蹈艺术在中国与东南亚外交中发挥积极作用的同时,也应当注意到制约它发挥作用的因素,这些因素会直接影响舞蹈艺术在公共外交中发挥作用的程度和效果,其中东南亚国家政策的变化便是重要因素之一。

第二次世界大战后,东南亚国家相继获得独立,从自身政治发展的需要和民族主义立场出发,独立后的东南亚国家大多采取了限制华人政治、经济、文化发展的强制同化政策,这导致当代东南亚华人社会产生了重要的变革。在政治上,经历了社会动荡和多次排华事件后,广大华人的政治认同观发生了改变。尤其是20世纪80年代以来出生的新一代华人,与祖籍国的关系日渐淡薄,他们与住在国的关系越来越紧密。在经济上,当代东南亚华人也受到不同程度的限制。在文化上,他们与祖籍国之间的文化联系也渐趋疏远,再加上住在国政府对华文教育的限制,以及对华人文化实行同化政策,中华文化受到压制而难以发展,在这种政治、经济、文化环境下,也必然导致东南亚华人的传统文化观不同程度地发生变化。他们中有些没有接受过中华文化教育,对祖籍国并不像前辈那样有深厚的感情。直到90年代,中国与东盟国家的关系开始全面恢复,东南亚各国无论在经济、政治还是国家关系发展上,都发生了深刻变化。舞蹈艺术作为公共外交的手段之一,在中国与东南亚国家交往的过程中越加频繁起来,21世纪"一带一路"战略的推进,将为舞蹈艺术更加积极地活跃于中国与东南亚国家提供重要契机,也将更加有利于舞蹈艺术在中国公共外交中发挥积极的作用。

东南亚国家的政策因素对东南亚华人在当地的生存、地位、前途等方

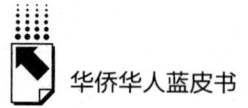

面影响巨大，对舞蹈艺术在中国公共外交中发挥作用的影响也很大。当代，随着东南亚国家经济的持续发展，东南亚华人参与住在国社会活动的主动性及他们的社会地位也在逐步提高，这为舞蹈艺术在东南亚国家的广泛传播创造了重要条件，但未来舞蹈艺术在中国与东南亚国家间的关系定位以及在公共外交活动中发挥作用的程度，仍与东南亚国家的政策因素紧密相关。

从东南亚国家民众的角度看，民众对中华舞蹈的接受程度也是影响舞蹈艺术在中国与东南亚外交中发挥作用的因素。东南亚大多是多元种族、多元宗教与多元文化的国家，迎来民族独立后，由于种种复杂的原因，大民族主义和单元文教政策一度成为这一地区民族、文教政策的主流。从东南亚国家的民族及文化构成来看，华人及中华文化只是其中的一小部分。以马来西亚为例，尽管马来西亚在东南亚国家中属于华人人数较多的国家，但华族也只是少数民族，华族舞蹈也只是少数民族舞蹈，不属于主流文化范畴。到目前为止，在上千种中华舞蹈中，被马来西亚政府所承认的华族舞蹈仅有手绢舞、扇子舞、舞龙和舞狮四种，占人口大多数的马来族及马来族舞蹈仍是这个国家的主流，包括马来族、印度族和其他土著族在内的民族，对中华舞蹈并不太了解，甚至完全不了解。再加上马来西亚传统的宫廷舞和民间舞都有悠久的历史，独立后，马来西亚政府一直在大力发展和推广马来族舞蹈。另外，作为马来西亚第三大族的印度族，更有与其族源一脉相承、高度发达且体系完整的印度古典舞与丰富多彩的民间舞在马来西亚传承和发展。多种舞蹈文化并存的局面制约了中华舞蹈在马来西亚民众中的传播，阻碍了舞蹈艺术在中国与马来西亚公共外交中作用的发挥。像马来西亚这种华人较多的国家尚且如此，在泰国、菲律宾、印度尼西亚等东南亚国家，这种情况就更为突出。舞蹈艺术在东南亚国家的传播与当地民众对中华舞蹈的了解度、认可度有着密切的关系。舞蹈艺术虽然没有被强制赋予意识形态内涵，但是在公共外交中我们仍需要关注它所代表的文化能否被对方所接受。因此，民众对中华舞蹈的接受程度仍然是影响舞蹈艺术在中国与东南亚外交中发挥作用的重要因素。

(二）中国因素的影响

舞蹈艺术是中国与东南亚开展公共外交的主要途径之一，它能否在中国的公共外交中发挥积极作用，必然与中国的外交行为和政策、中国的国际地位以及中国与东南亚国家关系的发展状况等多方面因素紧密相连，主要表现在以下几个方面。

首先，中国与东南亚国家关系变化的影响。第二次世界大战以来，中国与东南亚国家关系受到东西方冷战的影响而较为紧张，当地华人也因此备受压迫和歧视。改革开放以后，中国与东南亚国家间的关系日益改善，华人的地位也相应得到提高，影响力也进一步扩大。战后的历史事实证明，中国与东南亚国家关系的友好互动和顺利发展，不仅有利于双方文化、经济的发展，而且也是华人得以与中国进行正常交往的基本前提条件，更关系到中国与东南亚国家公共外交的顺利开展，以及舞蹈艺术在公共外交中作用的发挥。

其次，中国外交政策的影响。1952年1月发布的《中共中央关于海外侨民工作的指示》指出，"我国侨民政策的中心点：保护华侨正当权益，为华侨服务，收容被迫回国难侨；鼓励华侨回国投资；团结多数华侨，打击'蒋帮的反动势力'，结成广泛的华侨爱国统一战线"[①]。中国著名民主革命家何香凝女士在1950年新年讲话中也号召海外华侨"充当革命卫士的外围角色"。可见，新中国成立初期，争取华侨华人的支持成为国家侨务工作的重心，贯彻"以人为本"的施政理念，是赢得华侨华人支持的核心。"得人心者得天下"，作为中国传统政治文化中值得珍视的历史遗产，是中国开展公共外交的法宝。新中国的建立及各种华人政策的相继出台，激发了很多东南亚华侨的爱国热情，他们积极投身到与祖（籍）国的文化交流、教育往来、经济发展等各项事务中，却使他们的住在国感到恐慌，致使一些国家出

---

① 《海外华侨华人支持中国维护社会稳定民族团结》，http://news.xinhuanet.com/overseas/2009-07/08/content_11669901.htm。

现严重的排华事件。在"文化大革命"期间,中国的错误外交政策严重影响了中国与东南亚国家的关系,挫伤了东南亚华侨华人对祖籍国文化事业发展的热情和积极性,中国与东南亚国家的舞蹈艺术交流、经济和政治往来几乎中断,极大地损害了中国在这些国家中的外交形象。改革开放以来,中国积极调整对东南亚的外交政策,外交关系才逐渐从十年冰霜期中慢慢苏醒。中国对东南亚外交政策的制定、实施和取向等的调整,决定着中国与东南亚国家舞蹈艺术交流的程度,也决定着舞蹈艺术在中国公共外交中发挥作用的程度。此外,中国自身的实力与地位也是制约舞蹈艺术在公共外交中发挥作用的重要因素。中国改革开放以来,由于经济实力不断提升,国际形象和威望日渐加强,舞蹈艺术也得到更高程度的发展和普及,它在公共外交中的作用也更加突出,也加强了东南亚国家对中国的了解和认知,提升了中国的国际影响力。

再次,华人自身因素的影响。"战后东南亚华侨华人社会的一个重要特点就是华人国家认同的转变。二战前,东南亚华侨华人在政治上大都认同中国,二战结束后,由于东南亚国家推行强制同化的政策,再加上中国'双重国籍'政策的调整,华人的政治认同不得不转向当地。国家认同的转变,以及与祖籍地关系的疏远,再加上近二三十年来所在国政策的限制、压制,东南亚华侨华人的思想观念及民族心态发生了不小的变化。"① 他们对中华文化和节庆习俗渐趋淡忘,转而开始推崇住在国的文化观、价值观及风俗传统,这极大地制约了舞蹈艺术在中国与东南亚国家之间的桥梁作用发挥。而且当代东南亚华人正处于新老交替的过渡时期,老一代华人年龄增大且在事业上逐步淡出,新一代则崭露头角,他们的主要特点是知识更加多元化,具有较强的创新精神,较之前辈接受中华传统文化教育较少,参与社会活动较多、积极性更高,当代华人自身的因素,也是影响舞蹈艺术能否成为推动中国公共外交发展的因素之一。

---

① 国防大学党史党建政工教研室:《中共中央关于海外侨民工作的指示》第19册,国防大学出版社,1985,第429~430页。

舞蹈艺术能否在中国公共外交中充分发挥应有的作用，与东南亚国家的国内形势、民众的接受程度、中国的外交政策及外部环境等因素密不可分。因此，要使舞蹈艺术在中国公共外交的建设与发展中发挥积极作用，就要协调好各种因素，促进舞蹈艺术在中国公共外交中发挥积极作用。

四 结语

阿基拉·伊里耶（Akira Iriye）把文化定义为"包括记忆、意识形态、感情、生活方式、学术和艺术作品和其他符号"，并且认为"通过思想和人员的交流、学术合作或者其他达到国家间相互理解的努力，来承担国与国和人民与人民相互联系的各种任务，成为文化国际主义"[1]。可以看出，包括舞蹈艺术在内的文化，能把各国联系起来，摆脱误解和战争的循环，建立一个更加和平有序的世界。近年来，随着中国经济的迅速崛起，威胁论的声音在中国与东南亚国家间此起彼伏，面对如此形势，公共外交便是"争取和平的国际环境、睦邻友好的周边环境、平等互利的合作环境和客观友善的国际环境"（胡锦涛同志在第十次驻外使节会议上的发言）的重要外交方式。

当代，在世界从对抗到合作的时代背景下，在中国与东南亚国家间错综复杂的关系下，在"一带一路"战略的逐步推进下，舞蹈艺术可以在中国与东南亚国家之间寻找并发展更加行之有效的公共外交之路。

本文试图提出以下建议和策略。首先，充分认识华人舞蹈社团、华文学校、华文传媒在东南亚传播和发展中华舞蹈艺术中的作用，协助华人舞蹈社团在东南亚社会展现中华舞蹈艺术的魅力，加深新一代华人和东南亚其他族群对中华舞蹈艺术的了解和认知，支持华文学校和华文传媒走市场化模式，以防在个别敏感国家出现"倒持干戈、授人以柄"的现象，推动华文学校和华文传媒的舞蹈艺术传播走可持续发展道路，促使舞蹈艺术在公共外交中

---

[1] Akira Iriye, *Cultural Internationalism and Word Order*, Baltimore: The Jons Hopkins Press, 1977, 3.

发挥更加积极的作用。

其次，面对中国与东南亚公共外交中纷繁复杂的情况，我们应充分考虑并严格筛选舞蹈艺术的种类和风格，选择最能代表中国国家形象的舞蹈形式参与公共外交。根据东南亚不同国家和地区、不同核心公众和战略公众的文化背景有针对性地制定不同的舞蹈战略外交方案。

再次，当我们肯定舞蹈艺术在公共外交中的作用并积极运用这一方式时，也应当考虑它的偏差性和有限性。比如，怎样以当代方式介绍中华传统舞蹈艺术，促使年轻一代华人及东南亚其他族群能够接受并认可，推动对中华传统舞蹈艺术的正确解读，从而减少对中国的敌意和误解。舞蹈艺术在中国与东南亚公共外交中也许无法减弱追求权力者的冲动，制衡战争的发生，但它在增进国家间的理解和激发人类深层情感方面有着不可忽视的作用。在公共外交的舞台上，以舞蹈艺术为手段来塑造最真实而丰富的国家形象，可以体现一个民族亲和而富有个性的一面，展现中国最优秀的文化。舞蹈艺术可以修补中国与东南亚国家不同文明和文化的裂痕，架起不同国家民众超越文明和文化隔阂的桥梁，提升中国的知名度和美誉度，为中国营造有利的外交环境作出重要贡献。当然，这不仅是把舞蹈艺术作为单一维度的沟通方式，而是要从传播主体、公众目标、传播媒介等各方面进行战略层面上的整体构建，使舞蹈艺术在公共外交中发挥更大的潜能，为中国的长远发展营造良好的国际舆论环境。

Abstract

This book is composed of five parts, the general report, the reports on relations with neighboring countries, the reports on society, the reports on economy and the reports on culture and education.

Part one, the general report, tries to summarize the transformation of the new relationship between overseas Chinese and China and analyze the causes thereof with the perspective of overseas Chinese and returned overseas Chinese at home and aboard according to the activities and policies of the organizations regarding overseas Chinese.

Part two, the reports on relations with neighboring countries, talks about the Sino-Malaysia relations and Sino-Japan relations. China and Malaysia have a long-standing and solid relationship in trade, economy and politics ever since establishing official ties in 1974. With China's recent launch of the 21st Century Maritime Silk Route Economic Belt, Malaysian Chinese population will serve as a bridge between China and Malaysia. But in Japan, because of the historical conflicts and survival interests, the function of overseas Chinese in soft power and public diplomacy, in fact, is difficult to play out. In recent years, due to the territorial issue of "purchase" of the Diaoyu Islands and other events, more and more overseas Chinese have decided to come back from Japan and settled down in China. The Chinese population in Japan will continue to decline unless the China-Japan relations had been improved.

Part three, the reports on society, discusses the fertility rates and the charitable giving. The total fertility rates of Chinese (including Hong Kong, Macao, Taiwan) and Singapore have been below the rate of population replacement, which are influenced by economic factor, social factor and cultural factor. According to the China Charity Information Center, the total amount of overseas Chinese charitable giving was 7.172 billion yuan in 2013, accounting for

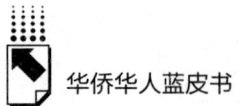

7. 25 percent of total donations, which is an important part of charitable donations in China. In regards to the main donors, it has been found that individuals donated in the highest proportions, and that the ratio was 56. 81% in 2013. The main donors generally attain spiritual satisfaction, such as honor, the esteem of society and public opinion, enhanced interpersonal relationships and so on, which to a degree becomes a kind of balance in proportion to the monetary exchange.

Part four, the reports on economy, attempts to find out the influence of China for the countries along the Belt and Road and the problem of Chinese family business. It is undeniable that overseas Chinese, as the important participants and constructors throughout the history of the Belt and Road have witnessed its historical development and will definitely continue to play a positive role in this process. The suggestions on policy are such as: China should participate in the infrastructure in ASEAN countries by the framework of "The Belt and Road", and establishes the CNT and the Red Capital Market to attract the Southeast Asian Chinese enterprise listing of their company in China by the IPO. Chinese family business is one of the most common business patterns in Chinese society, but it can't continue to extend its business, in part due to inheritance problems. We recommend that family business owners pay more attention to relationship harmony and internal communication channels in the organization in order to attain the objectives and improve the overall performance of the family business.

Part five focuses on culture and education. Chinese language and culture education is an important platform for cultural exchanges between China and the United States. With the "Chinese teenagers roots China tour", and the "American teachers of Chinese training course" working on behalf of the Chinese language and culture education programs by enhancing person-to-person exchange and cultural exchange between China and the United States a unique situation is created. The importance of such an exchange has been recognized by the international community, and deepening the friendly ties with mainstream society is an important step in the process of bringing Chinese language and culture education into the mainstream. The Chinese youth in Thailand have shown the characteristics of diversity. On the issue of cultural identity, compared with their ancestors, the new generation tends to hold a rational attitude while their ancestors take an emotional attitude to the Chinese culture. In the course of public diplomacy between China and southeast Asia, the art of dance, with its cultural characteristics of the language, and different mechanisms of action and path, has always played a "diplomatic pioneer" role between China and southeast Asian countries, creating a favorable international environment for China's development.

Keywords: Overseas Chinese; Relations with Neighboring Countries; Charitable Giving; Cultural Identity; Family Business

Contents

B I General Report

B.1 The New Connections between Overseas Chinese and
China since the 21st Century
Zhang Xiuming / 001

Abstract: The relationship between overseas Chinese and China has changed profoundly since the 21st century, mainly due to the rapid economic growth of China. On the one hand, the connections to China are becoming closer, deeper, and more extensive; on the other hand, the relationship has changed from one directional to two-directional. In other words, the Chinese government not only stresses the roles of overseas Chinese, but also emphasizes stronger protections for overseas Chinese, and more services for them. Utilizing the organizations regarding overseas Chinese, for example the Overseas Chinese Affairs Office of the State Council, and the All-China Federation of Returned Overseas Chinese. As a research object, this paper summarizes the transformation of the new relationship and analyzes the causes thereof.

Keywords: Overseas Chinese; Returned Overseas Chinese and Their Relatives; International Migrants; Organizations Regarding Overseas Chinese; Rights and Interests Protection

Ⅸ Ⅱ Reports on Relations with Neighboring Countries

B. 2 The Sino-Malaysia Relations amidst "the 21st Century Maritime Silk Route Economic Belt": Trends, Perspectives and Participation of Malaysian Chinese

Chen TsungYuan, Lam Chee Kheung / 035

Abstract: China and Malaysia have a long-standing and solid relationship in trade, economy and politics ever since establishing official ties in 1974. With China's recent launch of the 21st Century Maritime Silk Route Economic Belt, it is envisaged that the Sino-Malaysian relationships will be further strengthened and extended. Malaysia is a dynamic member of ASEAN, serving as the host country and chairing the 26th ASEAN Summit in Kuala Lumpur in 2015, the leadership of which is highly trusted and respected by all. Furthermore, Chinese make up a significant minority population of Malaysia. Chinese in Malaysia have contributed significantly to the social and economic development of the country. The development of Sino-Malaysian relationships is a success story. It also has strategic significance for how to improve the interaction between China and ASEAN. This paper focuses on the analysis of the structural components of ASEAN, the frequency and intensity of interactions between the government and people of China and Malaysia, and the anticipation and expected participation of the Malaysian Chinese in the 21st Century Maritime Silk Route Economic Belt, with an aim to shed light and promote a better insight and understanding of all issues concerned. The paper demonstrates how the China-Malaysia partnership is an important part of solving intra-ASEAN South China Sea disputes and how Malaysian Chinese population will serve as a bridge between China and Malaysia.

Keywords: "The 21st Century Maritime Silk Route Economic Belt"; Sino-Malaysia relationship; Malaysia Chinese; "One Belt and One Road"

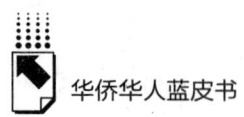

B.3 Analysis of the Role of Overseas Chinese in China-Japan Relations *Yu Kuolung，Liu Guangyao* / 060

Abstract："Overseas Chinese" are neither a major actor nor a non-major actor in international relations. It is only an ethnic group between China and country of immigration. Depending on the country, the problems it creates are unique. The existing studies of Overseas Chinese in Japan either regard the Overseas Chinese as an independent variable that it affects China-Japan relations or the dependent variable that it is reflected. However, according to the results of the analyses in this paper, the living status of Overseas Chinese in Japan has been deeply influenced by relations between China and Japan including historical conflicts and survival interests. The function proposed by scholars that Overseas Chinese are able to enhance the country's soft power and public diplomacy, in fact, is difficult to play out because of the restrictions of China-Japan relations. In recent years, due to the territorial issue of "purchase" of the Diaoyu Islands and other events, more and more Overseas Chinese have decided to come back from Japan and settle down in China. The Chinese population in Japan will continue to decline unless the China-Japan relations had been improved.

Keywords：Overseas Chinese in Japan；China-Japan Relations；Public diplomacy；Soft Power

B Ⅲ The Reports on Society

B.4 Fertility Transition and Policy Responses in China Hong Kong, Macao, Taiwan and Singapore *Wang Jiashun* / 078

Abstract：The paper analyzes total fertility rates of Chinese Mainland, Hong Kong, Macao, Taiwan and Singapore and finds that fertility rates of major regions of East Asia for Chinese have been below the rate of population replacement, which are influenced by economic factor, social factor and cultural factor. The transformation from controlling population growth to stimulating population growth will come in the form of policy adjustment direction and focus during a period of time in these countries and regions. It suggests that formulation and adjustments of population policies should judge the hour and size up the situation, or else the existing problems will not have been resolved, and new problems will be created.

Keywords: Chinese; Fertility Rate; Population Policy

B.5 The Status Quo and Patterns of Overseas Chinese Charitable Giving in China *Huang Xiaorui* / 105

Abstract: Analyzing recent studies of Overseas Chinese charitable giving from a historical research angle, and starting from the origin of theories of Overseas Chinese charitable giving, this study demonstrates that the Overseas Chinese charitable giving behavior is a kind of "indifference meaning exchange" behavior. The main donors generally attain spiritual satisfaction, such as honor, the esteem of society and public opinion, enhanced interpersonal relationships and so on, which to a degree becomes a kind of balance in proportion to the monetary exchange. According to the China Charity Information Center, the total amount of Overseas Chinese charitable giving is 7.172 billion yuan in the year 2013, accounting for 7.25 percent of total donations, which is an important part of charitable donations in China. In regards to the main donors, it has been found that individuals donated in the highest proportions, and that the ratio was 46.7% of charitable giving in 2008 and 2009, 73.62% in 2011 and 56.81% in 2013. Donations from overseas Chinese enterprises of absolute and relative number have displayed an upward trend. Overseas Chinese charitable giving in China includes direct donation methods including personal models and folk organizations' models and indirect donation methods including the government model. Through this data, this paper finds Overseas Chinese charitable giving in China has the pluralism of the main

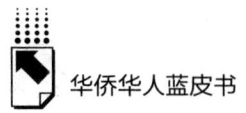

donors and the diversity of giving ways, however, there are some questions to be solved, for example the donor content is relatively singular and unsustainable, and the donation projects do not have a high level of specialization. In order to solve these problems, the government should enhance the importance of Overseas Chinese charitable giving, broaden the fundraising channels, and improve the ability and range of social donations.

Keywords: Overseas Chinese; Charitable Giving; The Status Quo; Patterns

B Ⅳ   The Reports on Economy

B.6   International Political and Economic Analysis on The Belt and Road Initiative: Backgrounds and Prospects   *Zhou Xingtai* / 134

Abstract: Consisting of four parts, this paper mainly studies the put-forward, current advancement of The Belt and Road Initiative, and its international political and economic backgrounds and prospects as well as the important role played by overseas Chinese in this initiative. It argues that this initiative was adapted to the global and regional economic development situation after the 2008 Financial Crisis and the Asia Pacific and Global Geopolitical changes caused by the "Pivot to Asia", "Asia－Pacific rebalancing" Strategy of the United States. The further development of The Belt and Road Initiative will help to promote regional economic integration in Eurasia as well as the economic development, political stability, social prosperity and civilization renaissance of the countries along the Belt and Road. Simultaneously it will contribute to the transfer of the world economic, financial and monetary trade rule-making power from Developed countries to Developing countries and the according changes of the world economic and political orders. It is undeniable that overseas Chinese, as the important participants and constructors along the history of the Belt and Road who had witnessed their historical development, will definitely continue to play a positive role in this process.

Keywords: The Belt and Road Initiative; International Politics; International Economy; Background; Prospect; Overseas Chinese

B.7 The Variation of Financial Linkage among China and ASEAN Countries in the Last Decade and the Meaningfulness for the Development of Overseas Chinese Merchant

Gao Yousheng, Zhao Kai and Huang Zhiguo / 169

Abstract: The purpose of this study was to survey the variations of financial linkage among China and ASEAN countries in the last decade and the meaningfulness for the development of overseas Chinese merchant by using the tests of the changes in the long-run equilibrium relationships between the U. S. S&P 500 Index, the SSE Composite Index in China and the stock markets of Singapore, Malaysia, Indonesia, Thailand and Philippines in ASEAN around the Subprime Mortgage Crisis. The main findings demonstrated that there were significant increases in these long-run relationships between China market and the markets of ASEAN countries during the period of the U. S. financial crisis, and China has more influence on ASEAN stock markets. The result shows that China has become an economy leader in East Asia, presently. The suggestions on policy are such as: China should participate in the infrastructure in ASEAN countries by the framework of "The Belt and Road", and establishes the CNT and the Red Capital Market to attract the Southeast Asian Chinese enterprise listing of their company in China by the IPO.

Keywords: Asymmetric Contagion Effect; ASEAN; Stock Market; Subprime Mortgage Crisis

B.8 Study on Family Business Management Mechanism in China from A Guanxi Perspective

Wu Tungju, Xiao Wei, Xie Jieren and Lin Chunpei / 217

Abstract: The purpose of this study is to investigate the identity and relationship of managers in family businesses as well as the correlation between managers' power categorization and influence tactics for their subordinates. This study has combined the guanxi theory, power base and influence tactics into our research model. The authors created and conducted a questionnaire survey of family businesses, with 289 valid samples collected from all returned questionnaires. Through ANOVA analysis and hierarchical regression analysis, it is learnt that the manager's power and influence tactics for the subordinates are not all the same, as the managers' guanxi networks may be different, and their relationships with the family business owners are also different. For managers having more power, especially those of a family guanxi, they are more likely to use assertive tactics in treating subordinates. The managers possessing the friend guanxi often play a bridging role to complement the function of those managers with the family guanxi, who may use the assertive tactics too strongly, and also provide a "lubricant" effect in order to keep the family business running smooth. Chinese family business is one of the most common business patterns in Chinese society, but it can't continue to extend its business, in part due to inheritance problems. We recommend that family business owners pay more attention to relationship harmony and internal communication channels in the organization in order to attain the objectives and improve the overall performance of the family business.

Keywords: Family Business; Chinese Guanxi; Power; Influence Tactics

B V The Reports on Culture and Education

B. 9 The Approaches and Strategies of Chinese Language and Culture Education in the United States to Promote Sino-US Cultural Exchanges and Integration into Mainstream Education *Hu Jiangang* / 243

Abstract: Chinese language and culture education is an important platform for cultural exchanges between China and the United States. With the "Chinese teenagers roots China tour", and the "American teachers of Chinese training course" working on behalf of the Chinese language and culture education programs by enhancing person-to-person exchange and cultural exchange between China and the United States a unique situation is created. The importance of such an exchange has been recognized by the international community, and deepening the friendly ties with mainstream society is an important step in the process of bringing Chinese language and culture education into the mainstream. In order to promote cultural exchanges between China and the United States, Chinese language and culture education in winter (summer) camp activities such can be moderately expanded to the non-Chinese students groups; local cultural activities extended to the non-Chinese community, and Chinese language teacher training extended to the mainstream education teachers in China. To further integrate into the mainstream, the Chinese community and the nation should be focused on ethnic education rights and fighting for the recognition and support from mainstream society for Chinese language education, such as providing free or low-cost Chinese school buildings, etc. Encouraging Chinese school teachers to obtain qualifications for teaching in the United States to fill the teacher gap in mainstream education in Chinese, and Chinese school teaching should be promoted in order to draw lessons from and absorb the mainstream educational ideals and methods for important principles.

Keywords: The United States; Chinese language and Culture Education; Chinese Language School; Cultural Exchanges; Integrated into the Mainstream

B. 10 Research on the National Identity and Cultural Identity of the New Generation of Ethnic Chinese in Thailand
—*Based on the Survey of Nearly 500 New Generation of Chinese in Thailand*   Shen Ling / 276

Abstract: Through a questionnaire survey and interviews if nearly 500 ethnic Chinese living in Thailand on the issues of language usage, language ability, and ethnic identity, the authors of this study have found that the Chinese youth in Thailand have shown the characteristics of diversity. On the issue of national identity, they are fully in favor of their living country; On the issue of cultural identity, compared with their ancestors, the new generation tend to hold a rational attitude while their ancestors take an emotional attitude to the Chinese culture.

Keywords: Thailand New Generation Ethnic Chinese; Identity; National Identity; Cultural Identity

B. 11　The Function and Drawbacks of Chinese Dancers in Southeast Asia in Public Diplomacy　*Zhang Yuan* / 307

Abstract: Due to special geography, consanguinity, and the relationship between the source and make-up of the national economy, politics, culture and art exchanges in China and all of of southeast Asia compared with other regions has become even more complex. In the course of public diplomacy between China and southeast Asia, the art of dance, with its cultural characteristics of the language, and different mechanisms of action and path, has always played a "diplomatic pioneer" role between China and southeast Asian countries, creating a favorable international environment for China's development. It has played an important role and an important means of the public diplomacy but also has its limitations. This paper puts forward suggestions and strategies for making the art of dance a more effective means of diplomacy between China and southeast Asian countries.

Keywords: The Art of Dance; Public Diplomacy; Effect; Limited Role

社会科学文献出版社　　　　　　　　　　　　　　皮书系列

❖ 皮书起源 ❖

"皮书"起源于十七、十八世纪的英国，主要指官方或社会组织正式发表的重要文件或报告，多以"白皮书"命名。在中国，"皮书"这一概念被社会广泛接受，并被成功运作、发展成为一种全新的出版形态，则源于中国社会科学院社会科学文献出版社。

❖ 皮书定义 ❖

皮书是对中国与世界发展状况和热点问题进行年度监测，以专业的角度、专家的视野和实证研究方法，针对某一领域或区域现状与发展态势展开分析和预测，具备原创性、实证性、专业性、连续性、前沿性、时效性等特点的公开出版物，由一系列权威研究报告组成。

❖ 皮书作者 ❖

皮书系列的作者以中国社会科学院、著名高校、地方社会科学院的研究人员为主，多为国内一流研究机构的权威专家学者，他们的看法和观点代表了学界对中国与世界的现实和未来最高水平的解读与分析。

❖ 皮书荣誉 ❖

皮书系列已成为社会科学文献出版社的著名图书品牌和中国社会科学院的知名学术品牌。2011年，皮书系列正式列入"十二五"国家重点出版规划项目；2012~2015年，重点皮书列入中国社会科学院承担的国家哲学社会科学创新工程项目；2016年，46种院外皮书使用"中国社会科学院创新工程学术出版项目"标识。

中国皮书网
www.pishu.cn

发布皮书研创资讯，传播皮书精彩内容
引领皮书出版潮流，打造皮书服务平台

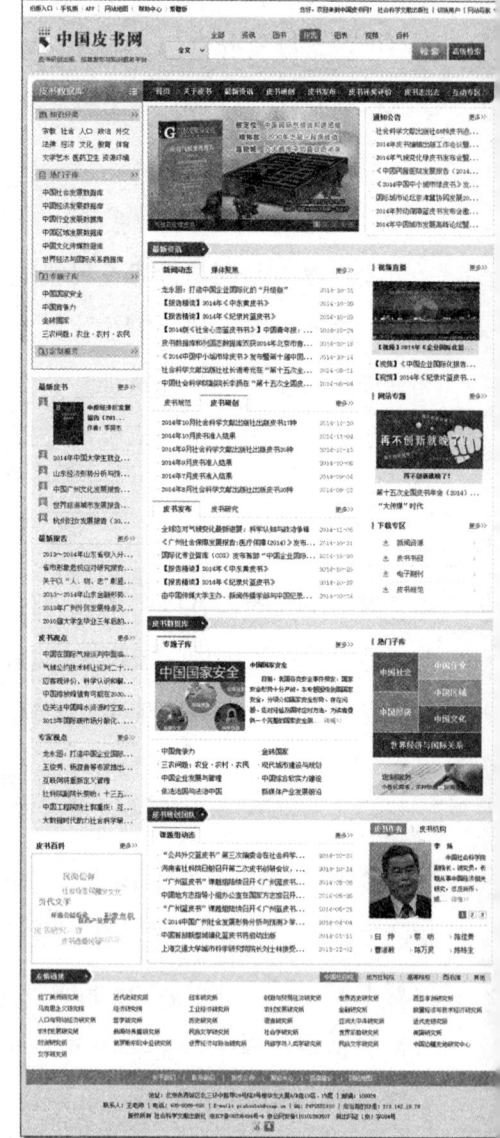

栏目设置：

- □ 资讯：皮书动态、皮书观点、皮书数据、
  皮书报道、皮书发布、电子期刊
- □ 标准：皮书评价、皮书研究、皮书规范
- □ 服务：最新皮书、皮书书目、重点推荐、在线购书
- □ 链接：皮书数据库、皮书博客、皮书微博、在线书城
- □ 搜索：资讯、图书、研究动态、皮书专家、研创团队

中国皮书网依托皮书系列"权威、前沿、原创"的优质内容资源，通过文字、图片、音频、视频等多种元素，在皮书研创者、使用者之间搭建了一个成果展示、资源共享的互动平台。

自 2005 年 12 月正式上线以来，中国皮书网的 IP 访问量、PV 浏览量与日俱增，受到海内外研究者、公务人员、商务人士以及专业读者的广泛关注。

2008 年、2011 年中国皮书网均在全国新闻出版业网站荣誉评选中获得"最具商业价值网站"称号；2012 年，获得"出版业网站百强"称号。

2014 年，中国皮书网与皮书数据库实现资源共享，端口合一，将提供更丰富的内容，更全面的服务。

法律声明

"皮书系列"(含蓝皮书、绿皮书、黄皮书)之品牌由社会科学文献出版社最早使用并持续至今,现已被中国图书市场所熟知。"皮书系列"的LOGO( )与"经济蓝皮书""社会蓝皮书"均已在中华人民共和国国家工商行政管理总局商标局登记注册。"皮书系列"图书的注册商标专用权及封面设计、版式设计的著作权均为社会科学文献出版社所有。未经社会科学文献出版社书面授权许可,任何使用与"皮书系列"图书注册商标、封面设计、版式设计相同或者近似的文字、图形或其组合的行为均系侵权行为。

经作者授权,本书的专有出版权及信息网络传播权为社会科学文献出版社享有。未经社会科学文献出版社书面授权许可,任何就本书内容的复制、发行或以数字形式进行网络传播的行为均系侵权行为。

社会科学文献出版社将通过法律途径追究上述侵权行为的法律责任,维护自身合法权益。

欢迎社会各界人士对侵犯社会科学文献出版社上述权利的侵权行为进行举报。电话:010-59367121,电子邮箱:fawubu@ssap.cn。

社会科学文献出版社

权威报告·热点资讯·特色资源

皮书数据库
ANNUAL REPORT(YEARBOOK) DATABASE

当代中国与世界发展高端智库平台

www.pishu.com.cn

皮书俱乐部会员服务指南

1. 谁能成为皮书俱乐部成员？
- 皮书作者自动成为俱乐部会员
- 购买了皮书产品（纸质书/电子书）的个人用户

2. 会员可以享受的增值服务
- 免费获赠皮书数据库100元充值卡
- 加入皮书俱乐部，免费获赠该纸质图书的电子书
- 免费定期获赠皮书电子期刊
- 优先参与各类皮书学术活动
- 优先享受皮书产品的最新优惠

3. 如何享受增值服务？
（1）免费获赠100元皮书数据库体验卡
第1步 刮开附赠充值的涂层（右下）；
第2步 登录皮书数据库网站（www.pishu.com.cn），注册账号；
第3步 登录并进入"会员中心"—"在线充值"—"充值卡充值"，充值成功后即可使用。

（2）加入皮书俱乐部，凭数据库体验卡获赠该书的电子书
第1步 登录社会科学文献出版社官网（www.ssap.com.cn），注册账号；
第2步 登录并进入"会员中心"—"皮书俱乐部"，提交加入皮书俱乐部申请；
第3步 审核通过后，再次进入皮书俱乐部，填写页面所需图书、体验卡信息即可自动兑换相应电子书。

4. 声明
解释权归社会科学文献出版社所有

皮书俱乐部会员可享受社会科学文献出版社其他相关免费增值服务，有任何疑问，均可与我们联系。

图书销售热线：010-59367070/7028
图书服务QQ：800045692
图书服务邮箱：duzhe@ssap.cn

数据库服务热线：400-008-6695
数据库服务QQ：2475522410
数据库服务邮箱：database@ssap.cn

欢迎登录社会科学文献出版社官网
（www.ssap.com.cn）
和中国皮书网（www.pishu.com.cn）
了解更多信息

社会科学文献出版社 皮书系列
SOCIAL SCIENCES ACADEMIC PRESS (CHINA)

卡号：118715986957
密码：

子库介绍
Sub-Database Introduction

中国经济发展数据库

涵盖宏观经济、农业经济、工业经济、产业经济、财政金融、交通旅游、商业贸易、劳动经济、企业经济、房地产经济、城市经济、区域经济等领域，为用户实时了解经济运行态势、把握经济发展规律、洞察经济形势、做出经济决策提供参考和依据。

中国社会发展数据库

全面整合国内外有关中国社会发展的统计数据、深度分析报告、专家解读和热点资讯构建而成的专业学术数据库。涉及宗教、社会、人口、政治、外交、法律、文化、教育、体育、文学艺术、医药卫生、资源环境等多个领域。

中国行业发展数据库

以中国国民经济行业分类为依据，跟踪分析国民经济各行业市场运行状况和政策导向，提供行业发展最前沿的资讯，为用户投资、从业及各种经济决策提供理论基础和实践指导。内容涵盖农业，能源与矿产业，交通运输业，制造业，金融业，房地产业，租赁和商务服务业，科学研究，环境和公共设施管理，居民服务业，教育，卫生和社会保障，文化、体育和娱乐业等100余个行业。

中国区域发展数据库

以特定区域内的经济、社会、文化、法治、资源环境等领域的现状与发展情况进行分析和预测。涵盖中部、西部、东北、西北等地区，长三角、珠三角、黄三角、京津冀、环渤海、合肥经济圈、长株潭城市群、关中—天水经济区、海峡经济区等区域经济体和城市圈，北京、上海、浙江、河南、陕西等34个省份及中国台湾地区。

中国文化传媒数据库

包括文化事业、文化产业、宗教、群众文化、图书馆事业、博物馆事业、档案事业、语言文字、文学、历史地理、新闻传播、广播电视、出版事业、艺术、电影、娱乐等多个子库。

世界经济与国际政治数据库

以皮书系列中涉及世界经济与国际政治的研究成果为基础，全面整合国内外有关世界经济与国际政治的统计数据、深度分析报告、专家解读和热点资讯构建而成的专业学术数据库。包括世界经济、世界政治、世界文化、国际社会、国际关系、国际组织、区域发展、国别发展等多个子库。